Freiburger Studien
zur Geographischen
Entwicklungsforschung

Herausgegeben von

Prof. Dr. Hans-Georg Bohle
Universität Freiburg
Institut für Kulturgeographie
Werderring 4
7800 Freiburg

D1698327

2

**Freiburger Studien
zur Geographischen
Entwicklungsforschung
Freiburg Studies in Development Geography**

Herausgeber / Editor   Hans-Georg Bohle

KRISENHERD KHARTOUM

**Geschichte und Struktur der
Wohnraumproblematik in der sudanesischen
Hauptstadt**

von Jörg Gertel

Verlag **breitenbach** Publishers
Saarbrücken · Fort Lauderdale

Die Deutsche Bibliothek – CIP Einheitsaufnahme

Gertel, Jörg: Krisenherd Khartoum : Geschichte und Struktur der Wohnraumproblematik in der sudanesischen Hauptstadt / von Jörg Gertel. – Saarbrücken ; Fort Lauderdale : Breitenbach, 1993.

(Freiburger Studien zur geographischen Entwicklungsforschung ; Bd. 2)
ISBN 3-88156-599-X.

NE: GT

ISSN 0943-7045
ISBN 3-88156-599-X

© 1993 by Verlag **breitenbach** Publishers
Memeler Straße 50, D-66121 Saarbrücken, Germany
P.O.B. 16243, Fort Lauderdale, Fla. 33305, USA
Printed by arco-druck gmbh, Hallstadt
Cover Design by Irmgard Bohle

Freiburger Studien zur Geographischen Entwicklungsforschung
Freiburg Studies in Development Geography

Die in dieser Reihe veröffentlichten Studien befassen sich mit Problemen von Entwicklung und Unterentwicklung. Da solche Probleme in unserer hochverflochtenen »Einen Welt« unteilbar sind, ist geographische Entwicklungsforschung gleichermaßen an Entwicklungsprozessen in Industrieländern wie in Entwicklungsländern, besonders aber an den Interdependenzen zwischen beiden interessiert. Gleiches gilt für die Verflechtungen zwischen unterschiedlichen räumlichen Maßstabsebenen: Studien auf Mikro- und Meso-Ebene sind letztlich mit Strukturen und Prozessen auf globaler Ebene zu verknüpfen.

Wenn gesellschaftliche Problemfelder wie globale und regionale Formen von Umweltzerstörung und Ressourcenmangel, Verstädterung und Marginalisierung, Krieg und Flüchtlingselend, Armut und Hunger in das Zentrum geographischen Interesses rücken, ist der Schritt von der strengen Raumwissenschaft zur umfassenderen Sozialwissenschaft vollzogen. Das eigentlich Geographische ist dann die räumliche Perspektive der Analyse, die sich auf Raummuster und Prozesse regionalen Strukturwandels, auf räumliche Verflechtungen und die Dynamik der Stadt- und Regionalentwicklung ausrichtet. Die Studien dieser Reihe folgen der sozialwissenschaftlichen Zielsetzung Geographischer Entwicklungsforschung, indem sie sich in jedem Fall systematisch in größere entwicklungstheoretische und entwicklungsstrategische Konzepte einordnen.

Hans-Georg Bohle

VORWORT

"Nun haben wir die Regenzeit. Diese besteht darin, daß es durchschnittlich alle 2 bis 3 Tage einmal eine Viertel- oder eine halbe Stunde regnet, oder besser gesagt, einem Wolkenbruch gleich Wasserbäche unter Donner und Blitz herniederstürzen, und Alles in einen See verwandeln. Das Beste dabei ist, daß die Regengüsse nur so kurze Zeit anhalten, denn sonst würde Alles zugrunde gehen. Ein Beispiel davon hatten wir vor ein paar Wochen, wo ein solches Unwetter durch beinahe 2 Stunden anhielt und fast die halbe Stadt zu Grunde richtete, was aber hier eben nicht viel sagen will, wenn nicht auch leider mehrere Menschen umgekommen wären. Die Häuser sind nämlich aus Koth gebaut und mit Koth bedeckt. Wenn also ein solcher Platzregen etwas länger anhält, so weicht er das Dach und die Mauern auf, und der saubere Kothhaufen - Haus genannt - stürzt oft plötzlich über seinen Einwohnern zusammen, so daß sie in einem Augenblick gestorben und begraben zugleich sind."

[Aus einem Brief des Generalvikars Joseph Gostner, Khartoum
vom 27. August 1854 (in, ZACH, 1986, 47)]

Im August 1988 zerstörten Regenfälle und Überschwemmungen große Teile von Khartoum. 200.000 Häuser aus Lehmziegeln und Abfallmaterialien lösten sich auf und 1,5 Millionen Menschen wurden vorübergehend obdachlos. Keine neue Katastrophe für Khartoum und sicherlich nicht die letzte für den Sudan. Doch die Dimensionen ändern sich. Die sporadischen Krisen der Vergangenheit sind längst zu einer Dauerkrise angewachsen. Mit dem Wiederausbrechen des Bürgerkriegs 1983, den Dürren und Hungerkrisen von 1985/86, 1988 und 1990/91 wurden die kolonial angelegten und nach der "Unabhängigkeit" perpetuierten regionalen und sozioökonomischen Disparitäten weiter vertieft. In einem bisher nicht gekannten Ausmaß verlieren zahllose Bauern und Nomaden ihre Existenzgrundlagen und fliehen in die urbanen Zentren des Landes. Allein die Folgen von Hunger und Krieg haben seit 1983 ca. zwei Million Menschen nach Khartoum zuwandern lassen. Unter der Last dieser Migranten- und Flüchtlingsströme vergrößern sich die Versorgungsmängel und die Defizite der kommunalen Infrastruktur dramatisch. Die Auseinandersetzungen um den Wohn- und Lebensraum der sudanesischen Hauptstadt haben sich jüngst so zugespitzt, daß es zu Massenvertreibungen der "illegalen" Siedler durch die islamistisch geprägte Militärregierung kam, die seit 1989 die Kontrolle über Khartoum und den sudanesischen Staat ausübt. Besonders im Bereich der Wohnungsversorgung sind die Probleme immens, bisher jedoch kaum untersucht.

Eine geographische Arbeit, die sich mit diesem Problemkomplex aus einer historischen und entwicklungspolitischen Perspektive beschäftigt, bedarf notwendigerweise einer Untersuchung vor Ort, die sich ohne lokale Unterstützung nicht hätte realisieren lassen. Für die engagierte Hilfestellung und Zusammenarbeit in Khartoum 1986 und 1987 gebührt daher mein besonderer Dank Dr. Abdel Rahim Belal und Dr. Osman el Kheir von der "Sudanese Group for the Assessment of Human Settlements". An dieser Stelle sei auch Dipl. Ing. Corinna Felkl und Dipl. Ing. Jan Drews für die konstruktive Zusammenarbeit im Sommer 1986 nachdrücklich gedankt. Die Archivarbeiten zur kolonialen Stadtentwicklung wurden 1990 und 1991 in Oxford und Durham durchgeführt. Dr. Jane Hogan, die Verwalterin des Sudan Archives von Durham, muß hier dankend erwähnt werden, sie leistete bei der Beratung, Bereitstellung und Vervielfältigung historischer Dokumente unersetzliche Arbeit. Für die weitsichtige Anleitung und die ausgesprochen engagierte wissenschaftliche Betreuung gilt Prof. Dr. J. Güßefeldt und Prof. Dr. H.-G. Bohle, meinem Doktorvater und akademischen Lehrer, mein ausdrücklicher Dank. Ohne die tatkräfte Unterstützung in Freiburg und in Kairo durch meinen Bruder wäre diese Arbeit jedoch noch längst nicht druckreif, daher gebührt nicht zuletzt ihm mein persönlicher Dank.

Die Transkribtion der arabischen Wörter und Namen wurde aus drucktechnischen Gründen wie folgt vorgenommen: Langvokale wurden verdoppelt ausgeschrieben, "hamza" als Apostroph (') und "ayn" als Komma (,) wiedergegeben. Die emphatischen Laute "ta", "sad", "dad" und "zad" wurden einfach als (t), (s), (d) und (z) wiedergegeben; "tha", "kha" und "dha" wurden durch ein angehängtes (h) gekennzeichnet (th), (kh) und (dh), ebenso wie auch "rain" als (gh) transkribiert wurde. "Schin" wurde als (sch) ausgeschrieben und "dschim" als (j) transkribiert. Eigennamen wie z.B. Khartoum, werden hingegen so wiedergegeben, wie sie sich insbesondere in der Presse eingebürgert haben.

INHALTSVERZEICHNIS

VERZEICHNIS DER ABKÜRZUNGEN

AI	Amnesty International
AQ	Arabische Quellen
AR	African Report
ARKP	Annual Reports, Khartoum Province
AW	Africa Watch
BFAI	Bundesstelle für Außenhandelsinformation
BMZ	Bundesministerium für wirtschaftliche Zusammenarbeit
EIU	Economist Intelligence Unit
FFG	The Fund for Peace
GTZ	Gesellschaft für Technische Zusammenarbeit
HYLSG	Half Yearly List of the Sudan Government
ILO	International Labour Office
IDS	Informationsdienst Sudan
KfW	Kreditanstalt für Wiederaufbau
LE	Ägyptische Pfund
LS	Sudanesische Pfund
MORSO	Monthly Return of Senior Officials, Sudan Government, and British Officers Temporarily Employed in Sudan Government Service
NGO	Non Governmental Organisation
OX	OXFAM, Oxford
QLSG	Quarterly List of the Sudan Government
RCC	Revolutionary Command Council
REFACS	Reports on the Finances, Administration and Condition of the Sudan
REFACES	Reports by Her Majesty's Agent and Consul-General on the Finances, Administration and Condition of Egypt and the Soudan
RRC	Relief and Rehabilitation Commission
RSGL	Republic of the Sudan, Government List
SA	Sudan Almanac
SAD	Sudan Archive Durham
SCC	Sudan Council of Churches
SDG	Sudan Democratic Gazette
SEB	Sudan Government Central Economic Board, Directors Annual Report
SGG	Sudan Government Gazette

SGL   Sudan Government List
SIR   Sudan Intelligence Report
SM   Sudan Monitor
SNR   Sudan Notes and Records
SPLA   Sudan Peoples Liberation Army
SSU   Sudan Socialist Union
SDU   Sudan Update
UNDP   United Nations Development Programme
UNHCR   United Nations High Commissioner for Refugees
USAID   United States Agency for International Development
USCR   United States Committee for Refugees
WFP   World Food Programme

VERZEICHNIS DER KARTEN

VERZEICHNIS DER LUFTBILDER

VERZEICHNIS DER ABBILDUNGEN

VERZEICHNIS DER TABELLEN

EINLEITUNG

Die vorliegende Arbeit untersucht die Ausbildung und Struktur der Wohnraumprobleme in der sudanesischen Hauptstadt Khartoum. Hierbei werden zwei Zielsetzungen verfolgt. Zum einen soll im Rahmen des neuen Paradigmas der geographischen Entwicklungsforschung empirisch gezeigt werden, wie im historischen Kontext der Stadtentwicklung die Organisation und der Zugang zu "Wohnraum" durch wechselnde gesellschaftliche Interessen und Konflikte geprägt werden. Zum anderen unternimmt die Arbeit den Versuch, einen theoretischen und konzeptionellen Rahmen zu entwickeln, der in diachroner und synchroner Hinsicht imstande ist, die Wechselwirkungen zwischen der einzelnen Stadt und dem Weltsystem einer empirischen Analyse zugänglich zu machen (vgl. Abb. 1).

Für die geographische Stadtforschung bieten dazu die sogenannten "New Urban Studies" wichtige Ansatzpunkte (vgl. GERTEL, 1993b). Unter den Bedingungen weltweiter, gesellschaftlicher und ökologischer Verflechtungen betonen die "New Urban Studies" bei der Untersuchung von Urbanisierungsprozessen die Notwendigkeit zur konzeptionellen, räumlichen und zeitlichen Erweiterung des herkömmlichen analytischen Blickfeldes. Sie gehen davon aus, daß das übergeordnete ökonomische, politische und soziokulturelle Weltsystem die konkreten urbanen Prozesse konditioniert (FRIEDMANN, 1986; KORFF, 1987). Sollen die grundlegenden Strukturen urbaner Prozesse verstanden werden, so folgern sie, muß die Art und Weise der Konditionierung zum Gegenstand der Analyse erhoben werden (WALTON, 1984; KING, 1990b). Damit wird zum einen eine konzeptionelle Synthese von der Makroebene des Weltsystems, der Mesoebene des nationalen Staates und der Mikroebene der einzelnen Stadt gefordert (SMITH et al., 1987; TIMBERLAKE, 1985; McGEE, 1988); und zum anderen eine Identifikation von Kräften und Akteuren, die auf den einzelnen Ebenen wirksam werden (RIDDELL, 1989). Eine grundlegende Perspektive gilt dabei den Prozessen und Mechanismen der vertikalen Verflechtungen innerhalb des gesellschaftlichen Wirkungsgefüges von "Global Restructuring", "State Responses" und "Local Responses" (SMITH et al., 1987; SAFA, 1987; MINGIONE, 1987). Hierbei werden die Wechselwirkungen von Produktions-, Distributions- und Konsumtionsbeziehungen sowie die Rolle von Staat und Markt thematisiert (THRIFT, 1987; WATTS, 1987; GERTEL, 1993a). Soziokultureller, ökonomischer, politischer und räumlicher Wandel auf der lokalen Ebene der Stadt wird dabei als Ausdruck von Konflikten und Widersprüchen zwischen Schichten und Statusgruppen betrachtet (AGNEW et al., 1984; WALTON, 1984). Als entscheidend wird die Frage angesehen, wie die Akteure der lokalen Ebene durch ihr Handeln das Weltsystem strukturieren. Damit ist die gesellschaftliche Reichweite der "Response" etwa in Form "Städtisch Sozialer Bewegungen" (CASTELLS, 1983; COX, 1984, 1986), sogenannter "IMF-Riots" (WALTON, 1987; SEDDON, 1988) jedoch auch von weniger spektakulären Selbsthilfeaktivitäten angesprochen. Wesentlich zum Verständnis aktueller urbaner Wandlungsprozesse ist schließlich die Analyse der globalen Restrukturierung aus historischer Perspektive (CHASE-DUNN, 1985; SIMON, 1989; KING, 1990a). Besondere Bedeutung erlangen hierbei Untersuchungen zum Zusammenhang von Kolonialismus und "abhängiger" Stadtentwicklung (KING, 1989, 1990a; SIMON, 1984; RIBEIRO, 1989; DOSSAL, 1989).

Korrespondierend mit diesen Arbeiten der "New Urban Studies" ist es das Ziel der vorliegenden Untersuchung, die Struktur der Wohnraumproblematik von Khartoum aus einer historischen Perspektive herauszuarbeiten und zu untersuchen, wie die Interaktionen zwischen "Akteuren" und "Betroffenen", also zwischen Staat, Markt, [inter]nationalen Hilfsorganisationen und illegalen Siedlern sich historisch entwickelt hat, wie diese in weltweite Verflechtungen eingebunden sind, und welche Potentiale letztlich vorhanden sind, um die Wohnraumprobleme in Khartoum zu bewältigen (vgl. Abb. 1). In bisherigen Untersuchungen zu "abhängigen" Urbanisierungsprozessen in der "Dritten Welt", die die Prozesse der Integration einzelner Städte in das Weltsystem analysieren, wird vor allem die Rolle der Ökonomie als ausschlaggebend für gesellschaftliche und räumliche Transformationsprozesse herausgestellt. Dies trifft auch für einen Großteil der "New Urban Studies" zu, da diese aus politisch-ökonomischen Ansätzen hervorgegangen sind. Doch die Konzentration auf [makro]ökonomische Ursachen zur Erklärung von urbaner "Unterentwicklung" erweist sich auch für den Sudan bzw. Khartoum als nicht ausreichend. Die Transformationen des Sudan und die von Khartoum wurden durch die Wechselwirkung ökonomischer, politischer und kultureller Prozesse verursacht. Beispielsweise hatten in der Kolonialzeit auch juristische Strukturen daran Anteil, etwa durch die Implemetierung eines "fremden" Bodenrechts. Ebenso läßt die jüngste Politisierung des Islam und seine Instrumentalisierung als staatliches Entwicklungskonzept rein ökonomische Erklärungsansätze von Krisen und Konflikten in den Hintergrund treten. Hier rücken vielmehr soziokulturelle und eben auch politische Aspekte gesellschaftlicher Transformationen in den Vordergrund und müssen entsprechend ihrer Artikulation in Khartoum bei der Analyse berücksichtigt werden.

Insgesamt gliedert sich die Arbeit in zehn Kapitel. Die ersten drei dienen der allgemeinen, theoretischen und konzeptionellen Hinführung zur Untersuchung der Wohnraumprobleme in Khartoum; ihre Inhalte sind entwicklungstheoretischer, entwicklungspolitischer und regionaler Natur. Die Kapitel vier bis neun sind als historische Längsschnittanalyse organisiert, in der die Ausbildung und Struktur der Wohnraumprobleme von der vorkolonialen und kolonialen bis zur postkolonialen Phase herausgearbeitet werden. Hierbei wird jeweils untersucht, wie sich die lokalen, räumlichen und gesellschaftlichen Bedingungen mit externen Konditionierungen durch ökonomische, politische und kulturelle Kräfte verschränken und wie dies auf die jeweils nächste Phase einwirkt (vgl. Abb. 1). Im zehnten Kapitel werden die grundlegenden Strukturen, Prozesse und Konflikte der Wohnraumproblematik abschließend zusammengefaßt und bewertet.

Abb. 1:

ANALYSERAHMEN

HANDLUNGS-EBENE \ ZEIT	VORKOLONIALE PHASE ⟩	─ KOLONIALE PHASE ─⟶	POSTKOLONIALE PHASE ⟶
GLOBALE ⟵	Europa Osmanisches Asien Reich	Britisches Empire	Multi- und bilaterale Beziehungen
NATIONALE ⟶	Turko-Ägypter im Sudan Mahdiyya Funsch	Anglo-ägyptischer Sudan	Sudanesischer Nationalstaat
(Verflechtungen)	(Markt)	(Politik)	(Kultur)
LOKALE STADTEBENE ⟶	Sennar/Alt-Khartoum/Omdurman	Kolonialstadt Khartoum	Primatstadt Khartoum
GEGENSTAND	AUSBILDUNG UND STRUKTUR DER WOHNRAUMPROBLEME IN KHARTOUM		
PROBLEMSTELLUNG	BEWÄLTIGUNG DER WOHNRAUMPROBLEME IN KHARTOUM		

Gertel, 1993

1. ENTWICKLUNGSTHEORETISCHE ERKLÄRUNGSANSÄTZE ZUR URBANEN "UNTERENTWICKLUNG" IN DER "DRITTEN WELT"

1.1. Geographische Entwicklungsforschung

Die jüngere geographische Entwicklungsforschung hat die von LÜHRING (1977) beklagten Defizite der Entwicklungsländerforschung in Theorie und Methode, welche von einem problemlos positiv bewerteten und im Deskriptiven verharrenden Modernisierungsleitbild ausging, aufarbeiten können. So konstatiert SCHMIDT-WULFFEN (1987), daß nach zehnjähriger entwicklungstheoretischer Diskussion in der Geographie das Ziel der "Wiederankopplung" an den allgemeinen Forschungsstand als erreicht angesehen werden kann. Mit der Rezeption der Dependencia-Diskussion und der Einarbeitung des aus der Produktionsweisendebatte entwickelten Bielefelder Verflechtungsansatzes in die Geographie durch den 1976 von SCHOLZ gegründeten "Geographischen Arbeitskreis Entwicklungstheorien" [GAE] hat sich ein Paradigmenwechsel in der geographischen Entwicklungs[länder]forschung vollzogen.

Im Zentrum des Untersuchungsinteresses der jüngeren geographischen Entwicklungsforschung steht nicht mehr der Raum, sondern das Problem Entwicklung, denn, so wird argumentiert, nicht der Raum habe Probleme, sondern die Menschen, die diesen Raum bewohnen (BLENCK, 1979; BLENCK et al., 1985). So versteht sich die geographische Entwicklungsforschung auch vielmehr als Gesellschaftswissenschaft denn als Raumwissenschaft. Gleichzeitig beinhaltet der Paradigmenwechsel in der geographischen Entwicklungsforschung, in Anlehnung an die Forschungsergebnisse in anderen sozialwissenschaftlichen Disziplinen, auch eine Umorientierung bei den Theorien zur Erklärung von Unterentwicklung. So werden Theorien mit einem globalen Erklärungsanspruch von Unterentwicklung [Imperialismus-, und Dependenztheorien] zunehmend von den Theorien "mittlerer Reichweite"[1] [Bielefelder Verflechtungsansatz] abgelöst. Zurückzuführen ist das darauf, daß die globalen Ansätze zwar einerseits die historischen Bedingungen von Unterentwicklung und die Außenbedingtheit der Abhängigkeitsstrukturen ins Blickfeld gerückt haben, andererseits aber die ökonomischen und

---

[1] Siehe beispielsweise Arbeiten von BOHLE (1986a; 1986b), RAUCH (1985) und THOMI (1987).

soziokulturellen Binnenaspekte von "Entwicklungsgesellschaften" nicht zu erhellen vermochten.

Diese von den "Großraum-Theorien" aus der "Top Down"-Analyse ausgeblendeten, interngesellschaftlichen und lokal-räumlichen Strukturen von Einzelgesellschaften werden dagegen durch den "Bottom Up"-Ansatz der Bielefelder Verflechtungsanalyse thematisiert. Im Zentrum des Interesses der Bielefelder Entwicklungssoziologen steht die Analyse der Verflechtung von verschiedenen Produktionsformen, die innerhalb der weltweit dominierenden kapitalistischen Produktionsweise in einer konkreten, regionalen Handlungssituation[2] empirisch zu belegen ist. Dabei gilt dem Stellenwert der Subsistenzproduktion das Hauptaugenmerk.[3] Zur Beurteilung der bestehenden Wechselwirkungen von Weltwirtschaft und Einzelgesellschaft wird dabei die Bedeutung der Handlungsstrategien der Mitglieder von Reproduktionseinheiten hervorgehoben, da sie schließlich, so EVERS (1987, 139), für die Gesellschaftsformation bis auf die Weltsystemebene konstituierend seien. Entsprechend diesem neuen Paradigma in der geographischen Entwicklungsforschung und den Forderungen der "New Urban Studies" sollen im ersten Teil der vorliegenden Arbeit entwicklungstheoretische Erklärungsansätze zur urbanen "Unterentwicklung" in den Ländern der "Dritten Welt" herausgearbeitet werden.[4]

---

[2] Zum Begriff der Handlungssituation siehe WIRTH (1984, 77-78) und BOHLE (1986b), der im Sinne eines neuen Paradigmas in der geographischen Entwicklungsforschung die Bedeutung von Theorien "mittlerer Reichweite" am Beispiel der Debatte über Produktionsweisen in Indien erörtert und dabei von der These ausgeht, daß theoriegeleitete geographische Entwicklungsforschung (BLENCK) und regional begrenzte Situationsanalysen (WIRTH) sich keineswegs ausschließen.

[3] Die Subsistenzproduktion wird dabei als ein in die kapitalistische Produktionsweise integrierter Bestandteil beurteilt (vgl. BLENCK et al., 1985, 69; EVERS, 1987a, 138).

[4] Es sei an dieser Stelle exemplarisch auf HEIN (1981) verwiesen, der eine umfangreiche Fachübersicht zur allgemeinen Theorie der Unterentwicklung anbietet.

1.2. "Top Down"-Ansätze mit "globalem" Erklärungsanspruch

Die Unterscheidung von "Top Down"- und "Bottom Up"-Ansätzen zur Erklärung von urbaner "Unterentwicklung" dient in erster Linie der Verdeutlichung zweier Sachverhalte, nämlich der unterschiedlichen Blickrichtung der Ansätze und der unterschiedlichen Aggregationsebene der erklärenden Variablen. Die "Top Down"-Ansätze gehen von einer gesamtgesellschaftlichen, globalen Ebene aus und blicken "von oben nach unten" auf die "unterentwickelten" Teile der Weltgesellschaft. Zur Erklärung von "Unterentwicklung" benutzen sie hochaggregierte Variable, etwa Sektoren und Wirtschaftskreisläufe, die als Systeme interagierend "Unterentwicklung" verursachen oder perpetuieren. Demgegenüber setzt der "Bottom Up"-Ansatz der Bielefelder Entwicklungssoziologen auf der lokalen Ebene der von Armut Betroffenen an und blickt "von unten nach oben" zur Gesamtgesellschaft. Als eine zentrale erklärende Variable für urbane "Unterentwicklung" verwendet dieser Ansatz die Handlungsstrategien der Betroffenen und damit eine wenig aggregierte Variable. Die einzelnen Strategien werden hierbei jedoch nicht etwa psychologisch erklärt, sondern als das Ergebnis einer externen, gesamtgesellschaftlichen Konditionierung verstanden.

1.2.1. Entwicklungsfunktionalität urbaner Räume aus der Perspektive von "Dualismus" und "Struktureller Heterogenität"[5]

Die beiden in ihrer Beschreibung von "Unterentwicklung" grundsätzlich verschiedenen Positionen von Modernisierungs- und Dependenztheorie beziehen auch bei der Bewertung sich im Raum auswirkender Entwicklungsdynamiken unterschiedliche Standpunkte. Für den geographischen Zugriff zur räumlichen Dimension drängt sich, nach SCHMIDT-WULFFEN (1987, 132), die Klassifizierung von regionalen Disparitäten als Strukturmerkmal von "Unterentwicklung" geradezu auf. Diese werden von den Vertretern des modernisierungstheoretischen Ansatzes durch interne Dualismen erklärt, von den Anhängern der Dependencia hingegen als das Ergebnis eines von außen gesteuerten, räumlich und sozioökonomisch polarisiert verlaufenden Prozesses bestimmt.

---

[5]   BLENCK et al. (1985) führen das Dualismuskonzept bis ins 15. Jahrhundert zurück und bestimmen den Dualismusbegriff auch für die gegenwärtige geographische Entwicklungsforschung. Zum Konzept der strukturellen Heterogenität siehe NOHLEN et al. (1982).

Die Vertreter des modernisierungstheoretischen Ansatzes erklären
"Unterentwicklung" mit dem Verharren im "Traditionellen",[6] bzw. mit
der autochthonen Unfähigkeit zu dynamischem Wirtschaftsverhalten. Ausgangspunkt dieser Diskussion ist es, "Unterentwicklung" als dualistisches
Verhältnis von "modernen" und "traditionellen" Wirtschaftssektoren zu
interpretieren. Die Anhänger dieses Dualismuskonzeptes gehen weiterhin
davon aus, daß die wirtschaftlichen und sozialen Systeme des
"traditionellen" und des "modernen" Sektors weitgehend unverbunden
sind. Sie folgern daraus, daß die Überwindung von "Unterentwicklung"
durch die Ausbreitung von modernen Sektoren ermöglicht wird, wobei
die entwicklungshemmenden "traditionellen" Strukturen sukzessiv verdrängt würden. Als steuerbares Instrument soll ökonomisches Wachstum
Modernisierung und Entwicklung induzieren.[7] Die urbanen Räume werden dabei als Zentren des Fortschritts lokalisiert [Wachstumspole][8] und in
ihrer Funktion dazu bestimmt, die entscheidenden Entwicklungsimpulse
über sogenannte "Trickle-Down-Effekte" an die ländlich-"rückständigen"
Gebiete weiterzugeben. Dabei werden die Austauschbeziehungen zwischen Stadt und Land, beispielsweise in Form von Waren-, Nahrungs-
mittel- und Migrantenströmen, als problemlos positiv bewertet. Räumliche Disparitäten und sozioökonomische Probleme, die in den "zu ent-
wickelnden Ländern" auftreten, wie etwa Ungleichgewichte in den
Lebensbedingungen zwischen Stadt und Land, werden des weiteren als
Übergangsstadien gedeutet, die durch eine entsprechende Entwicklungsplanung zu steuern sind, so daß die negativen Begleiterscheinungen des
Entwicklungsprozesses kontrollierbar bleiben (LAQUIAN in, BOHLE,
1984, 462).

Als Kritik an dem Dualismuskonzept kann mit BLENCK et al. (1985,
68) angemerkt werden, daß die Betrachtung der "traditionellen" bzw. der
modernen Wirtschaftssektoren meist isolierend auf den Nationalstaat
bezogen bleibt, so daß die Interdependenzen sowohl zwischen den beiden

---

6   BRONGER beispielsweise erklärt, daß die mangelnde Innovationsbereitschaft der
    Bevölkerung die Ursache für Unterentwicklung sei: "Die Förderung und
    Entwicklung der Innovationsbereitschaft ist somit ein Schlüssel zur Entwicklung
    selbst" (1975, 458). Zur Kritik siehe ELWERT 1982b.

7   Dabei gehen die Vertreter der ökonomischen Wachstumstheorien in der Regel
    davon aus, daß alle Gesellschaften bis zum Einsetzen eines selbsttragenden wirt-
    schaftlichen Wachstums mehrere Entwicklungsstufen zu durchlaufen hätten. Der
    bekannteste Vertreter dieses Ansatzes ist W.W. ROSTOW (1967).

8   Zum Konzept der Wachstumspole siehe PERROUX (1955).

Sektoren als auch zwischen den Industrieländern und den Ländern der "Dritten Welt" verhüllt werden. Gleichwohl werden auch die historischen Bedingungen von "Unterentwicklung" [Kolonialismus] aus der Untersuchungsperspektive ausgeblendet, womit das Dualismuskonzept auf einer deskriptiven Ebene verharrt, ohne daß Zusammenhänge auf unterschiedlichen Analyseebenen herausgearbeitet werden (SCHMIDT-WULFFEN, 1987, 132). Darüber hinaus macht RAUCH (1985) deutlich, daß Theorien, die darauf abzielen, regionale Disparitäten durch eine Änderung der räumlichen Struktur zu beheben, nicht erfolgreich sein können, da eine Umkehr der vorherrschenden Akkumulationsmuster, die den Interessen privilegierter Klassen entsprechen, damit nicht erreicht würde.[9]

Demgegenüber gilt die wachsende Metropolisierung der "Dritten Welt" bei den Vertretern des dependenztheoretischen Ansatzes als Indikator für "Unterentwicklung" (vgl. DRAKAKIS-SMITH, 1987, 1990; GILBERT et al., 1982; LOWDER, 1986). Der Verstädterungsprozeß in der "Dritten Welt" wird als Ausdruck einer exogen induzierten, "abhängigen Entwicklung" diagnostiziert, als "urbanisation dependante" (CASTELLS, 1975, 62), deren entscheidende Weichenstellung zu den heutigen Problemen zur Zeit des Kolonialismus gelegt wurde (vgl. KING, 1990a; SIMON, 1989; vgl. Kap. 3.4.). Die Metropolen der "Dritten Welt" sind nicht mehr Zentren, "(...) sondern bestenfalls Enklaven der Modernisierung und des sozialen Wandels; sie sind in der Mehrzahl 'aktiv unterentwickelte Gebiete'" (HAMPEL et al., 1986, 92; und EVERS, ebd.) und Sammelbecken für die wachsende Masse marginalisierter Gruppen. Damit werden die in den Ländern der "Dritten Welt" auftretenden Klüfte innerhalb der Gesellschaften und zwischen unterschiedlichen Regionen von den Vertretern des Dependencia-Ansatzes nicht mehr als Phänomene des Übergangs angesehen, sondern als von außen verursachte und als strukturell sich perpetuierende Prozesse

---

[9]   In seinem akkumulationstheoretischen Modell bestimmt RAUCH (1985) im Gegensatz zu den regionalwissenschaftlichen Grundmodellen die räumlichen Polarisations- und Ausgleichsmechanismen als konkrete Rahmenbedingungen. Er folgert, daß zur Erklärung von Raumstrukturen die historisch sich verändernden Einflüsse der Wirtschafts- und Gesellschaftsstruktur als erklärende Variable herangezogen werden müssen. Ausgehend von diesen Überlegungen wendet RAUCH sich gegen Strategien, die von Sickereffekten zentraler oder dezentral konzentrierter Wachstumspole ausgehen und dabei den wachsenden regionalen Disparitäten mit einer Änderung der räumlichen Struktur begegnen wollen. RAUCH plädiert als Ansatzpunkt zur Überwindung wachsender Armut vielmehr für wirtschafts- und gesellschaftsstrukturierende Prozesse, wie Partizipation der Bevölkerung und geschützte Marktentwicklung.

bestimmt. Zur Erklärung von "Unterentwicklung" wird als zentrale analytische Kategorie das Konzept der "strukturellen Heterogenität" herangezogen. Ausgehend von der Überlegung, daß die "modernen" [kapitalistischen] und die "traditionellen" [vorkapitalistischen] Wirtschaftssektoren in einen gemeinsamen historischen Prozeß eingebunden sind, in dem sie sich interdependent und in einem spezifischen Verhältnis entwickeln, werden die Relationen einzelner Wirtschaftssektoren zueinander als entweder koexistent - was, wie SCHMIDT-WULFFEN (1987, 133) bemerkt, stark an das Nebeneinander von Wirtschaftssektoren in dualistischer Sichtweise erinnert - oder aber als hierarchisch geordnet bestimmt. Ob es sich bei den zu untersuchenden Asymmetrien der "Heterogenität" aber um Produktivitätsunterschiede zwischen oder innerhalb der Wirtschaftssektoren handelt, oder ob das Nebeneinander bzw. Übereinander von Produktionsweisen Gegenstand der Analyse ist, bleibt, wie NOHLEN et al. (1982, 94-95) aufzeigen, ein Definitionsproblem.

Im Gegensatz zu den modernisierungstheoretischen Ansätzen wird jedoch von den Vertretern der Dependencia durchgängig konstatiert, daß enge Beziehungen zwischen allen wie auch immer bezeichneten Sektoren der Peripheriegesellschaft bestehen, daß also keiner sich unabhängig von dem anderen entwickeln kann. Darüber hinaus wird betont, daß der moderne Sektor keineswegs autonom sei, sondern vielmehr ein Bindeglied zum Weltmarkt darstelle (NOHLEN et al., 1982, 102). Nach HEIN (1981, 78) wird diese Verflechtung zunehmend durch die kapitalistische Akkumulation beherrscht, ohne daß jedoch die nicht-kapitalistischen Produktionsweisen und -formen vollständig aufgelöst würden. So seien die sich vertiefenden sozioökonomischen und räumlichen Disparitäten Ergebnis einer von außen gesteuerten Polarisierungsdynamik. Nur in einem übergreifenden Prozeß der wirtschaftlichen und sozialen Umstrukturierung der Gesamtgesellschaft ist für die Vertreter des dependenztheoretischen Ansatzes die Überwindung von "Unterentwicklung" und damit auch die Lösung der Verstädterungsprobleme denkbar (vgl. BOHLE, 1984, 462; RAUCH in Anmerkung 9).

Das Konzept der strukturellen Heterogenität beschreibt somit die zu beobachtenden Disparitäten - im Sinne der Dependenzauffassung - als Folge der kolonialzeitlich angelegten Weltmarktintegration unter den Vorzeichen einer abhängigen Entwicklung. Mit dem ausschließlichen Verweis auf die externe und historische Verursachung struktureller Deformationen werden aber die internen Mechanismen in der Analyse ausgeblendet und nur als Wirkung außengesetzter Bedingungen erklärt. Darüber hinaus werden die internen sozialen und ökonomischen Prozesse aufgrund der groben Rasterung des theoretischen Zugriffs, dem die dichotomen Variablen wie auch immer zu benennender Sektoren zugrundeliegen, nur sehr eingeschränkt erfaßt (vgl. SCHMIDT-WULFFEN, 1987, 133).

Zusammenfassend kann festgestellt werden, daß den Metropolen der "Dritten Welt" von den Vertretern der Modernisierungstheorie eine Katalysatorfunktion im Entwicklungsprozeß zugeschrieben wird, wohingegen die Vertreter des dependenztheoretisch orientierten Ansatzes den urbanen Zentren der "Dritten Welt" einen parasitären Charakter zuweisen; die Metropolen der "Dritten Welt" werden, entsprechend den Ausführungen von BOHLE (1984, 462), als Glieder in der Kette eines urbanen Systems weltweiter Ausbeutungs- und Abhängigkeitsbeziehungen bezeichnet, die dem Abzug von Ressourcen aus dem ländlichen Raum der "Dritten Welt" in die "Erste Welt" dienen.

1.2.2. Die Beiträge der Marginalitätsdebatte zur Erklärung urbaner "Unterentwicklung"

Gesellschaftliche Realitäten in den großstädtischen Zentren der "Dritten Welt", werden auch innerhalb der dependenztheoretisch orientierten Marginalitätsdebatte vor dem Hintergrund räumlicher und sozioökonomisch polarisiert verlaufender Prozesse beschrieben. Das Konzept der strukturellen Heterogenität steht, so NOHLEN et al. (1982, 104), in einer kausalen Beziehung zu dem der Marginalität: "strukturelle Heterogenität ruft Marginalität hervor". Die Merkmale der strukturellen Heterogenität wurden vor allem von A. QUIJANO (1974) in das Marginalitätskonzept eingearbeitet und als Produkt des peripheren Kapitalismus gekennzeichnet. QUIJANO, der sich in seiner Analyse auf Lateinamerika konzentriert, arbeitet die Entstehung eines "marginalen Poles" auf gesamtwirtschaftlicher Ebene heraus. Dagegen untersucht SANTOS (1979) in seiner Theorie des "Shared Space" die Auswirkungen der wirtschaftlichen Polarisierungsdynamik auf der Ebene der Stadtökonomie von Peripheriegesellschaften. Die Polarisierungsprozesse sozioökonomischer Systeme und räumlicher Strukturen sind bei OUIJANO und bei SANTOS Gegenstand der Analyse, wobei beide Autoren die Beziehungen zwischen einzelnen Polen näher bestimmen und neben der Produktionsebene auch die Distributionsebene in die Untersuchung mit einbeziehen. Dadurch bleibt die Vorgabe der externen Verursachung als alleiniger Auslöser von Unterentwicklung zwar bestehen, jedoch wird die im Konzept der strukturellen Heterogenität unscharf gebliebene Trennung und Wechselwirkung zwischen den einzelnen Wirtschaftssektoren zum Untersuchungsgegenstand.

Als Ursache der Polarisierungsdynamik wird von beiden Autoren die Überlagerung der in dem Land selbst entstandenen "traditionellen" Wirtschaftssektoren durch neue, von außen aufgesetzte, ökonomische Kräfte angegeben. Dabei drängen die Prozesse kapitalintensiver, räumlich konzentrierter Industrialisierung und landwirtschaftlicher Modernisierung zum einen die "traditionellen" Sektoren immer weiter zurück, ohne daß diese dadurch vollständig verschwinden, und zum anderen kombinieren sie sich, allerdings unter Beibehaltung ihrer Hegemonie, mit den zum "marginalen Pol" (QUIJANO, 1974, 300-302) bzw. zum "unteren Wirtschaftskreislauf" (SANTOS, 1979) degradierten älteren Sektoren. Die relative Bedeutung der älteren Sektoren im Gesamtsystem nimmt ab und diese verlieren zunehmend auch an Kontrolle sowohl über die Ressourcen der Produktion als auch über die Märkte. Gleichzeitig impliziert die enge Verzahnung der Ebenen der Wirtschaft - bei OUIJANO: marginale, konkurrenzkapitalistische, monopolistische - einen permanenten Kapitaltransfer, von den unteren in die oberen Ebenen der peripheren Gesamtwirtschaften und von dort in die metropolitanen Zentren der Weltökonomie. Die Ausbildung des durch permanenten Kapitalabfluß gekennzeichneten "marginalen Pols" bzw. des "unteren Wirtschaftskreislaufes" läßt die Gesamtstruktur zunehmend heterogener und widersprüchlicher werden. Das Ergebnis besteht, so QUIJANO (1974, 336), in einer relativen Unterentwicklung der Gesamtwirtschaft. SANTOS (1979) überträgt nun diese aus dem Überlagerungsprozeß hervorgegangene Polarisierungsdynamik auf Stadtökonomien der "Dritten Welt".[10] Er geht davon aus, daß aufgrund technischer Modernisierung in Industrie und Landwirtschaft sinkende Beschäftigungsraten zu verzeichnen sind, die zur Folge haben, daß der Großteil der Bevölkerung von Niedrigeinkommen und Gelegenheitstätigkeiten abhängig ist und nur eine Bevölkerungsminorität höhere Einkommen erwirtschaften kann (ebd., S. 17 ff.). Somit kennzeichnen extreme Einkommensdisparitäten die urbane Bevölkerung, die daher mit

---

[10]   Eine Zusammenfassung der 1975 erschienen Orginalausgabe: " L'espace Partage'", die einen kurzen Überblick über die Arbeit von SANTOS bietet, ist in Antipode, 3, 1977 veröffentlicht.

unterschiedlichem Kaufkraftpotential und ungleichem Zugang zu Konsumgütern an der städtischen Ökonomie partizipiert. Daraus hervorgehende quantitative und qualitative Unterschiede im Konsumtionsprozeß manifestieren und reproduzieren die beiden in Tabelle 1 charakterisierten Wirtschaftskreisläufe der städtischen Ökonomie.[11] Die Interaktion beider Wirtschaftskreisläufe führt, so SANTOS, zu einem permanenten Kapitalentzug aus den lokal begrenzten Wirtschaftsaktivitäten des unteren Kreislaufs und hat zur Folge, daß die Deformationen der räumlichen und gesellschaftlichen Strukturen im Zuge des Polarisierungsprozesses ein immer größeres Ausmaß annehmen. Die Mechanismen dieses gerichteten Kapitaltransfers, von den Einheiten der untersten Ebene sozialer Organisationsformen und kleinster lokaler Räume zu dem von außen aufgesetzten modernen Sektor, erfaßt SANTOS einerseits durch das Herausarbeiten der das Gesamtsystem konstituierenden Elemente und andererseits durch die Analyse der Wechselwirkung beider Wirtschaftskreisläufe (1979, 17 ff.). Er führt aus, daß der obere Wirtschaftskreislauf sich aus drei Elementen konstituiert, nämlich aus den integrierten, den nicht-integrierten und den gemischten Wirtschaftsaktivitäten. Bestandteile der in der Stadt selbst lokalisierten integrierten Wirtschaftsaktivitäten seien die städtische Industrie, der Handel und die modernen Dienstleistungen, wohingegen exportorientierte Industrie, Banken, aber auch Handel für die nicht-integrierten Wirtschaftsaktivitäten stehen. Diese nicht-integrierte Ebene würde, laut SANTOS (1979, 18), von äußeren Interessen kontrolliert, die lediglich die Standortvorteile der Stadt ausnutzten, um dann die "outputs" außerhalb der Stadt zu konsumieren. Die dritte Ebene, die der gemischten Wirtschaftsaktivitäten, sei sowohl mit dem oberen als auch mit dem unteren Wirtschaftskreislauf verzahnt. Der Großhandel stehe hierbei an der Spitze eines hierarchischen Distributionssystems, das in der Regel auf Patron-Klient-Beziehungen beruhe und bis zur Ebene der mobilen Straßenverkäufer in den unteren Wirtschaftskreislauf hinabreiche. Dieser untere Wirtschaftskreislauf sei vor allem durch die nicht-kapitalintensiven Formen der Produktion mit einem hohen Absorbtionsvermögen von Arbeitskräften charakterisiert. Grundlegend für die Unterscheidung von den modernen Sektoren sei aber der räumlich begrenzte Aktionsradius der Wirtschaftsaktivitäten des unteren Kreislaufs (ebd., S. 197).

---

[11]   Der untere Wirtschaftskreislauf [lower circuit] entspricht in der deskriptiven Charakterisierung weitgehend dem Konzept des sogenannten "informellen Sektors" (vgl. Kap. 1.3.1.1.), geht aber in den wesentlichen analytischen Aussagen weit über diesen Ansatz hinaus.

Als Zwischenbilanz kann somit festgestellt werden, daß SANTOS durch die Bestimmung der die Wirtschaftskreisläufe konstituierenden Elemente ihre internen Verhältnisse als eine differenzierte hierarchische Struktur herausstellt, die auf den verschiedenen Ebenen des Gesamtsystems durch jeweils unterschiedlich weit reichende, ökonomische und räumliche Aktionsradien gekennzeichnet sind. Die Mechanismen, die nun den Austauschprozeß zwischen dem unteren und dem oberen Kreislauf der städtischen Ökonomie regeln, werden nach den Ausführungen von SANTOS im wesentlichen über drei Medien vermittelt (1979, 110ff.). Das sind Kredite, Bargeld und Mittelsmänner. Exemplarisch werden die Mechanismen der asymmetrischen Verflechtung beider Wirtschaftskreisläufe im folgenden anhand der Aktionen von Mittelsmännern dargestellt. Die Mittelsmänner, vor allem diejenigen aus den Bereichen Großhandel und Transportwesen, agieren als Schaltstellen zwischen dem unteren und dem oberen Wirtschaftskreislauf und beeinflussen sowohl Angebot als auch Nachfrage. Über finanzielle und politische Kanäle, aber auch durch ihre unmittelbare Teilnahme am Konsumtionsprozeß transferieren diese Mittelsmänner das über vielfältige persönliche Kontakte und Kredite im unteren Wirtschaftskreislauf erworbene und akkumulierte Kapital in den oberen Wirtschaftskreislauf der städtischen Ökonomie. Ihre besondere Stellung beruht auf dem Zugang zu offiziellen Institutionen (Banken), wodurch sie beispielsweise in den Genuß günstiger Kredite kommen, die sie mit enormen Gewinnspannen an ihre Klientele weiterreichen. So ist die Einbindung der ärmsten Stadtbewohner in den Prozeß der Konsumtion zum überwiegenden Anteil durch Kredite realisiert, was laut SANTOS bedeutet, daß die Abhängigkeiten von den Mittelsmännern um so mehr wachse, je größer die Armut sei. Je weiter man also auf der Skala der Mittelsmänner hinabsteige, desto kleiner werde deren Aktionsradius, desto kurzfristiger der Kredit, umso höher das Risiko und der Zinssatz und desto größer sei letztendlich auch die Abhängigkeit und Ausbeutung des einzelnen "Unternehmens" (ebd., S. 123-124).

Tab. 1: Charakteristika der zwei Kreisläufe der städtischen Ökonomie in "unterentwickelten" Ländern

	Oberer Kreislauf	Unterer Kreislauf
Technologie	kapitalintensiv	arbeitsintensiv
Organisation	bürokratisch	primitiv
Kapitaleinsatz	unbegrenzt	begrenzt
Arbeitseinsatz	begrenzt	unbegrenzt
RegelmEinkommen	dominierend	selten
Lagerhaltung	große Mengen/ hohe Qualität	kleine Mengen/ niedrige Qualität
Preise	fixiert	variabel, Verhandlungssache
Kredit	institutionell/ Banken	persönlich
Gewinnspanne	klein pro Einheit/ groß im Umsatz/	groß pro Einheit/ geringer Umsatz
Verhältnis zur Kundschaft	anonym/Verträge	direkt/persönlich
Fixkosten	substantiell	vernachlässigbar
Werbung	notwendig	keine
Recycling	nein	teilweise
Kapital für laufende Kosten	notwendig	nicht notwendig
Regierungshilfe	extensiv	kaum
Direkte Abhängigkeit vom Ausland	groß	gering/keine

Quelle: SANTOS (1979, 22), leicht verändert

Die asymmetrischen Austauschbeziehungen innerhalb und zwischen den beiden Kreisläufen der urbanen Ökonomie repräsentieren somit neben dem rein ökonomischen Vorgang immer auch eine soziale Interaktion und erweisen sich als keineswegs harmonisch oder gar konfliktfrei. Zudem werden nach SANTOS die Mechanismen des Kapitaltransfers, die sich aufgrund ökonomischer Abhängigkeitsverhältnisse herausbilden, infolge der Kombination mit einem zweiten, "geographischen" Ausbeutungsmechanismus verstärkt und gleichzeitig raumwirksam (ebd., S. 206). Er geht davon aus, daß die Preise für Konsumgüter in den Metropolen aufgrund des Wettbewerbs und der geringeren Transportkosten günstiger sind als die in einer Kleinstadt. Da für die Konsumenten die Möglichkeit, den lokalen Markt zu verlassen, abhängig ist von ihrer Mobilität und diese in erster Linie durch die Höhe des Einkommens bestimmt wird, bedeutet die daraus resultierende relative Immobilität der ärmsten Bevölkerungsteile, daß sie insbesondere in den Kleinstädten von einer kleinen Anzahl Kaufleute abhängig sind, welche ihnen die Preise diktieren. Insofern erscheine auch die Entscheidung zur Migration in die Metropolen sinnvoll und führe, so SANTOS (1978, 206), zu einer beispiellosen Konzentration marginalisierter Bevölkerungsteile in den urbanen Agglomerationen. Die Mechanismen der asymmetrischen Austauschprozesse und die Einbindung noch der kleinsten lokalen Räume in das System der internationalen Arbeitsteilung äußern sich somit in einer Polarisierung von Raum- und Gesellschaftsstrukturen und perpetuieren Armut selbst in den dynamischsten Wachstumszentren.

SANTOS resümiert, daß bei zunehmender Beherrschung der Wirtschaft durch die modernen Sektoren zwar beide Kreisläufe wachsen, gleichzeitig aber auch die Kluft zwischen ihnen größer wird (1978, 199). Er kommt zu dem Schluß, daß weder durch Agrarreformen noch durch verstärkte Industrialisierung das Problem der Armut gelöst werden könne, denn es sei politischer, nicht technologischer Natur. So fordert er, den Produktionsprozeß in den Dienst der Gesellschaft zu stellen, wobei es vor allem darum gehe, soziale statt ökonomische Produktivität zu erzielen (ebd., S. 206 ff.). Wie die Durchsetzung einer gesellschaftlichen Umstrukturierung erfolgen kann, bzw. wer als Träger eines solchen Prozesses in Frage kommt, wird von ihm jedoch nicht thematisiert. Ein politisches Konfliktpotential spricht SANTOS nur insofern an, als er die Metropolen der "Dritten Welt" als möglichen Ort einer historischen Konfrontation zwischen "arm" und "reich" bestimmt (ebd., S. 206).

Für QUIJANO (1974, 336) hingegen zieht die "marginalisierte Arbeitskraft", die infolge der strukturellen Deformation aus ihren "traditionellen" Aktivitäten freigesetzt wurde, eine Vertiefung der ohnehin extremen sozialen Unterschiede nach sich und schafft auf gesamtgesellschaftlicher Ebene eine neue Quelle sozialer Konflikte. Die Folge ist, so OUIJANO (1974, 339), daß die marginalisierte Arbeitskraft zum Problem für die Gesellschaft und ihre dominierenden Gruppen wird, da die Widersprüche und die Konflikte der Gesellschaft sich soweit zuspitzen, daß die Grundlagen der Herrschaftsordnung erschüttert werden:

> Die Art der Antwort, die die dominierenden Gruppen auf das Problem finden können, hängt ab von dem jeweiligen Mobilisierungs- und Organisationsniveau der Beherrschten und von den Widersprüchen, die im Inneren der herrschenden Gruppen selbst auftreten (ebd., S. 341).

Zusammenfassend ist festzustellen, daß die Vertreter des marginalisierungstheoretischen Ansatzes urbane "Unterentwicklung" in der "Dritten Welt" als einen exogen induzierten, räumlich und sozioökonomisch polarisierend verlaufenden Prozeß erklären. Der global ausgerichtete "Top Down"-Ansatz arbeitet dabei zwar die asymmetrische Verflechtung von Einheiten der untersten Ebene sozialer Organisation und kleinster lokaler Räume mit den übergeordneten Ebenen der Weltwirtschaft heraus, analysiert aber nicht die Wertprämissen und Verhaltensmuster handelnder Menschen in ihrer jeweiligen sozialen Einbindung. Der "subjektive Faktor" der Betroffenen verschwindet hinter den Strukturen. Diesen versuchen die Bielefelder Entwicklungssoziologen in ihrem eher handlungstheoretisch orientierten "Bottom Up-Approach", der im folgenden dargestellt wird, zu thematisieren.

1.3. "Bottom Up"-Ansatz "mittlerer Reichweite": Der Bielefelder Verflechtungsansatz

Im Sinne eines neuen Paradigmas in der geographischen Entwicklungsforschung steht der Bielefelder Verflechtungsansatz für eine Theorie "mittlerer Reichweite". In kritischer Auseinandersetzung mit den Positionen der Dependencia-Debatte ist die Analyse darauf ausgerichtet, die interne kapitalistische Durchdringung von "Entwicklungsländern" herauszuarbeiten. Gegenstand der auf der "Graswurzelebene" ansetzenden Forschungsperspektive sind die sozioökonomischen und kulturellen Binnenaspekte der zu untersuchenden Gesellschaften. Besonderes

Augenmerk liegt hierbei auf der Beschreibung der Wechselwirkungen bzw. Verflechtungen zwischen verschiedenen Produktionssektoren, wobei insbesondere die Rolle der Subsistenzproduktion herausgearbeitet wird. Empirische Untersuchungen setzen an den konkreten, lokal spezifischen Verhältnissen an, arbeiten die beteiligten Variablen in ihrer Gewichtung und Beziehung zueinander heraus und analysieren ihre Verflechtung mit den übergeordneten Handlungsebenen der Weltökonomie.[12]

Die Bielefelder Entwicklungssoziologen gehen in ihrem "Bottom Up-Approach" grundsätzlich der Frage nach, wie in einem spezifischen Untersuchungsfeld die Befriedigung der Grundbedürfnisse organisiert ist. Für die "Schicht der Ungesicherten",[13] deren wirtschaftliche Tätigkeiten ein Überleben nur partiell und bedingt sichert, ergibt sich zur Reproduktion ihrer Arbeitskraft, wie ELWERT et al. (1983, 284) ausführen, die Notwendigkeit zu zweckrationalem, strategischen Handeln. Ihre Handlungsstrategien setzen dabei sowohl im ökonomischen als auch im soziokulturellen Bereich an. Im wirtschaftlichen Bereich äußert sich die "Überlebensrationalität"[14] in einer Kombination von verschiedenen Produktionssektoren, in ihrem soziokulturellen Gefüge motiviert die "Suche nach Sicherheit" die Einbindung in soziale Netzwerke und kooperative Organisationsstrukturen. Diese beiden Bereiche des strategischen Handelns sollen im folgenden näher beleuchtet werden. Hierbei gilt es jedoch zu beachten, daß die Aufteilung der Überlebensrationalität in eine ökonomische und eine soziokulturelle Sphäre eine analytische ist, die in der Alltagsrealität der Betroffenen nicht vorliegt.

---

[12] Aus den umfassenden Forschungsgebieten der Bielefelder Entwicklungssoziologen werden im folgenden vor allem jene Elemente herausgestellt, die für die vorliegende Arbeit wesentlich sind. Wichtige theoretische Arbeiten zum Bielefelder Verflechtungsansatz sind: ELWERT (1984; 1985; 1987), ELWERT et al. (1983), EVERS (1987a), EVERS et al. (1988), SCHIEL et al. (1981), SMITH et al. (1984). Zur Bedeutung des Bielefelder Ansatzes für die geographische Entwicklungsforschung siehe: BLENCK et al. (1985), SCHMIDT-WULFFEN (1987).

[13] ELWERT et al. (1983, 284) verstehen unter der "Schicht der Ungesicherten" diejenigen, deren Überleben nur durch konstantes strategisches Handeln zu sichern ist, und bei denen die "Suche nach Sicherheit" eine absolute Priorität vor der Einkommensmaximierung hat (vgl. "mobile Masse", EVERS 1981, 65).

[14] Zum Begriff der Überlebensrationalität vgl. SCHIEL et al. (1981, 140).

1.3.1. Ökonomische Aspekte strategischen Handelns: Die Kombination von Produktionssektoren

1.3.1.1. Exkurs: Der "informelle Sektor" und seine Bedeutung für das Überleben städtischer Armer

In den siebziger Jahren rückte die Massenarbeitslosigkeit in den Städten der "Dritten Welt" in das Blickfeld entwicklungspolitischer Überlegungen und war Anlaß einer Reihe von Studien zum Thema Arbeitslosigkeit und Beschäftigungspolitik. Der Begriff des "informellen Sektors" wurde vor allem durch HART (1973) geprägt, der ihn im Rahmen von Auftragsforschungen für das "International Labour Office" [ILO] in seiner Studie über Accra [Ghana] präzisierte.[15] Das Konzept des informellen Sektors steht dabei in der Tradition dualistischer Ansätze zur Erklärung von Unterentwicklung, wobei das Begriffspaar "formell-informell" die Dichotomie "moderner-traditioneller" Sektor ablöst (vgl. HERRLE, 1983, 50; SCHIEL, 1987, 92). Mit dem Konzept des informellen Sektors wird die städtische Ökonomie der Armen als ein Wirtschaftssektor gekennzeichnet, der unorganisiert und weder statistisch noch juristisch oder fiskal erfaßt ist (vgl. WAHNSCHAFFT, 1984, 29-40; SCHAMP, 1989, 8-11). Besonderes Interesse gilt dem produzierenden Kleingewerbe und den Selbständigen im Handel- und Dienstleistungsbereich [z.B. Schneider, Straßenhändler, Schuhputzer]. Die Unternehmen des informellen Sektors werden dabei wie folgt charkterisiert (ILO, 1972):

- leichter Zugang/Startmöglichkeiten
- Unternehmen geringer Größe [Familienbetriebe]
- arbeitsintensive und angepaßte Technologien
- Verwendung lokaler Ressourcen
- Nutzen unregulierter Märkte
- vom Staat behinderte Tätigkeiten

Vor allem in der Untersuchungsreihe des ILO 1970-1976 werden die Aktivitäten im informelle Sektor als bedeutendes entwicklungspolitisches Potential identifiziert und als grundsätzlich produktiv gekennzeichnet. Für die afrikanischen Städte führt SEIBEL (1983, 161-186) aus, daß die

---

[15] ELWERT et al. (1983, 281-282) merken an, daß der Begriff des "informellen Sektors" schon früher etwa bei WALLACE (1972) zu finden ist.

Leistung des informellen Sektors vor allem darin bestehe, die städtischen Arbeitslosen, deren Zahl infolge einer andauernden Stadt-Land-Migration ständig größer werde, aufzufangen, d.h. sowohl ihr wirtschaftliches als auch ihr physisches Überleben zu sichern. So biete dieser Wirtschaftssektor einem Großteil der Stadtbevölkerung Beschäftigung wie auch informelle Ausbildung und produziere darüberhinaus eine Vielzahl von Gütern zu niedrigen Preisen. Aufgrund seiner hohen Absorptionsfähigkeit sei absolute Erwerbslosigkeit ein eher vorübergehendes Phänomen, das, wenn überhaupt, vor allem die Neuankömmlinge betreffe (SEIBEL, 1983, 162-163; vgl. ILO, 1976, 371 ff.).

Die Lösung der wachsenden Probleme von Armut und Ungleichverteilung sehen die ILO-Autoren in einer Beschäftigungszunahme, einer Effektivierung des Arbeitseinsatzes und in einer verstärkten wirtschaftlichen Integration der peripheren Ökonomien (vgl. WAHNSCHAFFT, 1984, 21). Mittels der Umverteilung des Wachstums [Redistribution of Growth], so das Entwicklungskonzept des ILO, könne sowohl die Kluft zwischen beiden Sektoren verringert als auch das im informellen Sektor ruhende Entwicklungspotential genutzt werden. So empfiehlt das ILO durch staatliche Reformen die Grundbedingungen der Aktivitäten dieses Sektors zu sichern, anstatt sie wie bisher zu ignorieren oder sogar zu behindern. Des weiteren wird angeregt, die im informellen Sektor angelegten Qualitäten einer angepaßten und arbeitsintensiven Produktionsform durch eine Anbindung an die Konzernökonomie systematisch zu fördern (vgl. SENGHAAS-KNOBLOCH, 1978, 196); das bedeutet, daß letztlich die wirtschaftliche Integration des informellen Sektors in den Weltmarkt als unabdingbar und wünschenswert angesehen wird (WAHNSCHAFFT, 1984, 22; kritisch hierzu FRIELING, 1989).

Die grundlegende Kritik am Konzept des informellen Sektors setzt an drei Bereichen an: Erstens erlaube die Unschärfe der Definition eine nur unzulängliche Bestimmung der Begriffsgrenzen und aufgrund regionaler Unterschiede kaum eine Vergleichbarkeit empirischer Ergebnisse (vgl. WAHNSCHAFFT, 1984, 39). So bestimmen ELWERT et al. (1983, 281) den Begriff des informellen Sektors als einen 'Allesfänger', einen "catch-all-Begriff". Zweitens sei der Begriff und die Konzeption des informellen Sektors durch die westliche Industriegesellschaft geprägt und verrate kaum mehr als Unkenntnis über "traditionelle" Organisationsformen wirtschaftlicher Aktivitäten (DEVAUGES in, SCHAMP, 1989, 13). So sei weder die Rolle des Staates vergleichbar (SCHIEL, 1987) noch seien der formelle und der informelle Sektor in sich homogen. Zahlreiche Interdependenzen und hierarchische Abhängigkeitsverhältnisse bestimmen vielmehr die Binnenstruktur der einzelnen Wirtschaftssektoren (vgl. BOHLE, 1986a, 257; 1989, 99; KORFF, 1988; vgl. auch Kap. 1.2.2.). Als dritter Kritikpunkt ist die mangelnde Herausarbeitung der Beziehungen zwischen den beiden Sektoren hervorzuheben. Diese stehen in der Regel keineswegs unverbunden nebeneinander. Vielmehr kann die asymmetrische Verflechtung des formellen und des informellen Sektors an mindestens vier ökonomischen Prozessen aufgezeigt werden (vgl. ZINN, 1987, 29-31; SCHAMP, 1989):

1. Produktionsverflechtung: Der informelle Sektor ist häufig direkter Zulieferer für Unternehmen des formellen Sektors. Die Auslagerung von Teilen formeller Produktion bedeutet für diese eine Senkung des Kostenfaktors. ELWERT et al. (1983, 283) bestimmen die Funktionalität des informellen Sektors mit einem "Trickle Up-Effekt", welcher die kartellisierten und monopolisierten Kräfte auf dem formalisierten Teil des Marktes begünstigt.

2. Distributionsverflechtung: Die Distribution von Produkten des formellen Sektors wird durch die informellen Verteilungsstrukturen billiger, schneller und näher am Verbraucher organisiert. Die hierarchisch-klientelistischen Abhängigkeitsverhältnisse, die dabei von Großhändlern und anderen Mittelsmännern ausgehen, wie auch die Bedeutung asymmetrischer Kreditkonditionen wurden von SANTOS beleuchtet (vgl. Kap. 1.2.2.).

3. Konsumtionelle Verflechtung: Zum einen sind etliche Produktionsmittel, die aus der Herstellung des formellen Sektors stammen, (Maschinen, Werkzeuge, etc.) teilweise für die Produktion im informellen Sektor unabdingbare Güter (vgl. SENGHAAS-KNOBLOCH, 1978, 197). Zum anderen stellt der informelle Sektor auch einen bedeutenden Absatzmarkt für formal produzierte Massenkonsumgüter dar. Nicht nur Lebensmittel und Güter des täglichen Bedarfs fallen darunter, sondern auch Luxusartikel wie Radios und Fernsehgeräte gewinnen als Statussymbole wachsende Bedeutung (vgl. WIKAN, 1980).

4. Rekrutierung und Mobilität der Arbeitskräfte: Aufgrund eines permanenten Bevölkerungswachtums, durch Migration oder stadtinterne Geburtenzunahme (RÜLAND, 1982, 10), stellt der informelle Sektor eine

scheinbar unerschöpfliche industrielle Reservearmee für die formelle Produktion dar, die es ihr u.a. erlaubt, das Lohnniveau extrem niedrig zu halten, um so möglichst viel Mehrwert abzuschöpfen (vgl. QUIJANO, 1974, 327 ff.). Die Verteilung der Arbeitskräfte wird aber nicht nur über einen freien Arbeitsmarkt im Sinne klassischer Marktwirtschaftsmodelle geregelt, sondern vielmehr entscheiden Macht, Verwandtschaft, regionale Herkunft und Ethnie über den von Arbeitsvermittlern organisierten Zugang zur informellen Lohnarbeit (ZINN, 1987, 30).

Wie gezeigt wurde, bestimmt eine Vielzahl intra- und intersektoraler Beziehungen, die in der Regel auf hierarchischen Abhängigkeiten beruhen, die Verflechtungen beider Sektoren. Der informelle Sektor ist somit ein Glied in der Kette asymmetrischer Austauschbeziehungen und steht mit der kapitalistischen Wirtschaft in einer "funktionalen Symbiose" (HERRLE, 1983, 57; vgl. FRIELING 1989). Darüber hinaus muß betont werden, daß die für unbegrenzt gehaltene Aufnahmefähigkeit des informellen Sektors in vielen Fällen die Grenze des Absorptionsvermögens erreicht hat. So belegt MUKHERJEE am Beispiel von Kalkutta, daß die Ärmsten der Armen aus dem Versorgungsmechanismus des informellen Sektors herausfallen (in, HERRLE, 1983, 59). Die Bielefelder Entwicklungssoziologen weisen weiter darauf hin, daß die Analyse des formellen und des informellen Sektors kein vollständiges Bild eines ökonomischen Gesamtsystems zeichnen könne. Demgegenüber stellen sie in ihrem Ansatz die Bedeutung der Subsistenzproduktion sowohl für die Reproduktion der kapitalistischen Gesamtwirtschaft als auch für den einzelnen Haushalt heraus.

1.3.1.2. Urbane Subsistenzproduktion als Subvention des formellen Sektors

Als Charakteristikum für die unterentwickelte Stadt bestimmt EVERS (1981a, 64-65) die Heterogenität der Einkommensstruktur und die ständig wechselnde Zusammensetzung einzelner Haushalte.[16] Permanent sei nur die Krise und die Notwendigkeit zur kontinuierlichen Anpassung an eine sich verändernde Umwelt. Bei einem Großteil der städtischen Bevölke-

---

16   Haushalt wird hier verstanden als eine Einheit von Produktion und Konsumtion zum Zwecke der Reproduktion (vgl. die Definition von SCHIEL et al. (1981, 123).

rung reiche das Einkommen aus Tätigkeiten im formellen und informellen Sektor nicht aus, um die unzureichende Befriedigung der Grundbedürfnisse aufzufangen. Wie EVERS (1981a, 65) für Jakarta nachweist, stützt sich die Überlebenssicherung der Haushalte infolge mangelnden Geldeinkommens auf Beiträge aus nicht monetären Einkünften, d.h. auf die urbane Subsistenzproduktion.[17]

Anhand einer Typisierung von Haushaltseinkommen, bei der das Verhältnis von Subsistenzproduktion und Geldeinkommen untersucht wurde, konnten EVERS et al. (1983, 35) am Beispiel von Jakarta zeigen, daß bei einem durchgängig konstanten Anteil der Subsistenzproduktion der größte Haushaltsbeitrag aus Einkünften der Lohnarbeit stammt. Durchschnittlich setzen sich dabei die Haushaltseinkommen zu 50% aus einer Erwerbstätigkeit im formellen Sektor, zu 30% aus informellem Kleinhandel und kleiner Warenproduktion und zu 20% aus Subsistenzproduktion zusammen. Somit ist für die Überlebenssicherung einzelner Haushalte der Zugang zum formellen Sektor von überragender Bedeutung. Auch WETTER (1985) erklärt am Beispiel von Nairobi, daß die arme Bevölkerung dieser Millionenstadt weitgehend von bezahlter selbständiger oder abhängiger Arbeit für Dritte lebt und somit wesentlich von Geldeinkommen abhängig ist. EVERS et al. (1983) betonen des weiteren, daß keine Einkommensquelle für sich genommen die Reproduktion der Arbeitskraft gewährleisten kann, vielmehr ist für eine erfolgreiche Reproduktion der Masse der städtischen Bevölkerung die Verflechtung verschiedener Produktionssektoren entscheidend. Nur durch eine Kombination verschiedener "Reproduktivitätsquellen" (ebd. S. 9), aus zum Teil unterschiedlichen Produktionssektoren, kann, so das Ergebnis ihrer Untersuchung, die Schicht der Ungesicherten ihre Reproduktion sicherstellen (vgl. KORFF, 1986, 272).[18]

---

[17] SCHIEL et al. definieren als Subsistenzproduktion: "(...) allgemein alle produktiven Tätigkeiten, die (...) an die Bereitstellung und Verarbeitung von Haushalt-Inputs (...) in jenem unmittelbaren Sinne gebunden sind, daß die hier geleistete Arbeit außerhalb der Einheit des Haushalts selbst sich nicht an sich veräußert. Sie ist unmittelbar erst einmal notwendige Arbeit: Arbeit die direkt der Lebendig-Erhaltung der Haushaltsmitglieder, auch über Generationen hinweg, dient" (1981, 127).

[18] An dieser Stelle werden die Eigentümerschaft an Produktionsmitteln und die spezifische Haushaltszusammensetzung in ihrer Bedeutung für die Reproduktion der einzelnen Haushalte nicht näher bestimmt. Siehe hierzu ZINN (1987); EVERS et al. (1984).

Die städtische Subsistenzproduktion ist dabei aber keineswegs auf Nahrungsmittel [Gemüseanbau, Kleinviehhaltung] beschränkt, sondern umfaßt beispielsweise auch die Produktion von Wohnraum. So zählt EVERS (1981, 66; 1987a, 137) u.a. die selbst erstellten Wohnungen und Häuser, das Anlegen von Wegen und die eigene Wasserförderung durch den Bau von Brunnen zu den Formen urbaner Subsistenzproduktion. Die Wohngebiete der städtischen Massen seien damit gewaltige Produktionsstätten, die in keiner Statistik auftauchten. Jedoch findet die urbane Subsistenzproduktion dabei nicht systemunabhängig - quasi außerhalb der kapitalistischen Ökonomie - statt. Im Gegenteil, die Verflechtung mit dem kapitalistischen Wirtschaftssektor kann einmal unmittelbar durch die Vermarktung von Erzeugnissen aus der Subsistenzherstellung erfolgen. Beispielsweise können die in Subsistenzproduktion erstellten Wohnungen einen warenökonomischen Charakter annehmen (vgl. Kap. 2.1.2.). Andererseits besteht die Verflechtung mit dem formellen Sektor auch mittelbar aufgrund der Übernahme eines wesentlichen Teiles der Reproduktionskosten der Arbeitskraft durch den nichtmonetären Haushaltsbeitrag der Subsistenzproduktion (vgl. EVERS et al., 1984; KORFF 1986). So kann dann die Lohnhöhe für die im formellen Sektor geleistete Arbeit unterhalb der zur Wiederherstellung der Arbeitskraft notwendigen Grenze liegen, womit der einzelne Haushalt auf den Beitrag der Subsistenzproduktion angewiesen ist und in diesem Sinne zu einer permanenten Subventionierung des formellen Sektors beiträgt (vgl. EVERS, 1981, 67; EVERS et al., 1984).

Zusammenfassend ist festzustellen, daß das zweckrationale, strategische Handeln der städtischen Armen im wirtschaftlichen Bereich auf der Kombination unterschiedlicher Reproduktivitätsquellen beruht. Neben der Lohnarbeit, der trotz Unsicherheit und Konjunkturabhängigkeit des Zugangs eine überragende Bedeutung als Einkommensquelle zukommt, spielt die urbane Subsistenzproduktion als stabile Reproduktivitätsquelle eine wesentliche Rolle bei der Überlebenssicherung der Ärmsten. Parallel dazu ist die Ökonomie der städtischen Armen aber über mehrere Mechanismen mit den übergeordneten Handlungsebenen der Weltökonomie asymmetrisch verflochten, so daß es u. a. durch die im Subsistenzbereich geleistete Mehrarbeit zu einer permanenten Subventionierung des formellen Sektors kommt.

1.3.2. Soziokulturelle Aspekte strategischen Handelns: Selbstorganisation von Solidarstrukturen

1.3.2.1. Dynamisierung "lokaler Gemeinschaften" als Folge warenökonomischer Durchdringung

Neben der Kombination von verschiedenen Produktionssektoren entspricht das Bemühen, sich in gemeinschaftlichen Solidarstrukturen zu organisieren, der Überlebensrationalität der Ungesicherten. Als Folge einer generellen Monetarisierung der Alltagsstrukturen[19] korrespondieren gerade in den städtischen Elendssiedlungen die Prozesse der Auflösung "traditioneller" Wertsysteme und Sicherungsmechanismen mit denen der sozialen Neuformierung. Entwurzelungs- und Individualisierungsprozesse ziehen das Fehlen einer allgemein akzeptierten Handlungsorientierung nach sich, so daß die spezifische Neubildung sozialer Netzwerke von einer Vielzahl unterschiedlicher Faktoren abhängig ist, und sich in einem entsprechend breiten Spektrum an Organisationsformen niederschlägt. Im folgenden wird es daher zunächst darum gehen, die Mechanismen der sozialen Desintegration in einer warenökonomisch durchdrungenen und zersplitterten "lokalen Gemeinschaft"[20] genauer zu untersuchen, um dann anschließend die Bedingungen der [Re]Organisation von Individuen in kooperativen Gruppen herauszuarbeiten.

Für einen islamisch geprägten urbanen Lebensraum zeigt SEMSEK (1987) am Beispiel von Gamaliyya,[21] einem Altstadtquartier von Kairo,

---

[19] WILKENS (1985, 107) bestimmt als die wesentliche Variable beim Zerfall "traditioneller" Solidarstrukturen den Grad ihrer Durchsetzung mit kapitalistischen Produktions- und Verkehrsformen. Diesen Prozeß faßt er zusammen unter dem Begriff: "Monetarisierung der Verhältnisse".

[20] Nach STAUTH (1982, 11-12) konstituieren sich lokale Gemeinschaften aus "Externalisierten", die "sich neu zusammenschließen, um die Bedingungen ihres Überlebens - notgedrungen - selbst zu organisieren. Die Basis dieser 'Zusammenschlüsse' sind intersubjektiv wahrnehmbare Alltagsbeziehungen, die in der Regel eben historisch überkommener Produktions- und Lebensverhältnisse entbehren, andererseits jedoch insofern traditionellen Beziehungsgefügen vergleichbar sind, als für sie - wenn auch in spezifischer Weise - koresidentiale und konsanguinale Beziehungen von großer Bedeutung sind." Besonderes Augenmerk liegt für STAUTH (1982, 12) auf der Vergegenwärtigung von dem "(...) Zusammenhang zwischen 'Lokalität' der sozialen und kulturellen Integrationsformen einerseits und 'Globalität' der ökonomisch-rationalistisch wirkenden Mechanismen (...)" andererseits.

[21] Zu Gamaliyya vgl. auch die Arbeiten von STAUTH (1982; 1986). Zum Einfluß der warenökonomischer Durchdringung von lokalen Gemeinschaften in Kairo siehe auch ZAYED (1987), vgl. auch TAHER (1986) und WIKAN (1980).

wie die steigende Weltmarktintegration in einer "lokalen Gemeinschaft" der städtischen Armen wirksam wird. SEMSEK analysiert die massenkulturell durchdrungene, lokale Gemeinschaft anhand der Typisierung von drei sozialen Verhaltensmustern, die miteinander in Beziehung treten und sich überlagernd die Alltagsrealität solcher lokaler Gemeinschaften prägen (ebd., S. 261 ff.). Neben dem "traditionellen" Verhaltensmuster, das auf Langfristigkeit und Solidarität ausgerichtet ist, existiert sowohl eine "moderne", profitorientierte Verhaltensweise als auch ein Verhalten, das durch komplette soziale Desorganisation gekennzeichnet ist. SEMSEK führt aus, daß die "traditionellen" sozialen Interaktionsmuster auf dem Prinzip der Reziprozität beruhen. Gegenseitige Verpflichtungen gewährleisten Sicherheit und Verläßlichkeit und verbinden die Mitglieder einer Gemeinschaft. Dabei werden die Handlungsweisen des Einzelnen von der Gemeinschaft solange akzeptiert, wie sie innerhalb des Solidarnetzes auf der Verfolgung langfristiger Strategien beruhen. So ist das wichtigste Ziel der Männer, die den segregierten Sozialraum in der "traditionell" islamischen Gesellschaft dominieren, der Erwerb und die Sicherung von "Ehrenhaftigkeit". SEMSEK erklärt, daß Prestige derjenige erwirbt, der sich durch freundliches, aber trotzdem bestimmendes Umgehen mit Händlern auszeichne, mit einem gepflegten Erscheinungsbild aufwarte, rhetorisches Geschick an den Tag lege und schließlich, seiner religiösen Pflicht entsprechend, die Pilgerfahrt nach Mekka unternehme (ebd., S. 267 ff.).[22] Personen, die solcherart Status erwerben,

---

[22] Siehe hierzu auch EICKELMAN (1974, 274-294). Am Beispiel von Boujad, einer marokkanischen Mittelstadt, erläutert EICKELMAN die Sozialstruktur und die sozialen Interaktionsmechanismen des Quartiers Darb l-Qsayra. Dabei beschreibt er die für "traditionell" islamische Gemeinschaften wesentlichen Bedingungen bei der Konstituierung von sozialem Status: "The aggregate of influence an individual possesses with respect to others is frequently expressed in the concept of 'word' [kalama] and 'face' [wajh]. The assessment of who has 'word' or 'face' is continually affected by the outcome of ongoing social actions and is never taken for granted. Given the various resources available, each individual is something of a bricoleur, viewing society less as something structured than as something capable of being restructured in such a way as to maintain or increase his own standing in it. Persons achieve social honor on the basis of varying, experimental combinations of their attributes - wealth, political office, residence in a quarter, maraboutic descent or descent from the Prophet, etc. - in no case can the social honor of an individual be determined from an abstract knowledge of his attributes or statuses alone. Some of these statuses, such as ties of kinship, might be relatively stable, even permanent in the case of blood relations, but the obligations and expections which individuals possess as a result of such ties are still a matter of significant variation and amenable to a wide latitude of revalorization" (ebd., S. 281)."Ideally the households of a darb Quartier are considered to be bound together by multiple personal ties and by common

zeichnen sich durch die ihnen gesellschaftlich zugewiesene Funktion der Streitschlichtung aus. Jedoch werde die Intervention nur dann akzeptiert, wenn der Streitschlichter selbst noch nicht in der Öffentlichkeit gemaßregelt wurde. Um die soziale Position innerhalb der Gemeinschaft weiter zu festigen, sei es notwendig, die Prosperität durch Redistribution von Gütern, beispielsweise durch die Organisation und Finanzierung von Festen, unter Beweis zu stellen. Investitionen in eine gute Reputation, so führt SEMSEK aus, bedeuten ökonomische und soziale Sicherheit, denn das allgemeine Vertrauen in die Ehrenhaftigkeit einer Person, etwa eines Unternehmers, komme letztendlich seiner Bilanz zugute. Statuserwerb gestaltet sich infolgedessen als unabdingbare Voraussetzung für wachsende Prosperität, und diese wirke wiederum zurück auf die soziale Reputation.

Bei diesem "traditionellen" Verhaltensmuster bedeute der Erwerb von Ehrenhaftigkeit eine auf Solidarität und Redistribution beruhende langfristige Strategie. Doch bei der modern-profitorientierten Handlungsweise verlieren die komplexen Normen von Segregation, Reziprozität und Streitschlichtung in dem Maße an Bedeutung, so der Ansatz von SEMSEK, in dem sie von der Konsumideologie und der Jagd nach konkreten Konsumgütern ersetzt werden. Infolge massenkultureller Einflüsse sei die Ehrenhaftigkeit kein intersubjektiv akzeptiertes Element der sozialen Integration mehr, vielmehr werde das symbolische Material der Ehrenhaftigkeit durch konkrete materielle Symbole ersetzt (vgl. auch ELWERT, 1985b; 1987). Die Transformation symbolischer und materieller Austauschbeziehungen in reine Geld-Beziehungen bestimme zunehmend die Alltagsorganisation, wobei die rationalen Strategien des sich selbst regulierenden Marktes die lokalen Wertsysteme eliminieren. Diese Auflösungsprozesse werden laut SEMSEK (1987, 274) u.a. dadurch möglich, daß die Produkte standardisiert und Austauschprozesse zur mechanischen Notwendigkeit werden. Auch werde die Arbeit von anderen Lebensaktivitäten separiert und gänzlich den Marktgesetzen unterworfen. SEMSEK folgert, daß sich auch die sozialen Beziehungen und die Produktionsprozesse transformieren, wenn die Austauschbeziehungen und Märkte sich von primordialen zu mechanischen Prozessen umgestalten.

---

interests. These complex ties are said to symbolize qraba, a key concept which literally means 'closeness'. As used by urban and rural Maroccans, qraba carries contextual meanings which range imperceptibly from asserted and recognized ties of kinship, participation in factional alliances, ties of patronage and clientship and common bonds developed out of residential propinquity. A darb can be defined as the extension of qraba in continuous physical space"(ebd., S. 283).

Durch das Zusammenspiel von skrupellosem Interessenmanagement und symbolischer Spannungsschlichtung simulieren kurzfristige, auf schnelle Profitmaximierung ausgerichtete Handlungsstrategien dabei die klassischen Normen und Werte, ohne diese jedoch auszufüllen (vgl. SEMSEK, 1987, 276 ff).[23]

In lokalen Gemeinschaften, deren ökonomische und soziale Strukturen durch Verarmungsprozesse deformiert wurden, finde sich, laut SEMSEK (1987, 277 ff.) ein dritter Handlungstyp, der durch eine komplette soziale Disorganisation gekennzeichnet ist. Streitschlichtung, Segregation und Reziprozität haben in einer marginalisierten Gemeinschaft keine Bedeutung mehr. So gibt es beispielsweise keine allgemein akzeptierte Person, die zur Streitschlichtung in Konfliktfällen interveniert. Konflikte werden nicht mehr friedlich gelöst, sondern häufig mittels körperlicher Gewalt ausgetragen. SEMSEK kommt zu dem Ergebnis, daß unter dem Einfluß der Massenkultur lokale Gemeinschaften immer stärker in kleine Aktionsfelder zerteilt werden, die vom Einzelnen die Beherrschung komplexer Handlungsstrategien erfordere. So verlange die tägliche Interaktion nicht mehr nur eine einzige bestimmte Handlungsweise, sondern jede einzelne Sphäre, wie Familie oder Haushalt, öffentlicher oder privater Bereich, Arbeit oder Freizeit, erfordere eine spezielle Kombination von Handlungsmustern:

> The individual becomes a free-floating agent, acting daily, in different spheres, with different keys of action. To achieve prosperity people have to be successful on all occasions. (...) an individual who tries to integrate all such different ways of being into one frame of action has not understood that modernity demands a lot, not least a multiplicity of 'human' actions (SEMSEK, 1987, 283).

1.3.2.2. Kooperative Netzwerke der Überlebenssicherung

Die sozialen Formierungsdynamiken in den Elendssiedlungen der "Dritten Welt" werden wesentlich von zwei miteinander kommunizieren-

---

[23] Diese Simulation wird aufgrund des spezifischen Verhältnisses von "Tradition" und "Innovation" möglich, das, wie ELWERT (1985, 83) feststellt, in einer gleichzeitigen Aushöhlung und Perpetuierung der "traditionellen" Strukturen besteht. Die Binnenstruktur "traditioneller" Elemente würde verändert und transformiert, wobei die Tradition zum Deckmantel werde, hinter dem sich strukturelle Neuerungen verbergen. Denn die Aussicht auf Erfolg der Innovationen steige, wenn diese in den alltäglichen Interaktionen an gewohnte Kategorien anknüpfen können (vgl. ELWERT, 1987; 1989, 36).

den Prozessen bestimmt. So kommt es, wie gezeigt wurde, aufgrund der Monetarisierung der Verhältnisse zur Auflösung "traditioneller" Solidarstrukturen mit dem Ergebnis einer weitreichenden sozialen Desintegration. Demgegenüber beinhaltet aber gerade die "Suche nach Sicherheit" als dominierendes strategisches Handeln der Schicht der Ungesicherten immer neue Bemühungen um die Gründung kooperativer Netzwerke der Überlebenssicherung. Mit WILKENS (1985, 102) können diese Netzwerke definiert werden als:

> (...) sozial ausgestaltete Sach- und Personenverhalte unter Gruppen und Individuen, die wechselseitig und dauerhaft füreinander bestimmte Handlungen vornehmen, die dem Überleben der Gemeinschaft und in der Gemeinschaft dienlich sind.[24]

In einer durch soziale Desintegration gekennzeichneten Gesellschaft liegen die potentiellen Formierungsorte für soziale Beziehungen als Grundlage für die Ausbildung kooperativer Netzwerke in den unterschiedlichsten Bereichen. In den Elendsvierteln der afrikanischen Städte entwickelt sich die soziale Neuformierung vorwiegend entlang verwandtschaftlicher und ethnischer Bindungen, orientiert sich aber auch anhand der Identifizierung gemeinsamer regionaler Herkunftsgebiete.[25] So ist das Bewußtsein ethnischer Identität häufig auch erst eine Folge der Wanderung in die Stadt (vgl. ELWERT et al., 1983, 290; für Khartoum vgl. IBRAHIM et al., 1988). Darüber hinaus entstehen auch auf Wohngebietsebene, also innerhalb territorialer Einheiten, nachbarschaftliche Beziehungen, die zu den konsanguinalen Bindungen hinzutreten. Aber auch Lokalitäten, die außerhalb des unmittelbaren Wohnbereiches liegen, können eine beziehungsvermittelnde Funktion einnehmen. So bieten sowohl Arbeitsplatz, religiöse Einrichtungen, als auch Bildungsinstitutio-

---

[24] Kooperative Netzwerke ("reciprocity networks", WILKENS, 1985, 102) sind beispielsweise ethnische Vereinigungen von Personen gleicher Herkunft, "neue Kirchen" oder alte Glaubensgemeinschaften, politische Geheimbünde, Händlervereinigungen und nachbarschaftliche Kooperation (vgl. auch AUGEL, 1985, 30; SCHENK, 1984).

[25] An dieser Stelle sei darauf hingewiesen, daß es beachtliche regionale Unterschiede bei der Neuorganisation kooperativer Solidarstrukturen in randstädtischen Elendssiedlungen zu beachten gilt. Allein in Nordostafrika kann gezeigt werden, daß für Ägypten [Kairo] eine ethnisch relativ homogene Gesellschaftsstruktur andere Voraussetzungen zur Neuformierung von kooperativen Solidarstrukturen bietet als bspw. der ethnisch stark fragmentierte Sudan [Khartoum]. Schon allein aufgrund extremer sprachlicher Unterschiede gewinnt die ethnische Identität bei sozialen Formierungsprozessen in Khartoum einen höheren Stellenwert als in Kairo.

nen als Orte hoher Kommunikationsdichte ideale Möglichkeiten zur Ausbildung sozialer Beziehungen, die über die engsten koresidentialen und
konsanguinalen Bindungen hinausgehen.[26]
    Soziale Netzwerke werden, wie auch soziales Handeln generell, erst
über den Austausch von materiellen und immateriellen Gütern realisiert.
Gegenstände solcher Interaktion sind u.a. Bargeld, Kreditgewährung,
Arbeitskraft und Zeit [so z.B. beim Hausbau oder bei infrastrukturellen
Ausbauten]. Aber nicht nur Güter und Dienstleistungen im engeren Sinne
werden ausgetauscht, sondern auch Informationen über Wohn- und
Arbeitsmöglichkeiten. Ebenso kann auch Identität, beispielsweise durch
die Suggerierung von kollektiver Größe in der Form religöser Revitalisie-
rungsbewegungen, wechselseitig geprägt werden. So vielfältig die
Objekte des Austauschs sein können, so unterschiedlich sind auch die
Organisationsstrukturen und die Reichweite der kooperativen Netzwerke.
Die Ausbildung sozialer Netzwerke unterliegt auf allen Ebenen vielfältigen Wechselwirkungen und muß im Rahmen eines umfassenden sozialen
Wandels, der gerade in den Ländern der "Dritten Welt" mit ausgeprägten
Formen der sozialen Desintegration einhergeht, als dynamischer Vorgang
beschrieben werden, der aufgrund seiner Störungsanfälligkeit oft auch
diskontinuierliche Entwicklungen aufweist. Die interne, organisatorische
Ausformung ist in jedem Fall spezifisch, kann aber zwischen den hierarchischen Formen der Patron-Klient-Beziehung und den egalitären Formen
der Selbstorganisation angesiedelt werden. Bestimmt durch diese Ausgangslage kann die Reichweite sozialer Netzwerke unterschieden werden
nach Mitgliederzahl, zeitlicher Dauer sowie nach den Inhalten und Zielen
der Kooperation. Wesentlich beeinflußt wird die Ausprägung dieser
Determinanten sowohl durch die politischen und ökonomischen Rahmenbedingungen als auch durch die Organisationsstruktur der Netzwerke. Die
Bandbreite von Zielen und Inhalten kooperativer Netzwerke reicht dabei
von der unmittelbaren physischen und psychischen Überlebenssicherung

---

26   In seiner Untersuchung über islamisch militante Gruppen in Kairo lokalisiert
    ANSARI (1984, 123-144) den Universitätscampus und die privaten Moscheen der
    urbanen Peripherie als Formierungsorte des gegen den Staat gerichteten sozialen
    Protestes. Hieran wird deutlich, daß nicht notwendigerweise eine territoriale
    Organisation auf Nachbarschaftsebene als alleiniger Formierungsort sozialer
    Bindungen und gesellschaftlicher Organisation von Deprivierten in Frage kommt.
    Vielmehr spielen auch soziale Integrationsmechanismen, die über den unmittel-
    baren Wohnbereich hinausgehen, beispielsweise in der Form religöser Revitali-
    sierungsbewegungen, eine entscheidende Rolle bei der Entstehung von sozialen
    Netzwerken. (Zu islamischen Revitalisierungsbewegungen vgl. auch IBRAHIM,
    1980; KANDIL 1983).

bis hin zu den "städtisch-sozialen Bewegungen", die beispielsweise in der Form politisierter Bewohnervereinigungen das Ziel einer fundamentalen und radikalen Gesellschaftsveränderung verfolgen.[27]

Inhalt, Ziel und Reichweite eines kooperativen Netzwerkes, dem strategisches Handeln im Sinne der Überlebenssicherung zugrunde liegt, kann mit ELWERT et al. (1983) beispielhaft an informellen Händlervereinigungen aufgezeigt werden. So sind Märkte und Straßenhandel nicht mit dem vielbenutzten Bild eines gewaltigen Durcheinanders und bunten Treibens zu charakterisieren, sondern durchaus planvoll organisiert, in einzelne Reviere aufgeteilt und auf die Etablierung eines umfassenden informellen Regelsystems angewiesen. Die Solidarität unter den Händlern bietet dabei politische Unterstützung gegen die offizielle Ordnungsmacht, indem sie bei bevorstehenden Polizeikontrollen ein durch Zuruf organisiertes "Frühwarnsystem" einsetzen. Zudem garantieren die informellen Solidarstrukturen der Händler eine gewisse materielle Unterstützung bei individuellen bzw. temporären Krisenfällen (vgl. WILKENS, 1985, 116). Darüber hinaus wirkt die Verweigerung von Solidarität auch als starkes Sanktionsmittel, wodurch die soziale Interaktion stabilisiert und gleichzeitig auch kollektiv kontrolliert werden kann. Somit kann festgestellt werden, daß Solidarstrukturen zwar zur Risikostreuung beitragen und die individuelle Überlebensgrenze einzelner Haushalte zu heben vermögen, aber im wesentlichen nicht imstande sind, dauerhaft materielle Inputs bereitzustellen, an denen es in den Elendsvierteln hauptsächlich fehlt (vgl. WILKENS, 1985, 103).

1.4. Zusammenfassung: Die überlebensrationalen Handlungsstrategien der städtischen Armen in den Metropolen der "Dritten Welt"

In Anlehnung an ein neues Paradigma in der jüngeren geographischen Entwicklungsforschung und der Forderung der "New Urban Studies" nach theoriegeleiteten Untersuchungen wurden im ersten Kapitel entwicklungstheoretische Erklärungsansätze behandelt, die urbane Unterentwicklung in den Ländern der Dritten Welt beleuchten. Dies erfolgte

---

[27] Siehe hierzu die Arbeit von TUMP (1988) über "städtisch soziale Bewegungen" in Brasilien, der für Bewohnervereinigungen das Spannungsfeld zwischen Selbstbestimmung und klienteler Abhängigkeit thematisiert. Zu "städtisch-sozialen Bewegungen" vgl. auch EVERS et al. (1979); COX (1984; 1986); zu "IMF-Riots" WALTON (1987); zu den sogenannten "Brotpreisaufständen SEDDON (1988).

aus zwei grundsätzlich verschiedenen Perspektiven. So wurde zunächst der Erklärungsgehalt und die Reichweite der "Top Down"-Ansätze [Modernisierungstheorie, Dependenztheorie] herausgearbeitet, bevor anschließend der Bielefelder Verflechtungsansatz, als "Bottom Up-Approach" herangezogen wurde, um die ökonomischen und soziokulturellen Binnenaspekte von Entwicklungsgesellschaften zu untersuchen.

Dabei konnte gezeigt werden, daß der Verdienst der analytisch global ausgerichteten Dependencia-Debatte darin besteht, daß sie neben der Herausarbeitung der historischen Dimension von Unterentwicklung diese als einen von außen induzierten Prozeß kennzeichnet, der räumlich und sozioökonomisch polarisiert verläuft. Der marginalisierungstheoretische Ansatz stellt darüber hinaus die asymmetrische Verflechtung von Einheiten der untersten sozialen Organisationsebene und der kleinsten lokalen Räume mit den übergeordneten Ebenen der Weltwirtschaft heraus und zeigt, daß die Mechanismen eines ungleichen Austauschprozesses sich in der Polarisierung von Raum- und Gesellschaftsstrukturen äußern und dabei Armut bis in die dynamischsten Wachstumszentren perpetuieren. Dabei wurde jedoch auch deutlich, daß diese systemtheoretisch ausgerichteten "Top Down"-Ansätze die Wertprämissen und Verhaltensmuster handelnder Menschen nicht zu analysieren vermögen.

Im Gegensatz zu den global ausgerichteten Theorien setzt der Bielefelder Verflechtungsansatz, als eine Theorie "mittlerer Reichweite", an der "Graswurzelebene" bei den Betroffenen an und thematisiert die sozioökonomischen und kulturellen Binnenaspekte der zu untersuchenden Gesellschaften. Dabei gehen die Bielefelder Entwicklungssoziologen davon aus, daß die städtischen Armen im Sinne ihrer Überlebenssicherung sowohl im wirtschaftlichen als auch im soziokulturellen Bereich zweckrational strategisch handeln. Es wurde verdeutlicht, daß das überlebensrationale Handeln der Ungesicherten im ökonomischen Bereich auf der Kombination unterschiedlicher Produktionssektoren beruht. Dabei kommt der Lohnarbeit eine überragende Bedeutung als Revenuequelle zu, obwohl der Zugang zu ihr unsicher und konjunkturabhängig ist. Zudem nimmt aber die urbane Subsistenzproduktion als eine stabile Reproduktionsquelle eine wesentliche Rolle bei der Überlebenssicherung der Ärmsten ein. Sie beschränkt sich dabei nicht nur auf die Produktion von Nahrungsmitteln, sondern umfaßt beispielsweise auch die Erstellung von Wohnraum. Herausgestellt wurde jedoch auch, daß die Ökonomie der städtischen Armen keineswegs systemunabhängig, quasi außerhalb der kapitalistischen Wirtschaft steht, sondern vielmehr mit den übergeordneten Handlungsebenen der Weltökonomie auf vielfältige Weise asymmetrisch verflochten ist. So kommt es u.a. durch die im Subsistenzbereich geleistete Mehrarbeit zu einer permanenten Subventionierung des formellen Sektors.

Der Handlungsrationalität der Ungesicherten entspricht es auch, sich im soziokulturellen Bereich in kooperativen Solidarstrukturen zu organisieren. Dabei korrespondiert gerade in den Elendssiedlungen der Metropolen der Dritten Welt die Auflösung lokaler Wertsysteme und "traditioneller" Solidarstrukturen infolge warenökonomischer Durchdringung mit der Neuorganisation von kooperativen Netzwerken. Die sozialen Formierungsprozesse in den Elendssiedlungen sind dabei Ausdruck des Bemühens, den weitreichenden Folgen einer sozialen Desintegration zu begegnen. So kombinieren sich die Reste "traditioneller" Bindungen mit den sich neu etablierenden sozialen Beziehungen des urbanen Raumes zu den kooperativen Netzwerken der Überlebenssicherung. Reichweite und Ziele dieser kooperativen Solidarstrukturen sind ebenso unterschiedlich wie ihre interne Organisationsstruktur verschieden ist. Sie reichen von kleinen Vereinigungen, etwa in der Form informeller Finanzierungsinstitutionen, bis hin zu "städtisch-sozialen Bewegungen" mit einem hohen sozialen Mobilisierungsgrad und dem Anspruch nach einer fundamentalen und radikalen Gesellschaftsveränderung. In der Regel besteht jedoch die Leistung kooperativer Netzwerke für die deprivierten Bewohner randstädtischer Siedlungen in der Formung von Identität und in der ökonomischen Risikostreuung zur Bewältigung von individuellen Krisenfällen.

2. ENTWICKLUNGSPOLITISCHE STRATEGIEN IM WOHNUNGSSEKTOR: ZWISCHEN SELBSTHILFE UND STAATLICHER INTERVENTION

Das enorme Wachstum von Elendssiedlungen[28] in den expandierenden Metropolen der Dritten Welt ist ein deutlicher Ausdruck von Unterentwicklung und Massenverarmung. Wohnen ist ein Grundbedürfnis und gerade für die Schicht der Ungesicherten ist die Realisierung einer "sicheren" Wohnmöglichkeit grundlegend für ihre psychische und physische Reproduktion. So zentrieren sich häufig alle Tätigkeiten eines Haushaltes darum, die für den Hausbau notwendigen Mittel aufzubringen und diesen Lebensraum auch bis hin zum Einsatz des Lebens zu verteidigen. Seit Mitte der 70er Jahre wird dem Wohnungsbau in den städtischen Elendssiedlungen der Dritten Welt aber zunehmend auch von übergeordneter Ebene Aufmerksamkeit entgegengebracht. Die internationalen Hilfsagenturen und die nationalen Regierungen nehmen mit der Rezipierung von Turners Konzept des "selbstbestimmten Wohnungsbaus" die entwicklungspolitische Bedeutung des Wohnungssektors wahr. So wird beispielsweise festgestellt, daß in keinem anderen Sektor die Ungesicherten höhere Mittel investieren als gerade dort (BMZ, 1986a). Seitdem wird der Selbsthilfeleistung der Betroffenen eine besondere Bedeutung beigemessen und durch entsprechende Wohnungsbauprogramme offiziell gefördert. Strategien, die darauf abzielen, die Wohnsituation in den Metropolen der Dritten Welt zu verbessern, haben somit zwei grundsätzlich verschiedene Entstehungsmomente. Einerseits sind es die Bewohner selbst, die sich organisieren, um in Selbsthilfe ihre Wohn- und Lebensbedingungen erträglicher zu gestalten. Andererseits wird die Selbsthilfe im Wohnungsbau von außen angeregt und durch staatliche bzw. internationale Wohnungsbauprogramme gefördert. Im folgenden wird der Frage-

---

[28] Der Begriff 'Elendssiedlung' wird im folgenden als normativer Begriff verwendet, der die erbärmliche infrastrukturelle Situation und die ökonomische und soziale Unsicherheit in diesen Wohngebieten zum Ausdruck bringen soll. Demgegenüber beschreibt der Begriff 'illegale Siedlungen' bzw. 'Squattersiedlungen' zunächst nur die Rechtslage der Wohnsituation, nämlich die formelle Unrechtmäßigkeit der Boden- bzw. Hausbesetzung. Er gibt aber keinen unmittelbaren Aufschluß über den Wohnstandard und die gesellschaftliche Situation der illegalen Siedler. In Khartoum indessen sind die meisten illegale Siedlungen auch als Elendssiedlungen zu bezeichnen. Zur Definition von Typen großstädtischer 'Marginalsiedlungen' siehe auch: MERTINS (1984)

stellung nachgegangen, inwieweit die wohnungsbaupolitischen Strategien der beiden Akteure: "Staat" und "Betroffene" Möglichkeiten bereitstellen, die zu einer umfassenden Verbesserung der Wohnungssituation in den Großstädten der Dritten Welt beitragen.

2.1. "Spontane Selbsthilfe" im Wohnungsbau als strategisches Handeln

2.1.1. Zum Begriff der Selbsthilfe im Wohnungsbau

Begriff, Inhalt und Reichweite der entwicklungspolitischen Strategie von der "Selbsthilfe im Wohnungsbau" [self-help-housing] wurde in den letzten Jahren viel diskutiert,[29] jedoch bleibt der Begriff der "Selbsthilfe" nach wie vor problematisch und bedarf, bevor er mit "Wohnungsbau" in Verbindung gebracht wird, einer näheren Bestimmung. Zunächst kann Selbsthilfe, neben der Differenzierung von kollektiver und individueller Selbsthilfe, unterschieden werden in "spontane Selbsthilfe" [spontaneous self-help], die aus der Initiative der Betroffenen entsteht, und in "geförderte Selbsthilfe" [sponsored self-help], die programmatisch als von außen induzierte "Hilfe zur Selbsthilfe" bis heute in entwicklungspolitischen Zusammenhängen häufig als die Strategie zur Armutsbekämpfung vermarktet wird.[30] Im folgenden wird daher zunächst der Begriff der "spontanen Selbsthilfe" näher beleuchtet und daraufhin untersucht, inwieweit er im Wohnungssektor als strategisch-überlebensrationales Handeln der Schicht der Ungesicherten zu verstehen ist. Im anschließenden Teil dieses Kapitels wird dann die geförderte Selbsthilfe als zentraler Bestandteil von TURNERs Konzept des selbstbestimmten Wohnungsbaus thematisiert.

Zerlegt man den Begriff der spontanen Selbsthilfe in seine sprachlichen Komponenten, also in das Präfix "selbst" und in das von "helfen" substantivierte Grundwort "Hilfe", so beinhaltet das Grundwort "Hilfe" nochmals zwei Konnotationen. Einmal kann "Hilfe" darin bestehen, daß die von einer schwierigen Situation Betroffenen nicht imstande sind diese

---

[29] Die kontrovers geführte Diskussion läßt sich in den letzten Jahrgängen der Zeitschrift TRIALOG verfolgen (vgl. insbesondere Heft 18, 1988). Einen umfassenden Überblick zu der wohnungspolitischen Debatte um den Selbsthilfebegriff bietet MATHEY (1988). Grundlegend zu Selbsthilfeorganisationen SCHUMACHER (1985)

[30] Zur Kritik an dieser entwicklungspolitischen Strategie siehe LÜHR (1987).

allein zu bewältigen und deshalb auf Unterstützung von außen, eben auf [Fremd]Hilfe, angewiesen sind. Andererseits kann "Hilfe" bei der Bewältigung eben dieser Situation auch die Form der internen Hilfe annehmen und auf der Organisation und Konzentration der eigenen Kräfte beruhen. Die Grundvoraussetzung dieser Form der Hilfe ist jedoch, daß [gruppen]interne - bisher ungenutzte - Potentiale vorhanden sind, und daß diese erkannt werden. Das Präfix "Selbst" betont im Gegensatz zu "Fremd" den zuletzt angesprochenen Aspekt der Hilfe. Selbsthilfe wird somit in Abgrenzung von Fremdhilfe im Sinne von SCHUMACHER als ein Handeln verstanden, bei dem "Menschen sich selbst gemäß eigenen Vorstellungen angesichts einer als verbesserungsbedürftig angesehenen Situation helfen" (1985, 31); und zwar insofern sie durch Vorhandensein und Erkennen von internen Potentialen dazu imstande sind. Damit wird deutlich, daß mit dem Begriff "spontane Selbsthilfe" eine Doppelung vorgenommen wird, und daß mit der Verwendung des Adjektives "spontan" darüber hinaus sogar noch die Kurzfristigkeit und die Unreflektiertheit einer "spontanen" Handlung suggeriert wird. Bei der Verwendung des Begriffs der "spontanen Selbsthilfe" ist dies kritisch zu vermerken. Wird die so verstandene "spontane Selbsthilfe" auf das Grundbedürfnis "wohnen" bezogen, das in diesem Fall als verbesserungsbedürftig angesehen wird, so muß im konkreten Fall von Khartoum gefragt werden, wie der Wohnungsmarkt funktioniert bzw. nicht funktioniert, um jenen Mangel an Wohnraum entstehen zu lassen der Selbsthilfe erst notwendig macht. Und es muß im einzelnen untersucht werden, welche legalen und illegalen Möglichkeiten des Zugangs zu Wohnraum gerade für die städtischen Armutsgruppen durch individuelle oder kollektive Selbsthilfeleistungen bestehen.

Allgemein kann zunächst festgestellt werden, daß für die Mehrzahl der städtischen Armen in der Dritten Welt der bedeutendste Zugang zu Wohnraum neben der Unterkunft bei Verwandten und Freunden vor allem im illegalen Siedeln besteht (vgl. OBUDHO et al., 1988; HARDOY et al., 1989). Die illegalen Siedlungen sind aber häufig der staatlichen Willkür ausgesetzt und durch Räumungsaktionen bedroht. Daher liegt es in dem Interesse der Ungesicherten, sich zu organisieren, um in Selbsthilfe gemäß eigenen Vorstellungen und Möglichkeiten den informellen Wohnungsbau voranzutreiben. Neben dem unmittelbaren Bedarf liegt die Motivation hierbei auch darin begründet, daß mit der infrastrukturellen Aufwertung des Wohngebietes auch eine wachsende Standortsicherheit korreliert, denn die insolventen Regierungen der Dritten Welt betreiben infolge ihrer mangelnden ökonomischen Möglichkeiten häufig eine Wohnungspolitik der selektiven Duldung (vgl. Kap. 7.). In Selbsthilfe wird dabei Wohnraum produziert, der für den direkten Selbstverbrauch bestimmt ist und nicht für den Austausch gegen Geld hergestellt wird. Damit ist der ökonomische Aspekt der Selbsthilfe gerade beim Wohnungsbau in den Großstädten der Dritten Welt im wesentlichen mit einer Produktionsform identisch, die als urbane Subsistenzproduktion ausgewiesen wurde.[31] Natürlich kann der in Selbsthilfe produzierte Wohnraum, im Sinne seiner ökonomischen Leistung, für sich alleine genommen, keine vollständige Überlebenssicherung der städtischen Armen realisieren. Erst in der Kombination mit anderen Einkommensquellen sichert die in Selbsthilfe vorgenommene Subsistenzproduktion von Wohnraum das Überleben (vgl. Kap. 1.3.1.2.). Die soziokulturellen Aspekte der Selbsthilfe im Wohnungsbau beruhen darin, daß die als verbesserungsbedürftig wahrgenommene Situation nicht durch staatliche oder private Fremdhilfe von außen behoben wird. Sei es, weil diese nicht geleistet werden kann oder grundsätzlich nicht gewollt ist. Diese Situation kann auf unterschiedlichen sozialen Ebenen [Haushalt, Nachbarschaft, Quartier] eine gemeinsame Betroffenheit auslösen, die beim Vorhandensein und Erkennen gruppeninterner Potentiale zu strategischem Handeln im Sinne der Überlebenssicherung führt. Insofern erscheint es sinnvoll "spontane" Selbsthilfe im Wohnungsbau als eine Möglichkeit des überlebensrational-strategischen Handelns der Schicht der Ungesicherten zu verstehen.

2.1.1.1. Soziokulturelle Aspekte der "spontanen Selbsthilfe" im Wohnungsbau

Selbsthilfe im Wohnungsbau ist meist ein sozialer Vorgang, denn Eigenherstellung von Wohnraum für den direkten Konsum bedeutet ja nicht, daß Produktion und Konsumtion auf die Einheit einer Person beschränkt sind. Vielmehr sind mit dem Begriff Eigenherstellung auch Gruppen von Personen angesprochen, die etwa über soziale Netzwerke miteinander verbunden sind (vgl. Kap. 1.3.2.). Dabei sind gegenseitige Verpflichtungen die Grundlage für zahlreiche soziale Organisations-

---

[31] Vgl. Kap. 1.3.1.2., insbesondere Fußnote 17. Hierbei ist zu beachten, daß die soziale Bezugseinheit, wie sie für die Subsistenzproduktion definiert wurde, bei der Ausübung von kollektiver Selbsthilfe durchaus über den einzelnen Haushalt hinausgehen kann.

formen, die von familiärer Kooperation bis zur genossenschaftlichen Arbeitsorganisation reichen. Die sozialen Beziehungen müssen aber nicht auf einem egalitären Status aller Mitglieder beruhen, sondern können auf hierarchische Strukturen mit direkten Abhängigkeitsverhältnissen zurückgehen (vgl. Kap. 1.3.2.2.). Selbsthilfe im Wohnungsbau ist also nicht notwendigerweise in einer homogenen, auf Ausgleich ausgerichteten, Sozialstruktur organisiert, sondern existiert in Formen, die von egalitärer Selbstorganisation bis zur klientelen Abhängigkeit reichen können.

2.1.1.2. Ökonomische Aspekte der "spontanen Selbsthilfe" im Wohnungsbau

Daß auch die Subsistenzproduktion von Wohnraum, wie sie in spontaner Selbsthilfe auf der Wohngebietsebene urbaner Peripherieräume vorgenommen wird, nicht systemunabhängig - quasi außerhalb der kapitalistischen Ökonomie - stattfindet, sondern vielmehr mit dieser verflochten ist, zeigt sich in der Doppelfunktion der Wohnraumproduktion. Da Produzent und Nutzer bei dem in spontaner Selbsthilfe erstellten Wohnraum in einer Person zusammenfallen, also die Wohnraumproduktion zunächst nicht für den Austausch und Verkauf erfolgt, die Produktion also unmittelbar für die Eigennutzung stattfindet, besitzt die Wohnung zunächst einen Gebrauchswert (vgl. ZISS, 1984, 28). Mit der kapitalistischen Durchdringung des Raumes bekommt die Wohnraumproduktion aber zunehmend einen Warencharakter [Commodification], so daß der Tauschwert von Wohnraum an Bedeutung gewinnt (vgl. BURGESS, 1985, 271-272). Die Möglichkeit, den Gebrauchswert in einen Tauschwert umzuwandeln, wird, wie AUGEL (1985, 28) ausführt, von den Bewohnern der Elendssiedlungen erkannt und häufig bewußt wahrgenommen. Einschränkend gilt allerdings, daß bei einem potentiellen Verkauf die monetäre Inwertsetzung des Wohnraums für viele illegale Siedler keine freiwillige Entscheidung im Sinne einer individuellen "Profitmaximierung" darstellt, sondern unter dem Vorzeichen eines Notverkaufes zu beurteilen ist. Da die haushaltsinternen Investitionen zum überwiegenden Teil in die Produktion von Wohnraum eingehen, und die Verfügung über den eigenen Wohnraum, in dem durch existentielle Unsicherheit gekennzeichneten Leben marginalisierter Stadtbewohner, einen der wenigen Fixpunkte überhaupt darstellt, bedeutet die Veräußerung des Wohnraumes häufig das Anzapfen der letzten ökonomischen Reserven. Zudem ist die ökonomische Transaktion mit sozialen Veränderungen gekoppelt, da gleichzeitig mit der Veräußerung des Wohnraums etwa auch nachbarschaftliche Beziehungen aufgegeben werden müssen.

2.1.2. Potentiale und Reichweite der Selbsthilfe im Wohnungsbau

Die Etablierung einer Siedlung, deren Ausbau in Selbsthilfe vorangetrieben wird, kann aber durchaus auch an interne soziale Umschichtungsprozesse gekoppelt sein. Dabei ist die Verdrängung der ärmsten Bewohner häufig an einen Bodenmarkt gebunden, der sich gerade infolge des warenökonomischen Charakters der Wohnraumproduktion einstellt. Die Inwertsetzung des Bodens kann dabei sowohl eine Folge der Selbsthilfeaktivitäten der illegalen Siedler sein, als auch das Ergebnis unmittelbarer staatlicher Eingriffe etwa durch öffentliche Investitionen oder Legalisierungen darstellen (vgl. Kap. 2.2.4.). Der Prozeß eines sich durch spontane Selbsthilfe ausbildenden Bodenmarktes kann beispielsweise wie folgt aussehen: Wird durch individuelle oder kollektive Selbsthilfeaktivitäten der Siedler die Infrastruktur einer illegalen Siedlung aufgewertet, so geht damit in der Regel ein sinkendes Vertreibungsrisiko einher. Mit der wachsenden Standortsicherheit werden dann neue Investitionen motiviert, und weitere Zuwanderer folgen nach. Der anhaltende Zuzug von Siedlern führt letztlich zu einer Verknappung ungenutzter Parzellen, also zu einer relativ steigenden Nachfrage, die sich wiederum in einem höheren Bodenpreis niederschlagen kann (vgl. ENGELHARDT, 1988, 18).

Entscheidend für die Mobilität bzw. für die Verdrängung von Siedlern im Verlauf des Konsolidierungsprozesses ist die heterogene Zusammensetzung der Wohnbevölkerung. So führen selbst minimale Einkommensunterschiede dazu, daß einige Bewohner sich im Konsolidierungsprozeß behaupten können, während andere Bewohner, etwa ausgelöst durch eine Krise in ihrer Überlebenssicherung, keine andere Möglichkeit haben, als ihren Grund und Boden zu verkaufen, also somit den Tauschwert ihres Wohnraumes einsetzen, um an einem billigeren, aber in der Regel noch unsichereren Standort neu zu beginnen. Auf Dauer sind dann allein die einkommensstärkeren Haushalte in der Lage, sich bei steigenden Bodenpreisen in ein infrastrukturell aufgewertetes und standortsicheres Wohngebiet einzukaufen. Somit kommt es aufgrund des warenökonomischen Charakters der Wohnraumproduktion zu Bodenpreissteigerungen, die soziale Selektionsprozesse in Gang setzen und zur Verdrängung der ärmsten Bewohner führen. Daher gilt es bei der Konsolidierung randstädtischer Elendsviertel zu unterscheiden zwischen der Konsolidierung des

Wohngebietes als infrastruktureller Substanz und der Konsolidierung einzelner Haushalte.

Zusammenfassend kann festgestellt werden, daß die "spontane Selbsthilfe" im Wohnungsbau, die als eine Form der urbanen Subsistenzproduktion bestimmt wurde, für die einzelnen Reproduktionseinheiten [Haushalt] als überlebensrational-strategisches Handeln zu verstehen ist. Zwar beruht die unmittelbare Überlebenssicherung vor allem auf Geldeinkommen; doch gerade in individuellen Krisenfällen, bei denen monetäre Einkommen nicht verfügbar sind, kann der über einen langen Zeitraum akkumulierte potentielle Tauschwert des Wohnraums mobilisiert werden. Allerdings gilt es grundsätzlich zu beachten, daß es im Zuge der Konsolidierung einer Siedlung durch die Kommodifikation von Land und Wohnraum zur Verdrängung der ärmsten Bewohner kommen kann. Hieran wird deutlich, daß es trotz einer gemeinsamen Betroffenheit nicht zwangsläufig zu einer handlungsfähigen Solidarität der Bewohner kommen muß, die imstande ist, den Einzelnen auf Dauer zu sichern.

2.2. "Geförderte Selbsthilfe" aus staatlicher Perspektive

2.2.1. Turners Konzept des selbstbestimmten Wohnungsbaus

Die Wohnungsprobleme der städtischen Armen entwickelten sich seit den sechziger Jahren zu einem der zentralsten Problemkomplexe der Dritten Welt und bestimmen seit etwa zwei Jahrzehnten zunehmend auch die international geführte entwicklungspolitische Debatte. Zeigten die Strategien des staatlich organisierten Massenwohnungsbaus [Low Cost Housing-Programme] und die Praxis der gewaltsamen Räumungen keinen nachhaltigen Erfolg bei der Lösung der "Habitat-Misere", so markierte der 1976 von Turner im Rahmen der UN-Habitat Konferenz in Vancouver vorgestellte Selbsthilfeansatz im Wohnungsbau einen entscheidenden Wendepunkt in der staatlichen Wohnungspolitik und in der Förderpraxis der internationalen Hilfsagenturen.[32] TURNERs Konzept des selbstbestimmten Wohnungsbaus beruht im wesentlichen auf drei Thesen:

---

[32]   Siehe hierzu Arbeiten von CONWAY (1985), MATHEY (1988) und STEINBERG (1982).

1. 'Wenn die Bewohner die Hauptentscheidungen kontrollieren und es ihnen freisteht, selbst zum Entwurf, zum Bau oder zur Verwaltung ihrer Behausung beizutragen, stimulieren sowohl dieser Prozeß als auch die produzierte Umgebung individuelles und gesellschaftliches Wohlbefinden. Wenn die Menschen weder die Kontrolle über noch die Verantwortung für Schlüsselentscheidungen im Wohnungsbauprozeß haben, können die Wohnumgebungen zu einer Barriere für persönliche Erfüllung und zu einer Belastung für die Wirtschaft werden'.

2. '(...), wichtig am Wohnen ist nicht, wie es ist, sondern was es im Leben von Menschen bewirkt; mit anderen Worten, die Zufriedenheit des Bewohners hängt nicht unbedingt von der Festlegung von Standards ab'.

3. '(...), Mängel und Unvollkommenheiten im eigenen Wohnen sind viel tolerierbarer, wenn sie in die eigene Verantwortung fallen und nicht in die eines anderen' (1978, 8).

Aus diesen grundsätzlichen Überlegungen geht TURNERs Argumentation zur Förderung der Selbsthilfe und zur Realisierung einer neuen Wohnungsbaupolitik hervor, die sich auf drei Prinzipien stützt:

1. Er stellt fest, daß die Betroffenen ihre Bedürfnisse am besten kennen und es infolgedessen auch besser verstehen, diese baulich umzusetzen [popular housing], als die von offizieller Seite eingesetzten Experten [official housing] (vgl. MATHEY, 1988, 44). Davon ausgehend entwickelt TURNER die konzeptionelle Forderung nach Selbstverwaltung, denn nur sie garantiere letztendlich die Bereitschaft der Bewohner, sich selbst zu engagieren und eigene Fähigkeiten einzusetzen (vgl. TURNER, 1978, 85).

2. Weiter geht er davon aus, daß die Bewohner von Elendssiedlungen ihre ohnehin knappen Ressourcen selbst am effektivsten einsetzen können, und somit selbstverwaltete Siedlungen infolge des Einsatzes von angemessener Technologie und kollektiver Selbsthilfe wesentlich wirtschaftlicher arbeiten als Großprojekte mit hohen, oft ineffizienten Inputs (vgl. TURNER, 1978, 95, 121).

3. Schließlich folgert er, daß die Verschränkung einer vorausschauenden Stadtplanung von offizieller Seite mit dem selbstbestimmten Wohnungsbau der illegalen Siedler durch eine eingeschränkte Rahmenplanung umsetzbar sei. Die staatliche Aufgabe bestehe dann darin, grobe Baustandards, wie Mindestgrundstücksflächen und Miethöhen, vorzugeben und

alle Folgebestimmungen den Bewohnern zu überlassen (vgl. TURNER, 1978, 124).

In seinen späteren Arbeiten betont TURNER, daß er unter kollektiver Selbsthilfe weniger die praktische Durchführung des Wohnungsbaus in Eigenarbeit versteht, als vielmehr die Selbstorganisation und die Selbstbestimmung der Bewohner, die sich vor allem in der Beteiligung bei Planung und Management niederschlagen soll (vgl. KUNTZE, 1982, 44; MATHEY, 1988, 44). So fordert TURNER (1978, 124) in der Praxis der Mitbestimmung auch eine arbeitsteilige Verantwortlichkeit zwischen den Zentralbehörden und den betroffenen Siedlern. Dabei solle der Zugang zu den notwendigen Ressourcen Grund und Boden von staatlicher Seite zentral garantiert werden (ebd., S. 94, 113). Ebenso liege es im Aufgabenbereich der Zentralinstanz, die benötigte Infrastruktur zu installieren sowie Werkzeuge und Materialien bereitzustellen (ebd., S. 102). Die Kontrolle über die Erstellung von Unterkünften hingegen sei dezentral in den individuellen und lokalen Verantwortungsbereich zu legen, da, so TURNER (1978, 98), die Wohnumgebungen entsprechend den Bedürfnissen ihrer Bewohner organisiert seien.[33]

Damit besteht TURNERs Verdienst vor allen Dingen darin, die positiven Aspekte des selbstorganisierten Wohnungsbaus herauszustellen, das eigendynamische Entwicklungspotential von Squattersiedlungen zu betonen und als Konsequenz deren Erhalt zu fordern. TURNERs Ansatz, der sich auf den Einsatz von Kleintechnologie und die Initiative der Betroffenen konzentriert, ersetzte damit in zunehmendem Maße die Praxis gewaltsamer Räumungen und den staatlich organisierten Massenwohnungsbau, der trotz hohem Finanzeinsatz und Großtechnologie erfolglos geblieben war. Anstatt, wie es bis dahin geschah, städtische Elendsviertel als Problemfälle zu identifizieren, die es zu eliminieren gelte, wurde die Planungspraxis zusehends davon bestimmt, die Konsolidierung dieser Siedlungen voranzutreiben und die Lösung des Wohnproblems in dem kombinierten Einsatz von Bewohnerselbsthilfe und gleichzeitiger Förderung durch öffentliche Investitionen zu suchen.

---

33 MATHEY (1988, 44) weist darauf hin, daß dieses Prinzip der Dezentralisierung von Verantwortung und Entscheidungsbefugnissen unter dem Begriff der Devolution in die wohnungspolitische Debatte eingegangen ist.

2.2.2. Programme der Wohnraumbeschaffung mit Selbsthilfe-Komponenten

TURNERs Ideen und konzeptionellen Vorschläge wurden von der UN-Habitat Konferenz in Vancouver (1976) aufgegriffen und das Konzept des selbstbestimmten Wohnungsbaus als weitreichende Politikempfehlung ausgegeben. Die auf dieser Konferenz formulierte Devise, daß [kollektive] Selbsthilfe nicht nur zur Kostensenkung und Wohnraumverbesserung beitrage, sondern auch die soziale Integration der Armen und der marginalisierten Gruppen fördere (vgl. STEINBERG, 1982, 54), war mit den offiziellen Entwicklungsstrategien der 70er Jahre voll kompatibel und erzielte eine entsprechende Breitenwirkung. So findet die Instrumentalisierung von TURNERs Konzept des selbstbestimmten Wohnungsbaus in großem Maße Eingang in die staatliche Wohnungspolitik fast aller Länder der Dritten Welt und auch in die Förderkonzeptionen der bilateralen und multilateralen Entwicklungsagenturen. In der Praxis kommen dabei folgende Wohnungsbauprogramme mit unterschiedlich gewichteten Selbsthilfe-Komponenten zur Anwendung.

2.2.2.1. "Sites and Services"-Programme[34]

"Sites and Services"-Programme zeichnen sich dadurch aus, daß die öffentliche Verwaltung den potentiellen Siedlern neu erschlossene Siedlungsflächen [Sites] mit einer minimalen Infrastrukturausstattung [Services] meist am Stadtrand zur Verfügung stellt. Häufig werden dabei reservierte Freiflächen für öffentliche und private Folgeeinrichtungen bereitgehalten. Der individuelle Hausbau wird dabei in der Regel durch kollektive Selbst- bzw. Nachbarschaftshilfe organisiert und durchgeführt. Die Größenordnung der staatlichen Leistung in der Form bereitgestellter Infrastruktur ist in den einzelnen Fällen spezifisch und variiert von Projekt zu Projekt. Die Zielgruppe bei der Vergabe der Grundstücke sind in der Regel Bewerber mit geringem, aber sicherem Einkommen, die in der Lage sind, niedrige Kaufraten bzw. Pachtabgaben aufzubringen, denn die anfallenden Kosten werden auf die Bewohner umgelegt (vgl. STEINBERG, 1982, 55).

---

[34] Siehe hierzu: KUNTZE (1982, 44), MERTINS (1984, 441), KOPPENHÖFER et al. (1987, 133-134).

2.2.2.2. "Core Housing"-Programme

"Core Housing"-Programme entsprechen im wesentlichen den "Sites and Services"-Programmen, sind aber dadurch erweitert, daß entsprechende Grundstücke bereits mit unterschiedlichen Hausteilelementen ausgestattet sind. Der "Kern" besteht meist in der Form eines überdachten Raumes, der noch durch eine Sanitärzelle und weitere Installationswände ergänzt werden kann. Den anschließenden Weiterausbau sollen dann die Bewohner, in Abhängigkeit von ihren finanziellen Mitteln und ihren individuellen Bedürfnissen, selbst durchführen (vgl. KOPPENHÖFER et al., 1987, 133).

2.2.2.3. "Upgrading"-Programme

"Upgrading"-Programme zielen darauf ab, bestehende illegale Siedlungen zu legalisieren [Squatter Upgrading] und deren bausubstanzielle und infrastrukturelle Ausstattung zu heben. Dieser Vorgehensweise der erhaltenden Sanierung einer bereits bestehenden Siedlungsstruktur geht häufig die katastermäßige Erfassung der Grundstücke und die Registrierung der Besitztitel voraus. Für die nachträgliche Erstellung von Gemeinschaftseinrichtungen [Straßen, Schulen, etc.], ist es jedoch notwendig, bestimmte Teile der vorhandenen Bausubstanz abzureißen bzw. auch Teile der Bevölkerung umzusiedeln. Dies soll zwar, wie MERTINS (1984, 442) hinweist, nur höchstens 10 % der Bewohner treffen, ist jedoch fast immer mit erheblichen Problemen verbunden. Um die anfallenden Gemeinschaftsarbeiten und eventuelle Beitragszahlungen zu organisieren, wird die Bildung von Bewohnerorganisationen angestrebt. Dabei kann aufgrund vorhandener Nachbarschaftsbindungen auf eine "existente Soziabilität" (GAMM et al., 1988, 16) zurückgegriffen werden. Ebenso wie bei den "Sites and Services"- und "Core Housing"-Programmen liegt die Finanzierung der "Upgrading"-Programme bei den Nutzern selbst (vgl. STEINBERG, 1982, 55).

2.2.3. Rezeption des Selbsthilfeansatzes in der Praxis der bilateralen und multilateralen Entwicklungszusammenarbeit

Zu Beginn der siebziger Jahre konzentrierte sich das Interesse der internationalen Hilfsorganisationen [Weltbank, ILO] zusehends auf die sozialen und ökonomischen Probleme der Ärmsten, wobei sich das

Augenmerk insbesondere auf die Zielgruppe der marginalisierten Stadtbevölkerung richtete (vgl. Kap. 1.3.1.1.). Nicht zuletzt durch die Rezipierung der Arbeiten von ABRAMS, MANGIN und TURNER gewann dabei
die Erkenntnis an Raum, daß es sich bei den städtischen Armen durchaus
nicht um eine lethargische, unproduktive Masse handelt, sondern daß entscheidende Entwicklungsimpulse und positive Effekte, gerade auch im
Wohnungsbau, von dieser Bevölkerungsgruppe ausgehen, die, so die Einschätzung von Weltbank und ILO (vgl. Kap. 1.3.1.1.), durch eine
gezielte Förderung nutzbar gemacht werden können.

2.2.3.1. Wohnungsbaupolitische Strategien der Weltbank

Die beiden wichtigsten Träger der multilateralen Entwicklungszusammenarbeit im Bereich der Wohnungsversorgung der Dritten Welt sind die
1978 gegründete UNCHS-Habitat [United Nations Centre for Human
Settlements], die vorwiegend im Bereich der technischen Zusammenarbeit
tätig ist, und die Weltbank, die als größte Trägerorganisation der finanziellen Zusammenarbeit die Mehrzahl aller geförderten Wohnungsprojekte bestimmt (vgl. RAMIREZ et al., 1988, 9). WILLIAMS (1984, 173
ff.) weist darauf hin, daß die Wohnungsbauprogramme der Weltbank seit
Beginn der 70er Jahre von mehreren Erfahrungen geleitet wurden. So
hatte sich folgendes herausgestellt:

1. Daß für die meisten Siedler die Arbeitsplatzsicherung und das Einkommen von höherer Priorität war als besseres Wohnen.

2. Daß die Regierungsanstrengungen, die auf die Eliminierung der illegalen Siedlungen abzielten, in der Regel nicht erfolgreich waren.

3. Daß auch die Bevölkerungsteile der niederen Einkommensgruppen in
der Lage waren, Einkommen zu mobilisieren, und somit bei Wohnungsbauprojekten imstande waren, die anfallenden Kosten für Land und
Infrastrukturausstattung zu decken.

4. Daß die Garantie der Standortsicherheit seitens der Regierungen die
Investitionsbereitschaft individueller Haushalte bei der Verbesserung der
Wohnbedingungen stimulierte.

Diese Erkenntnisse ebneten den Weg, die Selbsthilfeförderung im Wohnungsbau zum politischen Konzept zu erheben, wobei die Duldung spontaner Siedlungen nunmehr als eine ebenso entscheidende Voraussetzung zur Mobilisierung des Selbsthilfepotentials vorausgesetzt wurde wie die Anerkennung des Landbesitzes (vgl. UN-Habitat in ZISS, 1984, 29). Die Umsetzung des neuen Konzeptes der Selbsthilfeförderung in die Praxis der durch die Weltbank geförderten Projekte vollzog sich seit 1972 in vier Phasen (vgl. BURGESS, 1988, 6). In der 1. Phase (1972-1975) dominierten "Sites and Services"-Projekte, die in diesem Zeitraum etwa zwei Drittel aller städtischen Weltbank-Projekte ausmachten. Die 2. Phase 1976-1979 wurde zunehmend von "Upgrading"-Projekten in Form integrierter städtischer Entwicklungsprogramme bestimmt. Den "Sites and Services"-Projekten kam dabei die Aufgabe zu, die Bevölkerung aufzunehmen, die infolge der Entdichtung aufzuwertender Siedlungen freigesetzt wurde. Die 3. Phase 1979-1984 war weiterhin durch das Vorherrschen von "Upgrading"-Programmen gekennzeichnet, die allerdings eingebettet waren in Programme der Beschäftigungsförderung und in Programme der "Community Organization". In der 4. Phase standen die wohnungsbaupolitischen Strategien der Weltbank nach wie vor unter dem Vorzeichen von "Upgrading"-Programmen, doch, wie BURGESS (1988, 6) anführt, ersetzte dabei die Praxis der "strukturellen Kreditanpassungen" die Politik der "Umverteilung des Wachstums". Die Ausgestaltung dieser seit 1972 zur Anwendung kommenden Wohnungsbauprogramme wird durch folgende Förderkriterien maßgeblich bestimmt (vgl. WILLIAMS, 1984, 176-177; BURGESS, 1988, 4-8):

1. Zielgruppenorientierung [Target Population]: als Zielgruppe, die durch die Wohnungsbauprogramme gefördert werden soll, wird die Bevölkerung der unteren 50-70% des städtischen Einkommens bestimmt.

2. Selbstfinanzierung [Full Cost Recovery]: die geförderten Bewohner sollen alle durch das Programm anfallenden Kosten finanziell selbst tragen.

3. Bezug zum Einkommen [Affordability]: um die Vorgabe der Selbstfinanzierung einlösen zu können, wird bei der Zielgruppenbestimmung eine gewisse Einkommenshöhe und die Sicherheit derselben zugrunde gelegt.

4. Wiederholbarkeit [Scale and Replicability]: die ersten drei Kriterien

sollen gewährleisten, daß die Programme sich möglichst schnell amorti-
sieren, um durch eine schnelle Wiederholung in großem Maßstab möglichst viele Menschen zu erreichen.

Diese von der Weltbank angelegten Förderkriterien formen ein Pro-
jektprofil, das sich von Turners Konzept des selbstbestimmten Wohnungsbaus deutlich unterscheidet. Zunächst ist festzustellen, daß Turner
noch das Anliegen hatte, den Bewohnern von Squattersiedlungen neben
der Legalisierung ihres Wohngebietes durch seine drei Prinzipien der
Selbstverwaltung, der angemessenen Technologie und der eingeschränkten Rahmenplanung einen größeren individuellen Handlungsspielraum
bereitzustellen, indem er eine Dezentralisierung von Entscheidungsbefugnissen [Devolution] vorsah. Doch die Weltbank rechtfertigt das Konzept
des selbstbestimmten Wohnungsbaus, wie selbst WILLIAMS (1984, 177)
als ehemaliger Funktionär der Weltbank ausführt, nur aus den ökonomischen Gründen niedrigerer Kosten und größerer Geschwindigkeit.
Darüber hinaus zeigt BURGESS (1988, 6), daß die 1972 bis 1981 durch-
geführten "Sites and Services"- und "Upgrading"-Projekte der Weltbank
bei weitem nicht dem tatsächlichen Bedarf an Wohnraum entsprachen; so
wurden durch die Weltbankprogramme nur etwa eine Million Personen in
den LDC-Ländern erreicht, wiewohl der von der UN geschätzte jährliche
Bedarf bei 8,7 Millionen Wohneinheiten lag.[35] Dabei beschränkten sich,
so BURGESS, die Wohnungsbauprojekte der Weltbank dann noch zum
überwiegenden Teil auf die "Semi-Peripherie" [Schwellenländer],
wodurch die bedürftigsten Nehmerstaaten aus der Förderung ausgespart
wurden (1988, 6). Darüber hinaus betont er, daß die Vorgabe der Zielgruppenorientierung nicht eingelöst wurde, denn nicht die Bevölkerung
mit den unteren 50% des städtischen Einkommens wurde erreicht, sondern infolge der Kostenumlegung und Besteuerung kam es gerade zur
Verdrängung der ärmsten Bewohner. Und letztlich, so BURGESS, führe
die Politik der vollen Kostendeckung zu Raumstandardsenkungen. So liegen die "Sites and Services"-Projekte der Weltbank in Madras heute unter
den nationalen Standards für Gefängniszellen (CABANNES in,
MATHEY, 1988, 47).

---

[35] Bei der Projektevaluierung der Wohnungsbauprogramme der Weltbank von 1972
bis 1981 gibt WILLIAMS (1984, 178) demgegenüber an, daß allein durch "Sites
and Services"-Programme 370.000 Grundstücke erschlossen wurden, von denen
zwei Millionen Menschen profitieren. Des weiteren führt er aus, daß über "Upgrading"-Programme noch einmal sieben Millionen Personen erreicht wurden.

2.2.3.2. Wohnungsbaupolitische Strategien der GTZ und der KfW

In der bilateralen Entwicklungszusammenarbeit der BRD mit den Ländern der Dritten Welt stellt die Verbesserung der Wohnungsversorgung ein relativ junges Betätigungsfeld dar. Mitte der siebziger Jahre wurden erste Projektaktivitäten unternommen, die erst zu Beginn der achtziger Jahre einen nennenswerten Umfang erreichten (BMZ, 1986a, 22). Im wesentlichen greift die bundesdeutsche Entwicklungspolitik in diesem Bereich auf die Instrumentarien der finanziellen und der technischen Zusammenarbeit zurück. Das Ausführungsorgan der finanziellen Zusammenarbeit ist die Kreditanstalt für Wiederaufbau [KfW], dasjenige der technischen Zusammenarbeit die Gesellschaft für technische Zusammenarbeit [GTZ]. Seit Beginn der achtziger Jahre verfolgt die bundesdeutsche Entwicklungspolitik im Rahmen der bilateralen Zusammenarbeit den weitgefächerten Projektansatz der integrierten Wohngebietsförderung:

Integrierte Wohngebietsförderung heißt, organisatorische und materielle Voraussetzungen zu schaffen, die es den Bewohnern von städtischen Randgebieten ermöglichen, ihre Wohn- und Lebensverhältnisse eigeninitiativ zu verbessern. Dabei geht man davon aus, den Abriß illegaler Wohngebiete und die Umsiedlung ihrer Bewohner weitestgehend zu vermeiden. Stattdessen sollen die vorhandenen baulichen und sozialen Strukturen weiterentwickelt werden. Man unterstützt die Bewohner dabei, sich zu organisieren, damit sie die Infrastruktur ihrer Wohngebiete ausbauen und ihre Häuser mit einfachen Mitteln selbst verbessern können. Gleichzeitig versucht man, den Menschen eine Beschäftigung zu sichern, etwa durch die Ausbildung von Handwerkern, die Vergabe von Kleinkrediten oder die Errichtung von genossenschaftlichen Werkstätten (GTZ, 1989, 9-10).

Mit dem Konzept der integrierten Wohngebietsförderung wird somit ein kompletter Maßnahmenkatalog zum Einsatz gebracht. Dieser sieht vor, die vorhandenen baulichen und sozialen Potentiale zu fördern und zu legalisieren sowie parallel dazu die Beschäftigungs- und Einkommenssituation zu verbessern (vgl. GTZ, 1989, 9-10). Die technische Zusammenarbeit der GTZ setzt dazu auf drei verschiedenen Ebenen an (BMZ, 1986a, 23):

1. Auf der Wohngebietsebene soll die Mobilisierung lokaler Ressourcen und die Bildung von Bewohnervereinigungen angeregt werden.

2. Auf der institutionellen Ebene sollen die notwendigen Voraussetzungen zu Beratungs- und Ausbildungsmaßnahmen geschaffen werden.

3. Auf der planerischen Ebene werden konzeptionelle und planerische Aufgaben wahrgenommen.

Bei den von der GTZ verwendeten Wohnungsbauprogrammen handelt es sich einmal um Sanierungs- und Stadterneuerungsprojekte, die darauf abzielen, die bereits vorhandenen baulichen und sozialen Voraussetzungen zu nutzen, um das betreffende Wohngebiet infrastrukturell aufzuwerten ("Upgrading"-Projekte, vgl. Kap. 2.2.2.3.). Zum anderen werden zur Deckung des Neubedarfes an Wohnraum Erschließungsprojekte durchgeführt, deren Konzeption im wesentlichen den "Sites and Services"-Programmen entspricht (vgl. Kap. 2.2.2.1.). Ebenso wie die technische Zusammenarbeit fördert auch die bundesdeutsche finanzielle Zusammenarbeit über die Trägerorganisation der KfW seit Ende der siebziger Jahre durch die Gewährung von Darlehen und mittels direkter Zuschüsse die integrierten Projekte der Wohnungsversorgung. Die vormals reinen Wohnungsbau- bzw. Infrastrukturprojekte werden zunehmend mit Maßnahmen gekoppelt, die auf eine Verbesserung der Beschäftigungssituation abzielen. Der Beteiligung der Zielgruppen bei der Projektplanung und Projektdurchführung kommt hier die zentrale Bedeutung zu. Neben der Rechtssicherheit für die Bewohner wird die Anpassung der Baustandards an die Zielgruppe angestrebt, denn letztlich sollen alle Projektkosten auf die Bewohner umgelegt werden (vgl. BMZ, 1986a, 23).

Als Zwischenbilanz kann somit zunächst festgestellt werden, daß das Problem der Wohnungsversorgung in der Dritten Welt im Rahmen der bundesdeutschen bilateralen Entwicklungszusammenarbeit nicht durch gesellschaftliche, sondern durch technische Maßnahmen gelöst werden soll. Das stellt sich bei der Forderung nach Reformen der wohnungspolitischen Instrumentarien der Nehmerstaaten heraus. So wird in dem Programm der integrierten Wohngebietsförderung implizit davon ausgegangen, daß die Verwaltungen der Nehmerländer in der Dritten Welt nicht imstande sind, die Probleme im Wohnungssektor eigenständig zu bewältigen. Daraus wird gefolgert, daß ein Lösungsansatz darin bestehe, den administrativen Apparat der Dritte-Welt-Länder zu vervollkommnen. Das bedeutet, daß die mangelnde Wohnraumversorgung als technisch-administratives Problem verstanden wird und eben nicht als gesellschaftliches. Die Reichweite des Konzeptes der integrierten Wohngebietsförderung zeigt sich dann in aller Deutlichkeit an den Kriterien, die das BMZ bei der Projektauswahl und Projektgestaltung zugrundelegt (vgl. BMZ, 1986b, 9-13):

1. Die Zielgruppenorientierung. Als Zielgruppe wird jener Teil der Bevölkerung definiert, "(...), der in Wohnungsnot lebt und sich aufgrund der sozioökonomischen Bedingungen selbst keinen Zugang zu einer menschenwürdigen Wohnung verschaffen kann" (BMZ, 1986b, 9). Diese Vorgabe der Zielgruppenorientierung wird aber gleichzeitig dadurch eingeschränkt, daß, nach den Ausführungen des BMZ, die Projekte grundsätzlich nur jenen Bevölkerungsgruppen zugute kommen sollen, die ein verfügbares Haushaltseinkommen aufweisen können (1986b, 9). Folglich kommen gerade die Bedürftigsten nicht in den Genuß einer Förderung, denn gerade die Schicht der Ungesicherten ist durch die Unsicherheit und den ständigen Wechsel von Einkommensquellen charakterisiert (vgl. Kap. 1.3.1.2.). Zum Erreichen der vorab definierten Zielgruppe wird dann lediglich, in Anlehnung an die Planungspraxis der Weltbank, eine Reduzierung der Standards vorgeschlagen (vgl. BMZ, 1986b, 9).

2. Die Belastbarkeit der Haushalte sei, so die offizielle Argumentation, für eine realistische Projektplanung insofern bedeutend, als von ihr ja die Rückzahlung der Projektleistungen abhänge. Damit ist festzustellen, daß die Zahlungsbereitschaft der Betroffenen implizit zum maßgeblichen Förderungskriterium wird. Von offizieller Seite wird dann weiter ausgeführt, daß die Zahlungsbereitschaft erstens abhänge von der Zahlungsmoral der Geförderten, zweitens deren Einsicht in die Notwendigkeit des Projekts und drittens von der Glaubwürdigkeit der bei Rückzahlungssäumnis zu verhängenden Sanktionen. Letztendlich entscheidet also die Gewährleistung der Rückzahlung, ob das Projekt durchgeführt wird oder nicht. (vgl. BMZ, 1986b, 9).

3. Die Praxis der Kostenumlegung wird nach Einschätzung des Bundesministeriums für wirtschaftliche Zusammenarbeit dadurch begründet, daß "aus ökonomischen und sozialpsychologischen Gründen (...) Leistungen des Wohnungsbaus den individuellen Nutzern in Rechnung zu stellen sind" (BMZ, 1986b, 10). Weiter wird dann ausgeführt, daß, wenn die Zielgruppe nicht erreicht wird bzw. diese nicht imstande ist, die Belastung zu tragen, zu untersuchen sei, ob die Projektkosten nicht auf ein annehmbares Maß gesenkt werden können. Falls dies nicht möglich

sei, könnten in Ausnahmefällen durch eine Quersubventionierung jene Gruppen zusätzlich belastet werden, die mit ihren Einkommen oberhalb der gezogenen Grenzen liegen. Dabei steige die Aussicht auf Erfolg, wenn gleichzeitig eine Differenzierung von Ausbau und Versorgungsstandards vorgenommen werde (vgl. BMZ, 1986b, 10). Mit dem Primat der vollen Kostendeckung werden somit auch erzieherische Maßnahmen zum Einsatz gebracht. So wird die Einsicht der Bewohner in die Notwendigkeit des Projektes in Abhängigkeit gesehen von der Glaubwürdigkeit der bei Zahlungssäumnis zu verhängenden Sanktionen (vgl. Punkt 2.). Damit wird davon ausgegangen, daß die Betroffenen den Sinn des Projektes nur dann erkennen, wenn die Strafen bei Uneinsichtigkeit der Bewohner in die Projektkonzeption angemessen hoch sind. Schließlich wird dann parallel dazu die volle Umlegung der Projektkosten auf die Bewohner von Elendssiedlungen mit dem Vorwand sozialpsychologischer Gründe legitimiert, ohne diese selbst weiter auszuführen.

Zusammenfassend läßt sich feststellen, daß die Strategie der integrierten Wohngebietsförderung im Rahmen der bundesdeutschen bilateralen Entwicklungszusammenarbeit im wesentlichen der jüngeren Politik und Planungspraxis der Weltbank [full cost recovery, affordability, scale and replicability] entspricht. Gemeinsam ist den Förderagenturen, daß ihre Maßnahmen auf die Mobilisierung des lokalen Selbsthilfepotentials abzielen, wobei neben dessen Inwertsetzung eine institutionelle Einbindung angestrebt wird. Sie gehen dabei zwar im Sinne Turners von einem produktiven Entwicklungspotential der randständigen Stadtbewohner aus, spätestens in der Projektpraxis gestaltet sich jedoch die Einlösung von Turners Forderung nach Dezentralisierung von Entscheidungsprozessen als schwierig. So wird auch von bundesdeutscher Seite sowohl im Bereich der technischen Zusammenarbeit als auch in dem der finanziellen Zusammenarbeit die Projektauswahl durch eine Reihe von Kriterien bestimmt, die darauf abzielen, die anfallenden Projektkosten auf die Bewohner umzulegen, um so, laut BMZ (1986b, 7), die Wiederholbarkeit sicherzustellen. Konkrete Maßnahmen, die die Partizipation und die Mitbestimmung der Betroffenen zum Inhalt haben, bleiben in ihrer Anwendungsorientierung allerdings weit hinter den pragmatischen Vorschlägen zur Senkung der Projektkosten zurück.

2.2.4. Zur Kritik der Selbsthilfeförderung im Wohnungsbau

Die Kritik an der Implementierung der wohnungspolitischen Strategie der Selbsthilfeförderung im Wohnungsbau durch die offiziellen Förderinstitutionen setzt an zwei Punkten an. Einerseits wird die Einbindung der Elendssiedlungen in die Weltökonomie vernachlässigt und andererseits werden die sozioökonomischen Dynamiken, die infolge der äußeren Eingriffe in den geförderten Siedlungen wirksam werden, kaum beachtet (vgl. BURGESS, 1985; MATHEY, 1988). Zunächst ist festzustellen, daß aus staatlicher Sicht die spontane Selbsthilfe insofern wünschenswert ist, als sie dem häufig insolventen Staat der Dritten Welt den Rückzug aus seiner sozialen Verpflichtung zur Sicherung von Reproduktionsbedingungen erlaubt. Er ist nämlich aufgrund der Selbsthilfeleistung der illegalen Siedler in der Lage, die Befriedigung des Grundbedürfnisses Wohnen auf die Ebene des individuellen Haushaltes zu verweisen (vgl. STEINBERG, 1982, 57; ZISS, 1984, 28). Wird dabei die spontane Selbsthilfe zum politischen Programm erhoben und als geförderte Selbsthilfe hoffähig gemacht, leidet, wie EVERS et al. (1979, 147) ausführen, nicht einmal die staatliche Legitimation.

Die nicht geförderten Bewohner von Squattersiedlungen stehen andererseits häufig vor der Aufgabe, eine "paradoxe Situation" zu bewältigen (vgl. EVERS et al., 1979, 151). So ist die Inbesitznahme des Bodens durch die Siedler in der Regel illegal und beinhaltet einen Rechtsbruch. Parallel zu diesem Rechtsbruch wird aber von den Bewohnern der Spontansiedlungen gerade die Legalisierung des Wohngebietes angestrengt. Wie STEINBERG (1982, 58) folgert, macht die Abhängigkeit der Siedler von den staatlichen Entscheidungen den Staat dabei gleichzeitig zum Adressaten von Forderungen, als auch zum Kontrahenten. Das Interesse der nationalen Regierungen besteht darin, nach Möglichkeiten zur Entbindung von ihren Wohlfahrtsaufgaben zu suchen, und daher liegt es in ihrem Sinne, eine rechtliche Klärung so lange wie möglich hinauszuzögern, sich den Forderungen der Siedler zu widersetzen und diese nur in kleinen Dosierungen zu erfüllen. Mittels dieser Hinhaltetaktik, die mit kleinen Zugeständnissen und langen Verzögerungen arbeitet, wird auch die Formierung eines politischen Potentials auf Wohngebietsebene verhindert. Und gerade über Selbsthilfe-Projekte ist es möglich, die Meinungsführer der betroffenen Siedler in einen institutionellen Rahmen einzubinden und damit politisch zu "entschärfen". So kann mit STEINBERG (1982, 61) resümiert werden, daß Selbsthilfeprojekte leicht zu einem wichtigen Element sozialer und politischer Befriedungsstrategien

werden können. Neben der permanenten Unsicherheit, die meist im staatlichen Interesse in den illegalen Wohngebieten aufrechterhalten wird,
kann die Situation der Bewohner von Spontansiedlungen zusätzlich noch
durch staatliche Maßnahmen, etwa durch Wohungsbauprogramme, dynamisiert werden. Ein primärer sozialer Verschiebungsprozess existiert in
den betroffenen Wohngebieten, wie oben ausgeführt wurde (vgl. Kap.
2.1.2.), eventuell allein schon infolge eines sich parallel zum Etablierungsprozeß der Siedlung ausbildenden Bodenmarktes. Durch die
staatlich vorgenommene Legalisierung eines illegalen Wohngebietes
werden weitere Bodenpreissteigerungen ausgelöst, die neue
Verdrängungsprozesse zur Folge haben. So führt GILBERT (1986, 181
ff.) aus, daß aufgrund der staatlichen Regulierung des Landbesitzes, etwa
im Rahmen von "Upgrading"-Programmen, dem Boden durch Legalisierung ein höherer Tauschwert zugemessen wird und er somit zum
Gegenstand für kommerzielle Interessen und Spekulation werde.
Weiterhin komme es, laut GILBERT, infolge der Legalisierung zur
Einführung von Besitzsteuern, die es auf dem vormals illegalen Land
nicht gab, was in der Konsequenz bedeute, daß die Kosten von den
Eigentümern an die Untermieter weitergereicht werden. Das äußere sich
letztlich sowohl in einer Heraufsetzung der Mietpreise, als auch in einer
zunehmenden Wohndichte und münde häufig in der Verdrängung der
ärmsten Bewohner. Parallel dazu impliziert die Selbsthilfeförderung der
Wohnraumbedürftigen durch die offiziellen Wohnungsbauprogramme
infolge des Primates der vollen Kostenumlegung auf die Geförderten eine
Selektionspolitik, deren Leistung letztendlich nur darin besteht, eine
definierte Zielgruppe zur Selbstlösung ihrer Probleme zu bringen und die
Bedürftigsten gleichzeitig noch weiter in die Randständigkeit
abzudrängen.

2.3. Zusammenfassung: Die Bedeutung empirischer Studien zur Klassifizierung des Selbsthilfepotentials im Wohnungsbau

Im zweiten Kapitel der vorliegenden Arbeit wurden wohnungsbaupo-
litische Strategien vorgestellt, die darauf abzielen in den Metropolen der
Dritten Welt die Probleme des Wohnungssektors zu lösen. Diese Strategien wurden in Abhängigkeit von ihrem Entstehungsmoment unterschieden in solche, die von den betroffenen Bewohnern in den Elendssiedlungen selbst ausgehen [spontane Selbsthilfe] und in solche, die durch den
Einsatz von offiziellen Wohnungsbauprogrammen zum Einsatz kommen

[geförderte Selbsthilfe]. Dabei wurde untersucht, welche spezifischen Möglichkeiten die jeweiligen Strategien bieten, zu einer umfassenden Verbesserung der Wohnungssituation in den Elendssiedlungen beizutragen. Die als spontane Selbsthilfe bestimmte Initiative der Betroffenen, sich in Ermangelung staatlicher Alternativen den notwendigen Wohnraum in urbaner Subsistenzproduktion selbst herzustellen, wurde im ersten Teil dieses Kapitels als ein Aspekt des überlebensrational-strategischen Handelns der Schicht der Ungesicherten herausgestellt. Dabei konnte aber auch aufgezeigt werden, daß zwar alle Bewohner von Elendssiedlungen unter den akuten Wohnproblemen zu leiden haben, es jedoch auf der Ebene des gesamten Wohngebietes nicht zu einer handlungsfähigen Solidarität der Bewohner kommt, die den Einzelnen auf Dauer sichert. Im Verlauf des Konsolidierungsprozesses einer Siedlung werden vielmehr die ärmsten Haushalte als Folge der Kommodifikation [warenökonomischer Charakter von Wohnraum] nach und nach verdrängt.

Im zweiten Teil dieses Kapitels wurden offizielle Wohnungsbauprogramme vorgestellt. Dabei konnte gezeigt werden, daß Turner der Verdienst zukommt, das produktive Entwicklungspotential der Bewohner von Elendssiedlungen in den Metropolen der Dritten Welt herauszustellen und dieses in seinem Konzept des selbstbestimmten Wohnungsbaus politikfähig zu machen. So greift die Planungspolitik bilateraler [GTZ, KfW] und multilateraler Förderinstitutionen [Weltbank] auf wesentliche Elemente des selbstbestimmten Wohnungsbaus zurück und mißt der Selbsthilfeförderung definierter Zielgruppen im Rahmen der Entwicklungszusammenarbeit entscheidende Bedeutung bei. Die Kritik an Turners Konzept des selbstbestimmten Wohnungsbaus sowie an den daraus abgeleiteten wohnungspolitischen Strategien der offiziellen Förderinstitutionen richtete sich auf die von Turner vernachlässigte Überlegung zur Bedeutung der Einbindung von Elendssiedlungen in die Marktökonomie und thematisiert darüber hinaus die kaum beachteten Dynamiken, die infolge externer Intervention [z.B. durch Wohnungsbauprogramme] in den geförderten Siedlungen wirksam werden. Darüber hinaus konnte gezeigt werden, daß die offiziellen Programme gerade die Bedürftigsten nicht erreichen, und daß ihre Leistung letztendlich vor allem darin besteht, eine definierte Zielgruppe zur Selbstlösung ihrer Probleme zu bringen.

Die theoretische Diskussion über die Selbsthilfe im Wohnungsbau als geeignetes Konzept zur Lösung der Habitat-Probleme wurde zu Beginn der achtziger Jahre zusehends durch die Stellungnahmen von Praktikern abgelöst. Die empirischen Ergebnisse machten deutlich, daß aufgrund regional bestehender Unterschiede bei der Übertragung von Erfahrungen Vorsicht geboten ist (vgl. MATHEY, 1988, 46). Seitdem erlangte die Bedeutung regionaler Fallbeispiele neues Gewicht.

3. REGIONALE UND KONZEPTIONELLE EINFÜHRUNG IN DAS FALLBEISPIEL

3.1. Naturräumliche, wirtschaftsräumliche und bevölkerungsstrukturelle Gliederung des Sudan

Naturräumliche Gliederung des Sudan

Der Sudan ist mit 2.505.812 Quadratkilometern das flächenmäßig größte Land Afrikas. Das "Bilad as-Sudan" [Land der Schwarzen] liegt zwischen dem 3. und 22. Grad nördlicher Breite und 22. und 38. Grad östlicher Länge. Die Bevölkerung des Landes wurde 1989 auf insgesamt 24,18 Millionen geschätzt (StBA, 1990, 18). Das tropisch bzw. randtropische Klima mit überwiegendem Sommerregen, am Roten Meer auch subtropischer Winterregen, läßt sich in drei Klimazonen gliedern: In den nördlichen Landesteilen herrscht Wüstenklima, im Zentralsudan trockenheißes Steppenklima und im Süden des Landes herrscht wintertrockenes Savannenklima. Die Niederschläge nehmen von Norden nach Süden zu [von 0,1 mm in Wadi Halfa bis über 2.000 mm im Imatong-Gebirge], sind aber sehr variabel hinsichtlich Intensität und Dauer (vgl. LAVERGNE, 1989).

In Abhängigkeit von Relief, Böden und Oberflächenwasser können nach EITNER et al. (1980) fünf Landschaftszonen unterschieden werden (vgl. Karte 2). Die Vollwüste nördlich des 17. Breitengrades nimmt 25% der Staatsfläche ein. Ihr Jahresniederschlag liegt unter 50 mm. Die Halbwüste zwischen dem 14. und 17. Breitengrad verzeichnet Niederschläge im Bereich von 50 mm bis 250 mm und nimmt etwa 20% der Staatsfläche ein. Mit einem durchschnittlichen Jahresniederschlag von 163 mm liegt Khartoum in der Halbwüste, wobei der einstige Baumbestand in der Region von Khartoum durch Abholzungen fast vollständig vernichtet wurde. Im Süden der Halbwüstenregion schließt sich die Dornbuschsavanne an, die sich bis etwa zum 12. Breitengrad erstreckt. In den letzten Jahrzehnten hat auch diese Landschaftszone, die etwa 10% der Landesfläche einnimmt, unter den Folgen der Desertifikation einen wüstenähnlichen Charakter angenommen. Die südlich angrenzende Trockensavanne weist Niederschläge von 500 bis 1.000 mm auf und nimmt einschließlich der saisonal überschwemmten Sudd-Ebenen ca. 25% der Staatsfläche ein. Im Südwesten schließlich prägen mit sechs bis neun

Regenmonaten im Jahr [1.000 mm - 1.500 mm] die Feuchtsavanne und Gebirgswälder das Landschaftsbild.

Der mit einer Länge von 3.500 km durch den Sudan fließende Nil ist die Lebensader des Landes. In seinen Talbereichen leben allein 60% aller Sudanesen. Der weiße Nil verliert allerdings in seinem Oberlauf, im Sumpfgebiet des Sudd, dem mit 60.000 Quadratkilometern größten natürlichen Staubecken der Erde, ca. 60% seines Wassers durch Verdunstung. Da eine rationelle Nutzung des Nilwassers für die sudanesische und auch für die ägyptische Agrarwirtschaft von besonderer Bedeutung ist, wurde 1978 - gegen den erbitterten Widerstand der Niloten, deren Weidewirtschaft vollständig auf das Ökosystem des Sudd abgestimmt ist - zur Vergrößerung der Wasserabflußmengen mit dem Bau des Jonglei-Kanals begonnen (vgl. LAKO, 1988). Jedoch kam dieses ehrgeizige Entwicklungsprojekt, das unüberschaubare ökologische Auswirkungen gehabt hätte, 1983 mit dem Wiederausbruch des Bürgerkrieges zum Erliegen.

Wirtschaftsräumliche Gliederung des Sudan

Der Sudan ist vor allem ein agrarisch geprägtes Land. Industrieanlagen befinden sich zum überwiegenden Teil in Khartoum [73%] und der Dienstleistungssektor ist nur in den größeren Städten [Khartoum, Port Sudan, Wad Medani, El Obeid, Kassala] nennenswert ausgebildet. Die Gunsträume der Landwirtschaft, die allerdings ökologisch sehr fragil sind, liegen entlang der schmalen Nord-Süd-Achse des Nil und einer Ost-West-Achse folgend im Zentralsudan zwischen den Halb- und Vollwüstengebieten des Nordens und den Sumpfgebieten des Südens (vgl. Karte 2). Diese Räume werden durch eine stark monostrukturierte Bewässerungslandwirtschaft [Exportproduktion von Baumwolle] insbesondere in der Gezira, zwischen blauem und weißem Nil, und durch kapitalintensiven, mechanisierten Landfeldbau bewirtschaftet und dabei vielfach übernutzt [Desertifikation].

Das Städtesystem des Sudan ist hauptsächlich in diesen agrarischen Gunsträumen zwischen dem 10. und 15. Breitengrad ausgebildet und - vermittelt durch das Verkehrsnetz [Eisenbahn, Pisten, Flugplätze] - deutlich auf die Konurbation Khartoum ausgerichtet (vgl. Karte 2). Port Sudan liegt als einzige größere Stadt außerhalb dieses Gebietes im Nordosten am Roten Meer und ist gleichzeitig der alleinige Tiefseehafen des Landes. Durch eine Teerstraße, die neben der von Khartoum-Kosti-Sennar-Khartoum die einzige des Landes ist, wird dieser Hauptumschlagsplatz des Sudan für Import- und Exportgüter mit Khartoum verbunden. Hervorzuheben ist darüber hinaus, daß keine ausgebauten Straßenverbindungen in den Norden nach Ägypten [Eisenbahn bis Wadi Halfa] und auch keine in den Süden nach Zaire, Uganda oder Kenia existieren. Eine geregelte Kommunikation [Schiffsverkehr, Eisenbahn bis Wau, Pisten, Flugbetrieb] mit dem Süden ist derzeit durch den Bürgerkrieg fast gänzlich unmöglich.

Bevölkerungsstrukturelle Gliederung des Sudan

Der Sudan mit seinen kolonialzeitlich gezogenen Grenzen gehört zu den ethnisch-konfessionell und linguistisch fragmentiertesten Ländern der Dritten Welt. Der Zensus von 1956 weist allein 56 ethnische Hauptgruppen aus, die sich in weitere 597 Untergruppen aufspalten. Diese ethnische Aufsplitterung wird durch konfessionelle und sprachliche Unterschiede noch verstärkt: 16,7% der Sudanesen zählten sich 1983 zu Anhängern von Naturreligionen und 10% bekannten sich zum Christentum (StBA, 1990, 26). Die Mehrheit der Bevölkerung [73%] bekannte sich 1980 jedoch zum Islam (StBA, 1990, 26), und zwar hauptsächlich zum sunnitischen Islam malikitischer Prägung. Der Islam weist jedoch eine große Binnendifferenzierung auf, die zwischen der volksislamischen Ausrichtung der Bruderschaften und dem orthodoxen Islam der Rechtsgelehrten rangiert (vgl. TRIMINGHAM, 1949). Was die linguistische Differenzierung im Sudan anbetrifft, so werden allein 177 verschiedene Sprachen und Dialekte gesprochen, die in drei [afro-asiatische, niger-kordofanische und nilo-saharanische] der vier großen afrikanischen Sprachfamilien einzuordnen sind (vgl. MILLER et al., 1989).

Die arabische Bevölkerung, die vor allem in den Nordprovinzen lebt, läßt sich in drei räumliche Großgruppen einteilen (vgl. LAVERGNE, 1989). Diese machten 1983, bei der bisher letzten Volkszählung, 49,1% der Gesamtbevölkerung aus (vgl. StBA 1990, 25). Dazu zählen die Bauern und Händler des Niltals [Sokkot, Mahas, Danagla, Schayqiya, Mirafaab, Rubaataab, Manaasiir, Ja'aliyin], durch welche fast alle politischen und ökonomischen Schlüsselpositionen des Landes besetzt sind. Zur arabischen Bevölkerung gehören darüber hinaus auch die islamischen Kamelnomaden in der Halbwüste und Dornbuschsavanne des Nordens [Rascha'ida, Schukriya, Hawawir, Hassaaniya, Kabaabisch, Zaghawa] und die sich südlich anschließenden Rinderhirten, [Rufa'a al-Hoi, Kawahla, Hawazma, Messiriya, Humr, Hamar, Rizeiqat, Habbaniya,

Ta'aaischa] des Nordsudans. Die größten nichtarabischen Ethnien der sudanesischen Bevölkerung sind die Dinka [11,5%], Nuba [8,1%], Nuer [4,9%] und die zur kuschitischen Sprachfamilie zählenden Beja [Ababda, Bischarin, Amarar, Hadendowa, Beni Amer] der Red Sea Hills [6,4%] (vgl. StBA 1990, 25; EIU, 1990, 10). Auch die nichtarabische Bevölkerung läßt sich nach LAVERGNE (1989) in drei räumliche Großgruppen einteilen. Nämlich erstens in die Rückzugsvölker der Berge: Dazu zählen die Uduk, Burun und Ingessana entlang der äthiopischen Grenze; die linguistisch extrem heterogenen Bewohner der Nuba Berge [1457m]; sowie die seßhaften [Four, Berti, Birgid, Tunjur, Tama, Biringa, Bergo, Dadinga] und nomadischen Rizeiqat Gruppen des Jebel Marra Massivs [3042m]. Zweitens gehören dazu die Hirtenvölker der Nilsenke, wie die Gruppen des Sudd-Gebietes [Dinka, Nuer, Schillouk, Maban, Anuak und Berri] und die Bewohner der östlichen [Murle'] und südlichen [Turkana, Toposa] Steppe. Und drittens zählen die Bauern Äquatorias [Lotuho, Logir, Lokoya, Luluba, Kawa, Mundari, Zande und zahlreiche andere kleinere Gruppen] zu den nichtarabischen Ethnien des Sudan. Zu diesen sudanesischen Großgruppen kommen noch zahlreiche westafrikanische Ethnien [6%] hinzu und ca. 1,2 Millionen Flüchtlinge vor allem aus dem Nachbarstaat Äthiopien (vgl. StBA, 1990, 25; EIU, 1990, 10).

Auch die Bevölkerungsdichte des Sudan variiert in Abhängigkeit der Region extrem. Im Norden des Landes, in den Halb- und Vollwüstengebieten lag die Bevölkerungsdichte 1983 bei weniger als 5 Einwohner pro Quadratkilometer. In den Gunsträumen der Bewässerungslandwirtschaft hingegen, also vor allem im Einzugsgebiet des weißen und blauen Nil, besteht wie in der Provinz Khartoum mit 63,9 Einwohnern je Quadratkilometer die höchste Bevölkerungskonzentration (StBA 1990, 21). Als Folge der von Dürre, Bürgerkrieg und Hungerkatastrophen ausgelösten Migrations- und Fluchtbewegungen in die Städte, in Richtung Norden und an den Nil hat sich die demographische und ethnisch-konfessionelle Struktur des Sudan in den letzten zehn Jahren jedoch dramatisch verändert. Beispielsweise lebten 1990 in Khartoum mit 1,8 Mio. Flüchtlingen aus den südlichen und westlichen Landesteilen deutlich mehr "erzwungene Migranten" als die Stadt 1983 insgesamt an Einwohnern hatte [1,46 Mio.] (vgl. EIU, 4, 1990).

3.2. Forschungsstand zur Stadtentwicklung von Khartoum und Einordnung der Arbeit

Was den Forschungsstand zur Stadtentwicklung von Khartoum anbetrifft, so sind in den letzten Jahren zahlreiche Arbeiten im Sudan, Großbritannien, den USA und in der BRD zu verschiedenen Bereichen der Urbanisierung entstanden. Als einen Meilenstein innerhalb der sudanesischen Stadtforschung ist hier die Veröffentlichung von PONS (1980) zu nennen, die einen sehr guten Überblick über die englischsprachigen Arbeiten, die bis 1980 vorlagen, bietet. Daher werden an dieser Stelle nur zwei weitere, ältere Sammelbände angesprochen, die die Forschung bis in die 70er Jahre gut dokumentieren (HALE, 1971; El-BUSHRA, 1972).

In diesen drei Werken wird deutlich, daß die Urbanisierung im Sudan - vor allem die von Khartoum - zunehmend als "Urban Problem" interpretiert wird; als Spiegel der wachsenden ökonomischen und politischen Schwierigkeiten des gesamten Landes. PONS (1980) stellt dabei heraus, daß viele Aspekte des "Urban Problem" aufs engste mit den langfristigen politisch-ökonomischen Prozessen verbunden sind, die durch die Kolonialpolitik in Gang gesetzt wurden. Er konstatiert, daß die bisherigen Untersuchungen zur vorkolonialen und kolonialen Urbanisierung im Sudan und insbesondere zu Khartoum (EL-BUSHRA, 1971; WINTERS, 1977; WALKLEY, 1935, 1936; KROTKI, 1973) im wesentlichen auf bereits publizierten Daten beruhen und mit der Ausnahme der Arbeit von STEVENSON (1966) zudem auch unkritisch gegenüber den benutzten Quellen sind. Er stellt weiterhin fest, daß bisher noch keine umfassende Analyse zur kolonialen Stadtentwicklung von Khartoum vorliegt. Dieses wertet er als schwerwiegendes Forschungsdefizit, da das Verständnis dieser Periode grundlegend sei zur Analyse der aktuellen Urbanisierungsprozesse in Khartoum (1980, XXIII). Für zukünftige Arbeiten zur kolonialen Stadtentwicklung sieht PONS (1980) folgende drei Aufgaben: erstens, Kolonialstädte als Elemente einer übergreifenden politischen und ökonomischen Struktur der britischen Administration zu analysieren. Zweitens, die Visionen und Konzeptionen der fremden Herrscher, die die Kolonialstädte planten, kontrollierten und bewohnten, herauszuarbeiten. Und drittens, diese neuen Einflüsse in ihrer Wirkung auf die "traditionelle" sudanesische Gesellschaft zu bestimmen und die Reaktion der Sudanesen herauszustellen (1980, XXIV).

Vor dem Hintergrund der jüngsten gesellschaftlichen Krisen und Konflikte im Sudan wird die Entwicklung der Konurbation Khartoum in der wissenschaftlichen Literatur der letzten Jahre im Kontext einer umfassenden "Urban Crisis" analysiert (EL-BUSHRA, 1989; HERBERT et al., 1984; EL SAMMANI et al., 1986, 1989; ABU SIN et al., 1991). Von den Arbeiten, die in diesem Zusammenhang zum Wohnungssektor der Konurbation vorliegen (ABU SIN, 1984; EL-BAKRI et al., 1987; GERTEL, 1989; AHMAD, 1989; YATH 1991, 1993; HÄNSEL, 1991; EL-KHEIR, 1991; EL-NUR, 1991), sind zwei Studien als die detailliertesten und empirisch umfangreichsten herauszustellen, die jeweils unterschiedliche Aspekte der Wohnraumsituation herausarbeiten. Sie sind in Deutschland bisher kaum bekannt und offiziell nicht verfügbar. Damit sind die Arbeiten der "Sudanese Group for Assessment of Human Settlements" [SGAHS] zu "Popular Settlements in Greater Khartoum" (EL AGRAA et al., 1985) und zu "Housing Rentals in the Sudanese Capital" (EL AGRAA et al., 1988) angesprochen. Hierin werden zum einen die Potentiale bereits etablierter "Popular Settlements" bei der Versorgung der unteren Einkommensschichten mit Wohnraum und zum anderen die Organisation und Funktionsweise des Mietwohnungsmarktes von Khartoum dokumentiert. Gerade im Kontext der aktuellen Flucht- und Migrationsdynamik in die sudanesische Haupstadt einerseits und der Massenvertreibung der internen Flüchtlinge aus Khartoum andererseits steht jedoch eine Arbeit über die Entstehung, Bedeutung und Zukunft der "illegalen" Siedlungen von Khartoum und den Überlebensbedingungen ihrer Bewohner noch aus. Die vorliegende Untersuchung, die sich in theoretischer Hinsicht in das Paradigma der "New Urban Studies" (GERTEL, 1993b) eingliedert, verfolgt inhaltlich dabei zwei konkrete Zielsetzungen:

1. In einer historischen Längsschnittanalyse zur kolonialen Stadt- und Wohnraumentwicklung von Khartoum sollen die raum- und gesellschaftsstrukturellen Bedingungen herausgearbeitet werden, die zur Entstehung der illegalen Siedlungen in der sudanesischen Haupstadt beigetragen haben. Hiermit soll auch ein zentrales Forschungsdefizit geschloßen werden, wie es von PONS (1980) formuliert wurde.

2. Vor dem Hintergrund dieser historischen Dimension soll die Verschränkung von internen Bedingungen und externer "Konditionierung" bei der Ausbildung der Wohnungskrise in Khartoum untersucht werden, um die Potentiale von Staat und Betroffenen bei der Bewältigung der Wohnraumprobleme zu bestimmen.

3.3. Zur Quellenlage der Untersuchung

Die Quellenstudie zur Kolonialstadtentwicklung von Khartoum beruht im wesentlichen in der systematischen Aufarbeitung der Quellen, die im "Sudan Archive" in Durham vorliegen, das als Zentrum der historischen Sudanforschung anzusehen ist. Ergänzend wurde zudem in der "Rhode House Library" und der "Bodelein Library" in Oxford gearbeitet. Die Dokumente und Materialien, die im "National Records Office" in Khartoum vorliegen, wurden infolge der gegenwärtigen, problembehafteten Situation im Sudan, die sich unmittelbar auf die Forschungssituation in Khartoum auswirkt, nicht ausgewertet. In ihrer Aufarbeitung besteht eine wichtige Aufgabe der Zukunft.

Die herangezogenen Quellen können entsprechend ihrem spezifischen Informationsgehalt in vier Typen eingeteilt werden. Als erster Typ sind die öffentlichen und teilweise geheimen Rechenschaftsberichte, Statistiken und Handbücher der anglo-ägyptischen Kolonialregierung zu nennen; ihr Datenumfang ist eindeutig am größten. Diese Berichte wurden von den Mitgliedern des "Sudan Political Service", den einzelnen Provinzgouverneuren und dem "Governor General" verfaßt; sie repräsentieren die offizielle Haltung der Kolonialbeamten und dienten innerhalb der administrativen Hierarchie in der Regel der Legitimierung lokaler Aktivitäten gegenüber den Vorgesetzten und letztlich gegenüber dem Empire. Als zweiter Typ sind die wissenschaftlichen Arbeiten, Reiseberichte und Zeitschriftenartikel zu nennen, die während der Kolonialzeit verfaßt wurden. Da hierin - mehr oder weniger - unabhängige Wissenschaftler, Journalisten und Privatpersonen zu Wort kommen, deren Aussagen in einen anderen Legitimierungszusammenhang eingebunden sind, werden die Ereignisse im Sudan zwar immer noch aus einer eurozentristischen Perspektive geschildert, jedoch wird das "offizielle Bild" hierin etwas korrigiert. Durch den dritten Typ von Quellen, den persönlichen Korrespondenzen und Tagebuchaufzeichnungen der Kolonialbeamten wird vieles von dem nach außen dargestellten Bild des "good will" der Kolonialverwaltung und der scheinbaren Reibungslosigkeit der Administration, welches durch die beiden vorgenannten Quellentypen vermittelt wird, in ein differenzierteres Licht gestellt. Die Schilderung intimer, persönlicher Erlebnisse und Schwierigkeiten sowie zwischenmenschlicher Konflikte zeichnen ein dichteres Bild der kolonialen Alltagssituation im Sudan und der Erfahrung mit dem "Fremden". Der vierte Typ von Quellen steht schließlich diesen eurozentristisch geprägten Aussagen gegenüber. Hierunter fallen insbesondere Berichte und Schilderungen der kolonisierten Sudanesen und auch die anderer Nichteuropäer, die meist professionell, etwa als Händler, im Sudan tätig waren. Der Umfang dieser Quellen ist jedoch am geringsten. Daraus ergibt sich, daß der Versuch einer Rekonstruktion der kolonialen Alltagsverhältnisse - wie er hier hinsichtlich der Analyse der kolonialen Stadtentwicklung von Khartoum unternommen wird - zwangsläufig auf einem verzerrten empirischen Grund steht. Über die tatsächliche Situation der Betroffenen, der kolonisierten Sudanesen, sind aufgrund der geschilderten Quellenlage häufig nur mittelbare Aussagen möglich. Diese müssen in ihrer Reichweite nochmals eingeschränkt werden, da "die Betroffenen" der kolonialen Vergangenheit sich als hochgradig sozioökonomisch und ethnisch fragmentierte Gesellschaft darstellten, in der wiederum häufig nur die etabliertesten "zu Wort" kamen.

3.4. Die Analyse der kolonialen Stadtentwicklung von Khartoum aus der Perspektive der "New Urban Studies"

Wissenschaftliche Arbeiten zu Kolonialstädten beinhalten im Sinne der "New Urban Studies" seit Beginn der 80er Jahre theoretische und konzeptionelle Überlegungen, die den Zusammenhang zwischen kolonialer Stadtentwicklung und Ausbildung des globalen Weltsystems thematisieren (vgl. KING, 1989). Damit ist einmal der historische Prozeß der ökonomischen, politischen und soziokulturellen Integration der Kolonien in die kolonialen Mutterländer und deren gemeinsame Entwicklung hin zu einem globalen Weltsystem angesprochen (vgl. WALLERSTEIN, 1974; 1987). Und zum anderen die Frage, wie der Prozeß der Integration - im vorliegenden Fallbeispiel von Khartoum ins britische Empire - die Kolonialstädte im einzelnen geprägt und transformiert hat, und, wie die dadurch veränderten Strukturen wiederum auf die kolonialen Mutterländer zurückwirkten (vgl. WOLF, 1990, 23).

Im folgenden sollen verschiedene theoretische Ansätze und Modelle diskutiert werden, die die Integration und Transformation von Kolonialstädten aus der Perspektive der "New Urban Studies" thematisieren. Dazu zählen politisch-ökonomische Ansätze, die Urbanisierungsprozesse in Abhängigkeit historisch unterschiedlicher Produktionsweisen analysieren (vgl. SALINAS, 1983 für Peru; CHAICHIAN, 1988 für Ägypten). Diesen Untersuchungen liegt die Vorstellung zugrunde, daß die Gesellschaftsorganisation durch die Ökonomie strukturiert werde und eine lineare Abfolge von Entwicklungsstadien durchlaufe, die durch eine spezifische Produktionsweise dominiert ist. Zwar wird die koloniale Stadtentwicklung als funktionales Element des Imperialismus in diesen "top-down" Ansätzen aus einer globalen Perspektive analysiert, doch die alleinige Konzentration auf die Ökonomie und die grobe Rasterung der erklärenden Variablen erfaßt die lokalen Binnenaspekte der einzelnen Kolonialstadt bzw. deren Transformation nur sehr unzureichend (vgl. Kap. 1.2.).

Ebenso wie in diesen Arbeiten, betont SIMON bei der Analyse von Kolonialstädten die Notwendigkeit einer globalen Perspektive (1984, 496). Er konstatiert jedoch, daß bisher nur wenige Anstrengungen unternommen wurden, empirische Untersuchungen, die auf der lokalen Mikroebene von Kolonialstädten ansetzen, in den Kontext theoretischer Arbeiten einzubinden, wie sie etwa im Rahmen der Dependenzdebatte entwickelt wurden. Gerade hierin sieht er ein wichtiges Arbeitsfeld für die Geographie (1984, 494). SIMON rezipiert die klassischen Arbeiten von SJOBERG (1960) zur vorindustriellen Stadt und von HORWATH (1969) zur Kolonialstadt und formuliert ein Modell kolonialer Stadtentwicklung. Sein Ziel ist es, einen konzeptionellen Rahmen zu erstellen, in den wissenschaftliche Arbeiten zu Kolonialstädten mit ihren empirisch heterogenen Befunden eingearbeitet werden können (1984, 506-508).

Dieses Modell gliedert von vornherein die einzelne Kolonialstadt in den gesamten kolonialen Entwicklungsprozeß ein und wird im wesentlichen durch drei Faktoren bestimmt: erstens, durch vier Phasen kolonialer Machtausübung; zweitens, durch ungleiche politische Kräfte in abgrenzbaren Raumeinheiten; und drittens, durch Interaktionen zwischen kolonialem Mutterland und Kolonie. Die Etablierung der kolonialen Souveränität bestimmt SIMON als die erste Phase. Sie wird von der Phase der "konventionellen" Ausübung des Kolonialrechts und nach einer Übergangsphase schließlich von der vierten Phase, der Unabhängigkeit, abgelöst. Als Raumeinheiten unterscheidet er in seinem Modell das koloniale Mutterland, den internationalen Raum und die Kolonie. Die Kolonie ist räumlich nochmals in drei konzentrische Ringe unterteilt, die sich vom nationalen Raum über den regionalen Raum zum urbanen Raum [Kolonialstadt] ineinander schachteln. Parallel dazu unterscheidet er die beiden politischen Ordnungssysteme [territorial polities] der metropolitanen Kolonialmacht und der Kolonie. Die Interaktionen zwischen dem kolonialen Mutterland, und der Kolonie variiert in Abhängigkeit der jeweilen Phase des Kolonialismus und verläuft auch nicht nur in einer Richtung. Die von der Kolonie ausgehenden Rückkopplungseffekte bezeichnet SIMON als Kooperation [postve feedback] bzw. als Konflikt [negative feedback] (1984, 507). In seinem Modell charakterisiert er die Interaktionen zwischen Kolonialmacht und Kolonie entsprechend der einzelnen Phasen wie folgt: Soldaten, Verwaltungsbeamte, Händler und Siedler setzten als Akteure die koloniale Regierungsmaschinerie in Gang. Das Handeln dieser Akteure beruhe, wie auch das der anderen "Institutionen", auf metropolitanen Normen und Wahrnehmungen und verfolge entsprechende Verhaltensweisen, Pläne und Ziele. Die Kolonialpolitik und die kapitalistische Expansion initiiere dabei einerseits den Import von Kapital, Unternehmertum und Manufakturwaren und forciere andererseits den Export von "cash crops" und Rohstoffen und treibe somit die Ausbeutung von Land und Arbeitskräften voran. Mit der Zeit wachse daher in der Regel der nationale Widerstand der einheimischen Bevölkerung, der meist von der im metropolitanen Zentrum ausgebildeten Bildungselite angeführt sei. Dieser Widerstand könne von isolierten Streiks bis zu organisierten Befreiungskämpfen reichen, die schließlich, verstärkt durch antikoloniale Ressentiments in dem kolonialen Mutterland selbst, zur Dekolonisation und zur Unabhängigkeit führten. Seine Zielsetzung, nämlich die Erarbeitung eines konzeptionellen Rahmens zur Verknüpfung von empirischen Befunden der lokalen Kolonialstadtebene mit den makrotheoretischen Fragestellungen zur politischen Ökonomie der Urbanisierung, löst SIMON mit seinem Modell jedoch nur eingeschränkt ein. Ausgeblendet bleiben die konkreten Beziehungen zwischen dem gesamten kolonialen Prozeß und der einzelnen Kolonialstadt vor allem im Hinblick darauf, durch welche Mechanismen eine Kolonialstadt etwa in ökonomischer Hinsicht transformiert wird und welche Rolle die unmittelbar Betroffenen, nämlich die Einheimischen, dabei einnehmen (vgl. SANTOS, Kap. 1.2.2.). Auch werden die nicht-ökonomischen Variablen, die die Transformationsprozesse der kolonialisierten Gesellschaft bestimmen, wie beispielsweise soziale Stratifikation, Ethnizität und Segregation, zwar zuvor angesprochen, aber nicht in das Modell integriert. Die Leistung von SIMONS Modell besteht somit in erster Linie darin, die "Konditionierung" nach Phasen, Kräften und Handlungsebenen einzuteilen, also vor allen Dingen die Makroebene zu konzeptionalisieren.

Eine grundlegende Erweiterung der Forschungsperspektive erwächst aus der Forderung, eine historische Längsschnittanalyse, die die koloniale Stadtentwicklung in ihrer externen Konditionierung erfaßt, müsse über die eigentliche Kolonialzeit hinausreichen, um die Verbindungen zur postkolonialen, formell unabhängigen Stadt herauszuarbeiten (vgl. DE BRUNIJE 1985; SIMON 1989). Am Beispiel von Kano, Nigeria löst

WATTS (1987) diese Forderung ein und zeigt an der städtischen Nahrungsversorgung grundlegende Transformationsprozesse [Kommodifikation, Akkumulation] auf, die in vorkolonialer, kolonialer und postkolonialer Zeit infolge der Integration in das vom "Norden" dominierte Weltsystem in Kano wirksam werden. Im Mittelpunkt dieser Untersuchungsperspektive steht die Analyse der Verflechtung unterschiedlicher Handlungsebenen in ihrer Wirkung auf die lokale Situation. Parallel dazu stellt der von WATTS an einer anderen Stelle eingeführte Begriff der "Social Logic of Localities" (1989, 3) die Bedeutung der lokalen Verhältnisse als Ansatzpunkt für eine sinnvolle Verflechtungsanalyse deutlich in den Vordergrund. Als erklärende Variable für gesellschaftlichen Wandel in Kano verwendet er beispielsweise den dynamische Charakter der Haushaltsproduktion (1987, 59). Die Einbindung empirischer Untersuchungen auf der lokalen Ebene der einzelnen Stadt in ein Analysekonzept, das die externe Konditionierung urbaner Prozesse aus einer historischen Perspektive erfaßt, leistet jene Synthese von Makro- und Mikroebene, wie sie von SIMON gefordert wurde und realisiert damit gleichzeitig eine zentrale Forderung der "New Urban Studies".

Die Arbeiten von KING (1974, 1989, 1990a) schließen eine weitere konzeptionelle Lücke bei der Erforschung kolonialer Stadtentwicklungen. Im Zusammenhang mit den globalen Verflechtungen, die sich in den städtischen Zentren artikulieren - und auch von diesen wiederum ausgehen - hebt er die Entstehung und Bedeutung eines "World Urban Systems" hervor (1990a; 1990b). Er stellt fest:

> I have also used "world urban systems" as well as "world-economy". This is to emphasize, perhaps more by the way of metaphor, that historically, the world has increasingly become one large, interdependent city: interdependent in that, in major cities of the world (both "East/West" as well as "North/South"), it is not only people, knowledge, images, and ideas that move between them but also, to varying degrees, capital, labor and goods. The world is increasingly organized through a single, interacting and interdependent urban system, even though flows between its various component parts are immensely uneven (1990a, 2).

Gleichzeitig betont er, daß das Verstehen gegenwärtiger Urbanisierungsprozesse und die Herausbildung des "World Urban Systems" nicht ohne eine Analyse der kolonialen Vergangenheit möglich ist (KING 1989; 1990a). Unter den Vorzeichen eines gewachsenen Bewußtseins für globale Zusammenhänge und vor dem Hintergrund der in den unterschiedlichen Disziplinen geleisteten Vorarbeiten zur Analyse von Kolonialstädten sieht KING die Notwendigkeit zur Interdisziplinarität und versucht, die

fachspezifischen Ansätze zusammen zu führen (1990a, X). Dazu zählt er
u.a. die Ansätze der "New Urban Sociology" bzw. der "Critical Urban
Theory" mit ihrem Blickwinkel der politischen Ökonomie der Stadt, die
"Urban and Planning History" mit ihrer historischen Perspektive, die
Architektur mit ihrem bau- und raumstrukturellen Fokus sowie die
"World-System Studies" mit ihrer entwicklungstheoretischen Ausrich-
tung. Im Mittelpunkt steht für ihn die Geographie, um die sich die ange-
sprochenen Disziplinen gruppieren:

> None of these approaches mentions work in different spheres of geography
> yet it will be apparent (...) that the particular urban and spatial focus of
> geography is central to the topics discussed (KING, 1990a, X, XI).

KINGs Leistung besteht vor allen Dingen darin, über eine rein ökonomische Betrachtungsweise hinausgehend die Bedeutung soziokultureller, politischer und raumstruktureller Faktoren bei der Transformation
von Kolonialstädten herauszuarbeiten. Ausgehend von der Vorstellung
eines globalen "World Urban Systems" interessiert er sich für den historischen Zusammenhang, in dem sich die asymmetrischen Beziehungen zwischen Zentrum und Peripherie in den Städten der Industrienationen
(KING 1990b für London) und in den Kolonialstädten (KING 1974 für
Delhi) ausgestaltet haben. Dazu blendet er in die Zeit der beginnenden
Industrialisierung zurück und untersucht die Verbindungen zwischen
Arbeitsteilung, Technologie, Raum- und Baustruktur in den kolonialen
Mutterländern. Im Zentrum steht dabei die Frage nach den zeitgeschichtlichen, ökonomischen, politischen und soziokulturellen Hintergründen
von Stadtplanung, denn erst durch sie könnten die gesellschaftlichen,
raum- und baustrukturellen Transformationen in den Kolonialstädten beispielsweise im britischen Empire erklärt werden (1990a, 77-82). Zukünftige Forschungsaufgaben formuliert er wie folgt:

> (...) there is a need of detailed empirical studies, both historical and
> contemporary, of particular local, regional and national case studies that
> should demonstrate the degree to which local society or cultures maintain
> control over and modify their own economy and polity, and hence their
> distinctive building and urban forms, in the face of global forces. In short,
> we need a variety of labels - social, cultural, and geographical, as well as
> those drawn from the vocabulary of political economy (KING, 1990a, 99).

Aus der Kombination dieser unterschiedlichen Ansätze bietet sich für
die Analyse der Kolonialstadt Khartoum folgende Vorgehensweise an
(vgl. Abb. 1). In diachroner Perspektive wird in einer historischen Längsschnittanalyse zunächst der urbane Sudan vor der britischen Eroberung zu

untersuchen sein, um die grundlegenden Prozesse der Integration in das Weltsystem, die die Stadtentwicklung im Sudan prägte, zu bestimmen (vgl. Kap. 4.). Vor diesem Hintergrund werden anschließend die einzelnen Phasen der Stadt- und Wohnraumentwicklung der Kolonialstadt Khartoum in ihren Verflechtungen mit dem britischen Empire und dem Weltsystem herausgearbeitet (vgl. Kap. 5.). Hierbei stellt die lokale Stadtebene von Khartoum den zentralen Ansatzpunkt dar. Bei der Untersuchung dieser Phasen gilt in synchroner Betrachtungsweise das Hauptaugenmerk der externen "Konditionierung" der lokalen Kolonialstadtebene von Khartoum. Dazu sind unterschiedliche Handlungsebenen zu unterscheiden und die jeweiligen Akteure und Betroffenen zu identifizieren. Durch die Verknüpfung von Mikro- und Makroebene werden dabei die Konflikte, die aus ökonomischen, politischen und kulturellen Interaktionen zwischen verschiedenen Gruppen herrühren, auf ihren gesellschaftlichen und räumlichen Niederschlag in der Kolonialstadt Khartoum untersucht. Die anschließenden Kapitel ordnen sich damit in das konzeptionelle Gerüst der "New Urban Studies" ein und verfolgen zwei Zielsetzungen. Erstens, soll mit der Bearbeitung der vorkolonialen und kolonialen Stadtentwicklung von Khartoum eine empirische Lücke zur geographischen Kolonialstadtforschung geschlossen werden (vgl. Kap. 3.2.) und zweitens, dient die historische Perspektive der Bestimmung grundlegender Strukturen, Prozesse und Konflikte, die die gegenwärtige Stadt- und Wohnraumentwicklung von Khartoum mitbestimmen (vgl. Abb. 1).

4. DIE URBANISIERUNG IM SUDAN VOR DER BRITISCHEN EROBERUNG

Die Geschichte des Sudan und die damit verbundenen Formen der Urbanisierung sind durch interne gesellschaftliche Strukturen, Prozesse und Konflikte und durch externe Einflüsse in ökonomischer, politischer und kultureller Hinsicht bestimmt. Spätestens seit dem 16. Jahrhundert, mit dem Fall der christlichen Königreiche von Alwa und Maqurra, sind es die Einflüsse aus dem "Norden", die die Entwicklung und Urbanisierung im Sudan entscheidend geprägt haben. Dazu zählen die Islamisierung und Arabisierung des Sudan ebenso wie die wachsende Einflußnahme Europas, die, vermittelt über widerstreitende europäische Interessen in Ägypten, in spezifischer Weise im Sudan wirksam wurden. Im folgenden sollen in zusammenfassender Form und auf der Grundlage bereits publizierter Arbeiten die grundlegenden historischen Prozesse der Integration des Sudan in das Weltsystem dargelegt werden, um die damit verbundenen gesellschaftlichen Transformationen herauszuarbeiten, die den "urbanen" Sudan vor der anglo-ägyptischen Eroberung charakterisierten. Entsprechend den Ausführungen von WINTERS (1977) werden hierbei drei Phasen der Urbanisierung unter muslimischer Hegemonie unterschieden. Erstens, die vorkoloniale, islamische Phase der Funsch [1504-1821] mit ihrer Hauptstadt Sennar; zweitens, die koloniale, turko-ägyptische Herrschaft [1821-1885], mit der Hauptstadt Alt-Khartoum; und drittens die Periode der Mahdiyya [1881-1898] mit ihrer Hauptstadt Omdurman. In einem anschließenden Schritt wird dann die Stadt- und Wohnraumentwicklung der Kolonialstadt Khartoum in ihrer Verflechtung mit dem Britischen Empire analysiert.

4.1. Urbanisierung im Königreich der Funsch von Sennar [1504-1821]

Vor der turko-ägyptischen Invasion [1821] bestanden im Sudan zwei unabhängige islamische Königtümer, die beide durch einen hohen Grad an gesellschaftlicher Organisation, weitreichende Handelsverbindungen und durch eine spezifische Form der Urbanisierung gekennzeichnet waren. Damit ist zum einen das Keira Sultanat von Darfur im Westsudan angesprochen und zum anderen das Königreich der Funsch von Sennar, das sich über den Ostsudan und das Niltal erstreckte (vgl. O'FAHEY et al., 1974). Am Beispiel der Funsch mit ihrer Hauptstadt Sennar, die ca. 300 km südlich von Khartoum am Blauen Nil lag, werden im folgenden in exemplarischer Weise die Faktoren herausgestellt, die den Aufstieg einer "kosmopolitischen" Stadt im Sudan ermöglichten und die Bedingungen untersucht, die schließlich zu ihrem Niedergang führen sollten.

SPAULDING (1984, 26) beschreibt das Königtum der Funsch von Sennar als einen Feudalstaat, der sich maßgeblich aus den beiden Klassen der Notablen mit dem König an der Spitze und den "Gemeinen" konstituierte. Die politische Organisation war hierarchisch angelegt und auf den König zentriert. In der Hierarchie folgten ihm die Ratsversammlung, die Prinzen der einzelnen Provinzen, die Offiziere und schließlich die heiligen Männer nach (O'FAHEY et al., 1974, 43-45). Der König war theoretisch Herr über Leben und Tod, ihm gehörte alles Land und er bestimmte seinen Herrschaftsstab (SPAULDING, 1984, 26). In der Praxis jedoch war auch die Macht des Königs begrenzt und eingebunden in Gewohnheitsrechte und in die faktische politische und militärische Macht, die von den Ratsmitgliedern und der Armee ausgingen (O'FAHEY et al., 1974, 55).

Bei der ökonomischen Organisation des Königtums unterscheidet SPAULDING (1984; 1985, 104-119) in Anlehnung an die Arbeit von POLANYI (1979) drei unterschiedliche Organisationsformen und Sphären der Austauschaktivitäten: reziproke auf der lokalen Ebene, Marktaustausch auf der regionalen und nationalen Ebene, königlicher Fernhandel auf der internationalen Ebene. Auf der lokalen Ebene fand der Austausch von Gütern und Dienstleistungen zwischen Mitgliedern lokaler Gemeinschaften ohne Geld, ohne spezifischen Marktort und ohne festgesetzte Zeit in Form eines Tauschhandels statt, der in Verwandtschaftsnetzwerke reziproker Verpflichtungen eingebunden war. Auf der regionalen und nationalen Ebene existierte als zweite Form wirtschaftlicher Austauschaktivitäten die des Marktes. Der Marktaustausch war charakterisiert durch einen lokalisierbaren Marktort [Marktplatz], einer festgesetzten Periodizität des Austauschs und dem unmittelbaren Transfer von Waren, die in der Regel innerhalb des Königtums produziert wurden. Die Abhaltung des Marktes war ein Privileg des Königs, das dieser widerruflich an die Provinznotablen delegierte. Steuern wurden nur in lokalen Währungen, also Naturalien wie Getreide, Eisen, Kleider, Salz, Rinder und Gold entrichtet (SPAULDING, 1985, 110). Der königliche Fernhandel als dritte Form der wirtschaftlichen Austauschaktivitäten basierte auf dem Austausch von einheimischen Produkten, etwa von Gold und Elfenbein sowie von Sklaven aus dem Südsudan, mit ausländischen Waren wie exotischen Luxusartikeln, Gewehren, Pulver und Kanonen (SPAULDING, 1984, 37). Dieser Austausch fand nur an einem Ort statt, auf dem zentralen Marktplatz vor dem Palast des Königs in Sennar und war gänzlich durch die Zentralinstanz kontrolliert. Die Ausländer, die als Händler mit den Karawanen nach Sennar kamen, unterlagen dabei einer strengen Aufsicht und unterstanden dem Schutz eines hohen Notablen. Der Sultan besaß das Vorkaufsrecht für die von den fremden Händlern angebotenen Waren. Erst nachdem die Transaktionen des Königs abgeschlossen waren, konnten die Notablen und Offiziere und schließlich auch die "Gemeinen" das verbleibende Angebot wahrnehmen und sich mit fremden Waren eindecken (SPAULDING, 1985, 114-116). Dieses kommerzielle System wurde durch das königliche Monopol an der Goldproduktion stabilisiert. Ungeprägtes Gold diente im Königreich als Leitwährung und die Kontrolle über die Goldproduktion bedeutete die Kontrolle über die Preisregulierung beim Marktaustausch und beim königlichen Fernhandel.

Die ökonomischen Verpflichtungen, denen die Bauern und Nomaden im fast ausschließlich agrarisch geprägten Königreich gegenüber Notablen und König in Form von Steuerabgaben, unbezahlter Arbeitskraft, Geschenken und Dienstleistungen (vgl. O'FAHEY et al., 1974, 50-51) nachkommen mußten, führten innerhalb dieses kommerziellen Systems zu einer aufwärts gerichteten Konzentration landwirtschaftlicher und handwerklicher Erzeugnisse. Unter den Bedingungen dieser sozioökonomischen und politischen Zentralisierung der gesellschaftlichen Organisation entwickelte sich die Stadt Sennar. Im 16. Jahrhundert war Sennar nur als der Ort bekannt, an dem der König seine Vermögen und Schätze aufbewahrte [Bandar], aber bereits hundert Jahre später wurde Sennar zur permanenten Residenz des Königs erhoben (SPAULDING, 1984, 36), und entwickelte sich zwischen 1640 und 1700 zu einer der bedeutendsten Großstädte Afrikas. KRUMP berichtete 1701:

> Zu wissen ist, daß die Stadt Sennar in ganz Africa, so vil die Mohren-Länder anlanget beynahend die vornehmste Handelstadt seye in welcher continuierlich Caravanen so wohl von Gran Cayr [Kairo], Dungula, Nubia übers rothe Meer aus Indien, Ethiopien, Fur Borno, Fesan, als anderen Königreichen allda ankommen; dieses ist eine Freystadt und können allerhand Nationen und Glaubensgenossene in solcher ohne einzige Verhinderniß wohnen - zugleich auch nach Gran Cayr [Kairo] eine unter den Volkreichsten Städten (1710, 285).

PONCET, der sich 1699 drei Monate lang in Sennar aufhielt, schätzte die Einwohnerzahl der Stadt auf ca. 100.000 (vgl. REHFISCH, 1980,

29). Händler und Handwerker von Ägypten, Äthiopien, Darfur, Libyen, Marokko, West-Afrika, dem Higaz und Jemen, Indien, Syrien, Palästina, Türkei, Armenien, Griechenland, Jugoslawien, Portugal, Italien, Frankreich und Deutschland waren in der Stadt ansässig und formten im 18. Jahrhundert die kosmopolitische Gemeinschaft von Sennar (SPAULDING, 1985, 113). Infolge des steigenden Bedarfs an Gold in Europa wurde, über den königlichen Fernhandel vermittelt, Gold als Ware in Sennar immer stärker nachgefragt (vgl. SPAULDING, 1985, 142-145). Ein Export von Gold und ein Import von Silbermünzen kam in Gang, wobei Silbermünzen als Tauschäquivalent wachsenden Zuspruch in Sennar fanden. Die größer werdende Handelsgemeinschaft in der Hauptstadt und die wachsenden ökonomischen Verflechtungen mit Handelsniederlassungen im Königreich verstärkten die Verbreitung von Münzgeld auch über Sennar hinaus. Ein weit verzweigtes Netz von Handelsrouten verband Sennar im frühen 18. Jahrhundert mit ca. zwanzig größeren Siedlungen im Sudan, etwa mit Cobbe der Hauptstadt des Keira Sultanats von Darfur [6.000 Einwohner], mit Halfaaya [an der Stelle des heutigen Khartoum-Nord, 300 Häuser], mit Schandii [800-1000 Häuser] und Damer [500 Häuser] sowie über die Hafenstadt Suakin am Roten Meer [8.000 Einwohner] und über Kairo mit der internationalen Außenwelt (vgl. EL-BUSHRA, 1971).

Die Durchdringung der "traditionellen" wirtschaftlichen Austauschaktivitäten mit Münzgeld verlief in zwei Dimensionen. Zum einen sickerte es zunehmend in den Tauschhandel und den Marktaustausch ein und ersetzte die Naturalien als Währung und zum anderen kam es auch zur räumlichen Ausbreitung. Der Silberdollar von Carlos IV von Spanien wurde schließlich im späten 18. Jahrhundert als Leitwährung allgemein akzeptiert (SPAULDING, 1985, 147), wodurch das königliche Monopol auf die Leitwährung Gold endgültig untergraben wurde. Die neu entstehende Händlerklasse, die sich aus Beja-Nomaden, die den Fernhandel kontrollierten und aus Provinznotablen rekrutierte (O'FAHEY et al., 1974, 78-82), gewann zunehmend ökonomischen Einfluß und brachte auch einen eigenen Lebens- und Baustil hervor. In den wachsenden Handelszentren, etwa in Schandii und Arbagii, ersetzten rechteckige Innenhofhäuser die Rundhütten [Tukuls], reichere Personen der neuen Mittelklasse legten Dachterrassen an und bauten zuweilen auch zweistöckig (O'FAHEY et al., 1974, 80).

Der Fernhandel, der die Monetarisierung der Wirtschaft nach sich zog, legte den entscheidenden Grundstein für die Integration des Könige-

reichs in das ökonomische Weltsystem (SPAULDING, 1985, 143). Doch
für die Transformation der gesellschaftlichen Ordnung des Königreichs
war die Einführung der islamischen Religion durch die "heiligen Männer"
(vgl. TRIMINGHAM, 1949), die neue juristische Ordnungsvorstellungen
mitbrachten, von ebenso entscheidender Bedeutung. Der gesellschaftliche
Wandel im Königreich der Funsch, der durch die Islamisierung in Gang
gesetzt wurde, ist vor allem darauf zurückzuführen, daß der Islam den
Besitz von Privateigentum legitimiert (vgl. RODINSON, 1986, 40) und
davon ausgeht, daß Eigentum an einer bestimmten Sache einen monetären
Wert besitzt.

SPAULDING identifiziert im Sudan zwei Lokalitäten, von denen die
Impulse der islamischen Gesetzlichkeit und der Marktökonomie ausgingen
(1985, 150-198). Das waren zum einen die im 18. Jahrhundert gewachsenen Handelsstädte der neuen Händlerklasse und zum anderen die religiösen Niederlassungen der "heiligen Männer", die sich nach dem Fall der
christlichen Königreiche im 16. Jahrhundert endgültig im Sudan etabliert
hatten (vgl. TRIMINGHAM, 1949). Die wachsende politische Signifikanz
der heiligen Männer, ["they direct the public opinion" (BROCCHI in,
O'FAHEY et al., 1974, 84)], führte zu immer größeren Konzessionen
von seiten des Königs. Sie genossen bald Steuerfreiheit für ihre eigene
Person und erwirkten, daß ihre Anhänger Steuern nach islamischem
Gesetz [Schari'a] entrichten konnten. Darüber hinaus wurde ihnen räumliche Bewegungsfreiheit zugestanden und damit die notwendige Mobilität
zum religiösen, politischen und wirtschaftlichen Handeln eingeräumt.
Durch Einheiratungen und Streitschlichtungen wuchs ihr Status weiter
und ermöglichte ihnen - zusammen mit den Zugeständnissen des Königs
auch in Form von Landgeschenken - die Gründung neuer religiöser Niederlassungen. Gerade die Landschenkungen (vgl. AWAD, 1971, 219-
220) entzogen dem "traditionellen" kollektiven Besitzsystem diese Gebiete
endgültig; sie wurden unter islamischem Gesetz als erblicher Privatbesitz
[mulk] frei handelbar. Boden bekam einen eintauschbaren, monetären
Wert und wurde zur Ware.

In diesem Zusammenhang wird auch der Niedergang von Sennar verständlich. Die Öffnung von Sennar gegenüber dem Weltsystem zwischen
1650 und 1750 führte, vermittelt durch den königlichen Fernhandel, zwar
zum Aufstieg der Stadt, legte damit aber gleichzeitig auch den Grundstein
für den Niedergang des Königtums. Gerade durch die von den ausländischen Händlern und Handwerkern importierten Werte und Ideen, der
monetären Durchdringung des Feudalstaates und durch die Ausbreitung

des Islams mit seinem neuen Rechts- und Normensystem, durch das der frei handelbare Privatbesitz an Boden eingeführt wurde, kam es zur grundlegenden Durchdringung und Differenzierung der Gesellschaftsstruktur. Hierbei verlor die zentrale Autorität ihre Machtbasis an eine neue Händlerklasse, was innertribale Konflikte und Kämpfe auslöste, die dann letztlich zum Niedergang von Sennar führten. Als G.B. ENGLISH und F. CAILLAUD schließlich 1821 mit den turko-ägyptischen Eroberungstruppen nach Sennar gelangten, stellten sie fest, daß fast die gesamte Stadt ebenso wie der sechsstöckige Palast in Ruinen lag. ENGLISH schätzte die Zahl der verbliebenen Häuser auf nicht einmal mehr 400 und CAILLAUD zählte lediglich 9.000 Personen in der ehemals blühenden Hauptstadt der Funsch (vgl. REHFISCH, 1980).

4.2. Alt-Khartoum unter turko-ägyptischer Herrschaft [1821-1885]

Die Gründung und Entwicklung von Alt-Khartoum läßt sich entsprechend den drei unterschiedlichen Phasen der turko-ägyptischer Herrschaft im Sudan untergliedern: In eine Gründungsphase von Alt-Khartoum [1821-1840], unter Muhammad 'Alis Herrschaft, gefolgt von einer Phase, bei der sich die wachsende europäische Einflußnahme in Ägypten auf die Entwicklung des Sudan auswirkte und sich somit auch in Khartoum niederschlug [1840-1877], und einer dritten Phase, in der ein Europäer, Charles George Gordon Pasha, die turko-ägyptische Herrschaft über den Sudan ausübte, schließlich durch die Hand von Sudanesen in Khartoum fiel und in Europa zum Märtyrer der "Zivilisation" stilisiert wurde.

Im Zuge seiner Bestrebungen zur Abkoppelung Ägyptens vom Osmanischen Reich und der Unabhängigkeit von Europa unternahm Muhammad 'Ali neben den Expansionskriegen nach Arabien und Syrien 1820 auch einen Vorstoß in den Sudan (vgl. SCHÖLCH, 1987; MARSOT, 1984). Die Entsendung zweier turko-ägyptischer Truppen unter der Führung seines Sohnes Isma'il und Muhammad Bey Khusraw war von Muhammad 'Ali's Hoffnung auf Elfenbein und Goldfunde motiviert und sollte gleichzeitig der Beschaffung von Sklaven zur Deckung des wachsenden Bedarfs seiner expandierenden Armee dienen. Zudem hatte diese militärische Aktion auch das Ziel, dem schwachen Funsch-Sultanat ein Ende zu setzten, um durch die so gewonnene strategische Position am Roten Meer die heiligen Städte des Islam, Mekka und Medina, zu kontrollieren (vgl. HILL, 1956, 8). Mit der Besetzung von Sennar 1821 etablierte sich damit die erste fremde Kolonialmacht im Sudan, wenn auch zunächst nur im Niltal und der Gezira, zwischen Blauem und Weißem Nil. Als einer ihrer ersten Aktionen führten die turko-ägyptischen Besatzer ein neues Steuersystem ein, das die Besteuerung auf bisher unbesteuerte Güter und Besitzstände, wie etwa Häuser, ausdehnte, die Steuersätze extrem anhob und die Begleichung derselben nicht mehr in Naturalien erlaubte, sondern nur noch in Bargeld und Sklaven duldete (vgl. HILL, 1959, 14-15). Zur Eintreibung der Steuern wurden kleine militärische Einheiten unter der Führung sogenannter Kaschifs [Armeeoffiziere] gebildet, die zur Festsetzung der Steuersätze in den Dörfern der Gezira auch Volkszählungen durchführten. Gerade die gewaltsame Durchsetzung dieses Steuersystems führte jedoch zur Zerstörung der bestehenden ökonomischen Ordnung, hatte zahlreiche Aufständen und entschlossenen Widerstand seitens der Sudanesen zur Folge und ließ viele Betroffene aus ihren Heimatgebieten fliehen (vgl. HILL, 1954)

Die Gründung von Alt-Khartoum geht nach STEVENSON wahrscheinlich auf die Stationierung von Truppen eines dieser Kaschifs [1821/1822] zurück, so daß Khartoum in seiner Gründungsphase zunächst nur ein kleiner Militärposten zum Eintreiben der Steuern war (1966, 11). Nach der Aufgabe der militärischen Hauptquartiere in Sennar und später in Wad Medani, die sich aus gesundheitlichen Gründen für die Ägypter als untauglich erwiesen, wurde Khartoum 1824 mit der Anlage einer Zitadelle weiter ausgebaut und war bereits 1834 die Hauptstadt der vier Provinzen Khartoum, Berber, Dongola und Kordofan. Der wesentliche Anteil der Etablierung Khartoums geht in dieser Gründungsperiode auf die Initiativen von 'Ali Khurschid zurück. In den 64 Jahren der turko-ägyptischer Besetzung des Sudan hatte 'Ali Khurschid die längste Regierungsperiode [1826-1838] der insgesamt 23 Herrscher inne und wurde 1835 auch zum ersten "Governor General" des Sudan ernannt. Khurschid versuchte zunächst die zerrütteten und ruinierten Verhältnisse in den ländlichen Gebieten der angrenzenden Provinzen, die seine Vorgänger zu verantworten hatten, zu stabilisieren. Dazu hielt er Versammlungen mit sudanesischen Notablen in Khartoum ab und ermutigte die Flüchtlinge, in die Gezira und in die anderen Regionen zurückzukehren (STEVENSON, 1966, 11). Weiterhin veranlaßte er in Khartoum den Bau von Wohnhäusern und Truppenunterkünften aus Lehm (WALKLEY, 1935, 228) und organisierte 1830 den Bau der ersten Moschee. Khartoum wurde zum Sitz eines "maglis al-ahkaam", eines sudanesischen Gerichtshofes, der nur noch dem obersten Gerichtshof von Kairo unterstand (HILL, 1959, 43). In religiöser und juristischer Hinsicht institutionalisierte sich damit im Sudan auch erstmals - und zwar durchaus nicht konfliktfrei - die islamische Orthodoxie der "Azhar"-Gelehrten gegenüber den bisherigen volksislamischen Praktiken der "heiligen Männer"

Während Khurschids Amtszeit kam der Außenhandel mit Elfenbein, Gummi Arabikum und Straußenfedern in Gang, die Ausdehnung der Geldwirtschaft schritt voran und zahlreiche europäische Gold- und Silbermünzen begannen wieder in den größeren Städten des Sudan zu zirkulieren (vgl. HILL, 1959, 37-38). HILL macht jedoch darauf aufmerksam, daß auch die Jagd auf Sklaven [Nuba, Schilluk, Dinka und Ingessana] im Süden des Sudan unter Khurschids Einfluß zur "saisonalen und gut regulierten Regierungsaktivität" wurde (1959, 62; vgl. 1956). Während also der Nordsudan zu prosperieren begann und sich die politischen Verhältnisse stabilisierten, hatten die Bewohner des Südsudans unter den Schrecken der Sklavenjagd zu leiden. Khartoum, wie es 1837 vom mittlerweile 70-jährigen Muhammad 'Ali besucht wurde, schilderte HOLROYD wie folgt:

'[It] has risen rapidly into importance at the expense of Shendi and Sennar and is now a place of considerable trade, being convenient as a rendezvous for the slave-caravans from Abyssinia, Sennar and Kordofan. It contains 15.000 inhabitants, including about 1.600 soldiers and their families. Parts of it are regularly built. Many of the houses are large and isolated, enclosed by a garden. They, as well as Khurshid Pasha's Palace, which is by no means striking, are built of sun-burnt bricks. The bazars are irregular, small, and confined, and, when the troops are absent, extremely ill supplied. The principal articles of consumption are shoes, calicoes, printed goods, sugar, rice, broadcloth, pistol-belts, saddles, worked saddle clothes, a little tea, crockery, hardware, (...) and a considerable trade in slaves is carried on both by auction and private contract. Just outside the bazar is the market for vegetables, bread, fruit, sugar-cane, butter, dates, grain, straw, grease for the head, etc., etc.' (in, STEVENSON, 1966, 12).

Ab 1840 trat die turko-ägyptische Herrschaft im Sudan in eine zweite Phase. Die Monopole für Exportgüter [insbesondere Elfenbein und Gummi Arabikum], die bisher bei der Regierung lagen, wurden infolge der wachsenden finanzpolitischen Kontrolle Ägyptens durch Europa zwischen 1838 und 1841 abgeschafft (vgl. MARSOT, 1984; HILL, 1959; OWEN, 1987). Parallel dazu kamen über Ägypten auch immer mehr Europäer in den Sudan und die Bevölkerung von Alt-Khartoum wuchs weiter an (vgl. Tab. 2). Die Bewohner Khartoums setzten sich zusammen aus muslimischen und koptischen Ägyptern, aus Türken, Armeniern, Syrern, und aus nordsudanesischen Ethnien sowie aus mehreren tausend Sklaven südsudanesischer Herkunft. Hinzu kam die europäische Händlerkolonie, die aus Italienern, Franzosen, Österreichern, Griechen, Briten, Maltesern und Deutschen bestand (vgl. STEVENSON 1966, 29-31; ZACH 1986) und die BREHM als "Abschaum ihrer Nation" charakterisierte: "(...) die ganze europäische Gemeinschaft ist fast ohne Ausnahme aus Schurken, Betrügern, Gaunern und Mördern zusammengesetzt" (1983, 165). In den 50er Jahren des 19. Jahrhunderts entstanden in Khartoum zahlreiche europäische Institutionen wie Kirchen, Schulen und Konsulate (vgl. STEVENSON, 1966, 19-20; ZACH 1986). Gerade diese politischen Vertretungen waren in der Regel mit Personen besetzt, die gleichzeitig bei großen europäischen Handelshäusern unter Kontrakt standen und die Aufgabe hatten, die Handelsmöglichkeiten auszubauen und abzusichern. Mit der Entwicklung der Kommunikationsinfrastruktur wurde Khartoum dabei immer stärker zum Ausgangspunkt eines weitreichenden Plünderungskolonialismus. Von entscheidender Bedeutung für die Vereinfachung des Abtransports der sudanesischen Rohstoffe war 1870 der Ausbau des Eisenbahnsystems in Oberägypten. Außerdem wurde der Seehafen von Suakin am Roten Meer ausgebaut und 1880 waren bereits 3.000 Meilen Telegraphenleitungen im Sudan verlegt (vgl. HILL, 1984). Zur besseren Organisation der Vermarktung kolonialer Produkte gründeten die europäischen Großhändler in Khartoum bereits 1862 eine Handelskammer und versuchten darüber hinaus, eine Bank [Bank of Sudan] einzurichten, die jedoch nur wenige Jahre später, 1873, wieder aufgegeben wurde (vgl. HILL 1959, 98-99). In dieser Zeit bestanden die Hauptexportprodukte nach Europa aus Elfenbein, Gummi Arabikum, Straußenfedern und Wildtiere für Zoos, wie etwa für den von Karl Hagenbeck in Hamburg. Nach Ägypten wurden beispielsweise Holz, Indigo, Kamele und Kleintiere geliefert und bis 1854 auch Sklaven verkauft (vgl. HOLT et al., 1979, 71).

Die dritte und letzte Phase der turko-ägyptischen Herrschaft im Sudan und somit auch über Alt-Khartoum wurde 1877 mit Gordons Berufung zum "Governor General" des Sudan eingeleitet und mit der britischen Besetzung Ägyptens im September 1882 eigentlich abgeschlossen, aber erst durch den Fall von "Gordons" Khartoum am 26. Januar 1885 endgültig besiegelt. Die ägyptische Regierung unter Isma'il setzte mit Gordon 1877 erstmals einen Europäer und damit einen Christen an die Spitze der kolonialen Administration des Sudan. Gordon, ein fanatischer Kalvinist, des Arabischen nicht mächtig und mit einem großen Mißtrauen gegenüber seinen ägyptischen Untergebenen beladen (vgl. HOLT et al., 1979, 79), erfüllte bei der Verwaltung des Sudan aber nicht die Aufgaben eines

Generalgouverneurs, zu denen er nach HILL auch nicht sonderlich qualifiziert war, sondern richtet seine ganze Energie fast ausschließlich auf die
Abschaffung der Sklaverei (1959, 145). Die gewalttätige und undifferen-
zierte Vorgehensweise Gordons gegenüber allem und jedem, was mit
Sklaverei zu tun hatte, seine Unkenntnis und Ignoranz gegenüber der arabisch-islamischen Gesellschaft des Nordsudan zerstörten dabei letztlich
die ökonomische Struktur und die politische Ordnung im Nordsudan vollständig und verspielten das letzte Prestige und die Autorität der turko-
ägyptischen Regierung in Khartoum. Als Gordon nach Ismails Abdan-
kung, dem er sich loyal verbunden fühlte, seinen Posten als "Governor
General" schließlich 1880 an Muhammad Ra'uf Pasha abtrat, konnte sich
im Machtvakuum des Sudan und infolge der Koinzidenz der Ereignisse in
Ägypten die Mahdiyya entwickeln, eine religiös legitimierte Befrei-
ungsbewegung des islamischen Nordsudan gegen die turko-ägyptischen
Besatzer (vgl. HOLT, 1970). Auf der Nilinsel Aba im Nordsudan pro-
klamierte Muhammad Ahmad Ibn 'Abdallah sich als Nachkomme der
Propheten Gottes, als ein verborgener 'Imam, als Mahdi, und wurde im
Kampf gegen die fremde Kolonialmacht zum charismatischen Führer der
Nordsudanesen. Trotz waffentechnischer Unterlegenheit gelang es ihm
und seinen Anhängern, die turko-ägyptischen Truppen im August 1881
und im Mai 1882 entscheidend zu schlagen. In Ägypten hatte die nationa-
listisch orientierte 'Urabi-Bewegung zwischenzeitlich einen internen
Machtwechsel herbeigeführt, den sie gegenüber den Briten - bis zu deren
Besetzung Ägyptens im September 1882 - zu verteidigen suchte. Diese
Wirren in Ägypten ließen die Ereignisse in der "Kolonie" Sudan vorläufig
in den Hintergrund treten.

Erst die Briten - nunmehr in Ägypten präsent - entsandten, jedoch in
alleiniger Verantwortung der Ägypter, eine militärische Expedition unter
der Führung von William Hicks, einem früheren britischen Offizier der
indischen Armee, um im Sudan "für Ägypten" zu retten, was noch zu
retten war. Das Unternehmen wurde jedoch zu einem vollständigen De-
bakel, bei dem die Truppe von Hicks von den Mahdisten am 5. November 1883 in Shaykan südlich von El-Obeid komplett aufgerieben wurde.
Daraufhin insistierten die Briten, daß die Ägypter alle im Sudan verbliebenen Truppen abziehen sollten. Als Folge einer Pressekampagne in
England griff Gordon nochmals in das Geschehen im Sudan ein. Seine
Mission im Sudan wurde von den verschiedenen Parteien jedoch unterschiedlich interpretiert (HOLT et al., 1979, 94).

Tab. 2: Die Einwohner von Alt-Khartoum 1837-1883 nach Schätzung europäischer Reisender

1837	A.T. Holroyd	14.000 - 15.000
1840	J. von Russegger	20.000
1843	Don L. Montuori	13.000
1854	C. Didier	30.000 - 35.000
1854	J. Hamilton	40.000
1856	A. E. Brehm	20.000 - 25.000
1856	E. Rossi Bey	50.000
1863-64	R. Comte du Bisson	30.000
1883	J.D.H. Stewart	50.000 - 55.000 (2/3 Sklaven)
1883	Mission. Quellen	45.000 - 50.000 (2/3 Sklaven)
1883	F. Power	27.000 Sklaven

Quelle: Hill (1959, 162)

Nach Cromer, dem britischen Agenten und Generalkonsul in Ägypten, sollte er die besten Möglichkeiten zur Evakuierung der in Khartoum befindlichen Truppen prüfen. Infolge einer Reihe von Mißverständnissen und Kommunikationsschwierigkeiten, letztlich jedoch auch aufgrund seiner eigenen Überzeugung, entschloß sich Gordon, der am 18. Februar 1884 in Khartoum eintraf, entgegen den Absprachen, die Stadt zu halten. Er verstärkte die von 'Abd al Qadir Hilmi angelegten Befestigungsanlagen (vgl. WINGATE, 1930) und hoffte - ohne im geringsten eine entsprechende Zusage zu besitzen - auf die Entsendung und den Beistand von britischen bzw. indischen Truppen (HOLT et al., 1979, 94). Nach mehrmonatiger Belagerung von Khartoum und unter dem Druck der öffentlichen Meinung entschloß sich die britische Regierung schließlich, dem mittlerweile von allen Seiten von mahdistischen Truppen eingeschlossenen Gordon zu Hilfe zu kommen. Die Nachricht von der ankommenden Hilfstruppe setzte die Mahdisten unter Zugzwang. Sie entschlossen sich kurzfristig zum Angriff und Khartoum wurde schließlich am 26. Januar 1885 von ihnen eingenommen und Gordon getötet. Die Hilfstruppen aus Ägypten erreichten Khartoum zwei Tage zu spät. Der Mythos von

Gordon jedoch lebte weiter und sollte gerade für die "Wiedereroberung" des Sudan, elf Jahre später, eine zentrale Rolle spielen:

> His life in the Sudan and above all, his death in the Mahdist assault on Khartoum, let loose a hurricane of controversial literature the like of which the Sudan has never seen before or since. His death caught the British public in a maudlin mood. They overlooked Gordon the governor, the Royal Engineer who tried with deep sincerity to do a job of work for which he was temperamentally and technically unfitted, and they remembered only Gordon the Christian Martyr, Gordon the Abandoned Hero, Gordon the romantic novel, the sermon, the birthday book, Gordon of ephemeral political controversy (HILL, 1959, 145).

4.3. Omdurman und der mahdistische Befreiungskrieg [1881-1898]

Mit dem Sieg über Khartoum hatte sich die religiöse Intention der Mahdisten zur Erneuerung des Islam weitgehend in einer militant-theo-kratischen Organisationsstruktur formiert und mit der Kontrolle über das Kernland des Sudan nunmehr auch einen eigenen Territorialstaat mit dem Zentrum Omdurman eingerichtet. Der Mahdi verkörperte dabei die zentrale Autorität für religiöse, juristische und administrative Belange. Offizielle Anweisungen wurden von ihm in persönlichen oder öffentlichen Briefen [Manschuraat] verkündet und die einzelnen Provinzen durch Stellvertreter ['Amir] verwaltet. Im Schatzhaus [Bayt al-Mal] von Omdurman wurden die Steuerabgaben der Bevölkerung, die in Naturalien oder Geld zu zahlen waren und nach islamischen Gesetz erhoben wurden, sowie die "bewegliche" Beute der Raubzüge eingelagert und zentral verwaltet (vgl. HOLT, 1958; 1959).

Die militärische Organisation der Mahdisten entsprach ihrer heterogenen Zusammensetzung. Die Anhängerschaft des Mahdi, der selbst aus Dongola stammte, setzte sich zusammen aus einer religiös motivierten Gruppe von frommen Anhängern, die unter der grünen Flagge kämpfte, aus einer Gruppe von Ja'aliyyin und Danaqla, die als Mittelsmänner im Sklavenhandel durch Gordons Aktivitäten in ihren politisch-ökonomische Interessen beschnitten worden waren und unter der roten Flagge kämpften sowie aus den Baqqara-Nomaden, die unter der schwarzen Flagge kämpften, und die, wie HOLT et al. ausführen, weder religiöse Ideale noch politische Ziele verfolgten, sondern allein nach der Devise handelten "'Kill the Turks and cease to pay taxes'" (1979, 89).

Nachdem der Mahdi im Sommer 1885 ganz überraschend starb, kam es innerhalb der heterogenen Anhängerschaft zu Auseinandersetzungen um seinen Nachfolger. Khalifa 'Abdallahi als Führer der Baqqara-Sektion setzte sich gegenüber den anderen Gruppen durch und nannte sich fortan "Khalifat al-Mahdi", Nachkomme des Mahdi. Während seiner Amtszeit, in der er die mahdistische Theokratie in eine persönliche Monarchie überführte (HOLT, 1959), wurde seine Position und damit die Einheit und Stärke der Mahdiyya, die ab 1886 einen heiligen Krieg [Jihaad] an drei Fronten führte [Darfur, Äthiopien, Ägypten] von zwei Faktoren bedroht: durch die internen Friktionen, die dadurch zustande kamen, daß der Khalifa als Führer der zentral- und westsudanesischen Baqqara den Danaqla des nördlichen Nilsudan, die sich vor allem dem Mahdi verbunden fühlten, grundsätzlich mißtraute und zum anderen durch die Bedrohung von außen in Form anglo-ägyptischer, italienischer, belgischer und französischer Interessen, die fortan im Sudan ausgetragen wurden. Omdurman wurde zum Spiegel der Ereignisse. Aus der Entscheidung des Mahdi, sein Hauptquartier nicht im eroberten turko-ägyptischen Khartoum aufzuschlagen, sondern es gegenüber auf der Westseite des Weißen Nil mit einem sicheren Hinterland anzulegen, entwickelte sich in nur wenigen Jahren aus einem weiträumigen militärischen Lager die Stadt Omdurman, die bald zum neuen politischen und religiösen Zentrum des Sudan aufstieg und 150.000 Menschen beherbergen sollte (REHFISCH, 1967, 42). Die Verteidigungsanlagen der Türken wurden geschleift, Khartoum schließlich unter Khalifa 'Abdallahi abgerissen und das dadurch gewonnene Baumaterial für verschiedene Bauprojekte in der neuen Hauptstadt Omdurman verwandt. So ließ der Khalifa nach dem Tod des Mahdi zur Beschäftigung der Truppen und zur Stiftung einer gemeinsamen Identität, ein Grabmal bauen, das zum größten und bedeutendsten Bauwerk des Sudan wurde. ROSSIGNOLI, der beim Bau des Grabmals als Gefangener mitarbeitete, schrieb dazu:

> 'It was the intention of the Khalifa to make the Mahdi's tomb the goal of pilgrimage, the Mecca of the Sudan. The great court laid out in front of the mosque was a part of the project and was planned so that it would hold more than 70.000 persons at prayer. (...) The fact that the Khalifa himself inaugurated the project and the promise of Paradise held out to those who contributed in the undertaking made the population highly enthusiastic' (in, REHFISCH, 1967, 38)

Die Spannungen innerhalb der Mahdisten und ein wachsendes Gefühl der Unsicherheit veranlaßten 'Abdallahi aber schließlich, im Zentrum von Omdurman eine zwei Meter dicke und acht Meter hohe Mauer bauen zu lassen. Hier brachte er seine persönliche Schutztruppe [Mulazamin] und die Ta'aischa, seine eigene Ethnie, die er 1889 zur Stärkung seiner Machtbasis aus ihrer Heimatregion im Darfur geschlossen nach Omdurman beordert hatte, unter (vgl. HOLT et al., 1979, 106). Im Zentrum von Omdurman lag nunmehr Moschee, Grabmal, Versammlungsplatz, das Haus des Khalifen und die Häuser seiner Vertrauten. Entlang des Nil zogen sich die Befestigungsanlagen und konzentrisch in der Peripherie lagen nach Westen die Quartiere der einzelnen nordsudanesischen Gruppen (vgl. Karte 3). Der Markt von Omdurman, der Aufschluß gibt über die regionale und internationale Verflechtung, bot nach ROSSIGNOLI's Auskunft u.a. folgende Produkte: Öl, Butter, Gänse, Hühner, Gemüse, Salz, Chili und andere Gewürze, Rohbaumwolle, Matten, Schuhe, Speere, Lederarbeiten, Reitsättel, Gold- und Silberarbeiten sowie europäische Produkte (in, REHFISCH, 1964, 44-45).

Für die interne Desintegration des Staates macht ROSSIGNOLI drei Faktoren verantwortlich (vgl. REHFISCH, 1967). Erstens, gelang es dem Khalifen nicht, gemäß der verheißenen Ziele der Mahdiyya, die Redistribution des im "Bayt el-Mal" zentralisierten Wohlstandes gegenüber den verschiedenen Gruppen gleichmäßig vorzunehmen. Vielmehr entmachtete er die unliebsamen Konkurrenten und ließ gerade in Krisenzeiten nur den Baqqara lebenswichtige Güter, wie etwa Hirse, zukommen. Zweitens, wurde die Landwirtschaft in den Kriegsjahren entscheidend vernachlässigt, was ein Auffüllen der leeren Speicher in Omdurman verhinderte und drittens, wurde zunehmend Münzgeld als Währung der Zirkulation entzogen und vom Khalifen privat gehortet. Dieser versuchte zunächst, Kleidung und später verschiedene - teilweise selbst zu prägende - Kupfermünzen als Währung durchzusetzen, erzielte aber mit dem Wechsel des Währungssystems nur eine Inflation und ein Abflauen des Imports (vgl. HOLT, 1958). Nach der Hungersnot, die 1889 Omdurman aufgrund der zugewanderten Ta'aischa und der leeren Speicher schwer traf und das ganze Land erschütterte, wurde 1891 mit dem Sieg der anglo-ägyptischen Truppen am Roten Meer, die die Hafenstadt Suakin nie aufgegeben hatten, die Blockade um den mittlerweile intern gespaltenen Mahdistaat geschlossen. Die Handelsverbindungen mit der Außenwelt waren für Omdurman damit endgültig gekappt. Als Folge der Versorgungsengpässe stiegen die Preise für Lebensmittel, und wichtige Güter wie Schwarzpulver konnten nicht mehr bezogen werden. Die europäischen Mächte verstärkten ihren ökonomischen und militärischen Druck und 1896 begann Großbritannien von Ägypten aus mit der "Wiedereroberung" des Sudan.

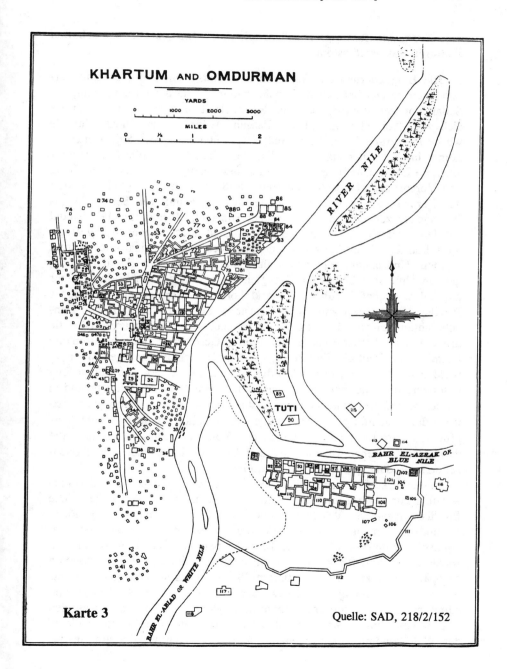

KHARTUM AND OMDURMAN

YARDS

MILES

RIVER NILE

TUTI

BAHR EL-AZRAK OR BLUE NILE

BAHR EL-ABIAD OR WHITE NILE

Karte 3

Quelle: SAD, 218/2/152

4.4. Zusammenfassung: Die "vorkoloniale" Integration des urbanen Sudan in das Weltsystem

Die Eingliederung des Sudan in das Weltsystem und die damit verbundenen gesellschaftlichen Transformationen, die die Urbanisierung im Sudan vor der anglo-ägyptischen Kolonialzeit prägten, verlief in drei - sich zum Teil überlagernden - Phasen. Während der Funsch-Periode wurde im agrarisch geprägten Sudan trotz überwiegender Subsistenzökonomie infolge einer stark zentralisierten, feudalen Gesellschaftsstruktur auch die Erwirtschaftung eines Überschusses möglich, der die Entstehung und Versorgung städtischer Zentren wie Sennar erst ermöglichte. Durch den Fernhandel mit Europa erfolgte die Einbindung von Sennar in das Weltsystem zunächst in ökonomischer Hinsicht. Über diesen Fernhandel wurden einerseits neben Elfenbein und Gold auch Sklaven nachgefragt, die schon damals in den südlichen Teilen des Landes gejagt oder erpreßt wurden. Und andererseits wurde über die ausländischen Händler Münzgeld in Umlauf gebracht, so daß gleichzeitig mit der Ausbreitung einer auf Geldwirtschaft beruhenden Marktökonomie - vormals ein königliches Privileg - eine neue Händlerklasse entstand, die zum Wachstum von Handelsstädten beitrug. In religiös formalrechtlicher Hinsicht erfolgte die grundlegende Transformation der Funsch-Gesellschaft jedoch durch die Islamisierung. Mit der Einführung des Islam durch die "heiligen Männer" wurden seit dem 16. Jahrhundert die Kollektivrechte, etwa an Boden, insbesondere im Niltal und in den wachsenden Handelsstädten zunehmend in erblichen und frei handelbaren Privatbesitz konvertiert. Damit war erstmals die Anhäufung von Privateigentum möglich, ohne daß eine Verpflichtung bestand - so wie sie für den König der Funsch bestand - die daraus erwachsenen Überschüsse und Gewinne insbesondere in Krisenzeiten an Bedürftige wieder umzuverteilen.

In der turko-ägyptischen Periode kam es durch Eroberung und Unterwerfung zur gewaltsamen Integration des Sudan in das Weltsystem. Die Einflüsse Ägyptens, das formal noch zum Osmanischen Reich gehörte, bestanden nunmehr in Form direkter militärischer, politischer und ökonomischer Kontrolle über weite Teile des heutigen Sudan. Alt-Khartoum wurde dabei zum fremdgegründeten, administrativen Zentrum eines von europäischen Händlern dominierten Plünderungskolonialismus, der zur weiteren Ausbreitung der Geldwirtschaft beitrug. Der Nordsudan und damit auch sein städtisches Zentrum Alt-Khartoum erlangt durch den Export von Gummi Arabikum dabei erstmals eine signifikante Rolle in der Weltökonomie. Demgegenüber führte die Weltmarktintegration des

Südsudans, die in erster Linie durch eine forcierte Sklavenjagd erfolgte, zur nachhaltigen Zerrüttung des gesellschaftlichen Gefüges. Mit der britischen Besetzung Ägyptens griff neben den bereits bestehenden militärischen, ökonomischen und politisch-administrativen ein bis dahin unbekannter Integrationsmechanismus in das Geschehen im Sudan ein. Die Presse als neues Medium verband die Ereignisse im Sudan mit der öffentlichen Meinung in Europa und insbesondere mit der in Großbritannien. Die Zeitungen stilisierten Khartoum, das als letzte Enklave der inzwischen britisch diktierten turko-ägyptischen Herrschaft zusammen mit dem zum Märtyrer erhobenen Gordon an die sudanesischen Mahdisten fiel, zum Symbol einer Niederlage, die über Britannien hinaus bekannt wurde. Die Mahdiyya jedoch, wurde zum Zwischenspiel, das die endgültige Integration des Sudan in das europäisch dominierte Weltsystem lediglich zu verzögern vermochte. Allerdings einte sie die nordsudanesischen Ethnien im Kampf gegen die fremden Besatzer und bildete gerade in ihrer Abgrenzung nach außen eine gemeinsame nordsudanesische Identität.

5. DIE STADT- UND WOHNRAUMENTWICKLUNG DER KOLONIALSTADT KHARTOUM IN IHRER VERFLECHTUNG MIT DEM BRITISCHEN EMPIRE

5.1. Die militärische Installierung der anglo-ägyptischen Herrschaft in der Kolonialstadt Khartoum

5.1.1. Zur symbolischen Bedeutung der Eroberung Khartoums

Die anglo-ägyptische Expansion,[36] die von 1896 an unter Lord Kitcheners Führung im Zuge der "Sudan-Kampagne" durchgeführt wurde, bedeutete für den Sudan die nunmehr endgültige Einbeziehung in das europäisch dominierte Weltsystem. Die deutlichste Zäsur bei der historischen Konfrontation des Sudan mit Europa markiert die Schlacht von Karari, bei der am 2. September 1898 nur wenige Kilometer nördlich von Khartoum und Omdurman 50.000 nordsudanesische Mahdisten gegen die Granatwerfer und Maschinengewehre der anglo-ägyptischen Truppen antraten. 48 Tote und 382 Verwundete auf der alliierten Seite gegenüber 11.000 gefallenen und 16.000 verwundeten Sudanesen (COLLINS et al., 1984) spiegeln die Mächtigkeit und die Richtung wider, mit der in der Folge die "traditionelle" sudanesische Gesellschaft durch die "westlich-liberalen" Ideen, die politischen Institutionen und durch die wirtschaftliche Organisation des Britischen Empires transformiert wurde.

Die Ziele, die das Empire mit der "Wiedereroberung" des Sudan während der Phase der militärischen Eroberung von Khartoum verband, waren eher symbolischer als wirtschaftlicher Natur. Die ökonomischen und geostrategischen Erwägungen, wie die Kontrolle des Nilwassers für die britische Kolonie Ägypten, traten erst später mit dem Garstin Report 1903 hinzu (vgl. REFACS, 1904, 19). So war die "Sudan Kampagne" von populistischen Schriften und Zeitungsartikeln begleitet, die wie

---

[36] Die wichtigste und umfangreichste Arbeit zur Geschichte des anglo-ägyptischen Sudan ist jüngst von M.W. DALY (1986; 1991) vorgelegt worden. Die bedeutendste Studie zur Wingate Ära hat WARBURG (1971) geschrieben. Bemerkenswert ist auch die Veröffentlichung von COLLINS et al. (1984). Hierin kommen neben den britischen Herrschern auch die kolonisierten Sudanesen zu Wort. Bei den politisch-ökonomischen Untersuchungen zur Entwicklung des Sudan von der Kolonialzeit bis zur jüngeren Gegenwart sind die Arbeiten von NIBLOCK (1987) und WOODWARD (1990) zu nennen.

SLATINS "Feuer und Schwert",[37] die Schrecken der Mahdiherrschaft anprangerten und die öffentliche Meinung Englands auf Rache an dem gewaltsamen Tod Gordons einschworen. Sein Tod in Khartoum signalisierte in Europa eine Niederlage des Christentums gegenüber dem Islam und stand stellvertretend für einen Rückschlag der Zivilisation gegenüber der Barbarei[38] (vgl. Kap. 4.2.). Diesen Rückschlag galt es auszumerzen. Hierin ist ein wesentliches Ziel der "Wiedereroberung" zu sehen, die nicht nur territoriale Eroberung bedeutete, sondern auch ideologisch gewonnen werden mußte. Maßgeblich für diese Interpretation ist, daß nach Kitcheners militärischem Sieg in Karari weder ein ausgearbeitetes Programm bereitstand, das die wirtschaftliche Nutzung des Sudan vorsah und auswies, wie diese im einzelnen umzusetzen sei, noch der rechtliche Status des Sudan geklärt war, obwohl die "Sudan Kampagne" bereits zwei Jahre andauerte. Die Aktivitäten der neuen Herrschaft bestanden zunächst vielmehr darin, das Khartoum, das mit Gordon gefallen war, an derselben Stelle wieder aufzubauen[39] und zwar so, daß sich nur wenige Jahre später im räumlichen Zentrum der neuen Kolonialstadt, am Schnittpunkt der rechtwinklig aufeinander zulaufenden Siegerstraßen - der Victoria Street und der Khedive Street - das Denkmal Gordens finden sollte.

---

[37]   Vgl. hierzu MUHAMMAD ALI (1971). Zu SLATIN siehe: SLATIN, R. C.: Feuer und Schwert im Sudan, o.O. 1896; englische Übersetzung: "Fire and Sword in the Sudan: A Personal Narrative of Fighting and Serving the Dervishes, 1879-1885", London 1898.

[38]   Lord CROMER, der als britischer Generalkonsul in Ägypten ein maßgeblicher Drahtzieher der "Sudan Kampagne" war, führt dazu aus: "Man hatte den Sudan wie ein treibendes Wrack verlassen, (...). Es war jedoch von Anfang an gewiß, daß auf jeden Fall früher oder später, die Wiedereroberung einiger verlorenen Provinzen unternommen werden mußte. (...) dem Gemüt des britischen Publikums hatte sich die unumstößliche Tatsache tief eingeprägt, daß man während einer Zeit, wo britischer Einfluß in Ägypten vorherrschend war, verschiedene Provinzen, die vorher dem Handel offenstanden, wieder in die Barbarei hatte zurücksinken lassen. Die nationale Ehre war verletzt. (...) Man schämte sich allgemein, daß unter britischer Aegide ägyptisches Gebiet so stark zusammengeschrumpft war. Die vorherrschende Stimmung über die Angelegenheit fand ihren Ausdruck in dem Gefühl, daß 'Gordon gerächt werden müsse'" (1908, 74-75).

[39]   Die Amtszeit von Kitchener, dem Oberbefehlshaber [Sirdar] der anglo-ägyptischen Truppen und späterem Generalgouverneur des Sudan, war, wie DALY ausführt, neben der Überwachung der Aufbauarbeiten in Khartoum und der Organisation der Verfolgung des flüchtigen Khalifen im wesentlichen mit Auslandsreisen ausgefüllt: "the more banal aspects of administration, which in these early days cried out for attention, were neglected" (1986, 23).

5.1.2. Die gewaltsame Einnahme Omdurmans aus der Perspektive der Sudanesen

Die Etablierung der britischen Herrschaft im Sudan verlief in mehrfacher Hinsicht gewalttätig. So kam es noch während der Kampfhandlungen von Karari durch Maxwells Brigade zu Massakern an verwundeten Mahdisten, selbst an jenen, die sich den anglo-ägyptischen Truppen bereits ergeben hatten. Auf Slatins Befehl folgten nur wenige Tage später zahlreiche Exekutionen von sudanesischen Notablen (vgl. DALY, 1986, 3-5). Winston Churchill, der als Berichterstatter für die "Morning Post" an der "Khartoum Kampagne" teilnahm, und einer der schärfsten Kritiker Kitcheners war, zeichnete drei Tage nach der Schlacht ein Bild des Grauens für die Verletzten und von Hitze und Durst gepeinigten Überlebenden:

> Where there was a shady bush four men had crawled to die. (...) There was a man that had crawled a mile in three days, but was yet two miles from the river. He had one foot. The other remained behind. (...) Another had reached the water and had died at its brim (in, WOODS, 1972, 127).

Selbst in der Stadt, in Omdurman, waren die Auswirkungen der Schlacht allzu deutlich:

> Dead animals of all kinds - camels, horses, donkeys, dogs, goats, sheep, cattle, side by side with refuse in all stages of putrefaction - lay about the wider streets (...). The bodies of dead men, women, and children were also found lying unheeded in the open, while innumerable wounded were met crawling in and out of the wretched hovels which had formed their homes (MARTIN, 1970, 462).[40]

Auch die überlebende Zivilbevölkerung war Übergriffen seitens der Siegermächte ausgesetzt. Ein sudanesischer Augenzeuge[41] berichtete:

> We suffered a number of vexations during the three days during which the town was turned over to the soldiers. They entered our houses and took and

---

[40] MARTIN schrieb die erste umfassende Arbeit über die koloniale Ökonomie und Verwaltung des anglo-ägyptischen Sudan. Die Publikation war zunächst für 1914 vorgesehen, doch infolge des ersten Weltkriegs erschien sie erst 1921. Seine Informationen bezog MARTIN aus zwei Reisen in den Sudan, die eine im Winter 1907/8 und die andere 1913. Er betont, daß seine Arbeit in keiner Weise die offizielle Meinung der Kolonialbeamten repräsentiere und verweist darauf, daß allein die statistischen Informationen auf offiziellen Quellen beruhen (MARTIN 1970, XI).

[41] Babikr BEDRI ist einer der bedeutensten sudanesischen Chronisten. Seine Memoiren wurden zum Teil ins Englische übersetzt. (vgl. BEDRI et al. 1980).

ate everything within reach of their eyes and hands. No one cared to offer
any opposition, for exaggerated accounts of murders and beatings up,
savage enough to break a bone or two, were circulating (BEDRI, 1980,
80).

Neben Plünderungen und Raub gehörte es darüber hinaus zur militärischen und ideologischen Konzeption der "Wiedereroberung", jene Symbole zu zerstören, die, wie das Grabmal des Mahdi in Omdurman, dem
bedeutensten Bauwerk des Sudan, für die Niederlage Gordons und damit
der britischen Vorstellung von "Zivilisation" standen. Auf Befehl
Kitcheners wurde das von Granaten während des Bombardements auf
Omdurman zum Ziel genommene und getroffene Grabmal (vgl. SIR,
1898, 60, 4) einige Tage später durch Sprengung von W.S. Gordon,
einem Neffen Gordons, vollends dem Erdboden gleichgemacht. Der
Leichnam des Mahdi wurde exhumiert und bis auf den Schädel, den
Kitchener zunächst als Trophäe bewahrte, im Nil versenkt (vgl. DALY,
1986). Diese Sakrilegien gegenüber dem heiligsten Ort und den Zeugnis-
sen des islamischen Sudan zielten auf die Zerstörung der Identität, die die
Nordsudanesen unterschiedlichster Ethnien im Widerstand gegen die
Briten geeint hatte.

Nach dem Exodus vom September 1898 blieben nur wenige
Sudanesen in Omdurman zurück. Über deren Anzahl und ethnische
Struktur sind heute kaum noch genaue Aussagen möglich. JACKSON,
der 1909 zusammen mit R. Boyce, dem "Chief Town Surveyor", und R.
E. More, dem "Deputy Governor" von Omdurman, mit dem Wieder-
aufbau von Omdurman beauftragt wurde, berichtete, daß noch elf Jahren
später viele Quartiere Omdurmans vollständig unbewohnt und andere
Bezirke nur von einigen wenigen Sudanesen bewohnt waren (1954, 88).
In der Bevölkerungsstruktur von Omdurman hinterließen die Ereignisse
von 1898 noch bis 1913 ihre Spuren. 1905 waren 75% der Einwohner
Omdurmans Frauen und Kinder; 1913 machten sie noch immer 74% der
Bevölkerung aus. Wohingegen in Khartoum Nord und in Khartoum der
Anteil an Frauen und Kindern an der Gesamtbevölkerung nur 60% bzw.
53% betrug (vgl. Tab. 3). Nachdem 11.000 Männer auf dem Schlachtfeld
gefallen und mehrere tausend ihren Verwundungen erlegen waren, ein
Teil der Mahdisten zunächst mit dem Khalifen fliehen konnte und von den
Alliierten allein 4.000-5.000 Gefangene (vgl. MARTIN, 1970, 33;
ARTHUR, 1920, 243) gemacht wurden, blieben somit tausende alleinste-
hender Frauen (vgl. SAD, 264/1/1079) und Kinder, aber nur wenige
Männer in Omdurman zurück. Für diese restliche Bevölkerung von
Omdurman verschlechterte sich im Laufe des Jahres 1898 dann noch die

Versorgungssituation in bedrohlicher Weise. Die Getreidezuteilungen wurden von den neuen Machthabern rationiert. BEDRI, der sudanesische Chronist, berichtet:

> You could only buy half a rubu' [Gewichtseinheit] or, at most, one rubu'. This was in order to distribute the supply among a large number of people (1980, 81).

Als BEDRI versuchte, seine Beziehungen einzusetzen, um einen größeren Anteil an Getreide zu erhalten, versagten die alten Loyalitäten. Die neue anglo-ägyptische Kontrolle hatte sich bereits gegenüber den "traditionellen" Beziehungen durchgesetzt. BEDRI gelang es trotz aller Bemühungen zur Aktivierung seines sozialen Netzwerkes nicht, mehr Getreide zu organisieren (vgl. ebd. S. 81-82). Im November 1898 sprach Talbot, Kitcheners "Director of Military Intelligence", dann von einer Hungerkrise in Omdurman (vgl. DALY, 1986, 29). Nachdem die Nahrungsmittelpreise durch den Abzug von Transportmittel in die Höhe schnellten, spitzte sich die Situation weiter zu:

> (...) the supply of grain from rural areas was cut off because the Government started to build, using for brick-carrying the very camels which normally bring grain to the market (BEDRI, 1980, 83).

Ein britischer Offizier beschrieb die Überlebensstrategien der von der Hungerkrise in Omdurman besonders betroffenen Frauen und Kinder wie folgt:

> The native camelry were followed for miles upon the road by starving women and little children who scrambled for the excreta dropped by the animals! This was collected in baskets, and, having been dried in the sun, was chrushed into powder, from which the undigested portion of grain dura was separated and ravenously eaten (vgl. MARTIN, 1970, 32)

Für die Sudanesen begann die Kolonialherrschaft der Briten mit einem Trauma. Tod, Verelendung, Zerstörung der religiösen Identität und Zusammenbruch der "traditionellen" sozialen Strukturen sowie Fluchtbewegungen und immense Veränderung in der Bevölkerungsstruktur machten, bei einer gleichzeitigen militärischen Überlegenheit der britischen und ägyptischen Eroberer, die Ohnmacht der Sudanesen deutlich und drängten sie in eine externe Abhängigkeit, deren Steuerungszentrum weit entfernt im Norden von Europa lag. Jedoch wurde von vielen Sudanesen die neue Herrschaft zunächst noch als "Turkkiya at-Thaaniyya", als zweite Phase der türkischen Herrschaft, interpretiert (vgl. COLLINS et al., 1984, 11).

**Tab. 3: Bevölkerungsentwicklung der Konurbation Khartoum
[1905 - 1913]***

Jahr	Provinz Khartoum	Groß-Khartoum	Khartoum	Omdurman	Khart.-Nord
1905					
Männer	25.359	20.594	5.133	9.807	5.654
Frauen	36.566	31.574	5.321	15.395	10.858
Kinder	25.025	21.440	3.573	14.714	3.153
Gesamt	86.977	73.608	14.027	39.916	19.665
1906					
Männer	25.949	22.282	6.585	8.795	6.938
Frauen	42.220	37.214	5.170	19.958	12.086
Kinder	22.252	18.591	3.068	12.875	2.648
Gesamt	90.421	78.087	14.823	41.592	21.672
1907**					
Gesamt	127.334	113.794	15.511	57.985	40.298
1908					
Gesamt	131.124	116.756	17.045	67.565	32.146
1913					
Männer		32.913	11.773	14.189	6.951
Frauen		34.169	7.433	19.475	7.261
Kinder		30.089	5.734	21.119	3.236
Gesamt	135.000	97.171	24.940	54.783	17.449

Quellen: REFACS (1905, II, 26; 1906, 662; 1907, 292; 1908, 556; 1913, 156),
MARTIN (1970, 460)

*   Die Zahlenangaben sind infolge permanenter Bevölkerungsverschiebungen in der
Provinz Khartoum und unklarer Methoden der statistischen Erhebung sinnvoller-
weise als Trend zu interpretieren.

**   Der Khartoum-Provinz-Bericht von 1907, (S. 293) gibt an, daß sich die
Einwohnerzahl von Khartoum-Nord in den vorangegangenen 12 Monaten mit
53.838 Bewohnern mehr als verdoppelt hat. Dieser Zuwachs ist wahrscheinlich
durch die Addition der Landbevölkerung [13.540 (vgl. REFACS, 1908, 556)] der
Provinz Khartoum zu der von Khartoum Nord [und damit auch zur Konurbation]
entstanden. Hier sind die korrigierten Werte [abzüglich 13.540] angegeben.

5.1.3. Lord Kitcheners Prägung von Khartoum als "Military Space"

In den Ruinen des Gouverneurspalastes von Alt-Khartoum, in dem Gordon von den Mahdisten 1885 getötet wurde, richtete Kitchener[42] zwei Tage nach der Schlacht von Karari, am 4. September 1898, eine zeremonielle Siegesfeier aus, die für die Briten den Wendepunkt vom militärischen Erfolg über das "Land der Schwarzen", hin zur "zivilisatorischen Mission" im Sudan markierte. Mit dem Hissen der britischen und der ägyptischen Flagge wurden die Alliierten in ritueller Form politisch vereinigt, und mit dem Singen von Hymnen und dem Abhalten von Gebeten wurden in Erinnerung an die heroische Seele Gordons die Motive der Eroberung religiös gefestigt.[43] Der Zeitpunkt zur Umsetzung von Visionen war gekommen. Bevor Kitchener zu neuen Taten nach Südafrika aufbrach, entwarf er das neue Khartoum, ließ mit dem Bau des Herrschaftssitzes, dem Palast, beginnen und organisierte, als Transmissionsriemen der neuen Kultur, den Aufbau einer viktorianischen Bildungsinstitution, das "Gordon College".

Die Auswahl des Standortes für den Neuaufbau von Khartoum am Südufer des Blauen Nil, also am alten Standort innerhalb von Gordons Befestigungsanlagen (vgl. Karte 4), war Kitcheners persönliche Entscheidung. Er wählte diesen Standort, obwohl Milo Talbot, mit dem er sich beriet, das heutige Khartoum Nord als Standort favorisierte (DALY, 1986, 25). Auch war seit Gordons Zeiten bekannt, daß diese Lage infolge ihres geringen Höhenniveaus entscheidende Nachteile mit sich brachte [Hochwassergefahr, Abwasserentsorgung].[44] Inwieweit Kitchener persönlich an der Ausarbeitung der Pläne zum Neuaufbau von Khartoum beteiligt war, ist umstritten. DALY (1986) stellt heraus, daß Kitchener im Jahr 1898 nur wenig Zeit, etwa 10-12 Tage, in Omdurman und Khartoum verbrachte und somit kaum in größerem Umfang an der Planung beteiligt

---

[42] Angelo Capato, ein griechischer Händler, der während der Sudan-Kampange von Suakin aus Kitcheners Nachschub an Proviant organisierte und zeitweise [1904-1905] zu einem der reichsten Männer des Sudan avancierte, wurde 1898 von Kitchener angewiesen für den Tag der Siegesfeier ein Festbankett für 150 Personen im alten Gouverneurspalast zu organisieren (vgl. SAD 682, 14, 77-78).

[43] Zum Ablauf der Zeremonie vgl. WALKLEY (1936, 83); DALY (1986, 1); Zur Bedeutung der Religion für die Briten vgl. CORAY (1984).

[44] Der "Medical Officer of Health, Khartoum", A. BALFOUR, weist 1908 (61-62) darauf hin, daß diese Nachteile bereits von FELKIN 1880 bemerkt worden waren.

gewesen sein konnte. Die Möglichkeit jedoch, daß bereits ausgearbeitete Planungsideen Kitcheners nur noch der Umsetzung durch Personen aus seinem engeren Mitarbeiterstab bedurften, etwa durch Maxwell [erster Gouverneur der Provinz Khartoum], Gorringe [Director of Works] oder Talbot [Director of Military Intelligence], ist durch dieses Argument allerdings nicht eingeschränkt. Bei Kitcheners Fähigkeiten zur langfristigen Vorausplanung ist dies durchaus wahrscheinlich. So stellte er, wie SANDES, der Historiker der "Royal Engineers",[45] ausführt, bereits 1897 in Wadi Halfa ein 1.000 Personen starkes "Works Battalion" für den eventuellen Wiederaufbau von Khartoum zusammen. Zudem kehrte Kitchener am 28. Dezember 1898 aus Europa zurück und war, wie Gorringe berichtete, täglich mit ihm in Khartoum, um die Pläne für die Anlage von Straßen fertigzustellen. Am 4. Januar 1899, waren laut Gorringe, 2.000 Personen damit beschäftigt, Ziegel herzustellen, den Transport von Baumaterial zu übernehmen und Kalk zu brennen. Am 6. Februar war die Lage aller Straßen bestimmt, die Arbeit an den Regierungsgebäuden hatte begonnen und 5.000 Personen waren für insgesamt 4.000 LE pro Monat an der Arbeit, den Neuaufbau von Khartoum voranzutreiben (vgl. SANDES, 1937, 475). SANDES berichtete:

> The design for a new Khartoum was prepared by Kitchener himself and was intended primarily to satisfy military requirements (1937, 473).

Demgegenüber schrieb TALBOT am 2. November 1898 an Wingate, daß Maxwell in Khartoum sei:

> Preparing the site and laying out all sorts of lovely squares, crescents etc. on the plan I prepared (SAD, 266/11).

In welchem Umfang Entwürfe und Skizzen unmittelbar von Kitchener stammten und inwieweit diese für die konkrete Ausführung von Kitcheners Untergebenen im einzelnen noch weiter ausgearbeitet wurden, bzw. gänzlich aus ihren Händen neu entstanden - diese Details bleiben aufgrund der unzureichenden Quellenlage letztlich unklar. Kontrovers sind darüber hinaus auch die Argumente bezüglich der Frage, welche

---

45 SANDES standen bei seinen Recherchen für die Geschichte der Royal Engineers im Sudan und Ägypten zwei Quellen zur Verfügung. Zum einen war er 1935 in Khartoum vor Ort und hatte die volle Unterstützung von G.N. Loggin, dem damaligen "Director of Public Works" und zum anderen hatte SANDES von den ehemaligen "Royal Engineers", wie etwa von Gorringe, Kennedy u.a. für die Fertigstellung seiner Arbeit zahlreiche persönliche Aufzeichnungen erhalten (vgl. 1937, 476).

Intention der Planung [laying out] von Khartoum zugrunde lag. Für den Entwurf des Gittergrundrisses, bei dem parallel zum Nil verlaufende Straßen durch senkrechte und diagonale Straßen symmetrisch gekreuzt werden (vgl. Karte 4), stehen drei Gründe zur Diskussion: Einmal sollen, wie SANDES ausführt, militärische Erwägungen den Ausschlag gegeben haben. Die großen Kreuzungen, auf denen sich die diagonalen Straßen schneiden, dienten der Installierung von Maschinengewehren, mit denen im Bedarfsfall die größten Teile der Stadt zu kontrollieren waren (1937, 473). Weiterhin wird angeführt, daß Khartoum von Kitchener als "Union Jack" bzw. als Serie von "Union Jacks" entworfen (vgl. WALKLEY, 1936, 86) und als patriotisches Symbol angelegt wurde. Und schließlich werden auch pragmatische Gründe, wie schnellere und einfachere Kommunikation, benannt (vgl. JACKSON, 1954, 25; DALY, 1986, 25-26). Die patriotischen und pragmatischen Aspekte bei der Planung von Khartoum lassen sich nichtbelegen, stehen aber auch nicht zwingend im Widerspruch zu den strategischen Interessen, deren Signifikanz durch einen Bericht von CARPENTER gestützt wurden. Er interviewte 1907 den Provinzgouverneur von Khartoum, E.A. Stanton, zu dieser Frage. Dieser führte aus:

> Lord Kitchener (...) directed his architects to make the streets wide, with several large squares, and to have the whole so arranged that gatling guns placed at the chief crossings could command the whole city (SAD 133/22/39).

Auch auf der Stadtplanungskonferenz des "Royal Institute of British Architects" 1910 in London wurde diese Argumentation untermauert. Unter Vorsitz von Lord Kitchener wurde ein Artikel von W. H. McLean, dem städtischen Ingenieur von Khartoum, über die Planung von Khartoum und Omdurman vorgetragen, der, ohne Widerspruch seitens Kitcheners, den militärisch-strategischen Aspekt des Grundrisses betonte (vgl. SAD 133/7). Darüber hinaus ist grundsätzlich festzuhalten, daß bis zu Beginn des zwanzigsten Jahrhunderts die Planer der britischen Kolonialstädte Militärs waren, die, wie auch Kitchener, ihre Ausbildung bei den Royal Engineers in Chatham und Woolwich genossen hatten.[46] Stadtpla-

---

[46] ARTHUR, der Biograph von Lord Kitchener, führt dazu aus: "[Kitchener] joined the School of Military Engineering at Chatham. (...) he delighted in the technical side of his work. Then and all through his life he was eager to grapple with engineering and building problems, large or small. Nothing failed to interest him in this respect, from the great Dam at Assuan down to a door in the home he created in his last years (...)" (1920, 11).

nung wurde dort als räumliche Organisation von "Military Space" (KING, 1976) vermittelt. Das "Cantonment" als militärischer Raum, mit Fort und Truppenunterkünften wurde aus strategischen Gründen von den Wohnbezirken der Europäer und der "Native City" der Einheimischen separiert. Dabei läßt sich die von KING (1976, 100) festgestellte soziale Segregation bei der Unterbringung der Truppen auch im kolonialen Khartoum beobachten (vgl. Karte 4). So waren die ägyptischen und sudanesischen Soldaten entlang von Gordons alten Befestigungsanlagen stationiert und dem eigentlichen Khartoum zum Schutz der Stadt vorgelagert. Sie waren in den Truppenunterkünften [Barracks] Abbas Pasha, Tewfik Pasha, Ismail Pasha und Said Pasha untergebracht. Auch die gewöhnlichen britischen Soldaten wohnten räumlich getrennt von der Innenstadt, aber an einem besser durchlüfteten Standort direkt am Nil, in den British Barracks, wohingegen die britischen Offiziere schließlich in Khartoum selbst untergebracht waren.

Wesentlich zum Verständnis der Entwürfe und Planung von Kolonialstädten wie Khartoum waren die zeitgeschichtlichen Hintergründe, die aus den Erfahrungen mit Problemen der Stadtentwicklung während der Industrialisierung im viktorianischen England resultierten und in anderen Kolonien des Britischen Empires, etwa in Indien (vgl. DOSSAL, 1989), durch die Arbeit der "Royal Engineers" bereits ihren räumlichen Niederschlag gefunden hatten. Überfüllung und Überbelegung sowie mangelnde sanitäre Einrichtungen hatten in den boomenden Industriestädten Englands, etwa in London, Manchester, Liverpool und Birmingham, wiederholt zu Seuchen [Cholera, Typus, Tuberkulose] geführt, die Sterblichkeitsquoten, insbesondere die von Kindern und irischen Migranten [Liverpool, Manchester], in die Höhe schnellen lassen und zur Bedrohung der gesamten Einwohnerschaft geführt (vgl. WOODS et al., 1984; BURNETT, 1991). Vor diesem Hintergrund wurden in England die ersten entscheidenden Instrumente der Stadtplanung, wie beispielsweise der "Public Health Act" von 1848, entwickelt und alternative Siedlungskonzepte formuliert. Im Jahr 1898 veröffentlichte HOWARD sein erstes Buch zur Idee der "Garden City"[47] und visierte unter Wahrung der sozialen und ökonomischen Vorteile des Stadtlebens ein gesünderes Leben in einer ländlich-grünen Umgebung an. Offener Raum [Open Space] in Form breit angelegter Straßen, wenig verdichtete Wohngebiete

---

[47] Vgl. HOWARD, E.: "Garden Cities of Tomorrow", London 1902; Erstveröffentlichung als: "Tomorrow a Peaceful Path to Social Reform", o.O. 1898.

[Low-density Housing], öffentliche Parks und ein Grüngürtel [Green Belt] waren die wichtigsten Elemente des neuen Konzepts. Bei der Planung und Anlage von Kolonialstädten im neunzehnten Jahrhundert spielte das neue Gesundheitsbewußtsein, das zunächst in den gesetzlichen Verordnungen und später durch das "Garden City Movement" zum Ausdruck kam, eine zentrale Rolle. Die Vorstellung, daß Krankheiten aus verschmutzter Luft entstehen [Miasmus-Theorie] und nur durch Verringerung der Lufttemperatur und durch die Einhaltung einer räumliche Distanz zu den vermeintlichen Infektionsherden bekämpft werden könnten, schlug sich in den städtebaulichen Konzeptionen nieder, die die räumliche Separation der Kolonialstadt, der "Ideal City", von der Stadt der Einheimischen, der "Native City", vorsahen (vgl. KING, 1990a, 40-41). Nach der "Ross-Theorie" etwa galten Afrikaner als Träger von Malaria [wörtlich der schlechten Luft] und Moskitos als deren Übermittler. Das strategische Primat der räumlichen Segregation bei der Anlage von Kolonialstädten wurde durch solche medizinischen Theorien maßgeblich gestützt (vgl. KING, 1976, 97-123). Vor diesem Hintergrund werden Kitcheners Entscheidungen sowohl hinsichtlich der Standortwahl "seiner Stadt", als räumlich getrennte von der "Native City" Omdurman als auch hinsichtlich der Raumorganisation von Khartoum mit weiträumigen Straßen und wenig verdichteter Bebauung, noch aus anderer Perspektive verständlich. Nicht nur strategische und patriotische Gründe spielten bei diesen Entscheidungen eine Rolle, sondern auch zeitgeschichtlich in Europa vorherrschende, hygienische und sanitäre Vorstellungen.

Während Kitchener das Ende des Jahres 1898 in Europa verbrachte, um seinen Triumph feiern zu lassen und um die Finanzierung des "Gordon Colleges", seiner Vision von einer Erziehungsinstitution für die Sudanesen, zu organisieren, gab er am 21. November Gorringe, dem "Director of Works", die telegraphische Anweisung:

> 'Proceed at once to Khartoum to start rebuilding. L 20.000 available. Commence with Palace' (in, SANDES, 1937, 475).

Dieser erreichte am 29. November Khartoum und begann sogleich, die notwendigen Werkzeuge, Materialien sowie die erforderlichen Arbeitskräfte zusammenzustellen. Der Neuaufbau von Khartoum begann also mit dem wichtigsten Zeichen der neuen Macht, mit der Errichtung des Palastes. Dieser wurde unverzüglich in Angriff genommen und soweit wie möglich auf den alten Fundamenten von Gordons Residenz errichtet.

Karte 4

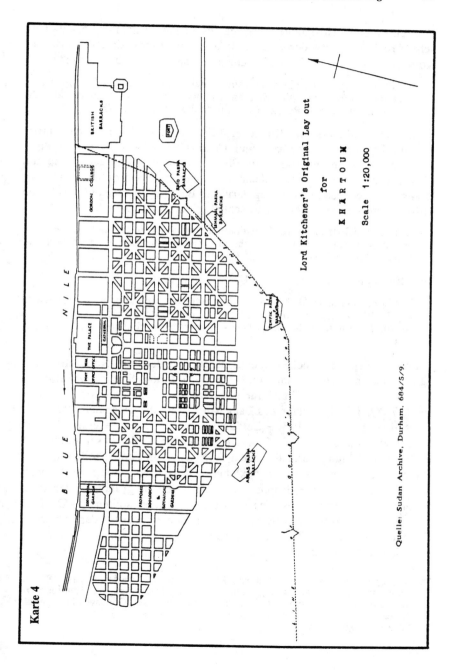

Lord Kitchener's Original Lay out

for

K H A R T O U M

Scale 1:20,000

Quelle: Sudan Archive, Durham, 684/5/9.

Für seinen Entwurf bestellte Gorringe aus England Literatur über italieni-
sche Architektur, mit deren Hilfe er den Regierungspalast der britische
Kolonialverwaltung im Sudan in venezianischem Baustil gestaltete:[48]

> 'With the help of the plans, elevations and architectural details which they
> contained, I designed the first and second floors, the staircase and the
> verandahs of the new Palace, (...)' (in, SANDES, 1937, 475).

Die zwei Monate, die Kitchener 1898 in England verbrachte, nutzte
er, um in London, Chatham und Cambridge seine Vision von einer
Bildungsinstitution im Sudan zu Ehren Gordons vorzutragen, und um
gleichzeitig mit einem Spendenaufruf unter der Schirmherrschaft der
Königin Victoria seine neue Popularität in Bargeld für eine entsprechende
Stiftung umzusetzen. Sein Aufruf schloß mit den eindringlichen Worten:

> 'Made on behalf of a race dependent on our mercy, in the name of Gordon,
> and in the cause of that civilisation which is the life of the Empire of
> Britain' (in, ARTHUR, 1920, 254).

Der Biograph Kitcheners, ARTHUR, kommentiert:

> His hope was to make Khartoum the centre of a sound education provided
> by British money and organised from Great Britain on British lines - to
> secure for England the first place in Africa as a civilising power (1920,
> 254).

Innerhalb weniger Wochen kamen durch Spenden von Rothschild, der
Queen und anderer Honorationen 135.000 Pfund Sterling zusammen.
Davon wurden 23.000 Pfund für die Errichtung des Gebäudes bereitge-
stellt, 7.000 für die Anlage des Baugeländes und die Innenausstattung der
Institution. Die verbleibende Geldmenge wurde in Form einer Stiftung
festgelegt (vgl. SAD, 292, 27). Die konkreten Ziele dieser kolonialen
Bildungseinrichtung bestanden nach WINGATE in der Ausbildung einer
Handwerkerklasse sowie einer kleinen Gruppe von niederen Verwal-
tungsbeamten und einer Gruppe von Juristen, die die grundlegenden Prinzipien der Regierungsmaschinerie begreifen lernen sollten (SAD, 292,
27). Neben diesen ausgewiesenen Intentionen wurde das "Gordon
College" aber gleichzeitig der wichtigste Ausgangsort für die Einführung
viktorianischer Werte in den Sudan.

---

[48]   Fertiggestellt wurde der Palast von M. R. Kennedy, der im August 1899 in
Khartoum eintraf, um Gorringe und Done beim Neuaufbau von Khartoum zu
unterstützen. Im Dezember 1899 übernahm Kennedy dann Gorringes Position als
"Director of Works", nachdem dieser mit Kitchener als "Aide-de-Camp" nach
Südafrika abgereist war.

Zusammenfassend ist festzustellen, daß mit der militärischen Eroberung des Sudan durch Großbritannien nunmehr erstmals eine europäische
Macht direkt im Sudan präsent war. Mit Hilfe einer überlegenen Waffen-
und Kommunikationstechnologie wurden die Sudanesen mit direkter
Gewalt grausam unterworfen und damit endgültig unter europäisch dominierte Abhängigkeiten gebracht. Massenhafter Tod, Hunger, Verelendung
und die Mißachtung kultureller Werte kennzeichneten auf sudanesischer
Seite die gewaltsame Integration in das Empire. Zur festen Installierung
der britischen Herrschaft im Sudan und als militärischer Brückenkopf
zwischen Großbritannien und dem sudanesischen Hinterland wurde die
Kolonialstadt Khartoum am Ort von Gordons Niederlage neu aufgebaut
und unter Lord Kitcheners persönlicher Anleitung als militärischer Raum
in einem potentiell feindlichen Gebiet organisiert. Die Anlage und der
Bauplan des neuen Khartoums spiegeln dabei die strategische Funktion
der Kolonialstadt wider, erinnern an die heroische Vergangenheit
Gordons und entsprachen den zeitgenössischen Ideen des kolonialen
Städtebaus im Britischen Empire. So wurde die Kolonialstadt Khartoum
räumlich segregiert vom sudanesischen Omdurman angelegt und gegenüber dem Hinterland durch die Truppenunterkünfte ägyptischer und britischer Soldaten geschützt. Als Symbol der Herrschaft wurde auf den
Grundmauern von Gordons Regierungssitz der neue Palast im venezianischem Stil errichtet und zur Verbreitung viktorianischer Vorstellungen
von "Zivilisation" das "Gordon College", die heutige Universität, erbaut.
Dieses College steht stellvertretend für die allmählich sich etablierende -
dafür aber umso wirkungsvoller greifende - strukturelle Gewalt, mit der
die Abhängigkeiten der Sudanesen vom Empire zunehmend stabilisiert
wurden.

5.2. Die Formalisierung und Etablierung der anglo-ägyptischen Herrschaft in Khartoum

5.2.1. Das anglo-ägyptische Kondominiumabkommen[49] und die Verwaltung der Provinz Khartoum

Nachdem die Wiedereroberung des Sudan mit der Einnahme Khartoums zwar nicht abgeschlossen,[50] aber doch entschieden war, wurde die Regelung des rechtlichen Status des Sudan immer dringlicher. Für das Empire galt es, die Eroberung, die von ihm eingefädelt worden war, aber nur mit Hilfe von Truppen und Geldern des ägyptischen Protektorats durchgeführt werden konnte, in Europa zu legitimieren und dabei die eigenen Interessen zu wahren. Sailsbury, der britische Premierminister, hatte Lord Cromer im Juni 1898 angeraten, bei der bevorstehenden Siegesfeier in Khartoum sowohl die britische als auch die ägyptische Flagge hissen zu lassen (vgl. DALY, 1986, 12). Das erwies sich als entscheidender Schachzug, der einen Weg aufzeigte, bei dem sowohl eine rein britische Annexion vermieden werden konnte, die in Europa und bei den ägyptischen Nationalisten auf Widerstand gestoßen wäre, und bei dem durch die Betonung des britischen Beitrags bei der "Wiedereroberung" des Sudan auch territoriale Ansprüche von seiten des Osmanischen Reiches, zu dem Ägypten formell noch gehörte, zurückgewiesen werden konnten.

Das Kondominiumabkommen, das von der britischen und ägyptischen Regierung schließlich am 19.1.1899 unterzeichnet wurde, folgte diesem Weg und legte die Richtlinien für die koloniale Verwaltung des Sudan unter geteilter britischer und ägyptischer Kontrolle fest. Es wurde darin übereingekommen, die militärische und zivile Regierungsvollmacht [Command] über den Sudan einem Generalgoverneur [Governor General] zu übertragen, der von der britischen Regierung zu benennen und durch

---

[49] So wurde das bilaterale Abkommen, das von Sir Malcolm McIlwraith, dem juristischen Berater der ägyptischen Regierung ausgearbeitet wurde, erst später benannt. Hervorzuheben ist, daß diese Form der Administration, bei dem sich Kolonialmacht [Großbritannien] und Kolonie [Ägypten], die politische Kontrolle über ein drittes Land [Sudan] nominell teilen einmalig in der britischen Kolonialgeschichte war. Nur bei der kolonialen Verwaltung der Neuen Hebriden bestand zusammen mit Frankreich ein ähnliches Abkommen (vgl. CHRISTOPHER 1988, 22)

[50] Das Sultanat von Darfur wurde von den Briten beispielsweise erst 1916 eingenommen (vgl. DALY, 1986, 171 ff.).

die ägyptische Regierung zu bestätigen war (vgl. SG, 1899, 1, Artikel 3).
Der Generalgouverneur übte Kraft seines Amtes auch die Legislative im
Sudan aus. Er erließ Gesetze, Verordnungen und Proklamationen, die
jedoch dem britischen Generalkonsul in Kairo und der ägyptischen Regierung zur Kenntnisnahme gebracht werden mußten (vgl. Art. 4). Für die
zukünftige wirtschaftliche Entwicklung sollte Artikel 6 des Kondominiumabkommens von wesentlicher Bedeutung sein. Unter Vorgabe entsprechender Proklamationen wurde darin allen Europäern, unabhängig von
ihrer Nationalität, das Recht zur Handelsfreiheit sowie das Recht zum
freien Aufenthalt und die Möglichkeit zum Erwerb von Eigentum eingeräumt (vgl. SG, 1899, 1). Das Abkommen zwischen Großbritannien und
Ägypten war aber alles andere als eine gleichberechtigte Partnerschaft. In
der Praxis der Kolonialverwaltung zahlten die Ägypter den Ausbau der
Infrastruktur im Sudan wie das Eisenbahnnetz, glichen bis 1913 die
Haushaltsdefizite aus (vgl. Tab. 4) und unterhielten die ägyptische Armee
im Sudan. Wohingegen das Empire ohne größere finanzielle Leistungen
die Politik im Sudan maßgeblich kontrollierte (vgl. HOLT et al., 1979;
DALY, 1986, 1991).

Mit der Unterzeichnung des Kondominiumabkommens wurde die
Administration des Sudan und damit gleichzeitig die von Khartoum
zunehmend formalisiert. Lord Kitchener wurde 1899 erster "Governor
General" des Sudan und behielt gleichzeitig sein Amt als Oberbefehlshaber der ägyptischen Armee [Sirdar]. Infolge Kitcheners plötzlicher Ab-
reise nach Südafrika wurden beide Ämter noch im gleichen Jahr Sir R.
Wingate übertragen, der sie dann bis 1916 ausübte. Wingate übernahm
damit auch die von Kitchener unerledigten Aufgaben der Pazifizierung
und des "Wiederaufbaus" im Sudan. In der kolonialen Verwaltungshierar-
chie war der britische "Consul General" in Ägypten dem "Governor
General" im Sudan   vorgesetzt. Ersterer war allein gegenüber dem
"Foreign Office" der britischen Regierung verantwortlich. Bis 1907
wurde dieses Amt durch den Earl of Cromer, anschließend durch Sir
Eldon Gorst und von 1911-1916 durch Lord Kitchener bekleidet. Die
Kommunikation zwischen dem "Consul General" in Ägypten und dem
"Governor General" im Sudan erfolgte über das "Intelligence Depart-
ment" und über den "Sudan Agent", die beide zunächst ihren Sitz in
Kairo hatten. Dem "Governor General" im Sudan waren wiederum drei
"Secretaries", unterschiedliche "Departments" und die Gouverneure der
einzelnen Provinzen unterstellt (vgl. BLEUCHOT, 1989, 176). Zu
Beginn des Jahres 1899 wurde zunächst der Posten eines "Civil Secre-

tary" eingerichtet. Er stand dem "Sudan Civil Service" vor und arbeitete als Verbindungsmann zwischen der Zentralregierung und den Provinz-regierungen. Im September 1899 wurde zur juristischen Beratung des "Governor General" die Institution eines "Legal Secretary" geschaffen und im Juni 1900 kam ein "Financial Secretary" hinzu, das zur Regulie-rung der finanziellen Angelegenheiten im Sudan mit weitreichenden Kompetenzen ausgestattet war (vgl. DALY, 1986, 37-38; HOLT et al., 1979, 121-122). Für den Österreicher Slatin Pascha, dem langjährigen Kenner des Sudan, richtete Wingate eine besondere Stelle ein, nämlich die eines "Inspector General". Slatin war als persönlicher Berater von Wingate für die "Stammesangelegenheiten" im Sudan verantwortlich. Diese Stelle wurde nach Slatins Zeit niemals wieder besetzt (vgl. HILL, 1965; WARBURG, 1971, 46 ff).

Auch die Verwaltung der einzelnen Provinzen [Mudiriya] war, wie diejenige von Khartoum, hierarchisch organisiert. Der jeweilige Provinz-gouverneur war Kommandeur der Truppen seiner Provinz und vereinte gleichzeitig die Exekutive und die Legislative in seiner Person. Er wurde unterstützt durch die "District Commissioner" [DC] und durch die "Assistant District Commissioner" [ADC], die den einzelnen Distrikten [Markaz] der Provinz vorstanden. Die Distrikte waren nochmals unterteilt in verschiedene Unterdistrikte [Ma'muriya], die durch einen "Ma'mur", meist einem Ägypter, und einen "Sub-Ma'mur" in Zusammenarbeit mit den Provinznotablen [Nazir, Schaikh, 'Omda] verwaltet wurden. Somit wurden die verantwortungsvollsten Posten der Kolonialregierung von den Briten übernommen, wohingegen die Ägypter in der Verwaltungshierar-chie niederrangig eingesetzt wurden und häufig als Puffer zu den sudane-sischen Notablen fungierten. Wichtig ist zu bemerken, daß die Provinz-gouverneure in den ersten Jahren des Kondominiums Militärs waren, deren Kenntnisse in den Bereichen der Zivilverwaltung und in Arabisch bescheiden waren. Im März 1899 wurde dann jener Maxwell zum ersten Provinzgouverneur von Khartoum ernannt, der für die Massaker in Omdurman verantwortlich war (vgl. Kap. 5.1.2.). Auch sein Nachfolger Stanton, der dieses Amt bis 1909 innehatte (vgl. Tab. 5), war eine umstrittene Person. Im August 1901 schrieb WINGATE über Stanton: "'precipitate action' in all he did was ' a very disturbing element'" (in, DALY, 1986, 74) und so DALY weiter: "Wingate could not decide whether to confirm him as mudir [Gouverneur] of Khartoum" (1986, 74).

Tab. 4: Bilanz der anglo-ägyptischen Kolonialregierung im Sudan

Jahr	Einnahmen (LE)	Ausgaben (LE)	Differenz (LE)
1899	126.596	230.238	-103.642
1901	242.300	407.335	-165.035
1903	462.605	616.361	-153.756
1905	665.411	681.881	-16.470
1907	923.630	960.918	-32.288
1909	982.302	1.100.620	-118.318
1911	1.236.446	1.286.120	-49.670
1913	1.568.352	1.533.063	+35.289
1915	1.495.227	1.462.934	+32.293
1916	1.857.856	1.745.320	+112.536
1917	2.195.355	1.901.941	+293.414
1919	2.992.792	2.720.513	+272.279
1921	4.069.235	3.900.242	+168.993
1923	3.766.133	3.392.470	+373.663
1925	4.866.883	4.375.670	+491.213
1927	5.929.944	5.504.890	+425.054
1929	6.981.590	6.610.274	+371.316
1931	4.396.180	4.396.180	0
1933	3.639.570	3.521.957	+117.613
1935	4.098.413	3.993.113	+105.300
1937	4.748.302	4.457.784	+290.518
1939	5.053.765	4.857.784	+195.981
1941	5.379.277	5.047.160	+332.117
1943	5.861.944	5.601.790	+260.154
1945	7.763.078	7.548.186	+214.892
1947	10.141.495	9.534.668	+606.827
1949	19.172.548	13.964.007	+5.208.541
1951/2	46.299.658	21.531.991	+24.767.667
1953/4	35.436.422	27.611.034	+7.825.388
1955/6	42.322.551	32.097.705	+10.224.846
1956/7	45.869.401	32.698.857	+13.170.544

Quelle: NIBLOCK (1987, 337-338), verändert

Inv.-Nr. ....

Auch der griechische Händler A. CAPATO beschrieb Stanton 1902 als
"hot tempered man" (SAD, 682/14/90), der nach einem Zwischenfall, bei
dem Ahmed Ramsi der Ma'mur von Omdurman elf griechische Händler
in Haft genommen hatte, die führenden Händler vor sich zitierte, um sie
zur Rechenschaft zu ziehen:

> He started to use filthy language against us and did not stop for fifteen
> minutes, also saying in his bad temper that the Government could not be
> responsible for our safety (...). He replied in a nasty manner that the
> sooner we cleared out the country the better (...) (SAD, 682/14/90).

Als Reaktion auf die als ungerecht empfundene Behandlung organisierte
Capato eine Unterschriftenliste von 189 Händlern, in der diese zum Ausdruck brachten, daß ihre Geschäfte in Khartoum solange geschlossen
bleiben würden, bis ihnen die Regierung Genugtuung gebe. Als Wingate
von dem Vorfall erfuhr, sandte er nach CAPATO:

> I [Capato] showed him a photograph which had been given to me to prove
> that Remsi Bey was not a fit person to be Mamour of Omdurman. The
> photograph showed Ramsi, a Greek and two Sudanese girls all naked.
> Wingate was furious when he saw this photograph and asked me what
> satisfaction we wanted to settle the whole matter. I told him that the
> demand of all the Greeks merchants was the dismissal from the service of
> Stanton Bey and Ramsi Bey. He replied that it was impossible to dismiss
> Stanton Bey as his father had rendered valuable services to England when
> he was Consul General in Egypt (...) (SAD, 682/14/91).

Hieran wird deutlich, wie sehr die Verwaltung von Khartoum in den
ersten Jahren der Kolonialherrschaft noch von einzelnen Personen wie
Stanton abhängig war und von diesen bestimmt wurde. Die Einschätzung,
die Stanton, der immerhin acht Jahre als Provinzgouverneur von Khartoum diente (vgl. Tab. 5), den Sudanesen entgegenbrachte, steht stellvertretend für die paternalistische Einstellung von Herrschern zu Beherrschten. Sie war auf seiten der Briten von Disziplinierung, Kontrolle und
Sanktion geprägt (REFACES, 1901, 72):

> It is an unfortunate fact that, except in isolated cases, when once the
> Soudanese gets free from discipline and control he degenerates into a lazy
> and useless member of society. In my opinion, little success will ever
> crown the efforts at colonisation unless the Colony is worked on a system
> similar to that of of a battalion, with an officer in charge, and every man
> made to cultivate sufficient ground for the support of himself and his
> family, or else suffer punishment. To give a discharged Sudanese land,
> seed, and implements is not enough. He must be put under some obligation
> stronger than a moral one to make him work for his bread (...).

Tab. 5: Gouverneure der Provinz Khartoum

Gouverneure	Amtsantritt	Amtsausscheidung
1. J.G. Maxwell	Mär. 1898	Dez. 1900
2. E.A. Stanton	Jan. 1901	Mär. 1909
3. C.E. Wilson	Apr. 1909	Mär. 1913
4. R.E. More	Apr. 1913	Okt. 1919
5. A.J.C. Huddelston	Jan. 1920	Jan. 1922
6. E.N. Corbyn	Apr. 1922	Jul. 1924
7. P. Munro	Jan. 1925	Mai 1929
8. E.G. Sarsfield-Hall	Jan. 1929	Jan. 1936
9. C.L. Armstrong	Apr. 1936	
10. C.H.L. Skeet	Okt. 1939	
11. E.H. Macintosh		
12. E.J.N. Wallis	Sep. 1945	Sep. 1950
13. F.D. Corfield	Dez. 1950	Mär. 1952
14. C. de Bunsen	Jul. 1952	Mär. 1954
1.* Allam Hassan Allam	Mär. 1954	
2.* Ahmed Mekki Abdo	Okt. 1955	
3.* M. Khalil Beteik	Aug. 1958	

* Commissioner of Khartoum Province

Quellen: Gouverneure 1-8: SAD (678/8/301); Gouverneure 9-10: QLSG (1. 1936, 1. 1937, 7. 1937, 1. 1938, 1. 1939, 10. 1939, 1. 1940, 7. 1941); Gouverneure 11-14: HYLSG (1. 1942, 1. 1944, 3. 1946, 9. 1946, 3. 1947, 7. 1948, 3. 1949, 7. 1950, 3. 1951, 9. 1951, 3. 1952, 9. 1952, 3. 1953); Commisssioner 1-2: SGL (9. 1953, 3. 1954, 3. 1955, 3. 1956); Commissioner 3: RSGL (5. 1959)

5.2.2. Zur Einführung der Geldwirtschaft und der Entstehung einer polarisierten Stadtökonomie[51]

Die Kolonialregierung hatte bei der Etablierung ihrer Herrschaft im Sudan und bei dem Neuaufbau von Khartoum in ökonomischer Hinsicht zwei umfassende Problemkomplexe zu bewältigen. Zum einen mußten Möglichkeiten gefunden werden, um, entsprechend der Kolonialpolitik des Empires (vgl. NIBLOCK, 1987, 12), Einkommen für einen selbsttragenden Haushalt zu erzielen. Zum anderen war die sudanesische Bevölkerung durch die Hungerkrisen und die Kriegswirren der zurückliegenden Jahre erheblich dezimiert worden (vgl. DALY, 1986, 23), so daß kaum Arbeitskräfte für die Landwirtschaft und noch weniger Lohnarbeitskräfte zum Ausbau der Transportinfrastruktur und zum Neuaufbau von Khartoum vorhanden waren. Die Lösung der Einkommensfrage stützte sich auf finanzielle Beiträge der ägyptischen Regierung (vgl. Kap. 5.2.1.), erfolgte durch die Öffnung des Sudan gegenüber dem Weltmarkt und beruhte auf der strikten Vermeidung von Ausgaben seitens der Briten. Was die Frage der Arbeitskräfte anbetrifft, so wurde einerseits der Import von ausländischen Arbeitskräften erwogen (vgl. REFACS, 1903, 5) und andererseits versucht, alle im Sudan verfügbaren Arbeitskräfte für die wichtigsten Projekte wie den Neuaufbau von Khartoum zu mobilisieren (vgl. REFACS, 1905, 15). Im folgenden wird es darum gehen, die Auswirkungen dieser Politik auf die Stadtbevölkerung von Khartoum herauszuarbeiten.

Der formelle Schritt zur Politik der Weltmarktöffnung war 1899 mit der Garantie zur Handelsfreiheit in Artikel 6 des Kondominiumabkommens festgelegt worden (vgl. Kap. 5.2.1.). Dem war jedoch bereits die Ausweitung des Handelsnetzes im Sudan vorausgegangen, die von dem Ausbau der Transportinfrastruktur begleitet wurde. Ein wichtiges Merkmal der sudanesischen Ökonomie war die privatwirtschaftlich organisierte Ausdehnung des Handelsnetzes, die - im Sinne von SANTOS (vgl. Kap. 1.2.2.) - an einzelne Mittelsmänner gebunden war. Als typischer Mittelsmann der "ersten Stunde", der dem "unteren" Wirtschaftskreislauf der sudanesischen Ökonomie durch seine Tätigkeiten Ressourcen entzog und

---

[51] Die Arbeiten, die bisher zum kolonialen Lohnarbeitsmarkt von Khartoum vorliegen, beruhen, wie im Falle McLOUGHLINS (1970), allein auf den offiziellen Angaben der Kolonialregierung und im Falle IBRAHIMS (1987) weitgehend auf Sekundärliteratur. Bedingt durch diese selektive Quellenauswahl beschränken sich beide Arbeiten im wesentlichen auch auf die ökonomischen Effekte der Bauwirtschaft in Khartoum und auf die Arbeitskräftemigration von und nach Khartoum.

sie in den "oberen" Wirtschaftskreislauf transferierte, kann Angelo CAPATO angesprochen werden. Ein Beispiel seiner Handelsaktivitäten in Omdurman im Jahr 1898 macht dies deutlich:

> Profiting by my experience at Tokar, where I bought up all available Khalifa coppercoins and sold them in England with a profit of LE 60 a ton, I also collected all the Khalifa copper I could obtain. These coins were of greater value than the inhabitants thought as the Khalifa's mint, not knowing how to make bronze, mixed it with silver and this silver was extracted from them by my buters in England. The coins landed in England cost me LE 65 and sold easily at LE 125 (SAD, 682/14/79).

Hatte CAPATO schon bei Kitcheners Vormarsch auf Khartoum den Lebensmittelnachschub der Truppen organisiert, so übernahm er von Khartoum aus auch die Versorgung der neu eroberten Provinzen:

> According to the request of the different Governors and Inspectors I had to open in 1900 business in Wad Medani, where Gorringes Bey was Governor, and at Singa where no shops existed and building cost me a lot of money. I had also to open a place at Goz Abu Guma (now known as Kosti) in connection with my gum trade, and at El Dueim and Kawa. At the end of 1900 I had to open business at El Obeid. All these branches had Greek managers and according to our agreement they had to receive 40% of the profits. At the beginning the business did not go well, but after one year they were quite satisfactory (SAD, 682/14/79).

Durch seine Verdienste für die Kolonialregierung, seine finanziellen Kapazitäten und organisatorischen Möglichkeiten sowie durch seine weitreichenden Handelsverbindungen, die von England über Griechenland und Ägypten bis nach Uganda reichten, hatte er nach seinen eigenen Angaben neben Nathan & Co. und Grivas Bros., die in erster Linie mit Stückgut handelten (SAD, 682/14/82), bis 1906 in Khartoum quasi das alleinige Handelsmonopol inne:

> The years 1902, 1903, 1904, and 1905, were splendid years as I had no competitors and all the British officers, officials and European residents were served by me as the small Greek groceries served only the Egyptian officers and Syrian residents. Mr. George Morhig was not yet established and when he opened business in November 1906 it was only in the pharma line (SAD, 682/14/103).

Bereits 1899 hatte CAPATO das damals wichtigste Exportgut des Sudan, Gummi Arabikum, unter seine Kontrolle gebracht:

> At the beginning of 1899, and end of 1899 I started to work in gum and was the largest exporter, employing 150 women for cleaning and separating gum ready for export (SAD, 682/14/79).

Das Gummi Arabikum wurde aus den Erntegebieten des Zentralsudans (vgl. Karte 2.) zur Reinigung und Sortierung nach Omdurman gebracht und von dort über Wadi Halfa und Suakin und später mit dem Ausbau des Tiefseehafens ab 1909 über Port Sudan nach Europa und Amerika verschifft (vgl. REFACS, 1904, 226-229). Parallel dazu avancierte CAPATO zum wichtigsten Exporteur von Elfenbein. Mit der Ausdehnung der britischen Herrschaft in den Südsudan gelangte CAPATO in den Besitz einer mehrjährigen Handelskonzession für Elfenbein. In den fünf Jahren von 1901 bis 1905 machte er nach eigenen Angaben dabei einen Umsatz von 201.900 LE (SAD, 682/14/83). Was 9,2% der Summe aller Einnahmen entspricht, die die Kolonialregierung in den entsprechenden fünf Jahren erwirtschaftete (vgl. Tab. 4). Allein hieran wird der Stellenwert der Privatwirtschaft bei der frühen Entwicklung des anglo-ägyptischen Sudan deutlich.

Als im Khartoum Provinz Bericht von 1903 die Weltmarktöffnung zur Entwicklung von Khartoum gefordert wurde: "No very great material improvement can however take place until the Sudan is able to export its produce to the markets of the world" (REFACS, 1903, 64), waren die Grundzüge der Handelsstrukturen bereits angelegt. Personen wie Capato und Nathan, die in Khartoum ihre Niederlassungen hatten, beherrschten den Außenhandel und die Kondominiumsregierung schöpfte nach der "Royalties on Gum, Ostrich Feathers, Ivory and India-Rubber Ordinance" von 1899 dabei 20% des Umsatzes ab (vgl. SGG, 1899, 2, 9). Der Außenhandel des Sudan mit Europa wurde in dieser Zeit im wesentlichen über die unter Kitchener gebaute Eisenbahnverbindung Khartoum - Wadi Halfa - [Kairo] abgewickelt. Die drei wichtigsten Exportprodukte waren im Jahr 1903 Gummi Arabikum [176.805 LE], Elfenbein [29.768 LE] und Straußenfedern [38.759 LE]. Importiert wurden demgegenüber Baumwollstoffe [258.840 LE], Alkohol [61.040 LE], Tabak [49.041 LE] und Zucker [36.582 LE] (vgl. REFACS, 1904, 226-227). Was die Versorgung von Khartoum anging, so wurde CAPATO zum wichtigsten Zulieferer der britischen Armee:

> On the completion of the British Barracks in 1904 a British Battalion was ordered to be stationed in Khartoum and I obtained the contract for supply of meat, bread and vegetables as well as the canteen contract. Loiso and Kozzika abandoned their meat contract, to the Egyptian Army which I took over, and supplied meat, vegetables and green fodder thereby taking in hand the entire Army business of the Sudan (SAD, 682/14/94).

Darüber hinaus war er in der Lage nicht nur griechische Landsleute in sein Handelsnetz zu integrieren, sondern auch seine Familie an dem "Geschäft mit dem Neuaufbau" teilnehmen zu lassen:

> At the beginning of 1900 I secured the contract for building the British Barracks, the Egyptian Club and the Market of Khartoum and my brother Paraskeva, a civil engineer in the Alexandria Municipality, gave up his work and came to Khartoum to take over the business. He was a clever engineer, a good organiser and the contract was very profitable and completed to the entire satisfaction of the authorities (SAD, 682/14/81-82).

Die Einführung der Geldökonomie in Khartoum und ihre weitere räumliche Ausdehnung in den Sudan war somit in erster Linie an die Handelsaktivitäten von Privatpersonen gebunden, die einerseits die verarbeitenden Aktivitäten, wie etwa das Reinigen von Gummi Arabikum in Omdurman, gegen Lohnarbeit verrichten ließen und andererseits ihre Mittelsleute in den vorgeschobenen Handelsposten u.a. mit Bargeld bezahlten. Der wichtigste Impulsgeber zur Ausdehnung der Geldwirtschaft war jedoch der Neuaufbau von Khartoum. Infolge des Arbeitskräftemangels wurde dieser durch die ägyptischen Truppen und die gefangenen Mahdisten vorgenommen (vgl. SANDES, 1937) und wie WARD 1902 berichtete, auch maßgeblich durch Frauen bewerkstelligt:

> (...) there are many thousand widows, whose husbands were either killed or have deserted them. These poor souls earn two piastres a day [0.02 LE] and seem very happy. (...) They do all the gardening and sweeping and most of the 'navvy' work, such as mixing mortar and carrying bricks to the numerous buildings rising up all over the new town (SAD, 26/1/1079).

Noch 1907, als bereits viele Arbeitskräfte aus den Provinzen nach Khartoum zugewandert waren (vgl. Tab. 3) - unter anderem auch 1.400 Fellata, westafrikanische Pilger (vgl. REFACS, 1907, 293) - und der Bauboom in Khartoum seinen Höhepunkt erreicht hatte, waren in erster Linie weibliche Arbeitskräfte mit den Aufbauarbeiten beschäftigt:

> Now [1907] houses and business blocks are now going almost everywhere, and every mason and mechanic has his women helpers. The labourers come from all parts of the Sudan, and the women of a half dozen tribes may be working on the same building. The wages are fare beyond those of the past, and, although they are still but a few cents a day, here in Central Africa they mean riches (SAD, 133/22/41).

Die minimal bezahlten Hilfsarbeiten der Frauen, denen durch den Verlust ihrer Männer und Familien zur Überlebenssicherung keine andere Wahl blieb, als Arbeiten in der Stadt gegen Lohn zu verrichten, erstreckten sich vor allem auf den Transport von Baumaterialien und Wasser:

The wages these women receive are pitifully low. Ten or 15 cents a day is big money for a women, and a man can be hired for 20 cents or less. For these wages the women unload the stone boats on the Nile, wading out into the river and coming back up the banks with two or three great rocks piled high on the head. They carry sand in baskets and spread it over the stones for macadamizing. They carry the mortar up the scaffolding to the masons, and quite an army of them is employed in bringing water in vegallon coal oil cans up from the Nile. Some of the streets are sprinkled with this water, and many of the gardens of Khartoum keep moist in this way (SAD, 133/22/43).

WARD stellte 1902 fest:

The natives, from long oppression and misgovernment, have lost all knowledge of skilled labour, and all the bricklayers, carpenters, plasteres are Italians (SAD, 26/1/1079).

Auch die Aufzeichnungen CARPENTERS machen deutlich, daß das "know-how" bei den Aufbauarbeiten und die Arbeitsorganisation bei Amerikanern und Europäern lagen, die teilweise viele hundert Sudanesen beschäftigten:

Referring to the building up of Khartoum. I understand that many of the new structures are to be furnished with brick by a man from Chicago. (...) He started only a month or so ago, and he tells me he has already contracts for more than five million bricks. He is employing several hundred Sudanese men and women at 15 or 20 cents a day (...) (SAD, 133/22/13).

Die Sudanesen, die am Aufbau von Khartoum beteiligt waren, lebten außerhalb von Gordons alten Befestigungsanlagen in verschiedenen Dörfern und diejenigen die zunächst noch auf dem riesigen Baugelände Khartoums wohnten, wurden von STANTON 1902 in der "Sudanese Native Village", einem neu ausgewiesenen Gebiet, untergebracht:

In order to keep the city of Khartoum clean I have had all natives who are not either house holders or living with their employers turned out and made to live in the large native village outside the lines of fortifications. Here the natives are divided into tribes, each of which has its section under his own Sheikh, the whole being under one Head Scheikh. This system I found works very well, the ground is open and clean, the sections are divided by broad open spaces to guard against fire, and in case of an epidemic could be easily controlled. This has done away with the mass of Sudanese and natives living in straw and matting shelters against walls scattered over the town, defying all sanitary regulations and conservancy (REFACS, 1902, 312).

Die Ökonomie dieser Sudanesen, die in der unmittelbaren Nähe des neu zu errichtenden Khartoums lebten, beruhte zunächst noch auf agrarischer

Subsistenzproduktion - sie besaßen beispielsweise über 7.000 Schafe und 14.000 Ziegen (REFACS, 1902, 309) - und, wie WARD 1902 feststellte, auf Tauschhandel:

> A visit to the villages [outside Khartoum] on market-day is interesting. Each dwelling has its various wares exposed for sale, on the sand outside the door. Most of the dealing is by barter; no money seems to pass. Empty bottles take the place of coin as a medium of exchange (SAD, 26/1/1079).

Doch WARD beobachtete weiter:

> All [tribes] are clean for such dusky creatures, tidy, amenable to authority, give no trouble, and are learning to be industrious (...). All the able-bodied obtain constant employment at good wages in the town, returning to their villages at night (SAD, 26/1/1079).

Durch die Eingliederung dieser Arbeitskräfte in Lohnarbeitstätigkeiten beim Aufbau der Kolonialstadt kommt es nach und nach auch zur räumlichen Ausbreitung der Geldökonomie über das eigentliche Khartoum hinaus. Daß diese Transformation des Tauschhandels zur Geldökonomie in den einzelnen Provinzen trotz der Empfehlung des "Controller Departments" 1904 zur Eintreibung der Steuern in Bargeld nur allmählich griff, wird durch den Bericht CARPENTERS fünf Jahre später, 1907, deutlich:

> It is strange to have shops that sell money. I do not mean stock exchanges or banks, but real stores with money on the counters, and stacked up in bundles and laid away in piles on the shelves. That is what they have in Omdurman. There are caravans going out from here to all parts of north-central Africa and before one starts away it must have its own currency for the journey (...) Many of the tribes do not know what coinage means; they use neither copper, silver or gold, and the one of our dollars would be worth nothing. Among many of the people brass wire and beads are the only currency and strange to say, every locality has its own style of beads and its favorite wire. If blue beads are popular you can buy nothing with red ones, and if the people want beads of metal it is useless to offer them glass. In some localities cloth is used as money, and in others salt is the medium of exchange. The salt is moulded or cut out of the rocks in sticks, and so many sticks will buy a cow or a camel. The owner of one of the largest money stores of the Sudan is a Syrian (SAD, 133/22/33).

Vor allem in den südsudanesischen Gebieten existierte zwar weitere fünf Jahre später noch der Tauschhandel (vgl. SA, 1912, 80-87), doch der Sudan Almanach von 1912 stellt in einer Fußnote fest: "Money is beginning to be appreciated by natives around Wau, Tonj and Deim Zubeir" (SA, 1912, 87). Hierbei gilt es jedoch herauszustellen, daß die Ausbreitung der Geldökonomie und der Lohnarbeit nicht allein von Khartoum ausging, sondern etwa auch von den Infrastrukturprojekten des Eisenbahnbaus (vgl. REFACS, 1908, 556) und mit der Gründung des "Sudan Experimental Plantation Syndicate" 1904 zunehmend auch von den Projekten der bewässerten Landwirtschaft (vgl. BARNETT, 1977). Doch das räumliche Zentrum aller Austauschaktivitäten im Sudan war die Dreistadt Khartoum, Omdurman und Khartoum Nord. Bereits 1902 wurden zwei Banken in Khartoum eingerichtet (REFACS, 1902, 6), 1905 kamen ein Arbeitsamt zur Koordinierung des Arbeitskräftebedarfs und eine Landwirtschaftliche Bank hinzu (REFACS, 1905, 15). 1906 wurde während des Baubooms in Khartoum (vgl. Kap. 5.2.3.) dann eine Handelskammer eingerichtet. BRAY von der "National Bank of Egypt" kommentierte:

> It is with a view to bring our local merchants and traders more in touch with European markets, as well as to safeguard their interests (...) (REFACS, 1906, 672).

Mit der Gründung der Handelskammer in Khartoum hatten sich 74 Kaufleute verschiedener Nationalitäten zum Ziel gesetzt, Maße und Gewichte zu standardisieren, die Akzeptanz sudanesischer Produkte auf den europäischen Märkten zu prüfen und die Interessen der Kaufleute gegenüber der Kolonialregierung zu vertreten (vgl. REFACS, 1906, 672). Neben diesen Institutionen wurde die Kommunikations- und Transportinfrastruktur weiter ausgebaut. So bestand 1908 eine landesweite Telegraphenverbindung von Gondorkoro, dem äußersten Süden des Sudan über Khartoum nach Alexandria. Die Post zwischen London und Khartoum benötigte im gleichen Jahr auf beiden Wegen nicht mehr als zehn Tage (vgl. REFACS, 1908, 121). Bei der Transportinfrastruktur war in erster Linie der Eisenbahn- und Schiffsverkehr weiter ausgebaut worden. Der Ausbau der Eisenbahnverbindung zum Roten Meer war 1906 abgeschlossen, 1909 der Tiefseehafen von Port Sudan fertiggestellt und 1910 wurde die Eisenbahnbrücke über den Blauen Nil nach Khartoum eröffnet:

> The commercial and strategical importance of this improvement in communications is already apparent; and indeed the line, which links up the rich Gezira Province with Khartoum and Port Sudan, and thus with the outside world, has already financially justified its existence (...) (REFACS, 1910, 5).

Die Dreistadt Khartoum, Omdurman und Khartoum Nord hatte sich als ökonomischer Brückenkopf des Empires im Sudan endgültig etabliert. Die Erzeugnisse des Sudan wurden nach Omdurman, der größten Marktstadt des Sudan, transportiert, dort verkauft, gelagert oder umgeschlagen.

CARPENTER stellte 1907 fest:

> Omdurman is the business center of the Sudan. Goods are sent from here to all parts of the country and grain, gum arabic, ostrich feathers, ivory and native cotton are brought in for sale. The town has one hundred restaurants, twenty coffee houses and three hunderd wells (SAD, 133/22/32).

Und umgekehrt wurden die europäischen Erzeugnisse, häufig auch Fertigprodukte aus industrieller Herstellung, über Omdurman im Sudan verteilt:

> In the Manchaster bazaar I found them selling cottons of many kinds and calicoes of gay patterns. There were but few American goods among them, and the chief importations were from England and Germany (SAD, 133/22/34).

Damit war ein Warenkreislauf zwischen dem Sudan und dem metropolitanen Zentrum des Britischen Empires in Gang gekommen. So wurde beispielsweise die mit billiger Arbeitskraft produzierte Rohbaumwolle aus dem Sudan nach England exportiert und dort maschinell verarbeitet, um als teures Fertigprodukt wieder in den Sudan importiert und auf den Märkten von Omdurman verkauft zu werden. Die Etablierung dieser Austauschbeziehungen verlief jedoch nicht ohne Brüche, so kam es trotz anfänglich hoher Nachfrage in den ersten Jahren des Kondominiumabkommens (vgl. REFACS, 1905, 101) durchaus auch zu Absatzschwierigkeiten der sogenannten "Manchester Ware", wie etwa 1907:

> It is estimated that the total value of imported cotton goods is some LE 300.000. The quantity of these goods imported is far greater than what is consumed, and consequently prices have always remained exeedingly low, and many merchants have surplus stocks, which they are unable to dispose of (REFACS, 1907, 299).

Dazu trug nicht nur das Überangebot an Manchester Waren bei - das nicht zuletzt durch eine konjunkturell erhöhte Nachfrage erzeugt worden war, die wiederum auf die kurzfristig gestiegene Kaufkraft jener Sudanesen zurückging, die vor und während des Baubooms in Khartoum ihr Land veräußert hatten (vgl. Kap. 5.2.3.) - sondern dazu trug auch eine einheimische sudanesische Konkurrenz bei:

> The chief cotton market of this region is in Omdurman, he consists of many little sheds covered with mats facing a dirty road. (...). Both the sheds and the streets are filled with cotton. (...). Not far from the street where the cotton is sold I found a little factory, which put the raw material through all the processes and turned it into native cloth. (...). The cloth turned out is

very good. It is well woven, soft and brings good prices. Its wearing qualities are better than those of the Manchester and American cottons. I asked the wages the boy weavers received, and I was told 10 cents a day (SAD, 133/22/88-90).

Ein Artikel der "Times" beklagte im gleichen Jahr: "the fostering of a manufacturing quarter for Khartoum" (REFACS, 1907, 291) und somit die Gefahr der Konkurrenz im verarbeitenden Gewerbe, woraufhin von der Kondominiumsregierung umgehend versichert wurde:

> The country is not yet ripe for development on a large scale. (...) any new enterprise on a large scale would end in a failure (REFACS, 1907, 291).

Und tatsächlich entstanden dann die ersten Anlagen einer verarbeitenden Industrie im Sudan bzw. in Khartoum auch erst kurz vor der Unabhängigkeit (vgl. EL-BUSHRA, 1972).

Im folgenden wird es darum gehen, die wirtschaftlichen Abhängigkeiten herauszuarbeiten, die mit der ökonomischen Brückenkopfbildung in Khartoum einhergingen. So ist zunächst festzustellen, daß durch die wirtschaftliche Öffnung des Sudan gegenüber dem Weltmarkt einerseits die Mittelsmänner der Privatwirtschaft und die Kolonialregierung durch den Handel mit Rohstoffen immense Profite abschöpfen konnten, und daß die Weltmarktöffnung andererseits zusammen mit dem Arbeitskräftebedarf beim Aufbau von Khartoum zur Entstehung städtischer Lohnarbeit führte. Die Exportproduktion von Rohstoffen für den Weltmarkt, auf die sich die Kolonialökonomie stützte, beinhaltete jedoch die Gefahr der internationalen Konkurrenz und damit die Abhängigkeit von Schwankungen der Weltmarktpreise, was sich in Khartoum insbesondere auf die städtischen Lohnarbeiter auswirkte. Auf der Grundlage dieser Strukturen konnte sich die bereits vorhandene ökonomische Polarisierung der städtischen Gesellschaft weiter vertiefen. So trat beispielsweise der Export des damals wichtigsten sudanesischen Rohstoffes, Gummi Arabikum, 1904 in eine Krise, weil der europäische Markt u.a. durch die Konkurrenz des senegalesischen Gummis überschwemmt war: "(...) large quantities of the past year's harvest are still stored at Omdurman (...)" (REFACS, 1904, 192). Was wiederum unmittelbare Auswirkungen auf diejenigen Arbeitskräfte in Omdurman hatte, die vom Reinigen und Sortieren des Rohstoffes ihren Lebensunterhalt bestritten. Parallel dazu stiegen im gleichen Jahr in Omdurman die Preise für Hirse, dem wichtigsten Grundnahrungsmittel der Sudanesen. Die Regierung intervenierte und verkaufte den Armen der Stadt eine rationierte Menge unter Marktpreis, mit dem Erfolg, daß "(...) the Government gained very largely in popularity with the masses by this measure" (REFACS, 1904, 82). Doch ein Jahr später, diesmal während des Baubooms, traf eine ähnliche Situation wiederum die ärmste Bevölkerungsschicht:

> Scarcity of dura, the staple form of good, has caused some anxiety during the early autumn months. Big merchants took advantage of this to raise the price to 130 piastres the Government ardeb - a price which the poorest class cannot afford. In Omdurman, where some 10.000 persons are dependent on a few milliemes a day for their daily food, this has caused much suffering and want (REFACS, 1905, 94).

Die Profiteure dieser städtischen Nahrungskrisen waren die Großhändler, die die Preise für Hirse künstlich angehoben hatten. Mehrere 10.000 Personen, also fast die gesamte Bevölkerung von Omdurman (vgl. Tab. 3), waren nicht imstande, die überhöhten Preise zu bezahlen und hungerten infolgedessen. Hieraus wird zweierlei ersichtlich. Erstens war die überwiegende Mehrheit der städtischen Bevölkerung zur Sicherung ihres Überlebens bereits auf Lohneinkommen angewiesen und zweitens verfügten anscheinend die Wenigsten über Möglichkeiten, diese Nahrungskrise durch landwirtschaftliche Subsistenzeinkommen abzufedern. Ihre Abhängigkeit von der städtischen Lohnarbeit tritt damit deutlich hervor. Im Gegensatz zum Vorjahr intervenierte die Kolonialregierung jedoch nicht. In der Phase des Baubooms von Khartoum (vgl. Kap. 5.2.3.) wird dieses Verhalten im Zusammenhang mit den Ausführungen von CARPENTER verständlich:

> The builders tell me it is almost impossible to get what they want concerning labor, and that the more wages they pay the greater danger of a labor famine. The trouble is the natives will not work if they have money, and when wages are high they work so much the less. All they need is their food, and a family can live on 5 cents and less per day. (...) When food is cheap the prices of labor rise, and when it is dear they fall. (...) When the food goes up the laborers need the work to pay for it and the competition brings wages down (SAD, 133/22/13).

Somit lag es im Interesse der Briten die Nahrungsmittelpreise hoch zu halten, um sich genügend Arbeitskräfte für den Aufbau von Khartoum zu sichern. Die Großhändler und Mittelsmänner der städtischen Ökonomie gewannen durch diese Politik, und tausende städtischer Armer wurden in ihrer Überlebensökonomie immer abhängiger.

Zusammenfassend ist festzustellen, daß die Finanzierung des "Wiederaufbaus" im Sudan maßgeblich auf einer Politik der Weltmarktöffnung beruhte, die die Einführung der Geldwirtschaft nach sich zog. So setzte die Kolonialregierung durch die Förderung einer staatlich konzessionierten Privatwirtschaft, von der sie Tantiemen abschöpfte, auf die Exportproduktion von Rohstoffen für den Weltmarkt, um Infrastrukturprojekte wie den Aufbau der Kolonialstadt Khartoum zu finanzieren. Khartoum wurde dabei zum Knotenpunkt der Kommunikationsinfrastruktur und zum ökonomischen Brückenkopf aller wirtschaftlichen Operationen im Sudan. Parallel dazu erfuhr die Kolonialstadt vor allem im Bausektor eine ökonomische Boomphase, während der bis 1908 allein in die Errichtung ziviler Regierungsgebäude 450.000 LE investiert worden waren (SAD, 400/4/15), was 7,2% der Gesamtausgaben der Kolonialregierung entsprach (vgl. Tab. 4). Der immense Bedarf, der dabei an Lohnarbeitskräften bestand, traf in Omdurman und Khartoum auf eine deformierte Bevölkerungsstruktur, bei der neben den Gefangenen zahllose alleinstehende Frauen die Bevölkerungsmehrheit stellten. In Abwesenheit ökonomischer Ressourcen und familiärer Netzwerke hatten gerade diese Frauen zu Sicherung ihres Überlebens keine andere Möglichkeit, als durch Lohnarbeit minimale Einkommen zu erwirtschaften, um sich damit bei den städtischen Händlern zu versorgen. Durch die Eingliederung von Khartoum in die Weltwirtschaft war die polarisierte Stadtökonomie, bei der zehntausende städtischer Armer einer prosperierenden Gruppe von Großhändlern und Kolonialbeamten gegenüberstanden, von internationaler Konkurrenz und Weltmarktpreisen abhängig geworden, was in Krisenzeiten unter anderem dazu führte, daß die Sudanesen in Khartoum gezwungen waren, ihren Landbesitz zu verkaufen (vgl. 3.4.3.).

5.2.3. Zur kolonialen Regelung des Landrechts und der Ausbildung des Bodenmarktes in Khartoum

Zu den wichtigsten Schritten der Installierung der anglo-ägyptischen Kolonialverwaltung im Sudan gehörte auch die Regelung des Landrechtes (vgl. KANYEIHAMBA, 1980, SIMPSON, 1955). "For the good Government of the Sudan" (vgl. SGG, 1899, 2, 1) entwarf der "Law Officer" der ägyptischen Regierung, Brunyate, 1899 für die Kondominiumsregierung zwei Gesetze, die das Landrecht im kolonialen Sudan, welches bisher auf Gewohnheitsrecht und islamischem Recht beruht hatte (vgl. Kap. 4.), völlig neu ordneten. Diese waren die "Khartum [sic],

Berber, and Dongola Town Lands Ordinance, 1899" und die "Title of Lands Ordinance, 1899". Vor dem Hintergrund der Erfahrungen in Ägypten (vgl. BAER, 1962) bestanden die Ziele der Kondominiumsregierung darin, Landspekulationen zu vermeiden und soviel Sudanesen wie möglich mit einem eindeutigen Titel für ihr Land auszustatten (REFACES, 1899, 48). Die Regelung der Rechtsverhältnisse bei Agrarland wurde durch die "Title of Lands Ordinance, 1899" vorgenommen. Ihr Inhalt kann wie folgt zusammengefaßt werden:

1. Der Anspruch auf Land mußte schriftlich oder persönlich oder über einen akkreditierten Mittelsmann gegenüber einer Kommission, die sich aus drei ägyptischen Offizieren und zwei lokalen Notablen zusammensetzte, innerhalb eines halben Jahres, geltend gemacht werden.

2. Diese Kommission legte ein Land-Register an, indem alle Anspruchsteller, die von der Kommission als Eigentümer beurteilt worden waren, namentlich verzeichnet wurden. Eigentum konnte auf Land und auch auf Renditen und Gewinne bestehen, die durch die Nutzung des Landes erwirtschaftet wurden.

3. Einen absoluten Eigentumstitel erwarb derjenige, der nachweisen konnte, daß er während der zwei Perioden der turko-ägyptischen Herrschaft und der Mahdiyya im kontinuierlichen Besitz des Landes gewesen war oder derjenige, der imstande war, seinen kontinuierlichen Besitz während der letzten fünf Jahre vor dem Zeitpunkt der Anspruchstellung nachzuweisen.

4. Einen "Prima-Facie-Titel", ein Besitztitel infolge ausreichender Gründe, erwarb derjenige, der beim Nichtvorhandensein eines anderen, überlegeneren Anspruchs den kontinuierlichen Besitz des Landes seit der "Wiedereroberung" nachweisen konnte (SGG, 1899, 2, 6).

Diese Gesetzgebung, die das Eigentum der kolonisierten Sudanesen schützte und anerkannte, lag vor allem in der "Pazifizierungspolitik" der Briten begründet, die nach der militärischen Eroberung darauf angewiesen waren, Stabilität, auch finanzieller Art, umgehend zu erreichen (vgl. Kap. 5.2.2.). Und da Staatseinkommen im Sudan in erster Linie in der Landwirtschaft erzielt wurden, die Arbeitskräfte in dieser Zeit jedoch knapp waren, diente diese Landpolitik der Bindung von landwirtschaftlichen Arbeitskräften (REFACS, 1905, 28). So schreibt WINGATE 1905 in einem Brief an Cromer:

> As regards the land system in the Sudan, we are really doing all we can to safequard native rights and to encourage the formation of a native proprietary class (...) (SAD, 276/4/22).

Der potentielle Arbeitskräftemangel in der Landwirtschaft wurde damit aber nicht beseitigt. Viele ehemaligen Sklaven und abhängige Bauern wanderten in den ersten Jahren der Kolonialregierung in die attraktiven Lohnarbeitsgebiete der Städte wie Khartoum und zum Eisenbahnbau ab (REFACES, 1901, 72; 1908, 556).

Die "Khartum, Berber, and Dongola Town Lands Ordinance, 1899" bezog sich demgegenüber ausschließlich auf die Regelung des Landrechtes innerhalb der drei Städte: Khartoum, Berber und Dongola. Sie galt daher nicht explizit für Omdurman und Halfaya [Khartoum Nord]. Wie in ihrer Präambel ausgeführt wird, zielte sie auf die Planung, Anlage und den Wiederaufbau der genannten Städte ab:

> And Whereas it is expedient that the said towns should be laid out anew and rebuilt in such manner as to make proper provision for the health and convenience of the Inhabitants; And Whereas a Commission has already been appointed to receive and consider all Claims in respect of lands situate within the town of Khartum (SGG, 1899, 2, 1).

Hiermit kommt zweierlei zum Ausdruck. Erstens wurde die Neuanlage bzw. der Wiederaufbau von Kolonialstädten von Anbeginn an mit der Befriedigung der Gesundheitsbedürfnisse der Bewohner verknüpft; ein Kennzeichen, das sich als roter Faden auch durch die spätere Stadtplanungspolitik hindurchziehen wird. Und zweitens trat die Bedeutung von Khartoum gegenüber den anderen Städten hervor. So war noch vor Bekanntmachung dieser Anordnung in Khartoum bereits eine Kommission [Khartum Town Land Commission] zur Regulierung der Landfrage tätig. Der Inhalt der "Khartum, Berber and Dongola Town Lands Ordinance, 1899" läßt sich wie folgt zusammenfassen (vgl. SGG, 1899, 2, 1-3):

1. Der Anspruch auf Land mußte, ähnlich der "Title of Lands Ordinance", schriftlich oder persönlich oder über einen akkreditierten Mittelsmann gegenüber der "Khartum Town Land Commission", die sich aus drei ägyptischen Offizieren und zwei lokalen Notablen zusammensetzte, innerhalb eines halben Jahres, geltend gemacht werden.

2. Die Kommission beurteilte den erhobenen Anspruch, für den "vernünftige Gründe" [reasonable notice] vorgebracht werden mußten. Sie kommentierte ihr Urteil nach Art der Landnutzung und der Besitzrechte und trug es in ein Land-Register ein. Widerspruch gegen diese Urteil mußte beim "Governor General" innerhalb von 30 Tagen eingereicht werden.

3. Gartenland und Agrarland, ebenso wie Dattelbäume und Obstbäume, wurden bei zuerkanntem Anspruch von der Regierung aufgekauft. Für den zuerkannten Anspruch an Bauland wurde dem Anspruchsteller [claimant] als Kompensation ein gleich großes oder größeres Grundstück zugewiesen.

4. Jede Landzuteilung beinhaltete für denjenigen, dem es zugeteilt worden war, die Verpflichtung innerhalb von zwei Jahren ein Gebäude entsprechend den "Tanzim-Regulationen"[52] zu errichten. War das zugewiesene Grundstück kleiner als es die zulässige Minimalgröße der Tanzim-Regulationen vorschrieb, so hatte die Regierung die Möglichkeit, den Anteil des Anspruchstellers zu einem "fairen Preis" zu kaufen.

5. Der Anspruch auf Land durfte weder verkauft noch transferiert werden, noch hatte irgendeine Gebühr, die darauf erhoben wurde Gültigkeit. Rechtmässig war der Verkauf und Transfer von neu zugewiesenem Land nur dann, wenn es bereits in das Landregister aufgenommen war und der Käufer oder Nutznießer [transferee] den Bestimmungen zur Bebauungsverpflichtung gemäß den Tanzim-Regulationen nachkam.

---

[52] Der genaue Inhalt dieser Regulationen bleibt unklar. Selbst SIMPSON, dem späteren "Commissioner of Lands" [1947] im Sudan, gelang es nicht die ehemaligen Tanzim-Regulationen ausfindig zu machen (vgl. SIMPSON, 1955, 11). Wahrscheinlich handelte es sich jedoch um die Bauvorschriften, die bei der Neuorganisation des "Ministry of Public Works" 1879-1880 in Ägypten entstanden und für Kairo in den späten achtziger Jahren des letzten Jahrhunderts nochmals modifiziert wurden (vgl. ABU LUGHOOD, 1971, 147-148). Ein Hinweis über deren Inhalt findet sich auch im Khartoum Provinz Bericht von 1903 (vgl. REFACS, 1903, 63). Danach wurde das Bauland in Khartoum in drei Klassen eingeteilt. Auf Land der ersten Klasse mußte ein Haus im Wert von LE 500 errichtet werden, auf Land der zweiten Klasse für LE 300, für Bauland der dritten Klasse gab es keine entsprechenden Auflagen.

6. Alles Bauland, das zugewiesen wurde, aber auf dem innerhalb der entsprechenden Frist kein Gebäude gemäß den Tanzim Regulationen errichtet war, wurde zum absoluten Eigentum der Regierung.

Mit dieser Landgesetzgebung erwarb die anglo-ägyptische Kolonialregierung im Mai 1899 die formelle Kontrolle über alles Land in Alt-Khartoum. Durch den Aufkauf und Tausch von Land wurde damit die Neuanlage von Khartoum möglich, ohne daß dabei sudanesische Eigentumsrechte länger hinderlich gewesen wären. Wie das gegenüber den Sudanesen durchgesetzt wurde, schildert BEDRI:

> Next he [Kitchener] opened the subject of housing in Khartoum, saying, 'Khartoum has become the property of the Government (...). However, the Government will not take it all but only the street along the river. No one else shall own property in that street. The Government will survey the properties of the citizens name by name, and will give each an equivalent area for his house or property in a place of the Government's choice away from River Street.' (...) Ibrahim Bey said: 'I dont't wish to change my place of residence or the area it occupies.' Lord Kitchener went up to him and said, ' I advise you, uncle Ibrahim Bey, to find another place to live in; for your present site will be one of the sought-after sites in future'. Ibrahim retorted, 'I don't want to move under any circumstances'. The Pasha said, 'As you will, but I have warned you' (1980, 84).

Auch in rein juristischer Hinsicht beinhaltete die "Town Lands Ordinance" reichlich Spielraum für die Briten. Bei der Gewährung von Landansprüchen blieben die Angaben der "vernünftigen Gründe" und des "fairen Preises" unklar und der kolonialstaatlichen Willkür überlassen, denn beides waren relative, jeweils abzuwägende Kriterien. Für viele ärmere Landbesitzer dürfte es unter den schwierigen ökonomischen Bedingungen darüber hinaus unmöglich gewesen sein, innerhalb von zwei Jahren genügend Ressourcen für den gesetzlich vorgeschriebenen Hausbau zu mobilisieren, um ihren Besitzanspruch nicht an die Regierung zu verlieren (vgl. Punkt 6). SARSFIELD-HALL, der spätere Gouverneur der Provinz Khartoum (vgl. Tab. 5) bemerkt dazu:

> It is interessting to note that a considerable number of natives who were issued with such land certificates sold them to Greeks and other foreigners as they were themselves undesirous of erecting buildings in the new capital (SAD, 646/4/18).

Für wieviele Sudanesen der Verkauf von Land freiwillig "(...) undesirous of erecting (...)" oder aus Not geschah, muß dahingestellt bleiben. Jedenfalls war die Arbeit der "Khartum Town Land Commission", der Lieutnant-Colonel Drage vorstand, am 31. Januar 1900 vorläufig beendet. Bis auf 250 Titel waren die Bodenrechtsverhältnisse in Khartoum geklärt (REFACES, 1900, 83). Zur schnellen Entwicklung der Kolonialstadt begann die Regierung nun das Land, das sie südlich der Khedive Avenue nicht benötigte, zu verkaufen; und zwar an Händler und Privatleute, wie Angelo Capato oder Leight Hunt, der 1907 zu den größten Landbesitzern von Khartoum zählte (SUD, 133/22/88). In seinen Memoiren berichtet CAPATO, der griechische Großhändler, wie der Landverkauf in Khartoum in Gang kam:

> In the year 1899 permission was granted to merchants to buy land in Khartoum, but they had to build on their blocks within two years and everybody rushed to buy as much as possible. A general meeting of everybody interested in land purchased was convened and Stanton Bey the Governor was present with Bernard Bey the Financial Adviser. I placed before the meeting a proposal that the town be diveded into four quarters and that one quarter at a time be built, all buildings to be of the same approved design; pointing out that if all the buildings were to be completed within two years the merchants would be financially crippled and explaining that that was the system I had observed in South Africa. Bernard Bey said: 'Nothing of the sort, we want the town to be built and do not care who will be able to keep his house after it is built' (SAD, 682/14/79-80).

Die Bedingungen und die Modi des Landverkaufs waren 1899 und 1900 jedoch weder einheitlich geregelt noch endgültig festgelegt. Es war zu diesem Zeitpunkt noch nicht reglementiert, in welchen Fällen Land als Eigentum [Freehold] oder als Pachtbesitz [Leasehold] verkauft und an wen es in welchem Verfahren vergeben wurde. In einem Brief an Wingate schrieb MAXWELL am 6. Januar 1900:

> Nathan wants us to build the National Bank premises and schemes and his own place of business at Khartoum. I have no objective to this if we can do so and we may make an honest penny or at last reduce our own expenditure. I enclose an application from Nathan to have the concession to build bridges over the Nile. I think this worthy of consideration, he also wishes to build a railway to Sennar (SAD, 270/1/20).

Wenige Tage später, am 19. Januar, korrigierte MAXWELL diese Einschätzung grundlegend:

> I have wired my views regarding land sales. There is a certain quantity of town lands now alloted, the sale of which we cannot prevent but I am entirely against the hurried and perhaps ill advised sale of land to importunate speculators on the spot. There is a lot of time and the prosperity of the Sudan does not depend entirely on Nathan or the National Bank. When the Government decides on selling non cultivated but cultivable land it should

> be well advertised and either put up and knocked down to the highest
> bidder at public auction or the government receive lenders for its purchase.
> As far as I can see Nathan will swallow up the whole Sudan if we let him,
> he appears to have plenty of money behind him (...). He wants to buy all
> the land outside Khartoum but we have barracks and defences to think of
> and these points are not settled yet (SAD, 270/1/74-75).

So erwägte die Regierung sich in Halfaya, also in Khartoum Nord und in
der unmittelbaren Nachbarschaft von Khartoum für die zukünftige
Erweiterung der Stadt und den Bau von Truppenunterkünften weiteres
Regierungsland zu sichern:

> In some cases fair compensation has been offered, and in others valuable
> land elsewhere has been assigned to the original owners, but, conscious of
> the fact that sooner or later land at both these places will be valuable, they
> have either hesitated to accept the compensation offered, or they have
> entirely refused to accept other lands in exchange (REFACES, 1900, 83).

STANTON sprach sich dann 1902 dafür aus, daß alles Land, das
infolge der Nichtbebauung wieder an die Regierung zurückfallen würde,
nicht mehr wie bis dahin üblich, in öffentlichen Auktionen als Eigentum
zu versteigern. Er schlug vielmehr vor, eine Pachtlaufzeit von 99 Jahren
und die Zahlung einer jährlichen Bodenrente einzuführen (REFACS,
1902, 305). Im Khartoum Provinz Report von 1903 wird dann berichtet,
daß bis auf ein oder zwei Ausnahmen alle Besitzer von Grundstücken den
Anforderungen der "Khartum Town Lands Ordinance" nachgekommen
seien und mit dem gewährten Aufschub von zwei Jahren den Tanzim-
Regulationen, die drei unterschiedliche Grundstücksklassen vorsahen,
entsprochen hätten:

> The settlement of the big question of the Khartoum Town Lands may now
> be said to have been finally accomplished (REFACS, 1903, 63).

So hatten Eigentümer von Land der ersten Grundstücksklasse mit einer
vorgeschriebenen Größe von 1579 Quadratmetern wie bereits ausgeführt
wurde ein Haus mit einem Mindestwert von 500 LE zu errichten; diejenigen der zweiten Klasse ein Haus im Wert von 300 LE, für Land der dritten Klasse gab es keine Auflagen. Interessant ist dabei, daß Häuser, die
auf Land der dritten Klasse errichtet worden waren, bausubstantiell
durchweg besser angelegt waren als diejenigen auf dem Land der zweiten
Klasse (REFACS, 1903, 63). Da auf dem Land zweiter Klasse weniger
oder keine Investitionen in die Bebauung erfolgte, stützt das die Folge-
rung, daß gerade die wertvolleren Grundstücke häufig Gegenstand von
Spekulationen waren, die von Personen wie Leight Hunt oder Institutio-

nen wie der National Bank ausgingen. Zwar wurde 1904 noch festgestellt:

> There are considerable areas of Government land in Khartoum City still for
> sale. There is however no reason for urging the disposal of these. The
> present system works very satisfactorily. All goverment land is sold by
> auction when an application is made, a reserve price being fixed according
> to the locality and market value (REFACS, 1904, 85).

Doch ein Jahr später stand die Kolonialverwaltung bereits kurz vor dem
Ausverkauf von Regierungsland in Khartoum:

> There are now not many areas of Government land in Khartoum for lease
> or sale, and as the demand for land becomes greater, these will go up in
> value. It will shortly be necessary to consider the question of starting
> suburbs at Burri and South of Khartoum (...) (REFACS, 1905, 96).

Die Regierung stoppte dann 1905 alle Landverkäufe (REFACS, 1906,
665) mit dem Resultat, daß bei dem knappen Angebot in der schnell
expandierenden Stadt die Preise in die Höhe schossen und sich erst Ende
1907 mit der ökonomischen Krise in Ägypten (vgl. OWEN, 1972) wieder
beruhigten. Die Bodenpreise in Khartoum spiegelten diese Entwicklung
wieder. Noch 1904 lagen sie je nach Klasse und Lage zwischen 0,01 LE -
0,27 LE/Quadratmeter (REFACS, 1904, 85), stiegen 1906/1907 auf 1,25
LE - 2,5 LE/Quadratmeter (REFACS, 1906, 659; MARTIN, 1970, 352),
ja sogar bis auf 6 LE/Quadratmeter und stürzten Ende 1907 gänzlich ab,
so daß es noch in den Jahren 1908 und 1909 in ganz Khartoum überhaupt
nur zu zwei Landtransaktionen kam (MARTIN, 1970, 353-4). Das durch-
schnittliche Tageseinkommen von männlichen Arbeitskräften lag in der
Boomphase 1906 bei 0,05 LE (REFACS, 1906, 663). Bei Landpreisen
von 1,25 LE/Quadratmeter entsprach somit die Leistung von 25 Tagen
Arbeit einem Quadratmeter Land in Khartoum. Letztlich geordnet wurde
der Bodenmarkt in Khartoum erst mit der "Town Building Regulation"
von 1909. Der Preis für Bauland pendelte sich 1913 dann zwischen 0,2
LE/Quadratmeter und 0,6 LE/Quadratmeter ein (vgl. MARTIN, 1970,
354). Die Folgen dieser konjunkturellen Dynamik waren langfristig wirksam. Viele Sudanesen, die Landansprüche geltend machen konnten - auch
außerhalb von Khartoum - verkauften ihr Land:

> I much regret to report that finding plenty of money forthcoming from the
> sales of their lands a very great many of sedentary Arabs have parted with
> their inheritences to obtain funds for a life of indolence and ease at the
> expense of future generations (REFACS, 1905, 94).

Ein weiterer Effekt bestand darin, daß die Sudanesen infolge der kurzfristig gewonnen höheren Kaufkraft die Ökonomie ankurbelten und zwar insbesondere die Nachfrage an maschinellen Fertigprodukten aus England [Manchester Goods] (REFACS, 1905, 101). BRAY von der "National Bank of Egypt" kommentierte daher im Oktober 1906:

> There can be no doubt that this marked improvement in trade is not a little due to the many recent sales of land. However opinions may be divided as to the ultimate benefit to the native proprietor, one thing is certain at present, and that is there is far more money in the possession of natives in the Khartoum Province than at any time since 1898 (REFACS, 1906, 672).

MC LEAN, der spätere "Municipal Engineer" von Khartoum bewertete die Landpolitik der ersten Stunde 1910 rückblickend:

> Building operations were delayed in many cases, and in order to save the land, inferior structures were rushed up at the last moment, at famine prices, of course. The situation was a difficult one to deal with, as too great severity might have seriously crippled the young city (SAD, 133/7/8).

Zusammenfassend kann festgestellt werden, daß mit der Installierung des neuen Landrechts die bestehenden sudanesischen Formen der Landordnung nach Gewohnheitsrecht und islamisches Recht außer Kraft gesetzt wurden und die Kolonialregierung dadurch zum größten Landeigentümer im Sudan avancierte. Die Briten hatten für ihren knappen Finanzhaushalt ohne nennenswerte Ausgaben damit eine bedeutende ökonomische Ressource gewonnen. Die Durchsetzung des kolonialen Bodenrechts ging mit drei grundlegenden Prozessen einher. Erstens wurde durch die "Town Lands Ordinance" dem Land in Khartoum ein eindeutiger Tauschwert zugeschrieben. Land wurde zur Ware, es wurde kommodifiziert und konnte auf dem Markt u.a. von der Regierung durch Auktionskauf erstanden und veräußert werden, was es zum Gegenstand von Spekulation und Akkumulation machte. Erblicher Privatbesitz existierte im Sudan zwar schon lange vor der anglo-ägyptischen Herrschaft (vgl. Kap. 4.), doch die Kontrolle über die Landbesitzverhältnisse wurde erst durch die Erstellung von Landregistern effektiv. Daraus geht der zweite Prozess hervor, nämlich die Zentralisierung der Kontrolle über Land. Informationen über Besitzverhältnisse standen durch die Landregister nunmehr umfassend und schnell zugänglich zur Verfügung und Sanktionen zur Regelung von Landtransaktionen konnten bei Bedarf zentral, etwa vom Provinzgouverneur eingesetzt werden.[53] Der dritte Prozess betrifft

---

53   Zum Beispiel begann der ökonomische Abstieg Capatos damit, daß die Kolonialregierung sich 1905 weigerte, die 67.200 ha Land, die Capato in der Gezira Provinz erworben hatte, zu registrieren (SAD, 682/14/101).

die Nutzung von Land. Durch die Anwendung der Tanzim Regulationen und später durch die "Town Building Regulation, 1909" wurde Bauland in der Stadt in festgelegte Klassen eingeteilt, es wurde zoniert und die Nutzung normiert und standardisiert. Die Qualität der baulichen Nutzung wurde somit meßbar und leichter überprüfbar. Die Folge war, daß einerseits die Art der baulichen Nutzung eingeengt und andererseits der Austausch gegen Geld erleichtert wurde.

5.3. Die Institutionalisierung der Stadtplanung und die Raumorganisation im kolonialen Khartoum

Stadtplanung wird hier als Prozeß verstanden, bei dem sicherheitspolitische, gesundheitliche, ökonomische und soziokulturelle Ideen und Bedürfnisse der anglo-ägyptischen Kolonialherrscher zielgerichtet und systematisch in eine bebaute und bewohnte städtische Umwelt umgesetzt wurden. An diesem Transformationsprozeß waren einzelne Personen wie Provinzgouverneure, "Municipal Engineers" und "Town Architects" sowie ganze Institutionen beteiligt, die in ganz unterschiedlicher Weise mit Kompetenzen ausgestattet und in die Verwaltung von Khartoum eingebunden waren. Trotz der hier angenommenen Zielorientierung und Systematik der Raumorganisation wurde von den Planern selbst ihre Tätigkeit immer wieder neu definiert, und es kam darüber hinaus auch zu Fehlplanungen, so daß ganze Stadtentwicklungsprojekte - etwa infolge unzureichender finanzieller Mittel - wieder aufgegeben werden mußten. So wurde beispielsweise Stantons Entwurf zur Erweiterung von Khartoum aufgrund der hohen Kosten für die Uferbefestigung des Blauen Nil nie implementiert. Die erste Einrichtung, die sich namentlich der Stadtplanung von Khartoum widmete war das 1929 gegründete "Khartoum Town Planning Board". Doch bereits vordem (vgl. Kap. 5.1.3.) und währenddessen war die räumliche Organisation der Kolonialstadt durch bestimmte Planungskonzeptionen und Planungsinstrumentarien, die häufig aus dem kolonialen Mutterland in den Sudan importiert worden waren, geprägt worden. Im folgenden werden die Beiträge einzelner Institutionen, wie die des "Department of Works", des "Wellcome Tropical Research Laboratory", der "Public Health Authorities", des "Municipal Council", und des "Khartoum Town Planning Committee", sowie einzelner Planungsinstrumentarien wie etwa der Rahmengesetzgebung bei der Planung und Raumorganisation von Khartoum herausgearbeitet.

5.3.1. Die Anlage von Khartoum durch das "Department of Works"

Ein erster Schritt zur Institutionalisierung der Planung war durch die Gründung des "Department of Works" im Sudan vollzogen worden. Mit der Erstellung von Lageplänen und Bauzeichnungen waren seine Mitarbeiter von Anfang an bei der räumlichen Organisation von Khartoum beteiligt. Auch die Bereitstellung von Arbeitskräften, Baumaterialien und Transportmitteln für den Aufbau der Kolonialstadt wurde erst durch die Arbeiten des "Department of Works" möglich. Doch diese Institution war insbesondere in der Anfangsphase ständigen Wandlungen unterworfen. Kitchener hatte ja bereits 1897 aus dem "Department of Works" in Ägypten ein "Works Battalion" ausgewählt, das, wie bereits ausgeführt, ca. 1.000 Mann stark in Wadi Halfa für den eventuellen Wiederaufbau von Khartoum bereitstand (vgl. Kap. 5.1.3.). Im Sudan wurde es zunächst von Gorringe geleitet, wobei FRIEND feststellte:

'The exact nature of the Department of Works at Khartoum is difficult to describe, for Kitchener disliked all formal regulations' (FRIEND in, SANDES, 1937, 474).

Erst als im August 1899 Kennedy Khartoum erreichte und im Dezember desselben Jahres Gorringe als "Director of Works" ablöste, wurde die Organisationsstruktur stärker formalisiert. Doch zahlreiche personelle Wechsel erschwerten zusätzlich zu den finanziellen Engpässen die Arbeit des "Works Department". Im November 1900 übernahm Friend den Posten des Direktors. Kennedy und Done wurden seine Assistenten. Und als Friend 1902 zum "Director of Works and Stores" für Ägypten und Sudan ernannt worden war (SANDES, 1937, 480), wurde Kennedy wiederum Direktor des "Works Department". Das "Works Department" setzte sich dann 1905, neben den "Royal Engineers", aus fünf britischen Offizieren, die als Vorarbeiter tätig waren, 25 ägyptischen Offizieren sowie aus rund 1.200 Handwerkern der Armee zusammen (vgl. SANDES, 1937, 480). Da die ägyptische Regierung befürchtete, daß immer mehr zivile Bauten im Sudan von Arbeitskräften der ägyptischen Armee durchgeführt werden könnten (SANDES, 1937, 482), kam es nach einer formellen Intervention 1906 im Januar 1907 endgültig (vgl. SAD, 278/3/60) zur Aufteilung des "Department of Works" in ein "Department of Military Works, Egyptian Army" und in ein "Department of Public Works, Sudan Government". Done wurde zum Direktor des "Department of Military Works" von Ägypten und Sudan ernannt. Kennedy hatte das Direktorenamt im "Public Works Department" - in das zunehmend auch zivile Arbeitskräfte integriert wurden - bis 1918 inne.

Die Investitionen, die von der Kondominiumsregierungen über das "Works Department" im Sudan und dort vor allem in Khartoum getätigt wurden, rangierten nach den Ausgaben für den Eisenbahnausbau und den Ausbau des Schiffsverkehrs, an dritter Stelle. Sie stiegen von 5.000 LE im Jahre 1899 auf 25.000 LE 1902 und 58.000 LE 1907 (vgl. REFACS, 1907, 312-313). Für die Aufbauarbeiten in Khartoum standen dem "Works Department" jedoch auch aus anderen Quellen Gelder zur Verfügung. Beispielsweise 1901 allein 70.000 LE, mit denen der Ausbau der Truppenunterkünfte, ein Quartier für Offiziere, ein Krankenhaus, das Versorgungsamt und die Ausdehnung der Wasserversorgung finanziert wurden (REFACES, 1900, 79). Und 1907 wurden neben dem "normalen" Budget, das KENNEDY mit 50.000 LE angibt und aus dem die Personalkosten und die Wartung aller Gebäude zu finanzieren war, 245.000 LE aus einzelnen Fonds in die Aufbauarbeiten von Khartoum investiert (vgl. SAD, 400/4/9). Dabei gingen 50.000 LE in die Konstruktion von Regierungsgebäuden, 25.000 LE in den Bau des zivilen Krankenhauses, 76.000 LE in das "Mogren Reclamation Scheme", für die Uferbefestigung des Blauen Nil, ferner 17.500 LE in die Errichtung des Zentralgefängnisses, 13.200 LE in den Aufbau der Wasserwerke und 64.500 LE in Darlehen für den Wohnungsbau (vgl. SAD, 400/4/9). Aber nicht alle Arbeiten in Khartoum wurden vom "Public Works Department" ausgeführt. So wurden auch Kontraktarbeiten vergeben, wie zum Beispiel die Installierung elektrischer Pumpen für die Wasserwerke von Khartoum 1908, die die Firma Sulzer aus Winterthur übernahm (vgl. SAD, 400/4/42), oder für den Ausbau des Elektrizitätswerkes in Burri, der von Allen, Son & Co. aus Bedford durchgeführt wurde (vgl. REFACS, 1908, 126).

Die Planung der wichtigsten Gebäude in Khartoum, wie die des Palastes und des Gordon Colleges wurde zunächst von den "Royal Engineers" vorgenommen (vgl. Kap. 5.1.3.), später kamen dann Architekten hinzu, so etwa O.B. Hatchard, der von 1905 bis 1909 als "Town Architect" für das "Public Works Department" arbeitete und in Khartoum das Krankenhaus und die Stadthalle plante (vgl. SAD, 288/1/10-11). Auch die "Municipal Engineers" wie W.H. McLean wurden bei der Stadtplanung von Khartoum aktiv. Dessen Planungsentwurf für die Stadtentwicklung von Khartoum sah bereits 1911 eine Südentwicklung der Stadt jenseits des Eisenbahnringes vor und implizierte die Umsiedlung der "Sudanese Native Village", was jedoch erst Ende der 40er Jahre verwirklicht wurde (vgl. Kap 5.4.3.3.).[54] Die Aktivitäten McLeans, der auch als Ausbilder für "Civil Engineers" am Gordon College tätig war, fanden zudem in einigen Publikationen ihren Niederschlag. So veröffentliche er u. a. 1908 einen Bericht über: "Dwelling-Houses in the Tropics, with Special Reference to the Sudan", in dem er für Europäer die Vor- und Nachteile verschiedener Hauskonstruktionen in den Tropen diskutierte und dabei detailliert u. a. auf deren Funktionen einging: "(...) white man (...) must be protected from both the light and the heat rays (...)", sowie die Lage "(...) not be in the midst of native huts (...)", die Wandstärke und Farbe der Häuser und auch die Art der Belüftung diskutierte. Tatsächlich kamen durch McLEANS Arbeit Howards Ideen zur Gartenstadt und die Elemente eines "Low Density Planning" (vgl. Kap. 5.1.3.) bei der Raumorganisation von Khartoum immer stärker zur Anwendung:

> In Khartoum, the climate, more especially in summer, renders it desirable that Europeans should live in houses so arranged as to be exposed to the prevailing north or south wind. Whenever possible, therefore, they are placed fronting to the north or south and surrounded by gardens or open spaces. The natives, however, can live comfortably in much more crowded circumstances, so that, owing to this and to the cost of land in the city, the houses in the native quarter are often built abutting and with courtyards (...) in the center of them. Partly for these reasons the streets, especially in the European quarter, have been made of considerable width (McLEAN & HUNT, 1911, 280).

---

[54] Es bleibt an dieser Stelle anzumerken, daß trotz der Zeitangabe von 1912, die SARSFIELD-HALL für den Planungsentwurf McLeans machte (SAD, 646/4/23) und die später immer wieder zitiert wurde, etwa auch von SAMMANI et al. (1986, 22), der Entwurf jedoch sehr wahrscheinlich auf das Jahr 1911 zurückgeht, da er von BALFOUR bereits 1911 publiziert wurde (1911, 282-283).

Tab. 6: Budget der Provinz und der Stadt Khartoum [1899 - 1949]

Jahr	Khartoum Provinz		Khartoum Stadt	
	Einnahmen (in LE)	Ausgaben (in LE)	Einnahmen (in LE)	Ausgaben (in LE)
1899	---	21.127	---	---
1900	---	18.000	---	---
1901	---	21.374	---	---
1902	---	22.077	2.700	4.470
1903	---	12.988	4.740	7.403
1904	---	14.862	6.000	10.385
1905	10.657	16.952	8.055	16.002
1906	10.350	18.364	---	---
1907	14.187	20.518	---	---
1908	---	---	---	---
1909	16.200	25.452	---	---
1910	---	---	---	---
1911	18.262	25.881	44.016	40.020
1912	20.592	27.013	42.734	42.310
1913	24.000	28.489	47.165	47.165
1925	41.590	---	63.904	56.772
1926	41.024	---	38.511	36.911
1927	47.103	76.787	39.405	37.400
1928	47.101	77.589	44.986	40.215
1929	81.722	104.691	45.524	40.264
1930	72.916	153.514	45.697	39.699
1931	74.293	119.808	40.051	38.258
1932	74.707	107.468	38.931	35.853
1933	72.821	100.851	37.716	35.938
1934	75.147	105.687	39.435	35.346
1935	78.892	109.466	40.730	37.713
1946	82.708	132.410	141.414	123.667
1947	72.258	186.346	150.834	132.377
1948	87.910	213.121	175.236	164.000
1949	77.676	242.000	219.050	197.835

Quellen: 1899-1907: REFACS (1906, 664; 1907, 310-313); 1909: REFACS (1908, 108); 1911-1913: REFACS (1912, 118-119); 1925-1935: SAD (678/8/318-343); 1946-1947: REFACS (1946, 155, 1947, 166); 1948-1949: REFACS (1948, 181; 1949, 173-174)

5.3.2. Der Beitrag der Tropenmedizin zur Stadtplanung von Khartoum

Auch die Arbeit der Tropenmediziner war für die Planung und Entwicklung von Khartoum von entscheidender Bedeutung, denn erst sie schaffte die medizinischen und sanitären Voraussetzungen für das Leben der Briten in einer tropischen Kolonialstadt. Die wichtigsten Tropenkrankheiten, die auch im Sudan endemisch waren, wurden zwischen 1880 und 1915 wissenschaftlich untersucht und verstanden. So entdeckte beispielsweise Laveran 1880 die vier Parasitentypen der Malaria und durch Manson wurde dann 1900 bewiesen, daß Malaria durch die weibliche Moskito-Spezies der "Anopheles" übertragen wird. Im Jahr 1901 isolierte Reed in Panama den Gelbfiebervirus und ermittelte die Moskito-Spezies "Aedes" als Überträger. Kurz darauf bewies Bruce in Uganda, daß die Schlafkrankheit durch die Tse-Tse-Fliege übertragen wird, und Leiper löste 1915 in Ägypten endgültig das Puzzle um den Bilharziose-Zyklus (vgl. CRUIKSHANK, 1985, 85-86).

Als Teil des Gordon Colleges wurde 1903 in Khartoum durch die Spende von Henry Wellcome das "Wellcome Tropical Research Laboratory" eingerichtet, das sich nach MARTIN bereits 1921 als: "(...) one of the most vitally important institutions in the British Empire" hervortat (1970, 132). Die Stiftung einer kompletten wissenschaftlichen Laboreinrichtung diente dem Zweck, die Tropenkrankheiten, die Wellcome 1900 bei seinem Besuch in Khartoum beobachtet hatte, zu erforschen und nachhaltig zu bekämpfen. Dazu MARTIN:

> He [Wellcome] had been an eye-witness of the terrible desolation which Kitchener's troops had found everywhere around (...); he had seen some of the most promising men among the newly installed administration laid low by wasting illnesses, and other victims succumbing to the all-conquering malaria of Central Africa. (1970, 133).

Die Aufgaben des "Wellcome Research Labority" bestanden darin tropische "Funktionsstörungen", die durch Infektionskrankheiten bei Menschen und Tieren ausgelöst wurden, zu untersuchen. Und die Mitarbeiter des Labors sollten zur Bekämpfung der Tropenkrankheiten mit dem "Officer of Health" und mit den zivilen und militärischen Krankenhäusern zusammenarbeiten. Weiterhin sollten Mineralstoffe und andere "Substanzen" auf ihre Eignung für die "industrielle" Entwicklung des Sudan getestet werden (vgl. BALFOUR, 1904, 7). Über das "Wellcome Bureau of Scientific Research" in London war das "Wellcome Tropical

Research Institute" bereits ab 1903 in ein internationales wissenschaftliches Netzwerk eingebunden. So bestanden enge Beziehungen zur "London and Liverpool School of Tropical Medicine", die zu Ausbildungszwecken mit Forschungsmaterial aus dem Sudan beliefert wurde, und auch zum "United States Department of Agriculture", das ebenso wie das "Natural History Department of the British Museum" mit wertvollen Publikationen zur Ausstattung der Bücherei der "Research Laborities" im Sudan beigetragen hatte (vgl. BALFOUR, 1904, 13).

Im Januar 1903 wurde Dr. Andrew Balfour zum ersten Direktor des Instituts berufen. Außer ihm arbeiteten dort zunächst lediglich noch ein Laborassistent und zwei unausgebildete sudanesische Hilfskräfte. Als Institutsdirektor erfüllte Balfour in Khartoum zudem die Aufgaben eines "Medical Officer of Health" und eines "Sanitary Adviser" für das "Sudan Medical Department" (vgl. MARTIN, 1970, 137). In diesen Funktionen widmete Balfour sich, neben der Verbesserung der Wasserversorgung und dem Aufbau eines sanitären Systems zur Abfall- und Abwasserentsorgung in Khartoum, insbesondere der Bekämpfung von Malaria. Als eine gesellschaftliche Ursache für deren Verbreitung in Khartoum machte er die hohe Kommunikationsdichte in der Garnisonsstadt verantwortlich. So schleppten, nach BALFOUR, Soldaten, die in allen Teilen des Sudan dienten, die Krankheit nach Khartoum ein (1904, 16). Zur Bekämpfung der Malaria setzte er mit seiner Arbeit jedoch bei der Ausrottung des Überträgers, der Anopheles-Mücke an. Dazu wurde 1903 von ihm eine sogenannte "Mosquito-Brigade" gegründet. Diese kontrollierte fortan systematisch alle potentiellen Brutplätze der Anopheles wie etwa Brunnen und öffentliche Wasserbehälter, behandelte die mit Larven verseuchten Orte mit Petroleum, fing und sammelte Moskitos zu weiteren Laboruntersuchungen und registrierte in periodischen Zeiträumen die Fundorte und vermerkte sie in Lageplänen von Khartoum. Durch einen zwischenzeitlich angewachsenen Mitarbeiterstab wurden, als öffentliche Maßnahme, schließlich alle ungenutzten Brunnen in der Stadt versiegelt und nach Khartoum einkommende Boote und Züge desinfiziert, so daß schon wenige Jahre später praktisch keine Malaria Fälle mehr in Khartoum existierten (vgl. BALFOUR, 1908; 1911). 1921 bewertete MARTIN die Arbeit dieses Forschungslabors wie folgt (1970, 132):

> No better example than this could be found of the benefits of the march of civilisation, although in the rear of a conquering army. Regions that for almost countless centuries have been the home of ignorant barbarism are now illumined by the torch of science, and in combating the diseases of these regions inestimable benefits will be conferred on the inhabitants.

Parallel mit der Etablierung der "Wellcome Laboratories" verbesserte sich insbesondere mit der Gründung des "Sudan Medical Department" 1905 auch die medizinische Versorgung im Sudan und insbesondere die in Khartoum. Die ersten Ärzte im anglo-ägyptischen Sudan waren zunächst Offiziere des "Egyptian Army Medical Corps", die von Briten und Libanesen unterstützt wurden. 1909 bestand dann das "Medical Department" aus sechs britischen und 30 libanesischen Ärzten, die 1924 durch die ersten im Gordon College ausgebildeten Sudanesen unterstützt wurden (vgl. CRUIKSHANK, 1985, 86). Um Fragen beim Neuaufbau von Khartoum zu koordinieren, war bereits 1902 ein "Sanitary Board" gegründet worden, das sich aus dem "Director of Works", dem "Senior Medical Officer", dem Gouverneur der Provinz Khartoum und dem "Civil Secretary" zusammensetzte (vgl. DALY, 1986, 67). Diese Institution hatte bei der Stadtplanung von Khartoum weitreichende Kompetenzen. Auf Anweisung des "Medical Officer of Health" wurde beispielsweise 1913 ein Stadtviertel mit 3.000 Personen, das dieser als "overcrowded and insanitary" beurteilte, umstandslos geräumt (REFACS, 1913, 152).

Zusammenfassend läßt sich feststellen, daß durch die wissenschaftliche Arbeit dieser Institutionen wichtige Grundlagen einer vorausschauenden [Stadt]Planung in den Sudan eingeführt wurden, nämlich insbesondere die systematische Erhebung, Registrierung und statistische Auswertung von Informationen. Erst durch die Gewinnung von Daten über die räumliche und zeitliche Entwicklung von Infektionskrankheiten wurde der europäische Lebensraum in Khartoum einer umfassenden gesundheitlichen Überwachung und Kontrolle zugänglich. Darüber hinaus wurden auch soziale Daten zur Geburtenhäufigkeit und Sterblichkeit in einzelnen Quartieren Khartoums und Omdurmans erhoben und in Statistiken aufgenommen und standen damit, neben der Beobachtung demographischer Trends und Prognosen, auch für die Festsetzung kommunaler Steuern zur Verfügung.

5.3.3. Die Standardisierung der urbanen Raumorganisation durch die Rahmengesetzgebung

Der entscheidende Schritt zur umfassenden räumlichen Zonierung der Dreistadt: Khartoum, Omdurman, Khartoum-Nord, die bis dahin nach den Tanzim Regulationen eingeteilt worden war (vgl. Kap. 5.2.3.), erfolgte mit der Einführung der "Town Building Regulation, 1909". Dabei wurden vier Standards unterschieden, nämlich Regierungsland und drei Klassen von Land in Privatbesitz (vgl. SGG, 1909, 163). Khartoum wurde in vier parallel zum Nil verlaufende Zonen eingeteilt. Eine erste Zone lag zwischen Embankment am Nil und der Khedive Avenue. Dort standen auf Regierungsland die öffentlichen Gebäude, wie Palast, Gordon College, Militärhospital, Sudan Club und verschiedene Kirchen. In zwei weiteren Zonen erster und zweiter Klasse zwischen Khedive Avenue und Sirdar Avenue bzw. zwischen Sirdar Avenue und Abbas Square lagen die besten Wohnquartiere der Europäer, Schulen, Clubs, Hotels und ein "moderner" Markt. Getrennt vom Abbas Square, in dessen Zentrum die große Freitagsmoschee stand, wurde im südlichen Anschluß das Land als dritte Klasse ausgewiesen, es war kleiner parzelliert und dichter bebaut und wurde südlich von der Eisenbahnlinie begrenzt. Demgegenüber wurde alles Land in Omdurman und in Khartoum Nord, das nicht Regierungsland war, per Gesetz zur dritten Klasse erklärt (vgl. Balfour, 1911, 304).

Der asymmetrische Grundriß von Omdurman, der auf die Mahdisten (vgl. Kap. 4.3.; Karte 3; Luftbild 1) zurückging, war auf der Grundlage der "Omdurman Lands Proclamation, 1906" (vgl. SGG, 1906, 554-556) in mehrjähriger Arbeit durch eine "Town Commission" nach den Erfordernissen der Kolonialregierung umgestaltet worden. Dabei war die Stadt offener, mit breiteren Straßen angelegt worden und in zentraler Lage war das Mulazamin Quartier geräumt worden (vgl. Luftbild 2), um für spätere Ausbauten eine Landreserve bereit zu haben (vgl. SAD, 646/4/50-51). Eine weitere Veränderung der Raumstruktur bestand darin, daß eine breite Hauptdurchgangsstraße, in der die Straßenbahntrasse verlegt wurde, in einem Halbkreis von einem nördlichen Punkt am Nil über den Marktplatz zu einem südlichen Punkt am Nil verlief und damit das Stadtzentrum einschloß. Khartoum Nord verdankte seine Entstehung dem Endhaltepunkt der Eisenbahnlinie und wurde von den Briten von Anfang an nach strategischen Gesichtspunkten angelegt und als "industrielles" Zentrum des Sudan ausgebaut (vgl. REFACS, 1903, 63). Die symmetrische Raumorganisation, die ähnlich der von Khartoum auf einem Gittergrundriß beruhte, wurde nur durch die unregelmässige Anlage der beiden Dörfer Hillat Hamad und Hillat Khogali, die im Westen von Khartoum Nord lagen, durchbrochen. Diese Dörfer wurden auf der Grundlage der "Hillat Hamid (Khartoum North) Village Lands Ordinance, 1910" jedoch umstrukturiert und in das Stadtbild eingepaßt (vgl. Luftbild 4).

Luftbild 1:   **Omdurman [1914]**

Aufnahmerichtung von Süden nach Norden

Quelle: SAD, A23/16

Luftbild 2:   **Omdurman [1930]**

Aufnahmerichtung von Süd-Südwest nach Nord-Nordwest

Quelle: SAD, 684/4/9

Was die sogenannten "Native Settlements" oder "Deims" anbetrifft, so kam ihnen in erster Linie eine Wohnfunktion zu. Ein Teil dieser Dörfer bestand schon seit Jahrhunderten, andere hingegen entstanden erst mit den Aufbauarbeiten in Khartoum und einige wurden im Zuge der weiteren Entwicklung des Kolonialstadtkomplexes wieder verlegt. Das Dorf Burri el Mahas beispielsweise, das auf das 16. Jahrhundert zurückging, wurde 1900 von seinem Standort nach Osten umgesiedelt, um den "British Barracks" Platz zu machen. Das Gelände wurde nach den "Town Building Regulations" von 1909 ebenso wie das von Burri el Daraissa als Land dritter Klasse eingestuft. Auch Burri Abu Hashish, das wahrscheinlich 1901 von ehemaligen mahdistischen Soldaten gegründet worden war, wurde von seinem Standort westlich des zoologischen Gartens von Khartoum in den Osten von Burri el Daraissa verlegt. Die koloniale Landpolitik hatte auch Einfluß auf die Umgestaltung von Mangara [Mogren] im Westen von Khartoum. Dieses Dorf war ebenfalls bereits seit dem 16. Jahrhundert bewohnt (vgl. SAD, 678/8/42-43). Aus der "Sudanese Native Village", die 1902 von Stanton außerhalb von Gordons Befestigungsanlagen angelegt worden war, entstanden im Laufe der Jahre die einzelnen "Deims" (vgl. Luftbild 3; 4), wie SARSFIELD-HALL angibt, wahrscheinlich in der Reihenfolge: Salman, Saad, Berti Sherafa, Banda, Kongara, Abdel Karim, Abu Rish, El Atta, El Jebal, Taisha, Tegali, No. 1, Zubeiria, Berti Niala, El Attala, Silik, Telegraph, Gashasha (vgl. SAD, 678/8/43-44).

Auf der Grundlage der "Government Town Lands (Native Occupation) Ordinance, 1912" wurde Mangara, Burri Abu Hashish und die "Sudanese Native Village" zu "Native Lodging Areas" erklärt (vgl. Laws of the Sudan, 1925, 238-250). Diese Gebiete durften nur von Sudanesen bewohnt werden und konnten zu jedem beliebigen Zeitpunkt nach einer offiziellen Ankündigung ohne Angabe von Gründen innerhalb von 30 Tagen geräumt werden. Die Sudanesen, die in diesen Wohngebieten lebten, konnten das Land, das sie möglicherweise schon seit Generationen besaßen, weder als Eigentum erstehen noch einen Besitztitel als klassifiziertes Pachtland erwerben. Ihre Rechte beschränkten sich allein auf die Übertragung von Nutzungsrechten, für die sie zudem noch Abgaben an die Regierung zu zahlen hatten. Die Wohnbedingungen der Sudanesen in den "Native Lodging Areas" waren damit durch Unsicherheit vor Räumungen gekennzeichnet, womit Investitionen in die Bausubstanz von vornherein unterblieben. Durch diese Wohnraumpolitik wurde gerade die städtische Armutsbevölkerung weiter benachteiligt, denn diejenigen, die

**Tab. 7: Gesetze und Verfügungen zur Regulierung der Stadt-
entwicklung in Khartoum [Ausführung in: SGG]**

1899	- Khartum, Berber and Dongola Town Lands Ordinance [2,4/1899]
	- Title of Lands Ordinance [2/1899]
	- Land Tax Ordinance [2,4/1899]
	- Taxation (House Tax) Ordinance [3/1899]
1900	- Proclamation - Governor's Consent to Sale of Land [10/1900]
1901	- Khartoum, Berber and Dongola [19/1901]
	- Land Tax Ordinance [26/1901]
	- Municipal Council Ordinance [29/1901]
1903	- Land Acquisition Ordinance [45/1903]
	- Title of Lands Ordinance [45/1903]
1904	- Proclamation Relating to Conveyances Affecting the Site for the British Army Barracks at Khartoum [58/1904]
	- Taxation (House Tax) Ordinance [66/1904]
1905	- Taxation (House Tax) Ordinance [73/1905]
	- Proclamation: Disposal of Land by Natives of the Sudan [78/1905]
	- Land Settlement Ordinance [80/1905]
	- Land Tax Ordinance [82/1905]
1906	- Proclamation: Disposal of Land by Natives of the Sudan, Land in Khartoum Province [96/1906]
	- Omdurman Land Proclamation [103/1906]
1909	- Proclamation: Town Building Regulations [163/1909]
1910	- Hillet Hamid (Khartoum North) Village Lands Ordinance [179/1910]
1912	- Government Town Lands (Native Occupation) Ordinance [225/1912]
1913	- Khartoum City Survey Ordinance [242/1913]
1914	- Proclamation: Repeal of Town Building Regulations Proclamation 1909 [258/1914]
	- Government Town Lands (Native Occupation) Ordinance [268/1914]
1916	- Land Acquisition (Amendment) Ordinance [297/1916]
1918	- Native Disposition of Lands Restriction Ordinance [334/1918]
	- House Tax Ordinance [336/1918]
1921	- Proclamation: Khartoum, Khartoum North and Omdurman Municipal Council 1921 [375/1921]
1922	- House Tax (Amendment) Ordinance [395/1922]
	- Disposal of Unoccupied Town and Village Lands Ordinance [402/1922]
1924	- Khartoum Streets Improvement Ordinance [436/1924]
	- Disposal of Unoccupied Town and Village Lands Amendment Ordinance [436/1924]
	- Public Health Ordinance: u.a. The Standard Town Building Regulations [438/1924]
1925	- Hut and Poll Tax Ordinance [466/1925]
	- Land Settlement and Registration Ordinance [466/1925]

Quelle: The Revised Edition of the Lands of the Sudan (o.J.)

nicht imstande waren, Wohnraum zu kaufen oder zu pachten, mußten auch noch die Standortunsicherheit der "Native Lodging Areas" in Kauf nehmen.

Ein weiterer Schritt zur Standardisierung der Raumorganisation nach britischen Vorstellungen wurde durch die "Standard Town Building Regulation, 1925" vollzogen. Sie wurde unter der "Public Health Ordinance, 1924" veröffentlicht und baute im wesentlichen auf den "Town Building Regulations" von 1909 auf. Die detaillierten Verordnungen sahen dabei erstmals eine räumliche Trennung von Gewerbe- und Wohngebieten vor. So war für jegliche kommerzielle Landnutzung in Gebieten der ersten und zweiten Klasse die schriftliche Erlaubnis des Gouverneurs einzuholen. Für die Errichtung von Gebäuden in den Gebieten der ersten bis zur dritten Klasse war fortan auch das Einholen einer Baugenehmigung erforderlich (vgl. Kap. 5.3.4.) und es bestand die Auflage, innerhalb eines Jahres nach ihrer Ausstellung den Ausbau fertiggestellt und den Bauauflagen entsprochen zu haben. Weiterhin wurde durch die "Town Building Regulation" von 1925 auch eine Mindestgröße von Wohnparzellen eingeführt. Diese lag bei 200 Quadratmetern. Die baugesetzlichen Regelungen gingen sogar soweit, daß in Abhängigkeit der Stockwerkszahl etwa auch die Wandstärke und die zu verwendenden Baumaterialien vorgeschrieben wurden (vgl. Laws of the Sudan, 1925, 676 ff.). Meist waren die Bauvorschriften dabei direkt aus dem britischen Gesetz übernommen:

> All buildings to be constructed in whole or in part of reinforced concrete shall be designed and carried out in accordance with the Reinforced Concrete Regulations made by the London Country Council on the 6th day of July 1915 (...) (Laws of the Sudan, 1926, 694).

5.3.4. Die Stadtplanung als Bestandteil der Verwaltung Khartoums

Die Provinz Khartoum war nicht nur in drei Distrikte aufgeteilt, sondern auch in die drei städtischen Gemeinden [Municipalities], Khartoum, Omdurman und Khartoum Nord. Mit der Einrichtung der städtischen Kommune Khartoum war der Grundstein dazu bereits 1901 gelegt worden. Die "Municipalities" von Khartoum hatten ein eigenes, von der Provinz unabhängiges Budget (vgl. Tab. 6), in das die Steuern und Abgaben, die in der Gemeinde erhoben wurden, einflossen. Dazu zählten etwa die Steuern auf Häuser [House Taxes], Einnahmen aus der Verpachtung von Regierungsland [Leasehold Rents] und der Vermietung von Wohnhäusern, die in Regierungsbesitz waren, sowie Revenuen durch die Vergabe von Baugenehmigungen [Building Permits]. Die wichtigsten finanziellen Erträge resultierten jedoch aus der Vergabe von Lizenzen [Licences] und aus Einkünften von Marktgebühren [Market Rents & Market Fees] und Mauteinnahmen bei Brücken [Bridge Tolls] (vgl. SAD, 678/8/322-324). Auf der Ausgabenseite standen demgegenüber vor allem Personalkosten und Aufwendungen für Straßenbau und für die Beleuchtung zu buche (vgl. SAD, 678/8/329-335). Die Verwaltung der einzelnen Stadtgemeinden unterstand dem "District Commissioner" der entsprechenden Provinz (vgl. Kap. 5.2.1.). Neben seinem "Ma'mur" traten noch ein umfassender Mitarbeiterstab, einzelne kommunale Sektionen und ab 1921 auch ein "Municipal Council" hinzu. Zur Verwaltung der Stadtgemeinde Khartoum gehörten beispielsweise ein "Sub-Ma'mur", ein Beauftragter für die Gemeindesteuer, sein Assistent, ein Chefbuchhalter des Distrikts, fünf untergeordnete Buchhalter, drei Beauftragte zur Erhebung der Gemeindesteuer, sieben Büroangestellte, ein "Omda" und 28 "Scheikhs". Die drei kommunalen Sektionen setzten sich erstens, aus dem "Medical Officer of Health" und der "Sanitary Section", zweitens, dem "Municipal Engineer" und der "Tanzim Section" sowie drittens, der "Garden Section" zusammen. Hinsichtlich der Stadtplanung kam den "Public Health Authorities" die Aufgabe zu, die Baupläne für Gebäude nach sanitären und hygienischen Gesichtspunkten zu prüfen und regelmäßige Inspektionen vorzunehmen, um dabei den Baubestand zu kontrollieren und im Einzelfall zu entscheiden, welche Gebäude ausgebessert und welche abgerissen werden mußten (vgl. SAD, 678/8/140). Der Aufgabenbereich des "Municipal Engineers" und der "Tanzim Section" erstreckte sich von der Aufnahme und Registrierung der Baugenehmigungen über die Inspektion von privaten Gebäuden und der Prüfung der Statik bis hin zur Wartung und Instandhaltung von Regierungsgebäuden, Straßen und Abwassersystemen (vgl. SAD, 678/8/142).

Die Einrichtung eines "Municipal Councils" für Khartoum war bereits 1911 von Wingate und Phipps diskutiert worden (vgl. SAD, 300/2/58-59), doch erst zehn Jahre später wurde er mit der "Khartoum Municipal Council Proclamation, 1921" ins Leben gerufen (vgl. SAD, 678/8/244-346). Der "Municipal Council" für Khartoum, Khartoum Nord und Omdurman setzte sich zusammen aus dem Gouverneur der Provinz Khartoum, den Inspektoren der drei Kommunen, dem "Ma'mur" von Omdurman, vier Regierungsbeamten, die durch den Generalgouverneur nominiert wurden, und aus vier Mitgliedern der Handelskammer sowie

Luftbild 3:   Khartoum Deims, Khartoum, Khartoum Nord [1930]

Aufnahmerichtung von Nordosten nach Südwesten

Quelle: SAD, 684/3/1

Luftbild 4: **Khartoum Nord, Khartoum, Insel Tuti [1930]**

Aufnahmerichtung von Norden nach Süden

Quelle: SAD, 684/3/2

sechzehn Notablen und Händlern, die ebenfalls durch den Generalgouverneur benannt wurden. Die Aufgaben des "Municipal Council" bestanden in erster Linie darin, das Budget der Kommune zu verabschieden und nach Möglichkeiten seiner Aufbesserung zu suchen, sowie die Umsetzung von Steuergesetzen und Gesundheitsbestimmungen zu überwachen. Dazu arbeitete er mit einzelnen "Sub-Committees" zusammen: "which are closely in touch with the rate-payers in their respective towns" (SAD, 679/1/101). Seine Handlungskompetenzen waren jedoch eingeschränkt und wurden wie folgt definiert: "The Council shall be a consultative and advisory Council only" (SAD, 678/8/345). Er unterstand somit vollständig dem Gouverneur und traf auch nur auf seine ausdrückliche Einberufung zusammen.

Das "Khartoum Town Improvement and Allotment Board", das seit 1910 existierte, und Aufgaben der Stadtplanung wahrgenommen hatte, wurde im Februar 1929 vom "Khartoum Town Planning Committee" abgelöst (REFACS, 1929, 121). Es setzte sich zusammen aus dem Provinzgouverneur, dem Beauftragten für Erziehung und Gesundheit, dem Direktor des "Sudan Medical Service", dem Direktor für Landangelegenheiten und mehreren, durch den Gouverneur nominierten Mitgliedern. Seine Aufgaben wurden wie folgt umrissen:

> To formulate plans for the general lay out of the Three Towns having special regard to the preservation and increase of the amenities of these Towns in a manner consistent with the requirements of public health, and to advice the Governor General on other proposals connected there with and as regards the provision or reservation of sites of public buildings, gardens or monuments and for houses, clubs, hotels and the housing of officials (SAD, 678/7/20).

Die Funktion des "Town Planning Committee" bestand somit in erster Linie in der Erarbeitung von Plänen zur Stadtentwicklung Khartoums, wobei eine enge Kooperation mit den Gesundheitsbehörden vorgesehen war. Etwa die Weiterentwicklung von McLeans Planung durch Sarsfield-Hall, dem Provinzgouverneur von Khartoum, ging wesentlich aus der Initiative dieses Komitees hervor (vgl. Tab. 5). Dabei wurde der Flughafen als wichtigstes neues Element in die Stadtplanung integriert; der noch heute seinen damals gewählten Standort im Stadtzentrum innehat (vgl. Karte 1). Die damals geplante Umsiedlung der "Sudanese Native Village" (vgl. Luftbild 3) erfolgte jedoch, wie bereits ausgeführt, erst Ende der 40er Jahre (vgl. Kap. 5.4.3.3.). Alle Planungsvorschläge des Komitees waren über den "Civil Secretary" auch dem "Govenor General" zur Prüfung vorzulegen (vgl. SAD, 678/8/150). Dadurch wurde u. a. sichergestellt, daß keine militärischen Funktionen, die seit der Ausarbeitung des "Defence Scheme for Khartoum, Omdurman, Khartoum Nord, 1910" exakt formuliert waren (SAD, 297/4/4-22), durch Stadtentwicklungsprojekte eingeschränkt wurden. Für die Erteilung von Baugenehmigungen mußten in den 20er Jahren in Khartoum dann drei Institutionen konsultiert werden. Zur Überprüfung hygienischer und sanitärer Belange waren die Pläne dem "District Sanitary Board" vorzulegen, das sich aus dem Gouverneur, dem "Medical Officer of Health", dem "Municipal Engineer" und dem "District Commissioner" zusammensetzte. Das "Khartoum Town Planning Committee" war für die Einhaltung architektonischer und ästhetischer Standards verantwortlich, und das "Municipal Engineers Office" stellte schließlich die Baugenehmigung aus (vgl. SAD, 679/1/58-59).

5.3.5. Die Internationalisierung der Stadtplanung von Khartoum

Spätestens seit 1910 beruhte die koloniale Stadtplanung von Khartoum nicht mehr allein auf den Konzepten von militärischem Ingenieurwesen und der gesetzlichen Regelung von Landeigentum und den Dynamiken des Bodenmarktes, vielmehr wurde sie durch die zivilen Ingenieure, Architekten und Planer zunehmend professionalisiert und nahm einen internationalen Stil an. Einen entscheidenden Beitrag leisteten hierbei die internationalen Stadtplanungskonferenzen, durch die koloniales "Planungs-Know-How" weltweit ausgetauscht wurde. Die "Town Planning Conference", die im Oktober 1910 in London auf Anregung des "Royal Institute of British Architects" abgehalten wurde, war als internationales Forum organisiert. In der Vormittagssitzung sprachen zum Thema "Cities of the Future" Prof. Reilly aus England, der Architekt Eugene Henard aus Paris und Daniel Burnham aus Chicago (SAD, 299/1/204). Unter Vorsitz von Lord Kitchener wurde dann in der Nachmittagssitzung ein Artikel von W.H. McLean zur Stadtplanung von Khartoum und Omdurman vorgetragen (vgl. SAD, 133/7/1-15), der in der Presse Englands einen ausgesprochen großen Anklang fand (vgl. SAD, 299/1/203-204). Wie Kitchener in der anschließenden Diskussion herausstellte, hatte sich die Konferenz zum Ziel gesetzt, den britischen "Town Planning Act" von 1909 weltweit bekannt zu machen (SAD, 133/7/12). Er betonte, daß die grundlegenden Prinzipien dieses Gesetzes bei der sanitären Entwicklung von Khartoum umgesetzt wurden, so seien in Khartoum, dem ehemaligen "African pest-house" 1909 nur 11 Fälle von Malaria bekannt geworden. KITCHENER fügte an:

> I do not think that such results have been achieved in any other British dependency (...) (SAD, 133/7/12).

Als Fazit dieses Vortrags zog BENNET die Schlußfolgerung:

> It seems that in the heart of darkest Africa they have evolved a beautiful city, and I think that we ought to take the lesson to heart. What has been possible in the heart of darkest Africa ought to be possible in the heart of 'darkest Lancashire', with all its wealth and its immense resources (SAD, 133/7/15).

Diese Aussage verweist darauf, daß die britischen Stadtplanungsgesetze in den Kolonialstädten des Empires häufig schneller implementiert wurden als in Großbritannien, und daß auch die Baustandards in den Kolonialstädten teilweise höher waren als im kolonialen "Mutterland". Durch den Kommentar von Bennet wird darüber hinaus deutlich, daß diese Entwicklungen in den Kolonien auch wieder auf Großbritannien zurückstrahlten, daß also gerade durch solche internationale Konferenzen eine raumübergreifende Kommunikation zur Stadtplanung in Gang kam. Daß diese Konferenzen nicht nur dem Austausch von Wissen dienten, sondern die Teilnehmer auch klare ökonomische Interessen verfolgten, wurde durch den Diskussionsbeitrag von STANTON deutlich. Er stellte zunächst heraus, daß der Gezira-Distrikt im Sudan zu einem der ergiebigsten Baumwollanbaugebiete der Welt werden könne und verwies dann auf die Vortagsrede von Sir William Mather, der den Baumwollspinnern von Liverpool ihre Vorteile beim Bezug von sudanesischer Baumwolle erläuterte, und fügte an: "When this happens Khartoum will progress by leaps and bounds (...)" (SAD, 133/7/14). Damit wird offenbar, daß zwischen der Stadtentwicklung von Khartoum und den ökonomischen Entscheidungen, die in England u. a. auf der Grundlage von Vorträgen getroffen wurden, ein unmittelbarer Zusammenhang bestand.

Als Ergebnis der französischen Kolonialausstellung 1931 in Paris, an der der "Assistant Master of Works" der Provinz Khartoum teilnahm (REFACS, 1931, 126), entstand - auf der Grundlage von Plänen und Zeichnungen, die er aus Paris mitbrachte - ein Handbuch mit dem Titel: "Some African Type Buildings for use in the Anglo Egyptian Sudan" (SAD, 678/6/1-57). Es war von Sarsfield-Hall, dem Provinzgouverneur von Khartoum, und von Watson, dem "Assistant Municipal Engineer", 1935 zusammengestellt worden. In der Einleitung führten sie aus:

It has been felt for some time past that an effort should be made to evolve some African Type Buildings for use in the Northern Sudan in order to avoid, where possible, the violent imposition of buildings of purely western design on native environments. (...) By making use of such architectural features as were found in existence and by borrowing ideas from types of African Architecture on view at the French Colonial Exhibition held in Paris in 1931 and from native buildings in West Africa, a number of so-called African Pattern designs have been evolved (SAD, 678/6/2).

Mit dieser Aussage wurde somit von dem Provinzgouverneur von Khartoum eingeräumt, daß die Durchsetzung der britischen Vorstellungen von Raumorganisation im Nordsudan eine Form von Gewalt [violent imposition] beinhaltete. Die Zeichnungen und Entwürfe, die dann 1933 im "afrikanischen Stil" für den Markt "Suk-el-Shaggara" in Omdurman, für Krankenstationen in den Deims von Khartoum und für Burri angefertigt wurden (REFACS, 1933, 123) sowie die detaillierten Preiskalkulationen für ein Armenhaus und für verschiedene Märkte (SAD, 678/6/1-57) haben ihren eigenen Hintergrund. Sie entstanden nach der ökonomischen Boomphase Ende der 20er Jahre, als die Preise für Baumwolle, dem Hauptexportprodukt des Sudan, infolge der Weltwirtschaftskrise starke Einbrüche erlitten hatten und Gelder im Sudan knapp waren (vgl. Tab. 4), und in einer Zeit, als Khartoum gleichzeitig durch eine starke Zuwanderung von freigesetzten Arbeitskräften der Landwirtschaft "belastet" wurde:

The commercial element in the three towns, native and foreign, suffered severely as the result of the general economic depression, and trade was stagnant. Many artisans and labourers were thrown out of employment and a certain amount of relief work had to be provided for the poorer classes of labourers. Every possible effort was made not only to prevent outsiders drifting into the three towns in search of work, but send unemployed persons back to their villages of origin (REFACS, 1931, 121).

Kostengünstige Lösungen beim Ausbau von Märkten und Armenhäusern durch die Verwendung einheimischer Materialien und einfacher Konstruktionen waren daher gefragt. In diesem Zusammenhang wurde zur Entlastung des Provinzbudgets (vgl. Tab. 6) über die lokale Administration der "Omdas" und "Scheiks" auch die "geförderte Selbsthilfe" in Khartoum initiiert. Durch die Initiative "of encouraging the natives to help themselves" (REFACS, 1933, 119) entstanden u. a. "The Board of Guardians for the Poor, Khartoum", das "Mulid El Nabi Committee, Khartoum", das "Poor Relief Committee, Omdurman", und das "Piastre Orphanage Committee" für die Versorgung von "Straßenkindern" (vgl.

SAD, 678/8/122-123). Parallel zur organisierten Armenfürsorge, deren Durchführung und Kosten auf die Sudanesen abgewälzt wurden, waren auch Spenden von den Bewohnern Khartoums zum Ausbau von Kranken-stationen in den "Deims" und "Burries" gesammelt worden (REFACS, 1933, 19). So daß 1934 im Khartoum Provinz Bericht dann festgestellt werden konnte:

> Native groups and committees for self help and civic endeavour now show signs of becoming a definite part of the life of the community. One committee collected funds and provided their local elementary vernacular school with two additional rooms and a surrounding wall. Another committee organised the planting and watering of trees in their local suburb. Two committees which had raised funds for the provision of local dispensaries had the satisfaction of seeing them completed and brought into use, Khartoum was practically cleared of beggars largely through the good offices of a native board of guardians, which not only raised and admini-stered sums of money for the relief of distress but assisted the Government in the provision of an excellent block of almshouses in which the indigent are housed and looked after (REFACS, 1934,115).

In Welwyn Garden, Howards zweiter Gartenstadt, wurde 1935 von der "Summer School of Town Planning" unter dänischer, amerikanischer, indischer und russischer Beteiligung eine weitere Stadtplanungskonferenz ausgerichtet, die wiederum die Zirkulation von "Wissen" anregte (vgl. BURNETT, 1991, 293), an der auch Sarsfield-Hall als Provinzgouver-neur von Khartoum teilnahm. In seinem Vortrag stellte er Photographien und Luftbilder von Khartoum vor und führte ähnlich wie Kitchener 23 Jahre zuvor aus:

> (...) these three towns Khartoum, Khartoum North, Omdurman have been converted from centres of sickness and disease into three of the healthiest towns, not only in Africa, but in the whole world (SAD, 646/5/6).

Hervorzuheben ist, daß neben den nachhaltigen sanitären Erfolgen in Khartoum, nach Aussagen von Sarsfield-Hall, auch Howards Ideen zur Gartenstadt erfolgreich umgesetzt wurden:

> Modern Khartoum might be aptly described as a garden city in which the desert has been made to blossom as the rose. (...). All Government Gardens are under the control of the Gardens section of the Province which is supervised by a British Superintendent trained at Kew Gardens (SAD, 646/5/7).

Auch hieran wird deutlich, wie der enge Austausch von Konzepten, Ideen und Fachkräften innerhalb des Empires sich in Khartoum niederschlug (SAD, 646/5/7). Hinsichtlich der Reichweite, die der Stadtplanung und der kolonialen Raumorganisation während des Britischen Empires - und damit auch im kolonialen Sudan - zugemessen wird, kommt CHRISTO-PHER zu dem Schluß:

> In a period ranging from a few decades to several centuries British admini-
> strators, settlers, traders, clerics and others built and organised other
> countries around the world in the image of England (X, 1988).

Zusammenfassend läßt sich feststellen, daß die Beiträge der einzelnen Planer und Institutionen bei der Transformation der kolonialen Bedürfnisse in eine bebaute und bewohnte Umwelt einen räumlichen "Abdruck" in Khartoum hinterlassen haben, der in erster Linie auf europäischen Werten und Normen basierte. Ideen, Konzepte und Erfahrungen zur Planung von Kolonialstädten wurden innerhalb des Britischen Empires etwa durch Pläne, Gesetze, Publikationen und Fachkräfte sowie mittels Stadtplanungskonferenzen ausgetauscht. Bei der Überführung europäischer Normen und Werte in die räumliche Organisation der Kolonialstadt lassen sich für Khartoum zwei zentrale Planungskonzepte hervorheben. Das erste wurde im Zusammenhang mit der Eroberung des Sudan und der Herrschaftsabsicherung in Khartoum umgesetzt, es bestand in der strategischen Organisation von städtischem Raum als "Military Space". In einem feindlichem Gebiet mußte der europäische Raum zu kontrollieren, zu überwachen und im Notfall auch zu verteidigen sein. Diese strategischen Funktionen fanden insbesondere im symmetrischen Grundriß von Khartoum ihren räumlichen Niederschlag (vgl. Kap. 5.1.3.). Das "Low Density Planning" als zweites Planungskonzept basierte vor allem auf den gesundheitlichen Bedürfnissen der Europäer. Entsprechend den zeitgenössischen Vorstellungen von der Ausbreitung von Krankheiten und vor dem Hintergrund der negativen Erfahrungen mit der Verstädterung in Europa während der Industrialisierung, wurden die Straßen Khartoums breit angelegt und die europäischen Wohngebiete wenig verdichtet geplant. Beide Planungskonzepte waren kompatibel; sie beruhten auf der Einschätzung, daß von den "Fremden", also von den Sudanesen, eine potentielle Bedrohung ausgehen würde als militärische Gegner und als Ursprungsherd von Krankheiten. Ihren wichtigsten räumlichen Ausdruck fanden die beiden Planungskonzepte daher in der Segregation von europäischem und sudanesischem Lebensraum. Die Instrumentarien, die diese räumlich getrennten Lebensräume nach den Erfordernissen der anglo-ägyptischen Kolonialregierung in Khartoum gestalteten, waren die einzelnen, arbeitsteilig organisierten, kommunalen Körperschaften und die Gesetzgebung, die Landrechte deklarierte und die bauliche Nutzung strukturierte und raumübergreifend standardisierte. Dabei wurde die räumliche Segregation von Europäern und Sudanesen durch die Einteilung von Land in verschiedene Klassen mit unterschiedlichen Standards gesetzlich festgeschrieben. Die funktionale Zonierung von Wohn- und Gewerbegebieten bedeutete darüber hinaus eine reglementierte Trennung von "Wohnen" und "Arbeiten". Insbesondere die Wohnbedingungen der sudanesischen Armutsgruppen waren dabei durch Unsicherheit vor Räumung und durch eine hohe Belegdichte gekennzeichnet. Zur Bewältigung ihrer Armuts- und Wohnraumprobleme wurden von den kolonialen Autoritäten "einheimische" Potentiale "entdeckt"; in "geförderter Selbsthilfe" (vgl. Kap. 2.2.) wurden die Bewohner in Khartoum dann dazu angehalten die anstehenden Probleme selbst zu lösen.

5.4. Die gesellschaftliche und räumliche Transformation von Khartoum vor der "Unabhängigkeit"

5.4.1. Zur Perpetuierung städtischer Armut

Seit Mitte der 30er Jahre bestimmten die Formierung politischer Parteien, die gegenüber der Kolonialregierung für die Unabhängigkeit des Sudan eintraten, und eine wachsende ökonomische Prosperität die Entwicklung im Sudan. Der Zweite Weltkrieg hatte sich, wie schon der Erste Weltkrieg, als ökonomische Boomphase erwiesen. Lag der Gesamtwert der Importe 1935 noch bei 5.369.879 LE, so stieg er 1943 auf 9.201.212 LE (vgl. REFACS, 1948, 39) und erreichte 1951 gar 41.966.091 LE. Auch der Gesamtwert der Exporte, die deutlich auf Großbritannien ausgerichtet waren (vgl. REFACS, 1948, 39), stieg im gleichen Zeitraum von 5.002.496 LE auf 62.177.529 LE an (vgl. HOLT et al., 1979, 157). Das wichtigste Exportprodukt war Baumwolle, die 1948 allein 67,7% des Gesamtexportwertes ausmachte (vgl. REFACS, 1948, 44) und die Anfang der 50er Jahre bedingt durch den Korea Krieg eine deutliche Preissteigerung auf dem Weltmarkt erfuhr (NIBLOCK, 1987, 41). Infolgedessen wies die Haushaltsbilanz der Kondominiumsregierung beträchtliche Nettogewinne auf (vgl. Tab. 4), die es erlaubten in die agrarischen Wachstumssektoren und Infrastrukturprojekte zu investieren. Während aber die ländliche Bevölkerung partiell, vor allem jedoch die Händler von den Gewinnen, die im Agrarsektor erwirtschaftet wurden, profitierten, hatten die lohnabhängigen städtischen Bewohner die steigenden Lebenshaltungskosten zu bewältigen. Diese waren innerhalb von zehn Jahren [1938-

1948] extrem gestiegen und zwar für die einkommensstärkeren Gruppen auf das 2,4-fache und für die einkommensschwächeren Gruppen sogar auf das 2,9-fache (vgl. Tab. 8). Insbesondere das Hauptnahrungsmittel Hirse hatte sich verteuert; die Hirsepreise waren von 1939 bis 1945 auf das Doppelte gestiegen und hatten sich von 1946 bis 1948 gar verdreifacht (vgl. HOLT et al., 1979, 157).

Tab. 8: Lebenshaltungskostenindex im Sudan [1938-1948]

	Monatseinkommen unter LE 12	Monatseinkommen über LE 12
1938	100,0	100,0
1944	160,4	168,5
1945	170,2	176,8
1946	183,4	190,8
1947	229,3	195,8
1948	288,7	244,0

Quelle: REFACS (1948, 63)

Khartoum wurde von diesen ökonomischen und politischen Entwicklungen in mehrfacher Hinsicht betroffen: So stiegen zwar die Arbeitslöhne für unausgebildete Arbeitskräfte nach dem zweiten Weltkrieg an: 1945 lagen sie in Khartoum zwischen 0,065 - 0,08 LE pro Arbeitstag und in Omdurman bei 0,12 LE; 1946 blieben sie in Omdurman gleich, stiegen jedoch in Khartoum auf 0,07 - 0,10 LE; mit dem vollen Einsetzen des Baubooms kletterten sie 1947 in Khartoum von 0,08 LE auf 0,12 LE und erreichten 1948 in Khartoum 0,13 LE und 0,17 LE in Khartoum Nord.[55] Doch als Folge dieser steigenden Löhne kam es aus den nördlichen Provinzen zum: "(...) continual drift (...) towards the better wages" (REFACS, 1947, 161) nach Khartoum. Allerdings waren nicht nur die höheren Lohneinkommen Ursache für die Arbeitsmigration aus dem Nor-

---

[55] Vgl. REFACS, (1945, 143; 1946, 150; 1947, 161; 1948, 173)

den, auch das Hochwasser von 1946, das die Landwirtschaft im Nordsudan stark schädigte, trug maßgeblich dazu bei (vgl. REFACS, 1946, 151). Und Anfang der 50er Jahre erreichten auch südsudanesische Migranten Khartoum:

> There was a constant movement of population from the provinces into the capital caused partly by the attractions of the amenities of the three towns, and partly by the demand for labour particularly in the building trade. Many immigrants, especially Nubas and Southerners evidently come under the impression that the streets are paved with gold. Some became destitute and take to crime. Many had to be repatriated at the public expense and constitute a real growing problem (REFACS, 1950/51, 120).

Die anhaltende Zuwanderung aus den Provinzen, die nicht zuletzt auch infolge des wachsenden Bedarfs an Bargeld zur Entrichtung der Steuern erfolgte, stellte, bei parallel steigenden Lebenshaltungskosten in Khartoum, einen Ausgangspunkt zur weiteren ökonomischen Polarisierung der Stadtbevölkerung dar (vgl. Kap. 5.2.2.). "Money became scarce as living conditions became harder but merchants as a class did well" wird im Khartoum Provinz Bericht 1948 vermerkt (REFACS, 1948, 180). Gerade bei Hirse und Gemüse, den wichtigsten Nahrungsmitteln der städtischen Bevölkerung wurden - wie schon in der Phase des ersten Baubooms - die Preise durch die Händler künstlich hochgehalten (vgl. Kap. 5.2.2.), so daß sich die Kolonialregierung infolge der politischen Unruhe - allein zwischen dem 13. November und dem 23. Dezember 1948 kam es in Khartoum zu fünf groß angelegten Demonstrationen (REFACS, 1948, 171-172) - die sie nicht noch anheizen wollte, gezwungen sah zu intervenieren. Ein erster Anlauf fand seitens der Regierung statt, als versucht wurde die Gemüsepreise zu senken, indem ihr Verkauf in Khartoum ohne Lizenz gestattet wurde. Der Erfolg dieser Aktion blieb aber unklar, weil sich kurz nach dem staatlichen Eingriff ein saisonal bedingter Preisabfall abzeichnete (REFACS, 1948, 180). Auch bei den steigenden Getreidepreisen intervenierte die Regierung in Khartoum und verkaufte auf Rationierungsbasis 10% unter Marktpreis. Die Preise wurden dadurch kurzfristig stabilisiert, so daß festgestellt werden konnte:

> It was also an undoubted boon to the few thousands of the poor and very poor who benefitted either honestly by eating the grain or dishonestly by selling their allotment at a profit in the black market (REFACS, 1948, 180).

Diese Interventionspolitik wurde jedoch nachträglich als Fehler bewertet, da die Händler dadurch nachhaltig entmutigt werden würden. Parallel

zum Abbau des Rationierungssystems, das die "few thousands" der unteren Einkommensschichten während des Krieges ökonomisch subventio-
nierte, erfolgten auch die preisregulierenden Eingriffe nur noch halbher-
zig. Nachdem die Preiskontrolle von Hirse 1946 aufgegeben worden war
und 1947 nur noch Tee, Zucker, Weizen und Kleider mit Rationskarten
zu beziehen waren - obwohl gleichzeitig die Nachfrage nach Rationskarten immer größer wurde: "(...) the number of persons qualifiying for
ration cards increased by hundreds every month" (REFACS, 1947, 166) -
wurde 1948 mit der Abschaffung der staatlichen Preiskontrolle von
Zucker den städtischen Armutsgruppen eine weitere wichtige Einkommensquelle entzogen:

> The successful decontrol of sugar in August (...) played havoc with the
> domestic economy of the very poor who suddenly found themselves
> deprived of a not inconsiderable source of income hitherto obtained from
> selling the surplus or the whole of their ration to black marketeers
> (REFACS, 1948, 180).

Im darauffolgenden Jahr, als der zweite Bauboom in der Geschichte
Khartoums in vollem Gange war, stiegen die Lebenshaltungskosten noch
weiter an (vgl. Tab. 8). Doch die Eingriffe der Kolonialregierung, die
wiederum versuchte den Preis von Gemüse zu stabilisieren, waren nicht
geeignet das ökonomische Auseinanderdriften einer prosperierenden
Händlergruppe von den abhängigen Lohnarbeitern und den städtischen
Armen in Khartoum zu verhindern:

> In an attempt to correct the high prices for vegetables charged by the
> middlemen and the low price paid by them to the producers, the municipal
> authorities tried an experiment of sale by auction, but had to abandon it
> partly because of its expected unpopularity with the middlemen was surpri-
> singly shared by the producers and partly because it failed to have the
> desired effect on prices. The high price of grain continiued (...) and there
> can be little doubt that the hardship which undoubtedly existed in poorer
> households was attributable to the sustained high price of grain (REFACS,
> 1949, 173).

Die Mittelsmänner der städtischen Ökonomie, erfahren im Sinne von
SANTOS (vgl. Kap. 1.2.2.) die Solidarität der Produzenten jedoch durchaus nicht überraschenderweise, wie die Kolonialregierung glauben
machen will. Vielmehr ist es wahrscheinlich, daß die Kleinproduzenten
unter den gegebenen ökonomischen Belastungen für die Sicherung ihres
Überlebens gezwungen waren bei den Händlern Kredite aufzunehmen und
damit unmittelbar von diesen abhängig waren. Das Verhalten der Produzenten beruht somit nicht auf solidarischem Handeln, sondern ist als Aus-

druck einer abhängigen Entwicklung zu werten. Daraus kann auch gefolgert werden, daß die ökonomischen Abhängigkeiten zwischen den Armutsgruppen in Khartoum und den Mittelsmännern der städtischen Ökonomie, die während des ersten Baubooms von der Kolonialregierung zur Steuerung des Arbeitskräftebedarfs forciert worden waren (vgl. Kap. 5.2.2.), sich zwischenzeitlich in klientelen Strukturen verfestigt hatten, die selbst für die Kolonialregierung nicht mehr ohne weiteres zu kontrollieren waren.

Für die Stadtökonomie von Khartoum läßt sich somit feststellen, daß die hohen Arbeitslöhne, die nach dem Zweiten Weltkrieg vor allem im Baugewerbe gezahlt wurden, die steigenden Lebenshaltungskosten in Khartoum nicht auffangen konnten, daß sie im Gegenteil sogar zur Zuwanderung von Arbeitsmigranten nach Khartoum beitrugen und damit die städtische Arbeitslosigkeit, die mittlerweile zum Problem geworden war, erhöhten. Parallel dazu wurden die Mittelsmänner der städtischen Ökonomie durch die Politik der Kolonialregierung weiter begünstigt, während die ökonomische Marginalisierung städtischer Armutsgruppen perpetuiert wurde. Vor dem Hintergrund dieser sozioökonomisch differenzierten städtischen Gesellschaft und der wachsenden politischen Aktivitäten einer zunehmend gewerkschaftlich organisierten Arbeiterschaft muß die Entwicklung der Wohnraumsituation in Khartoum herausgearbeitet werden.

5.4.2. Die "Sudanisierung" der Verwaltung

Im Zuge der Entwicklung zur politischen Unabhängigkeit wurden auch die Körperschaften, die seit den 20 Jahren mit der Administration von Khartoum betraut waren, durch die verstärkte Eingliederung von Sudanesen in die Verwaltung, modifiziert. Die "Khartoum, Khartoum North and Omdurman Municipal Council Proclamation" von 1921, die einen gemeinsamen "Municipal Council" für die Dreistadt initiierte und dessen Aufgabe als beratendes Gremium für den Gouverneur definiert hatte, wurde 1945 endgültig überholt. Bereits Ende der 30er Jahre waren sogenannte "Town Councils" aus dem "Municipal Council" ausgegliedert worden (REFACS, 1939-41, 132), die in den Kriegsjahren etwa bei der Verteilung der rationierten Nahrungsmittel aktiv geworden waren (REFACS, 1942-44, 138). Doch erst 1945 wurde der gemeinsame "Municipal Council" durch drei separate "Municipal Councils" für Khartoum, Omdurman und Khartoum Nord abgelöst, die sich aus jeweils

18 Mitgliedern zusammensetzten. Und im Gegensatz zur früheren Verwaltungspraxis wurde nunmehr nur noch ein Teil der Mitglieder durch den Gouverneur zur Wahrung der "various social and commercial interests" nominiert (REFACS, 1945, 17), der andere Teil wurde fortan gewählt. Gleichzeitig mit dieser Dezentralisierung der formalen Kompetenzen wurde auch die finanzielle Verantwortlichkeit aufgeteilt. Das erste Budget für den "Municipal Council" von Khartoum betrug 1945 68.284 LE, für Omdurman 33.217 LE und für Khartoum Nord 16.324 LE (REFACS, 1945, 17). Die Mitglieder der einzelnen "Municipal Councils" trafen einmal im Monat zusammen, um die Aktivitäten der unterschiedlichen Komitees, die in Arbeitsberichten dargelegt wurden, zu koordinieren. Untereinander waren die drei "Municipal Councils" durch ein "Joint Standing Committee" verbunden, das bei Bedarf einberufen wurde. Neben der Ausarbeitung neuer Verordnungen für die Verwaltung der Dreistadt, bestand die Hauptaufgabe der "Councils" - wie schon in den 20er Jahren - darin, nach Möglichkeiten für die Aufbesserung des städtischen Haushaltes zu suchen:

> Their resources have hitherto been restricted and councillors are increasingly conscious that only by raising additional revenue can the essential needs of the towns be met and their reserves built up to a satisfactory level (REFACS, 1946, 149).

Darüber hinaus wurden die "Municipal Councils" zunehmend auch bei der Stadtplanung aktiv:

> They developed a strong interest in town planning and studied and produced, in conjunction with the town planner, schemes for the orderly and attractive development of the Three Towns (REFACS, 1947, 159).

Jedoch lag die Verantwortung der Stadtplanung in erster Linie beim "Central Town Planning Board". Dieses arbeitete mit einem ständigen Komitee, das sich wöchentlich im "Survey Department" traf, um Vorschläge zu Projekten der Stadtentwicklung zu prüfen, die seitens der Stadtplaner eingebracht wurden. Darüber hinaus war das "Town Planning Board" auch für die Verwendung der Gelder aus dem "Town Replanning and Slum Clearance Fund" und dem "Towns Premium Reserve Fund" verantwortlich (vgl. REFACS, 1951-52, 77).

5.4.3. Programme zur Steuerung der Stadt- und Wohnraum-entwicklung

Zu den wichtigsten Projekten der Stadtentwicklung, die während und nach dem Zweiten Weltkrieg in Khartoum durchgeführt worden waren, zählte die Anlage eines Grüngürtels [Green Belt] zum Schutz gegen Sandstürme. Hierzu wurde von der Regierung 1947 ein ca. 530 ha großes Gebiet im Süden von Khartoum ausgewählt (vgl. REFACS, 1947, 162; Karte 1). Darüber hinaus war 1945 in Khartoum ein Gebiet für die Ansiedlung von Leichtindustrie ausgewiesen worden, indem sich allein im folgenden Jahr 26 neue Fabriken und Werkstätten niedergelassen hatten (REFACS, 1946, 154). In diesem Zusammenhang war auch in Khartoum Nord eine Seifenfabrik und eine Fabrik zur Herstellung pflanzlicher Öle entstanden (REFACS, 1948, 179).

Im Wohnungssektor führte die massive Einwanderung nach Khartoum bei kriegsbedingter Knappheit an Baumaterialien und steigenden Bodenpreisen (REFACS, 1945, 148) zu einem gravierenden Wohnungsmangel und zur Überbelegung und Degradierung des vorhandenen Wohnraums (REFACS, 1945, 143-46). Parallel mit den Programmen, die von der Kolonialregierung zur Sanierung der desolaten Wohnraumsituation eingesetzt wurden, entwickelte sich aus dieser Situation nach dem zweiten Weltkrieg ein erneuter Bauboom in Khartoum und die Investitionen in den Wohnungssektor steigerten sich jährlich. Allein in Omdurman wurde 1946 Wohnraum für 140.000 LE errichtet, 1947 für 170.000 LE, 1950/51 für 268.000 LE und 1951/52 für 293.000 LE.[56] Mit dem Näherrücken der Unabhängigkeit wurden ökonomische Instabilitäten befürchtet, so daß gerade der Immobilienmarkt eine wachsende Attraktivität für private Investoren erlangte. Im Jahr der Unabhängigkeit 1956 betrug der finanzielle Anteil des Wohnungssektors am Nationalprodukt zwar nur 3%, doch das Privatkapital stellte 83% davon. Bereits 1958 war jedoch der Anteil des Privatkapitals auf 38% abgesunken (vgl. NIBLOCK, 1987, 41). Immobilien waren kurzfristig zur sicheren Geldanlage und wiederum zum Spekulationsobjekt geworden.

Im folgenden wird es darum gehen, die Konzepte und Instrumentarien der Kolonialregierung bei der Steuerung der Stadtentwicklung und bei der Bewältigung der Wohnraumprobleme in Khartoum herauszuarbeiten, deren Lösung auch infolge des verstärkten Drucks von seiten der

---

[56] Vgl. REFACS (1947, 165; 1950/51, 123; 1951/52, 155).

Gewerkschaften für die Regierung unabwendbar geworden waren:

> In 1947 the general political restlessness stimulated by the high cost of living, caused labour for the first time to make several organised attemps to extract better conditions from the employers (REFACS, 1947, 161).

Als Ausgangspunkt jedweder Neuplanung und der Sanierung bestehender Bausubstanz, die mit der Implementierung von Programmen zwangsläufig in die bestehende Raumstruktur eingreift, müssen - wie es auch in der Kolonialstadt Khartoum geschah - die Verhältnisse der Bodenordnung[57] zugrundegelegt werden. Landbesitz existierte in Khartoum in Form von Privateigentum und auch als Pachtbesitz, der wiederum in den "Native Lodging Areas" gesondert geregelt war. Diese stellten für die Stadtplanung jedoch kein größeres Problem dar, denn das Land in den "Native Lodging Areas" wurde an die Bewohner ja nur auf einer jährlichen Pachtbasis vergeben und konnte bei Bedarf innerhalb eines Monats geräumt werden (vgl. Kap. 5.3.3.). Auch der Anspruch auf Kompensation der Bewohner im Falle einer Räumung erlosch, wenn sie das Land länger als zehn Jahre genutzt hatten (SAD, 720/2/13). Schwierigkeiten für eine umfassende Neuplanung und für Sanierungsmaßnahmen bestanden in erster Linie in Stadtteilen wie Omdurman, wo das Land überwiegend in Privatbesitz war, denn darauf hatte die Kolonialregierung bisher keinen Zugriff. Erst mit der Einführung der "Town Replanning Ordinance, 1950" wurden für die Neuplanung und Aufwertung der Bausubstanz von Wohngebieten, die sich in Privatbesitz befanden, die rechtlichen Grundlagen geschaffen. Unter dem wachsenden Bevölkerungsdruck erschien jedoch die Neuausweisung von Bauland am vordringlichsten.

> Khartoum and Omdurman suffered from an acute housing shortage due partly to the scarcity of building material but more to the absence of available 1st and 2nd class building land (REFACS, 1945, 148).

5.4.3.1. Das "Town Lands Scheme, 1947"

Als einen wichtigen Schritt zur Lösung der Wohnraumsituation in Khartoum wurde von SIMPSON, dem "Commissioner of Lands and Registrar General", 1946 ein neues "Town Lands Scheme" entworfen

---

[57] SIMPSON führt 1946 aus: "At present very few 3rd Class leasees and not many 2nd Class understand their leases - nor do many officials who have to deal with them" (SAD, 627/16/65).

(SAD, 719/6/5-192). Mit seiner Hilfe sollte die Neuauflage von Bauland in den Städten vereinheitlicht werden. So war vorgesehen keine Eigentumstitel mehr zu vergeben, sondern diese soweit wie möglich durch eine zeitlich befristete Landpacht zu ersetzen. Darüber hinaus konnte durch das "Town Lands Scheme" dem Besitzer eines Pachttitels sein Besitzanspruch ohne Verfahren umstandslos entzogen werden, falls er innerhalb eines Jahres seine Parzelle nicht vorschriftsgemäß bebaut hatte. Weiterhin schöpfte die Kolonialregierung bei jeder Übertragung von Besitzrechten 50% des Wertzuwachses ab. Und schließlich beabsichtigte die Regierung mit dem "Town Lands Scheme" auch die Finanzierung von "Slum Clearance" und "Replanning Projekten" zu ermöglichen. Noch vor seiner offiziellen Implementierung 1947 wurde es von staatlicher Seite als "(...) the most important advance in urban land development (...)" bewertet (REFACS, 1946, 154). Bereits ab 1946 konnte daraufhin in den sudanesischen Städten neu aufgelegtes Bauland nur noch als Pachtbesitz erworben werden.

Der wichtigste finanzielle Aspekt des "Town Lands Scheme" bestand jedoch darin, daß das Recht ein bestimmtes Grundstück zu pachten in öffentlichen Auktionen an den Meistbietenden verkauft wurde und die dadurch erzielte Prämie [Premium Bidding] (SAD, 719/6/8) einem "Towns Premium Reserve Fund" zugute kam, über den dann Infrastruktur- und Wohnungsbauprojekte finanziert wurden. Die Laufzeit der Pacht wurde durch die Klassifikation des Landes bestimmt. Wohngebiete auf Land der ersten Klasse waren für 50 Jahre zu pachten, mit einer Verlängerungsoption von 30 Jahren; Wohngebiete auf Land der zweiten Klasse für 30 Jahre, mit zwei Verlängerungsoptionen für je 20 Jahre und Wohngebiete auf Land der dritten Klasse waren für 20 Jahre zu pachten, ebenfalls mit zwei Verlängerungsoptionen jedoch nur für jeweils zehn Jahre (vgl. SAD, 719/6/6). Die Pacht des durch "Premium Bidding" erworben Grundstücks wurde jährlich im voraus erhoben. Für Land der ersten Klasse waren das 0,005 LE/Quadratmeter, für Land der zweiten Klasse 0,0025 LE/Quadratmeter und für Land der dritten Klasse 0,001 LE/Quadratmeter (vgl. SAD, 719/6/6).

In den "New Extentions", südlich des Eisenbahnrings von Khartoum kam es bereits 1946 zu zwei groß angelegten Auktionen. Dabei wurden 55 Grundstücke der ersten Klasse im Gesamtwert von LE 1.348 sowie 235 Grundstücke der zweiten Klasse im Wert von LE 2.520 und 297 Grundstücke der dritten Klasse für insgesamt LE 154 versteigert. Der Andrang auf die verbleibenden 220 Grundstücke durch 1.500 Bewerber

war so groß, daß die Versteigerung dieser Parzellen zurückgestellt
werden mußte (REFACS, 1946, 154-155). Auch in Omdurman wurden
im Mulazim Quartier 127 Grundstücke der zweiten Klasse sowie 93
Grundstücke im Hay El Arda und 53 im Hay El Arab, ebenfalls zweiter
Klasse, im Gesamtwert von LE 1.213 versteigert. Die 225 Grundstücke,
die in Khartoum Nord versteigert wurden, brachten der Regierung
zusammen LE 1.238 ein (REFACS, 1946, 155). Für die Sanierung und
Entwicklung der Dreistadt waren somit 1946 allein durch den "Towns
Premium Reserve Fund" 6.473 LE eingenommen worden. Neben den
finanziellen Möglichkeiten, die durch das "Town Lands Scheme" für die
Sanierung von Khartoum verwirklicht wurden, trug das "Scheme" durch
die Auflage in Jahresfrist zu bauen zu dem erneuten Bauboom bei, der
sich bereits 1948 immer deutlicher abzeichnete:

> The urge to built, spurred on by the demand for more and yet more houses
> and undeterred by high prices, high wages and petrol rationing, unloosed
> both private and public purse-strings to the extent of many hundreds of
> thousands of pounds (REFACS, 1948, 179).

5.4.3.2. "Replanning"-Projekte am Beispiel des Stadtteils Murada

Bei der Untersuchung kolonialer "Replanning"-Projekte wird in erster
Linie die Verfahrensweise dieses stadtplanerischen Instruments herausgestellt, da sie etwa 30 Jahre später, in ähnlicher Form, von der sudanesischen Regierung für das "Replanning" illegaler Siedlungen in der Konurbation Khartoum angewendet wird. Zur Sanierung von Wohn- und
Gewerbegebieten, die in Privatbesitz und langfristigem Pachtbesitz
waren, deren bausubstanzielle Standards aber nicht mehr den
städtebaulichen Anforderungen entsprachen, wurde 1950 die "Town
Replanning Ordinance" erlassen. (vgl. SAD, 720/2/3-15). Die gesetzlich
geregelte Verfahrensweise sah vor, daß mit dem Zeitpunkt der
öffentlichen Ankündigung eines "Replanning"-Projektes alle neuen
Ausbauten im betreffenden Gebiet genehmigungspflichtig wurden, um
damit eventuelle Nutzungskonflikte von vornherein auszuräumen. Der
nächste Schritt des Verfahrens bestand darin, daß ein Stadtplaner in
Zusammenarbeit mit den lokalen Behörden einen Strukturplan [General
Plan] erstellte, der die Grundrisse der einzelnen Parzellen aufnahm und
die vorhandene Bausubstanz bewertete. In diesem Zusammenhang wurde
auch eine Sozialerhebung [Social Survey] durchgeführt. Denn das
"Replanning" eines Wohngebietes wurde vor allem in überbelegten

Vierteln notwendig und zog eine Umsiedlung bestimmter Bevölkerungsteile in eine sogenannte "Spill Over Area" nach sich (SAD, 720/2/6). Der neu erstellte Strukturplan wurde dann dem "Central Town Planning Board" vorgelegt, das die genaue Durchführung mit dem Generalgoverneur und dem "Financial Secretary" absprach. Der Generalgoverneur benannte daraufhin einen "Replanning Officer" als Präsidenten einer "Replanning Commission", die sich noch aus zwei weiteren Mitgliedern zusammensetzte und die mit weitreichenden Kompetenzen ausgestattet war. Sie hatte sich bei der Neuausweisung zwar am Strukturplan zu orientieren, konnte aber bei Bedarf Grundstücke neu zusammenlegen, Wohngebiete in Marktgebiete umwandeln und auch die Wohngebietsklasse ändern: "In fact the Commission can do anything with the property and the rights to the property in the area (...)", so der "Commissioner of Lands", SIMPSON (SAD, 720/2/5). Die "Replanning Commission" hatte darüber hinaus die Aufgabe die Verluste und die Gewinne, die dem Einzelnen durch die Neuplanung entstanden, festzustellen, um die entsprechende positive oder negative Kompensation zu gewährleisten (SAD, 720/2/5).

Als Beispiel für die Durchführung eines "Replanning"-Projekts nach der neuen "Replanning Ordinance" kann der südliche Stadtteil von Omdurman, Murada herangezogen werden, der durch KENRICK (1953), dem "District Commissioner" von Omdurman dokumentiert ist. Im Februar 1951 wurde das 86.000 Quadratmeter große Murada in einen Strukturplan aufgenommen und für eine Neuplanung vorbereitet. Die "Replanning Commission" zählte 2.273 Personen in 356 Haushalten, die insgesamt 259 Grundstücke bewohnten. Charakteristischerweise war die Bevölkerungsdichte in Murada relativ hoch, so lebten 45% der Bewohner mit mehr als 12 Personen auf einer Parzelle. Und von den insgesamt 259 Grundstücken waren 67,5% kleiner, als es die vorgeschriebene Mindestgröße von 300 Quadratmetern erlaubte und 45% waren gar kleiner als 200 Quadratmeter. Nach dem "Replanning" von Murada wurden von den insgesamt 86.000 Quadratmetern, von denen vormals 74.000 Quadratmeter bebaut waren, nur noch 62.000 Quadratmeter baulich genutzt, die Grundstückszahl wurde von 259 auf 150 gesenkt und alle Grundstücke hatten einen direkten Zugang zur Straße und erreichten die vorgeschriebene Mindestgröße von 300 Quadratmetern. Einige Gebiete wurden gar zu Wohngebieten der zweiten Klasse aufgewertet, so daß KENRICK das Projekt abschließend als Beitrag zum: "(...) removal of one of the many Public Health danger areas" bewertete (1953, 285). Die technischen

Daten, die KENRICK zur Bewertung des Projektes anbietet, lassen jedoch keine Aussagen über die sozioökonomischen Prozesse, die durch das "Replanning" bei den Bewohnern ausgelöst wurden, zu. Diese werden im folgenden am Beispiel der "Slum Clearence"-Projekte (vgl. Kap. 5.4.3.3.) herausgearbeitet.

5.4.3.3. "Slum Clearence"-Projekte am Beispiel der "Old Deims" in Khartoum

Das umfangreichste Projekt zur "Slum Clearence" in Khartoum wurde von 1949 bis 1953 durchgeführt. Dabei wurden ca. 30.000 Personen umgesiedelt, 5.855 Häuser abgerissen und 3.721 Häuser neu aufgebaut (vgl. ARTHUR, 1980, 538-539). Die "Old Deims", die ehemals von Stanton 1902 angelegt worden waren, wurden dabei komplett abgetragen und als "New Deims" südöstlich des alten Standorts neu aufgebaut. In der Phase des Baubooms hatten die "Old Deims" die weitere Südexpansion von Khartoum blockiert und boten, so die offizielle Argumentation, mit ihren 50 Quadratmeter kleinen Parzellen keine adäquaten Wohnbedingungen mehr und stellten vielmehr eine Bedrohung für die öffentliche Gesundheit dar (vgl. REFACS, 1949, 171-172). Bereits 1931 waren die "Old Deims" ja Ausgangspunkt einer Meningitis Epidemie gewesen (REFACS, 1931, 125). Kleinere "Slum Clearance"-Projekte gingen in Khartoum auf die 30er Jahre zurück und auch während des Zweiten Weltkriegs kam es zu entsprechenden Aktivitäten:

> Slum clearance continued in Khartoum and Khartoum North by moving the inhabitants of congested areas to native loding sites and by rearranging layouts (REFACS, 1942-44, 142; vgl. SIMPSON, 1985, 73-75).

Doch die unmittelbaren Vorbereitungen zur Umsiedlung der "Old Deims" begann erst 1945:

> Preparations were made to move to sites in the new deims the inhabitants of the old deims, the commercial stables, the village of Mangara at the Mogren and various insanitary quarters in the town. The lay-out of blocks in the new deims was adjusted to allow of pit latrines inside the compounds and a narrowing of the very wide sandy streets (REFACS, 1945, 148).

Ein Jahr später bekamen dann die Bewohner der beiden "Deims" Salman und Gashasha, unter der Auflage ihre alten Häuser niederzureißen, 550 Bauparzellen in den "New Deims" zugewiesen, die dem Mindeststandard von 200 Quadratmetern entsprachen (vgl. REFACS, 1946, 155). 1948

war der unbebaute Freiraum zwischen den "Old Deims" und dem nach
Süden expandierenden Khartoum endgültig überbaut worden und die
komplette Umsiedlung der "Deims" wurde, wie ARTHUR, der "District
Commissioner" von Khartoum ausführte, "for sanitary, social and
economic reasons" unabdingbar (1980, 526).

Zur Beurteilung, wer in den "New Deims" eine Siedlungsparzelle
zugewiesen bekam, war im März 1949 damit begonnen worden in den
ersten drei der insgesamt 18 "Deims" Sozialerhebungen durchzuführen.
Die Bewohner der alten "Deims" wurden dabei in drei Gruppen eingeteilt. Die erste Gruppe umfaßte die "Absentee Allotees", also die Perso-
nengruppe, die bereits 1946/47 in die "New Deims" umgesiedelt worden
war, die ihren Besitz in den "Old Deims" aber entgegen der Absprache
mit den Behörden nicht aufgegeben, sondern untervermietet hatten. Die
zweite Gruppe, die "Occupying Allotees" waren die eigentlichen Hausbe-
sitzer, die ihr Haus in den "Old Deims" selbst nutzten. Die dritte Gruppe
umfaßte die Pächter der "Absentee Allotees". Zugangsberichtigt zu den
200 Quadratmeter großen Grundstücken in den "New Deims" waren alle
Personen der zweiten Gruppe und diejenigen der dritten Gruppe, die seit
mindestens zehn Jahren mit ihren Familien in den "Old Deims" wohnten
und eine feste Anstellung in Khartoum nachweisen konnten (REFACS,
1949, 172). Für diejenigen, die sich für die Zuteilung einer Parzelle in
den "New Deims" qualifizierten, bestanden die Auflagen der Regierung
darin, innerhalb eines Jahres ein Gebäude nach festgelegten Standards zu
errichten und eine monatliche Pauschalabgabe, die die Bodenrente und
sonstige Abgaben einschloß, in Höhe von LE 0,15 an die Kolonialregierung zu zahlen. Der Bevölkerungsteil, der sich zwar für eine Parzelle in
den "New Deims" qualifizierte, aber nicht imstande war ein Haus zu
errichten, bekam eine einmalige Zuwendung von LE 10, wurde ansonsten
jedoch sich selbst überlassen.

Die heftigen Proteste, die der Umsiedlung vorausgingen und von den
"Absentee Allotees" angeführt wurden, die sich um ihre Mieteinkommen
in den alten "Deims" gebracht sahen, wurden von Arthur, der im "Indian
Civil Service" gedient hatte - und der: "(...) fresh from the horrible
communal riots that had taken place in India" (SIMPSON, 1985, 81) mit
den entsprechenden Erfahrungen nach Khartoum gekommen war -
entschärft. Die entscheidende Maßnahme bestand darin, daß die 103
Parzellen, die bis 1949 nicht bebaut worden waren, von der Regierung
zurückgenommen wurden. Mit dem unmittelbaren Effekt, daß die Anführer des Widerstandes, die sich in erster Linie aus den "Absentee Allotees"

rekrutierten, sich mit allen Vorschlägen der Regierung einverstanden erklärten, wenn nur die vormaligen Besitzer ihre Grundstücke wiedererlangten (1980, 529). Parallel zur Durchführung der Sozialuntersuchungen wurde im Juni 1949 mit dem Abriß der ersten Häuser begonnen und am Ende des Jahres war "Deim" Salman bereits vollständig umgesiedelt und die "Deims" Gashasha und Telegraph zum überwiegenden Teil. Insgesamt waren 1949 damit 1.057 Wohnungen abgerissen und 508 Grundstücke neu zugewiesen worden. 1950 wurden die letzten Sozialerhebung in den drei "Deims" Saad, Number One und Jebel durchgeführt und weitere 1009 Wohnungen in den "Old Deims" niedergerissen (vgl. REFACS, 1950/51, 124). 1951 waren dann 1884 Häuser, 1952 1848 Häuser und 1953 endgültig die restlichen Wohngebäude der "Old Deims" abgerissen worden (vgl. ARTHUR, 1980, 529).

Die Anlage der "New Deims" basierte auf einem symmetrischen Gittergrundriß, der die Wohnblocks mit jeweils ca. 50 Parzellen in einer Standardgröße von 200 Quadratmetern auswies. Zusätzlich zu den Wohnblocks waren Flächen reserviert für Schulen, Märkte, Gesundheitsstationen und Kinos und für jeden zweiten Block war ein Geschäft vorgesehen. Für den Hausbau, der ohne Unterstützung der Regierung in Eigenarbeit erfolgen mußte, waren die Bewohner angehalten aus sechs standardisierten Zeichnungen gegen eine Gebühr von 0,35 LE einen Bauplan auszuwählen und ihre Parzelle dementsprechend zu bebauen (vgl. REFACS, 1949, 172). Wobei jedoch die alten Baumaterialien aus den "Old Deims" für den Neuaufbau verwendet werden konnten. Mit der Raumorganisation der "New Deims" wurde somit die räumliche Ausweitung symmetrischer Gittergrundrisse nach europäischen Standards in Khartoum weiter vorangetrieben, was SANDISON, der "Commissioner of Labour", 1954 wie folgt kommentierte:

> The present grid-iron pattern of northern Sudanese Towns (...) is depressing, monotonous, inflexible and anti-social (1954, 76-77).

SANDISON sah die "normale" soziale Formierung durch eine "gefährliche Anonymität" bedroht, die - in Abwesenheit eines funktionierenden Systems "moralischer Kontrolle" - dem Anstieg der Kriminalität zuträglich sei. Demgegenüber sei Omdurman als traditionelle Stadt ein positives Beispiel. Ein Netzwerk von Verwandtschafts- und Freundschaftsbeziehungen würde die Wohnbezirke durchziehen:

> With this network goes a system of moral control exercised by older people over the young, a control which costs nothing and whose efficacy is testified by the extremely low crime rate of the whole town (1954, 77).

Aus diesem Grund sprach er sich nachdrücklich für alle baulichen Maßnahmen aus, die das "traditionelle Sozialsystem" bewahrten. Tatsächliche
sind die Motive für diese Form der Raumorganisation gerade in der Zeit
politischer Unruhe und nationalistischer Bewegungen, die ja vor allem in
Khartoum ausgetragen wurden, in erster Linie in einer effektiven Kontrolle der Bevölkerung zu suchen. So führt ARTHUR, der "District
Commissioner" von Khartoum, auf den Vorwurf der monotonen
Planungsanlage auch aus:

Uniformity makes for simplicity and effectiveness of control (1980, 536).

Auch in ökonomischer Hinsicht ist die Umsiedlung von 30.000 Personen
kritisch zu bewerten. Die ökonomischen Interessen der Kolonialregierung
bestanden, ungeachtet der Auswirkungen auf die Betroffenen darin, die
Projektkosten [27.794 LE] so gering wie möglich zu halten. Im einzelnen
gestalteten sich diese wie folgt (vgl. ARTHUR, 1980, 533-535):

1. Personalkosten in der Höhe von 7.500 LE ["Deims Resettlement Officer", Schreiber, Fahrer, fünf Bauinspektoren].

2. 204 LE für die Mitarbeit der "Scheikhs".

3. 985 LE als Kompensation für Personen, die sich für Grundstücke
qualifizierten, diese aber nicht annahmen.

4. Zuschüsse in der Höhe von 793 LE für 80 Personen, die sich nicht für
ein Grundstück qualifiziert hatten.

5. 13.020 LE für die Infrastruktur [Straßen, Abwasser, etc.].

6. Kompensationszahlungen für die Wasserschäden von 1950/51 in der
Höhe von 5.292 LE.

Die gesamten Projektkosten von 27.794 LE, die der Kolonialregierung
durch die Umsiedlung der "Old Deims" entstanden, wurden vollständig
durch die Einnahmen aus den Versteigerungen von Pachtland aus dem
"Towns Premium Reserve Fund" finanziert (vgl. ARTHUR, 1980, 535).
Die ganze Umsiedlung war für die koloniale Zentralregierung somit
kostenneutral und allein 79% der unmittelbaren Kosten [Gesamtkosten
abzüglich der Ausgaben für die Infrastruktur und die Wasserschäden] in

Tab. 9: Struktur der Haushaltseinkommen in den "New Deims"

Haushaltseinkommen/ [Monat in LE]	Anteil der Haushalte	Kumulierte Prozentzahl
0 - 3	2,1%	2,1%
3 - 5	4,1%	6,2%
5 - 7,5	6,4%	12,6%
7,5 - 10	21,4%	34,0%
10 - 15	20,1%	54,1%
> 15	45,9%	100,0%

Quelle: FAWZI (1954a, 101), leicht verändert

Tab. 10 : Anteil der Mietausgaben am Haushaltseinkommen in den "New Deims"

Einkommen [LE/Monat]	0 - 3	3 - 5	5 - 7	7 - 9	10 - 15
Anteil der Mietausgaben	49%	29%	28%	20%	17%

Quelle: FAWZI (1954a, 100), leicht verändert

der Höhe von 9.482 LE flossen über Lohnzahlungen an nur acht Personen indirekt auch wieder an die Kolonialregierung zurück. Und nur 6,4% der Gesamtausgaben wurden als Zuschuß und Kompensation an die sozio-ökonomisch schwächsten Personen ausgezahlt, also entweder an diejenigen, die sich nicht für Grundstücke qualifizierten, sei es weil sie als Untermieter der "Absentee Allotees" keine zehn Jahre Aufenthalt in Khartoum oder keine feste Anstellung nachweisen konnten, oder an diejenigen, die sich zwar für ein Grundstück qualifizierten, dieses aber mangels Kapital nicht ausbauen konnten.

Für die Betroffenen wirkten darüber hinaus mehrere Mechanismen des "Slum Clearence"-Projektes sozioökonomisch polarisierend. So mußte der Wiederaufbau der Wohnungen in den "New Deims" von den Bewohnern in Eigenleistung organisiert werden und das in einer Zeit, als durch den Bauboom in Khartoum die Baumaterialien und Fachkräfte für den Hausbau extrem teuer waren. Durch die Auflage innerhalb eines Jahres zu bauen wurde der finanzielle Druck auf die Bewohner der "New Deims" immens, gehörten sie doch den unteren Einkommensschichten an: "Their money incomes were low by any standard" (FAWZI, 1954b, 93). Aus Tab. 9 wird ersichtlich, daß mehr als ein Drittel der Haushalte in den "New Deims" ein Monatseinkommen unter 10 LE haben und daß bei deutlich mehr als der Hälfte aller Haushalte das Monatseinkommen noch unter 15 LE liegt. Daher bedeutete der Hausbau, der 1949 ca. 96 LE kostete (FAWZI, 1954a, 47), für ein Drittel aller Haushalte eine Ausgabe, die das zehnfache ihres Monatseinkommens überstieg. Zur Mobilisierung eines solchen Betrags, innerhalb eines Jahres, blieben den Bewohnern nur drei Möglichkeiten. Entweder sie verfügten über ausreichende finanzielle Reserven oder das notwendige Kapital konnte von Verwandten geliehen werden. Im Falle, daß beides nicht möglich war, mußte der Hausbau durch einen informellen Kredit finanziert werden. Die Zinsen dieser Kredite lagen nach Auskunft von SANDISON bei ausreichenden Sicherheiten zwischen 9% und 12% und erreichten bei nicht vorhandenen Sicherheiten jedoch durchaus 25% (1954, 78-79). Daß die letzte der drei Möglichkeiten, also die Aufnahme von Krediten von der Mehrzahl der Bewohner in Anspruch genommen werden mußte und daß diese sich häufig als "Verschuldungsfalle" erwiesen, ist an den Landbesitzverhältnissen in den "New Deims" zu belegen, die sich innerhalb weniger Jahre grundlegend veränderten. Unmittelbar nach der Umsiedlung in die "New Deims" waren ja alle Bewohner "kostenlos" mit neuen Besitztiteln ausgestattet worden. Doch bereits 1953 waren nur noch 50,7% Besitzer ihres Wohnraums, 40,7% waren Mieter und 8,6% Untermieter (vgl. FAWZI, 1954a, 101). Diese Dynamik in den Besitzverhältnissen deutet darauf hin, daß die ärmsten Besitzer von Anfang an ihr Grundstück an Personen transferierten, die den Ausbau finanzieren konnten, um dann das ausgebaute Wohnhaus von den entsprechenden Personen zu mieten. Ein zweiter Mechanismus bestand darin, daß das zu hohen Zinssätzen geliehene Geld, auch unter dem Druck der hohen

Lebenshaltungskosten, nicht zurückgezahlt werden konnte, und das verschuldete Haus daraufhin verkauft werden mußte, um es günstigstenfalls wieder anmieten zu können (vgl. FAWZI, 1954a, 103). Dabei war die Mietbelastung gerade für die einkommensschwächsten und ärmsten Bewohner der "New Deims" am größten (vgl. Tab. 10). Die Umsiedlungsprojekte, die für die Kolonialregierung kostenneutral blieben, wirkten somit als ökonomischer Polarisationsmechanismus und drängten die städtischen Armen noch weiter in Abhängigkeitsverhältnisse.

5.5. Zusammenfassung: Prägung und Abhängigkeit des kolonialen Khartoum durch das Britische Empire

In diesem Kapitel wurde die Entwicklung der Kolonialstadt Khartoum in ihren Verflechtungen mit dem Britischen Empire und darüber hinaus mit dem Weltsystem herausgearbeitet. Dazu wurden vier zeitlich aufeinanderfolgende Schnitte gelegt, in denen der Untersuchungsfokus von der militärischen Anlage und Neugründung der Kolonialstadt Khartoum bis hin zu kolonialen Programmen der Wohnraumpolitik in Khartoum zusehends verengt wurde.

Die direkte Integration Khartoums in das Empire erfolgte, wie der erste Schnitt dieses Kapitels zeigt, durch die anglo-ägyptische Eroberung des Sudan (vgl. Kap. 5.1.). Die unmittelbaren Auswirkungen dieser britischen Expansion bestanden darin, daß durch die Anwendung direkter Gewalt zehntausende der waffentechnologisch unterlegenen Sudanesen ihr Leben verloren und der Sudan nunmehr endgültig in das europäisch dominierte Weltsystem einbezogen war. Als strategischer Brückenkopf zwischen Großbritannien und dem sudanesischen Hinterland wurde die Kolonialstadt Khartoum neu geplant und als militärischer Raum in einem potentiell feindlichen Gebiet organisiert. Die Anlage und der Bauplan des neuen Khartoums spiegelten dabei die strategische Funktion der Kolonialstadt wieder, erinnerten an die "heroische" Vergangenheit Gordons und entsprachen den zeitgenössischen Ideen des kolonialen Städtebaus im Britischen Empire.

Mit der Untersuchung der Formalisierung und Etablierung der anglo-ägyptischen Kolonialmacht in der Kolonialstadt Khartoum wurden in einem zweiten Schnitt die administrativen, ökonomischen und formalrechtlichen Aspekte der Herrschaftssicherung und die Ausbildung der strukturellen Abhängigkeiten zwischen Khartoum und dem Britischen Empire beleuchtet (vgl. Kap. 5.2.). Dabei konnte gezeigt werden, daß die

Verwaltungsstruktur des anglo-ägyptischen Kondominiums - bei dem die Ägypter den Wiederaufbau des Sudan bezahlten und die Briten die Kolonialpolitik kontrollierten - hierarchisch organisiert war; und daß innerhalb der stark zentralisierten Administration die Verwaltung der Provinz Khartoum zunächst von Militärs durchgeführt wurde, die kaum über Kenntnisse der islamischen Gesellschaft verfügten, und deren Einstellung gegenüber den Sudanesen von einem viktorianischen Paternalismus geprägt war (vgl. Kap. 5.2.1.). In ökonomischer Hinsicht bedeutete die Politik der Weltmarktöffnung, daß Khartoum durch den auf Großbritannien ausgerichteten Export von Rohstoffen, wie Baumwolle und Gummi Arabikum und durch den Import industrieller Fertigprodukte und Konsumgüter auch zum wichtigsten wirtschaftlichen Zentrum des anglo-ägyptischen Sudan aufstieg und als "Glied in der Kette eines urbanen Systems weltweiter Ausbeutungs- und Abhängigkeitsbeziehungen" (Kap. 1.2.1.) funktionierte (vgl. Kap. 5.2.2.). Durch die damit korrespondierende Einführung städtischer Lohnarbeit wurde die koloniale Stadtökonomie zum Ausgangspunkt für die marktökonomische Durchdringung "traditioneller" Austauschbeziehungen und damit auch zur Grundlage für eine ökonomische Polarisierung der städtischen Bevölkerung; denn gerade die neuen städtischen Armutsgruppen, die für ihre Überlebenssicherung auf Einkommen aus der Lohnarbeit angewiesen waren, wurden immer abhängiger von den Mittelsmännern der städtischen Ökonomie, von internationaler Konkurrenz und Preisschwankungen auf dem Weltmarkt (vgl. Kap. 5.2.2.). In formalrechtlicher Hinsicht avancierten die Briten durch die Einführung einer neuen, auf "britischen" Ideen beruhenden, Bodenordnung zum größten Landeigentümer im Sudan und gelangten auf diese Weise "kostenlos" in den Besitz einer der bedeutensten Ressourcen (vgl. Kap. 5.2.3.). Mit der Durchsetzung des neuen Bodenrechts gingen drei Prozesse einher. So wurde dem Land erstmals ein eindeutiger Tauschwert zugemessen, es wurde zur Ware und auf dem neu entstandenen städtischen Bodenmarkt gehandelt. Gleichzeitig wurde mit der Erstellung von Landregistern die Kontrolle über Land zentralisiert und seine Nutzung durch Verordnungen, die auf britischen Normen beruhten, standardisiert.

In einem dritten Schnitt wurde die Untersuchungsperspektive auf die koloniale Stadtplanung ausgerichtet, die als wichtigster "Akteur" bei der Transformation von kolonialen Ideen und Bedürfnissen in eine bebaute und bewohnte Umwelt angesprochen wurde (vgl. Kap. 5.3.). Dabei wurde gezeigt, daß Ideen, Konzepte und Erfahrungen zur Planung von Kolonialstädten über vielfältige Kanäle innerhalb des Empires ausgetauscht wurden, etwa durch Pläne (vgl. Kap. 5.1.3.), Gesetze (vgl. Kap. 5.3.3.), Publikationen (vgl. Kap. 5.3.2.) und internationale Stadtplanungskonferenzen (vgl. Kap. 5.3.5.). Bei der Überführung europäischer Normen und Werte in die räumliche Organisation von Khartoum wurden zwei zentrale Planungskonzepte herausgestellt; zum einen die strategische Organisation von städtischem Raum als "Military Space" (vgl. Kap. 5.1.) und zum anderen das Konzept des "Low Density Planning". Beide Konzepte waren kompatibel und mündeten in die räumliche Segregation von europäischem und sudanesischem Lebensraum. Diese Räume wurden durch gesetzliche Regelungen auch in ihrer Funktion zoniert und die Wohnnutzung nochmals in verschiedene Klassen unterteilt. Dabei waren die Wohngebiete mit den höchsten baulichen Standards und in der besten Lage im Besitz der Europäer, wohingegen die Wohngebiete der sudanesischen Armutsbevölkerung durch Unsicherheit vor Räumung und durch eine hohe Belegdichte auf kleinen Parzellen gekennzeichnet waren.

Der letzte zeitliche Schnitt wurde mit der gesellschaftlichen und räumlichen Transformation der Kolonialstadt Khartoum vor der Unabhängigkeit des Sudan gelegt (vgl. Kap. 5.4.). Dabei wurde herausgestellt, daß es trotz des wirtschaftlichen Aufschwungs in der Kolonialökonomie, der aus dem Export von Baumwolle herrührte, die zu diesem Zeitpunkt hohe Preise auf dem Weltmarkt erzielte, in Khartoum zur Perpetuierung städtischer Armut kam. Die ökonomische Situation in Khartoum war bei anhaltender Zuwanderung aus den ländlichen Gebieten trotz vergleichsweise hoher Löhne im Bausektor durch hohe Lebenshaltungskosten und eine wachsende Arbeitslosigkeit bestimmt. In dieser Situation kam es infolge der Investitionen von prosperierenden Sudanesen in den Bausektor (vgl. Kap. 5.4.3.), der Bauaktivitäten der neu Zugewanderten und durch die Auflagen des neuen "Town Lands Scheme" von 1947, das für alle neu erworbenen Grundstücke den Ausbau innerhalb eines Jahres vorschrieb (vgl. Kap. 5.4.3.1.), zu einem Bauboom in Khartoum, dem zweiten in seiner Geschichte. Seit dem Neuaufbau von Khartoum zog dieser die größten Eingriffe in die Wohn- und Siedlungsstruktur der Kolonialstadt nach sich. Infolge der weiteren Südexpansion Khartoums mußte die lang geplante Umsiedlung der 30.000 Personen der "Old Deims" durchgeführt werden (vgl. Kap. 5.4.3.3.). Damit ist der zweite Steuerungsprozeß des Wohnungssektors angesprochen, nämlich die Sanierung von überbelegtem und degradiertem Wohnraum, die einerseits durch solche Umsiedlungsprojekte und andererseits durch "Replanning"-Projekte (vgl. Kap. 5.4.3.2.) vollzogen wurde. Diese koloniale Wohnraumpolitik war jedoch nicht dazu angetan, dem Auseinanderdriften der Armutsbevölkerung von Khartoum und den Mittelsmännern der Stadtökonomie entgegenzuwirken. Gerade die Umsiedlungsprojekte erwiesen sich für die Mehrzahl der städtischen Armen, die ja überwiegend in den "Old Deims" wohnten, als "Verschuldungsfalle". In Abwesenheit von geeigneten staatlichen Wohnungsbaukrediten waren sie zur Finanzierung des in Jahresfrist vorgeschriebenen Ausbaus ihrer Parzelle in der Regel auf informelle Kredite mit hohen Zinsen angewiesen und bei den wachsenden Lebenshaltungskosten waren die Wenigsten in der Lage, diese fristgerecht zurückzuzahlen. Sie verloren infolgedessen den neu erworbenen Besitztitel an Großhändler und andere Mittelsmänner der städtischen Ökonomie.

Die Kolonialstadtentwicklung weist somit drei grundlegende Charakteristika auf. Da der Kolonialstadt Khartoum die ökonomische, politische und auch soziokulturelle Schlüsselfunktion bei der Verwaltung und Kontrolle des anglo-ägyptischen Sudan zukam, gab es kein städtisches "Managementproblem", das die Rolle Khartoums bei der Machtausübung der Briten in Frage stellte. Von Anfang an wurde in den Neuaufbau von Khartoum investiert, um die sicherheitspolitischen, gesundheitlichen und soziokulturellen Bedingungen für den Aufenthalt von Europäern in einem besetzten afrikanischen Land sicherzustellen. Für die Sudanesen war die Kolonialstadt Khartoum ein zentraler Ausgangspunkt für zwei gesellschaftstransformierende Prozesse. Einerseits wurde durch die Einführung europäischer Ideen, Werte, Normen und neuer Technologien sowie durch die Präsenz von Europäern die bestehenden sozialen Beziehungen globalisiert, das heißt, neue Elemente wie etwa der Austausch von Landbesitz gegen Geld wurden in bestehende "traditionelle" gesellschaftliche Strukturen "integriert", was durchaus nicht konfliktfrei verlief. Andererseits wurden die gesellschaftlichen Strukturen gerade bei der Stadtbevölkerung von Khartoum zunehmend polarisiert, so daß beispielsweise in ökonomischer Hinsicht eine wachsende Armutsbevölkerung in Khartoum einer kleinen Gruppe von Mittelsmännern der städtischen Ökonomie gegenüberstand.

Wie sich dieses raum- und gesellschaftsspezifische "koloniale Erbe" im postkolonialen Khartoum auswirkte und in der Wohnraumproblematik niederschlug, wird im folgenden herausgearbeitet werden. Dazu wird die Ausbildung und Struktur der Wohnungskrise untersucht, die ab den 70er Jahren zur Entstehung der illegalen Siedlungen führte, die ihrerseits dann ab den 80er Jahren die Wohnraumproblematik maßgeblich bestimmten. Von zentralem Interesse ist dabei, wie die Eskalation der im Wohnungssektor ausgetragenen Konflikte mit den Interessen von Staat und Markt verknüpft ist, und wie diese Verknüpfung in den 90er Jahren gar zum räumlichen und gesellschaftlichen "Umbau" der sudanesischen Hauptstadt führte.

6. DIE AUSBILDUNG DER WOHNUNGSKRISE IN DER PRIMAT-STADT KHARTOUM

In diesem Kapitel gilt das Hauptaugenmerk der Ausbildung und Struktur der Wohnungskrise, die sich nach der formellen Unabhängigkeit des Sudan ab 1956 in der Primatstadt Khartoum in der Zuspitzung der Wohnprobleme ausdrückt. Die Wohnungskrise wird als Prozeß verstanden, bei dem die politischen, ökonomischen und administrativen Strukturen der Stadt zusammenbrechen, so daß die städtischen Funktionen von den Bewohnern Khartoums immer weniger in Anspruch genommen werden können, und die Konflikte um die Ressource Wohnraum zunehmend gewalttätiger ausgetragen werden. Da diese "städtische Krise" nur im nationalen Kontext verstanden werden kann, werden zunächst die strukturellen Ursachen von Migration und Flucht aus den ländlichen Gebieten des Sudan in die Konurbation Khartoum in ihrer historischen Verkettung nachgezeichnet und bis in die jüngste Gegenwart verfolgt. Der Untersuchungsfokus liegt dabei auf dem sudanesischen Bürgerkrieg, der Deformation der Agrarstruktur und der Rolle des "instabilen sudanesischen Staates". Im Anschluß daran werden die Aspekte der urbanen Unterentwicklung in Khartoum angesprochen, um vor dem Hintergrund der nationalen Krisen die lokalen Bedingungen der Wohnungskrise in Khartoum herauszuarbeiten. Hierbei wird die defizitäre Stadtplanung und Wohnungspolitik beleuchtet, die zwangsläufig dazu führte, daß seit Anfang der siebziger Jahre immer mehr Personen in Khartoum zur illegalen Nutzung von staatlichem und privatem Land gedrängt wurden.

6.1. Nationale Krisen und Konflikte als Ursachen von Migration und Flucht nach Khartoum

6.1.1. Zum sudanesischen Bürgerkrieg und "instabilen Staat"

Im Sudan sind seit der politischen Unabhängigkeit 1956 insgesamt 25 Jahre Bürgerkrieg zwischen dem arabisch-islamischen Norden und dem sprachlich und konfessionell fragmentierten Süden ausgetragen worden. Die Auseinandersetzungen, die nur von einer 11-jährigen Pause von 1972 bis 1983 unterbrochen wurden, haben tiefe Spuren in der sudanesischen Gesellschaft hinterlassen (vgl. ABU ZAYED AHMED, 1988). In den ersten 17 Jahren des Bürgerkriegs starben über eine halbe Million Menschen und Zehntausende wurden aus ihren Heimatgebieten vertrieben (EIU, 1988, 3; vgl. BESHIR, 1975). Seit dem Wiederausbruch 1983 zeichnen die Zahlen ein noch bedrückenderes Bild. So waren nach offiziellen Angaben allein 1988 über 250.000 Menschen an den direkten und indirekten Folgen des Krieges zu Tode gekommen (EIU, 1989, 14). Und MALWAL sieht durch eine großangelegte Offensive des Nordens und durch den strategischen Einsatz von "Hunger als Waffe" den Exodus von Dinka, Nuer und Schilluk, den drei größten Ethnien des Südsudan, vorgezeichnet (SDG, 1991, 15, 2-4). Die tiefgreifenden Folgen dieses Krieges äußern sich in Armut und Hunger, sowie der Mißachtung der grundlegenden Menschenrechte. Durch die Bewaffnung von Milizen kam es darüber hinaus zur Militarisierung der ländlichen Bevölkerung und durch die Kriegsausgaben, die 40% des Staatsbudgets ausmachen (DE WAAL, 1990, 4), zu einer weiter steigenden Auslandsverschuldung, die 1990 bereits 13,5 Milliarden US Dollar betrug (vgl. EIU, 1991, 1, 6). Für viele Südsudanesen bedeutet daher die Flucht in die urbanen Zentren des Landes, jüngst vor allem nach Khartoum, die einzige, wenn auch marginale Chance zum Überleben (vgl. ABU ZAYED AHMED, 1988).

Die Ursachen dieses Bürgerkrieges sind vielschichtig. An dieser Stelle sollen jedoch nur drei Aspekte herausgestellt werden, die für das Verständnis der vorliegenden Arbeit von wesentlicher Bedeutung sind, nämlich die heterogene Bevölkerungsstruktur des Sudan, die kolonial angelegte Separationspolitik von Nord- und Südsudan und der nationale Konflikt um die Kontrolle des sudanesischen Staates. Der Sudan gehört, wie oben ausgeführt wurde, zu den ethnisch-konfessionell und linguistisch fragmentiertesten Ländern der Dritten Welt (vgl. Kap. 3.1.). In Anlehnung an SCHEFFLERs (1985) Ausführungen über islamische Gesellschaften kann die nordsudanesische Gesellschaft als eine von der Zentralinstanz Staat bis zu den Grundeinheiten Familie durchsegmentiertes "Mosaik" beschrieben werden. Diese Mosaikstruktur wertet er als das Ergebnis beständiger sozialer Kämpfe um Ressourcen, die aus der Rivalität von Stämmen, Fraktionen und Bruderschaften untereinander, vor allem aber aus ihrem Widerstand gegen die Zentralinstanz, erwachsen. Doch auch der Staat arbeitet seinerseits zur Aufrechterhaltung seiner Kontrollmöglichkeiten mit Spaltungs- und Ausgleichsstrategien, was im Sudan durch die Bewaffnung der Baggara-Nomaden zum Einsatz gegen die südsudanesische Befreiungsarmee SPLA deutlich wird. Tatbestand dieses Mosaiks ist aber auch, daß die islamischen Gesellschaften bis in ihre Subsysteme mit "genealogischen" Bezugsstrukturen durchdrungen

sind; so bilden die Verwandtschaftsbeziehungen die zentralen gesellschaftlichen Kommunikationslinien, deren Reichweite sich von der Regelung von Nachbarschaftsbeziehungen über die Gestaltung religiöser, politischer und sozialer Gegensätze bis hin zur Herrschaftslegitimierung
erstreckt.

Die entscheidende Trennungslinie innerhalb des heterogenen Gesell-
schaftsgefüges des Sudan ist jedoch die Religions- und Sprachgrenze, die
räumlich betrachtet zwischen dem arabisch-islamischen Norden und dem
christlich-"animistischen" und sprachlich fragmentierten Südsudan zu
verorten ist. GHAFFAR (1979) konstatiert, daß die Nordsudanesen als
relativ homogene Gruppe mit gemeinsamer Religion und Sprache auch
aufgrund einer gemeinsamen historischen Erfahrung [Mahdi-Aufstand,
Kolonialzeit] miteinander verbunden sind und dadurch imstande waren,
eine regionale Identität auszubilden. Bei den Südsudanesen hingegen, mit
ihrer äußerst heterogenen Bevölkerungsstruktur und ihren unterschiedlichen politischen Organisationsformen - die von akephalen Gesellschaften
[z.B. Nuer] bis zu zentralen Königstümern [z.B. Schilluk] reichen - sowie
der Abwesenheit einer gemeinsamen Sprache als auch einer einenden
religiösen Basis, wirkte darüber hinaus auch die geschichtliche Erfahrung
desintegrativ. Diese Trennungslinie, die vereinfacht häufig als die einzige
Konfliktlinie der sudanesischen Gesellschaft angesehen wird, hat somit
eine historische Dimension.

Im Zuge der britischen Kolonialherrschaft wurde der Südsudan, der
im Gegensatz zum Nordsudan schon zu Zeiten des Funsch-Sultanats und
der turko-ägyptischen Herrschaft durch Sklavenjagden nachhaltig
erschüttert worden war (vgl. Kap. 3.2.), zum strategischen Vorposten der
Briten gegen die Interessen von Belgien und Frankreich bestimmt und
systematisch vom Norden getrennt. So wurde von den Briten zur Ein-
dämmung der seit der Mahdiyya gefürchteten volksislamischen Kräfte der
orthodoxe Islam im Nordsudan gestärkt und im Süden die Ausbreitung
der christlichen Missionstätigkeit unterstützt (vgl. HOLT et al., 1979).
Parallel dazu wurde eine unterschiedliche Rekrutierung der Kolonialbeamten betrieben. Im Südsudan waren Beamte mit militärischer Laufbahn
[Bog Barons] eingesetzt worden, die mit aller Härte durchgriffen,
während im Nordsudan mit dem "Sudan Political Service", Absolventen
von Cambridge und Oxford ihren Dienst verrichteten. Neben der Einführung der "Indirect Rule", die tribale Sozialgefüge geschickt ausnutzte und
sie in die Kolonialadministration einband (vgl. DALY, 1986, 360 ff.),
wurde der entscheidende Schritt der kolonialen Separationspolitik mit dem

Erlaß der "Passports and Permits Ordinance, 1922" markiert, der Süden wurde dadurch als "Closed District" klassifiziert und die Mobilität der Bevölkerung gesetzlich eingeschränkt. Die Politik der regionalen Trennung ging sogar soweit, daß es zu Zwangsumsiedlungen im Grenzbereich zwischen Norden und Süden kam. Auf der Rejaf-Konferenz 1928 wurde schließlich Englisch als "Lingua Franca" für den Südsudan bestimmt und gar der Beschluß gefaßt, das Tragen arabischer Namen zu verbieten (vgl. HOLT et al., 1979). Zeitweise bestanden im Rahmen der "Southern Policy" sogar Pläne, den Süden vom Norden abzutrennen und mit Uganda zu vereinigen (vgl. GHAFFAR, 1979, 66 ff.; DALY, 1986, 413 ff.).

Diese koloniale Separationspolitik findet mit der politischen Unabhängigkeit von 1956 jedoch nicht ihr Ende. In ökonomischer Hinsicht erfolgten Investitionen fast ausschließlich im Norden und die wenigen Entwicklungsprojekte im Süden gefährdeten wie das Jonglei-Kanal-Projekt gar die ganze Region (vgl. LAKO, 1988). Auch bei der Verteilung der Schlüsselpositionen, die in Militär und Verwaltung im Anschluß an die erste Wahl während der Übergangszeit, 1953-1956, vorgenommen worden war, wurden von insgesamt 800 Positionen nur sechs im mittleren Beamtenapparat durch Südsudanesen besetzt. Als Folge dieser Politik verschärfte sich die politische Krise zusehends und wiederholt kam es zu Forderungen nach einem föderativen Status des Südens. Südsudanesische Befürchtungen vor einer vollständigen ethnischen und sozialen Dominierung durch den Norden führten dann zur Militärrevolte von 1955, die erst durch das Eingreifen der nordsudanesischen Armee gewaltsam beendet wurde. In der Folgezeit war es die von General Abbud betriebene "Politik der eisernen Faust", die im Südsudan militärische Aktionen gegen eine sich formierende Widerstandsbewegung einleitete und die infolge ihrer Übergriffe auf die Zivilbevölkerung zu einer Massenflucht von Südsudanesen in die Nachbarländer führte. Der Konflikt weitete sich immer deutlicher zu einem weiträumigen Bürgerkrieg aus. Numeiri, der den 17-jährigen Bürgerkrieg mit westlicher Unterstützung 1972 auf diplomatischem Wege beenden konnte und im Abkommen von Addis Abeba den Südprovinzen in Verwaltung und in Kulturfragen eine regionale Teilautonomie gewährte, löste jedoch 1983 mit der Einführung der "Scharia" als Gesetzesgrundlage, die auch für den Südsudan Gültigkeit haben sollte, den Konflikt erneut aus (vgl. GAUSS-RABAH, 1990; SELLIN et al., 1982).

Mit der linguistischen und konfessionellen Trennungslinie in der sudanesischen Bevölkerung und der kolonial angelegten Separationspolitik von

Nord- und Südsudan, die genau diese Trennungslinie verstärkt, werden grundlegende Strukturen der gegenwärtigen Konfrontation deutlich. Dabei ist jedoch zu beachten, daß die skizzierte gesellschaftliche Trennungslinie weder einer Frontlinie entspricht noch die einzige Konfliktlinie innerhalb der sudanesischen Gesellschaft darstellt, denn sie läßt politische, ökonomische und ideologische Interessen- und Statusgruppen sowie die Bedeutung externer Einflüsse unberücksichtigt. Wesentlich zum Verständnis der Ursachen des sudanesischen Bürgerkrieges ist daher auch die Analyse der Beziehungen einzelner gesellschaftlicher Segmente zur Zentralinstanz, da diese um die Führung des Staates konkurrieren; denn "the state itself has been the most powerful locus of economic gain" (DE WAAL, 1990, 3; vgl. DUFFIELD, 1990b). Mit DE WAAL kann festgestellt werden, daß es im Sudan zwar machtvolle Interessengruppen wie die Großgrundbesitzer, Händler, Militärs, Gewerkschaftler, urbane Bildungseliten und die Gastarbeiter in den Golfstaaten gibt, daß diese Gruppen jedoch nochmals durch konfessionelle und ideologische Ausrichtungen zersplittert sind. In konfessioneller Hinsicht sind dabei die beiden großen islamischen Bruderschaften, die "Ansaar", mit ihrem politischen Organ der "'Umma-Partei" und die "Khatmiyya" mit ihrem politischen Organ der "Democratic Unionist-Partei" anzusprechen. Beide haben ihr Kapital und ihre Anhängerschaft vor allem in den ländlichen Gebieten; sie wurden bereits während der britischen Kolonialherrschaft durch Landgeschenke und Handelskonzessionen vom Staat kooptiert. Zu diesen konfessionellen Kräften zählen auch die Islamisten mit ihrem politischen Organ, der "National Islamic Front" [NIF], die ihre Anhängerschaft in erster Linie aus den Gastarbeitern und in den Städten rekrutiert. Ihr Kapital haben sie im islamischen Bankwesen und in Handelsgesellschaften investiert (vgl. SHAAELDIN et al., 1988). Darüber hinaus sind die säkularen Modernisten zu nennen, die sich aus Gewerkschaftlern, Ba'athisten und Kommunisten zusammensetzen. Und schließlich existieren politische und ideologische Bindungskräfte in der Form regionaler und ethnischer Loyalitäten, die zum Teil auch als Parteien organisiert sind, wie etwa die "Beja-Conference". Ihnen ist es bis heute jedoch nicht gelungen, nennenswerten Einfluß auf die Zentralregierung auszuüben (vgl. Tab. 11). Gerade durch die Überlagerung der ökonomischen, kulturellen und politischen Status- und Interessengruppen mit konfessionellen, säkularen und regionalen Ideologien, so die zentrale These von DE WAAL (1990), wird eine dauerhafte Koalition der Kräfte verhindert, die imstande wäre, die Steuerung des sudanesischen Staates langfristig zu gewährleisten (vgl. TETZLAFF, 1989).

Tab. 11: Die Verteilung der Sitze im sudanesischen Parlament nach der Wahl von 1986

Umma [geführt von Sadiq al Mahdi]	99
Democratic Unionist Party [DUP]	63
National Islamic Front [NIF]	51
Sudanese African National Union	11
People's Progressive Party	9
Sudan National Party [Partei der Nuba]	8
South Sudan Political Association	7
Independents	6
Communist Party	3
Beja Conference	1
Sudan Federal Party	1
Sudan African Party	1
SUMME	260
Nicht angegebene Ergebnisse [Südsudan]	4
Wahlkreise mit aufgeschobener Wahl	37
GESAMTZAHL DER SITZE	301

Quelle EIU (1988, 10)

Hinzu kommt, daß die nationalen Symbole, wie das der Unabhängigkeit in den 50er Jahren, oder die nationale ökonomische Entwicklung der 70er Jahre, die bisher einend wirkten, nicht mehr zur Verfügung stehen. Denn seitdem der politisch revitalisierte Islam im Juni 1989 durch die islamistisch geprägte Militärdiktatur zum nationalen Symbol erhoben worden ist, werden alle Nichtmuslime und damit die Mehrzahl der Südsudanesen vom Staat kategorisch ausgegrenzt. Die Strategien, die angewandt werden, um diesen "instabilen Staat" zu kontrollieren und um eigene Ressourcen zu sichern, reichen von Klientelismus und Korruption (vgl. KAMIER et al., 1985) bis hin zur Anwendung militärischer Gewalt. Und diese wird nicht mehr nur in den südlichen Provinzen angewandt, sondern zunehmend auch gegenüber den Hunderttausenden von südsudanesischen Flüchtlingen, die in den Elendssiedlungen von Khartoum leben (vgl. AR, 1990, 1/2, 64; AR, 1990, 5/6, 22; SDG, 1990, 7, 4; IBRAHIM, 1991; YATH, 1991; 1993).

6.1.2. Die Deformation der sudanesischen Agrarstruktur

Bis zum Beginn der englischen Kolonialzeit war die Agrarstruktur des Sudan, trotz bereits vorhandener Produktion für den Weltmarkt, weitgehend von subsistent wirtschaftenden Bauern und Nomaden bestimmt (vgl. Kap. 3.2.). Doch im Verlauf von wenigen Jahrzehnten hat sie sich von einer relativ autonomen Subsistenzwirtschaft zu einer abhängigen Exportwirtschaft gewandelt. Bei dieser agrarpolitischen Umorientierung des Sudan, die zur asymmetrischen Einbindung in die Weltökonomie beigetragen hat und weitreichende strukturelle Deformationen des Agrarsektors verursachte, lassen sich im wesentlichen drei Phasen ausmachen: die der kolonialen Produktionsstrukturen, die der Exportproduktion nach der Unabhängigkeit und die der panarabischen "Brotkorbstrategie".

Mit der anglo-ägyptischen Herrschaft im Sudan begann die erste Phase der landwirtschaftlich-strukturellen Deformation des Sudan. Anfang dieses Jahrhunderts trafen die Bestrebungen der englischen Kolonialmacht, ihren Staatshaushalt im Sudan auf eigene Füße zu stellen, mit einer Krise der Spinnereiindustrie in Lancashire [England] zusammen, die unter verstärktem Konkurrenzdruck neue Rohstoffquellen benötigte. Nachdem 1905 die Eignung der Nilregionen zum Anbau von langfaseriger Baumwolle festgestellt worden war, begannen 1911 die Arbeiten an der Bewässerungsanlage des "Gezira-Schemes",[58] in dem die Produktion dann 1925 in vollem Umfang lief (vgl. BARNETT, 1977, 1-27). In der Anfangsphase des "Gezira-Schemes", als es darum ging, die Produktionsstrukturen zu organisieren, gelang es der englischen Kolonialmacht nur unter Schwierigkeiten, Lohnarbeitskräfte für die Landarbeit zu gewinnen. Erst durch geschickte Einbindung der lokalen Führer in ein neues Pachtsystem war es den Kolonialisten möglich, tribale Arbeitsverpflichtungen auszunutzen und Arbeitskräfte aus der "traditionellen" Subsistenzwirtschaft für die Exportwirtschaft zu gewinnen (vgl.

---

[58]   Für das Verständnis der landwirtschaftlichen Entwicklung im Sudan spielt das "Gezira-Scheme" als erstes Großprojekt eine entscheidende Rolle: "(...) dieses Bewässerungsprojekt drückte nicht allein durch seine Größe (2 Mio. Feddan mit 96.000 Pächtern) und seine überragende Bedeutung als Devisenbringer (auf seinem Höhepunkt in den frühen sechziger Jahren nahezu 70% der Gesamtdevisen) der Wirtschaft des Sudan seinen Stempel auf, sondern das in ihm entwickelte Modell der Staatsfarm auf Verpächterbasis ist zugleich, nur geringfügig modifiziert, Produktionsgrundlage bei der gegenwärtigen Expansion des staatlichen Bewässerungssektors um weitere 1,7 Mio. Feddan bis 1985" (TAIT, 1979, 363-364).

BARNETT, 1977, 89 ff; TAIT, 1980b, 447-453). Da es sich bei der Arbeit in den Baumwollfeldern vorwiegend um saisonale Arbeit handelte, waren die Arbeitsverpflichteten in ihrer Reproduktion nicht ganzjährig abgesichert und daher darauf angewiesen, ihre landwirtschaftliche Subsistenzproduktion weiter aufrecht zu erhalten. Die Folgen waren eine jährliche Arbeitsmigration, und eine teilweise Übernahme der Reproduktion von Arbeitskraft durch den "traditionellen" Sektor.

Die aus der Exportwirtschaft abgeschöpften Profite wurden jedoch nicht im Sudan reinvestiert, sondern größtenteils nach England, in das koloniale "Mutterland" transferiert. Die kolonialen Produktionsstrukturen sind aus mehreren Gründen als Beginn einer weitreichenden Deformation der sudanesischen Reproduktionsstrukturen anzusehen (vgl. DREWS et al., 1986, 3):

1. Die Reproduktion der Lohnarbeiter mußte vom "traditionellen" Sektor mit übernommen werden, so daß von einer "tributären Funktion" (OESTERDIEKHOFF, 1980, 150) des "traditionellen" Sektors gegenüber dem Exportsektor gesprochen werden muß.

2. Die ökonomische Durchdringung des "traditionellen" Sektors führte zu einer zunehmenden Abhängigkeit von den urbanen Zentren bei gleichzeitiger Abnahme der subsistenten Anbaufläche.

3. Die alljährliche Arbeitsmigration zur Erntezeit wurde Teil des Reproduktionszyklus zahlreicher Bauern und Nomaden, was gewissermaßen als Auftakt der massenhaften Zuwanderung zu sehen ist.

Nach der Unabhängigkeit 1956 begann die zweite Phase der sudanesischen Agrarentwicklung. Die neue nationalstaatliche Politik konzentrierte sich im Sinne der Wachstumspolkonzepte der 50er Jahre (vgl. Kap. 1.2.1.) ganz auf den weiteren Ausbau des "Gezira-Schemes", als "Wachstumslokomotive" [engine of growth] für die Entwicklung des Sudan. Wie OESTERDIEKHOFF (1980, 160) ausführt, flossen Ende der 50er Jahre 77% der öffentlichen Ausgaben allein in den Gezira-Distrikt. Doch die erwarteten "Trickle-down-Effekte" (vgl. Kap. 1.2.1.) blieben auf dem Hintergrund der bereits kolonial angelegten, deformierten Agrarstrukturen aus. Auch die Versuche, eine landwirtschaftlich orientierte Industrie in der räumlichen Peripherie der Bewässerungs-"Schemes" aufzubauen, gerieten aufgrund ungelöster Versorgungs- und

Transportprobleme zu Zuschußgeschäften, die den Staatshaushalt zusätzlich belasteten. Gleichzeitig nahm der Bedarf an saisonalen Arbeitskräften für die "bewässerte Exportproduktion" (OESTERDIEKHOFF, 1980, 160) weiterhin zu, so daß zur Sicherung eines kontinuierlichen Arbeitskräftezustroms zu Beginn der 60er Jahre der Ausbau der Bahnlinie bis Nyala vorangetrieben wurde. Finanziert wurden diese Investitionen durch Auslandsmittel. Die staatliche Ausgabenpolitik verstärkte - bei einem gleichzeitig wachsenden Devisenbedarf - den Zwang zum exportorientierten Anbau von "Cash Crops" [Baumwolle, Erdnüsse, Sesam, etc.]. Wie OESTERDIEKHOFF (1980, 164) ausführt, mußten bereits Mitte der 60er Jahre erste "Stand-by-Kredite" ausgehandelt werden. Der Anteil des Schuldendienstes an den Exporterlösen stieg dann innerhalb von zehn Jahren von 4% [1960] auf 30% [1970] an. Die Investitionen, die in dieser Entwicklungsphase dem "traditionellen" Sektor zugute kommen sollten - wie das "Water Availability Programme" [Erschließung von Tiefbrunnen in Darfur und Kordofan] und die Ausweitung der "Mechanized Cultivation" [Kommerzialisierung der Landwirtschaft durch Maschineneinsatz im Regenfeldbau] - erwiesen sich aber vor allem als Instrumente der Arbeitskräftesicherung für die bewässerte Exportproduktion. So führten diese Entwicklungsprogramme aufgrund von Sekundäreffekten, nämlich infolge von Überweidung, Bodenerosion und Desertifikation zur Zerstörung weiterer landwirtschaftlicher Subsistenzbereiche und trugen damit zur Vernichtung der Reproduktionsbasis vieler Nomaden und Regenfeldbauern bei. Soweit Einkommen überhaupt zu erzielen waren, wurden diese Gruppen immer stärker von Einkommen durch Lohnarbeit in der Bewässerungslandwirtschaft abhängig. Von einem Durchsickern der Entwicklungsimpulse [Trickle Down] konnte also keine Rede sein. Im Gegenteil, die räumlichen und sozioökonomischen Disparitäten vergrößerten sich zusehends mit wachsender Einbindung der Subsistenzsektoren in die Globalökonomie (vgl. TETZLAFF et al., 1980; ABDELKARIM, 1988).

Die Ausgangslage für die dritte Phase der landwirtschaftlich-strukturellen Deformation des Sudan bestand in der politischen Zielvorstellung, den Sudan zum "Brotkorb" der arabischen Welt zu machen. So wurde ab 1977 eine Süd-Süd-Kooperation mit den arabischen Bruderländern angestrebt, wobei auf der Grundlage von Petrodollar-Überschüssen der Golfstaaten [v. a. Saudi-Arabien, Kuwait, Golfemirate] und den vorhandenen natürlichen Ressourcen des Sudan eine gemeinsame Autarkie in der Nahrungsmittelversorgung [Collective Self Reliance] angesteuert werden sollte. Doch da das Investitionsverhalten der arabischen Staaten weitgehend den international vorherrschenden Kalkulationen zur "Gewinnmaximierung" entsprach, war es nicht dazu angetan, eine autozentrierte Entwicklung im regionalen Raum auch nur ansatzweise zu realisieren. Auch das angekündigte Ziel dieser Programme, nämlich die vernachlässigte "traditionelle" Landwirtschaft zu fördern, die immerhin 70% der Sudanesen ernährte, wurde nicht verwirklicht (OESTER-DIEKHOFF, 1980, 166). Vielmehr wurde unter dem Primat der Exportproduktion nur eine räumliche, "horizontale Expansion" (TETZLAFF et al., 1980, XI) der weltmarktorientierten "Cash Crop"-Produktion erreicht; mit dem Erfolg, daß im "Clay Belt" des Sudan, der zwischen dem 10. und 15. Breitengrad liegt (vgl. Karte 2), der Lebensraum von Bauern und Nomaden zunehmend dem kapitalintensiven, mechanisierten Landfeldbau und einem "Agricultural Mining" zum Opfer fiel (vgl. EL-HASSAN, 1988). Als Profiteur dieser Phase stellen TETZLAFF et al. (1983, 59), die sudanesische "Handelsbourgeoisie" heraus, wobei sie die Mechanismen des Werttransfers wie folgt beschreiben:

> Die Inhaber von mechanisierten Großfarmen (...) sind im allgemeinen über Geldkapital verfügende Händler und < town merchants >. Sie arbeiten als < absentee entrepreneurs > und sorgen vermittels oligopolistischer Aufkaufs- und Vermarktungssysteme für den Werttransfer vom Land in die Stadt.

In diesem Sinne sind sie mit SANTOS als die Mittelsmänner anzusprechen, die durch ihre Aktivitäten dem "traditionellen" ländlichen Sektor bzw. dem unteren Wirtschaftskreislauf permanent Ressourcen entziehen und diese in den modernen Sektor bzw. oberen Wirtschaftskreislauf überführen, ohne sie jedoch zu reinvestieren (vgl. Kap. 1.2.2.).

DUFFIELD (1990b) argumentiert entsprechend. Er macht deutlich, daß die wachsende sozioökonomische Polarisierung in den ländlichen Gebieten des Sudan und die Hungerkrisen der 80er Jahre aus einer grundlegenden Krise der Subsistenzökonomie resultieren. Exemplarisch stehe hierfür eben die Expansion des mechanisierten Landfeldbaus. Der umfaßte Ende der 70er Jahre noch ca. vier Millionen Feddan, wurde 1982 auf ca. sechs Millionen Feddan ausgeweitet und schnellte bis 1986 auf über neun Millionen Feddan in die Höhe und überschritt damit endgültig die Fläche, die im Sudan in "traditioneller" Landwirtschaft bearbeitet wurde. Während vom mechanisierten Sektor jedoch lediglich 8.000 meist "Absentee Farmers" profitierten, waren die ca. 2.5 Millionen Bauern und Nomaden von dem verbleibenden "traditionellen" Land abhängig geworden. Hinsichtlich der Nahrungssicherung ergab sich daraus eine prekäre Situation, insbesondere da der Sudan nicht mehr genügend Getreide produzierte, um den nationalen Bedarf zu decken. In guten Erntejahren wird 90% des vermarktbaren Surplus an Getreide im mechanisierten Sektor produziert, über den weniger als 1% aller Farmer die Kontrolle ausüben. Für Kleinbauern und Nomaden, bedeutet dies eine extreme Verwundbarkeit gegenüber Nahrungskrisen, insbesondere wenn während einer Hungerkatastrophe gar Grundnahrungsmittel wie Getreide exportiert werden und damit vom nationalen Markt verschwinden (vgl. DE WAAL, 1989; MAXWELL, 1991; Kap. 9.2.). DUFFIELD folgert, daß die Krise der nordsudanesischen Subsistenzökonomie im Zusammenspiel mit dem "decay of governance" und dem Krieg im Südsudan eine neue Kategorie von Armen hervorgebracht hat, die bei ihren Familien und innerhalb ihrer lokalen Gemeinschaft in wachsendem Maße an Unterstützung verlieren (1990b, 189). Daher, so sein Fazit, seien Hungerkrisen und Nahrungsunsicherheit im Sudan keine Übergangsphänome mehr, sondern der normale Zustand einer zunehmend durch den Markt bestimmten Situation (1990b; 1990c).

6.2. Aspekte urbaner Unterentwicklung in Khartoum

6.2.1. Zur demographischen Entwicklung und Primatfunktion von Khartoum

Korrespondierend mit diesen Entwicklungen ist die Zeit nach der politischen Unabhängigkeit des Sudan durch eine rapide Urbanisierung gekennzeichnet (vgl. Tab. 12). 1956 lag die Verstädterungsquote des Sudan noch bei 8%; sie stieg 1973 auf 16% und erreichte 1983 über 32% (EL SAMMANI et al., 1989, 248). In der Konurbation Khartoum sorgten Netto-Wanderungsgewinne in den 60er Jahren, die in erster Linie auf Arbeitsmigranten zurückgingen, für einen jährlichen Bevölkerungszuwachs von durchschnittlich 5%. Der Einwohnerzuwachs der Hauptstadt hielt jedoch in den 70er und 80er Jahren weiterhin an. Zwischen 1973 und 1983 lag die jährliche Wachstumsrate bei 7,3%, wovon allein der Migrantenanteil zwischen 60% und 70% ausmachte (EL SAMMANI et al., 1986, 29).

Tab. 12: Die Bevölkerungsentwicklung der sechs größten Städte im Sudan

Stadt	Bevölkerung [in Tsd.]			Wachstum [in %]	
	1956	1973	1983	1956-73	73-83
1. Konurbation Khartoum	245,8	748,3	1460,6	236,2	100,0
- Omdurman	113,6	299,4	617,0	163,6	106,0
- Khartoum	93,1	333,9	557,4	258,8	67,0
- Khartoum Nord	39,1	151,0	286,2	285,2	126,0
2. Wad Medani	52,4	106,7	206,6	103,6	93,5
3. El Obeid	47,7	90,1	139,5	88,9	54,8
4. Port Sudan	47,6	74,5	212,7	56,5	185,5
5. Kassala	40,6	99,7	142,9	145,6	43,3
6. Atbara	36,3	66,1	73,1	82,1	10,4
Summe bzw. Durchschnitt der 6 Städte	470,0	1221,3	2235,4	148,2	85,8

Quelle: EL SAMMANI et al. (1986, 28)

Doch auch Fluchtbewegungen aus dem Ausland spielten für das demographische Wachstum von Khartoum eine wichtige Rolle. HIJAZI (1981, 77-78) verweist darauf, daß aufgrund des anhaltenden Konfliktes in Äthiopien von 1976 bis 1980 ca. 400.000 Flüchtlinge aus Eritrea nach Khartoum zugewandert waren. In der Konurbation Khartoum lebten 1983 dann mit ca. 1.5 Millionen Bewohnern ca. 35% der gesamten städtischen Bevölkerung des Sudan und damit siebenmal mehr Einwohner als in Port Sudan, der zweitgrößten Stadt des Landes (vgl. Tab. 12; EL SAMMANI et al., 1989, 248). Mit dem Wiederausbrechen des Bürgerkriegs 1983 erhöhte sich der Bevölkerungsdruck auf die sudanesische Haupstadt dramatisch. Als Folgen der Hungerkrise 1984/85 traten zu den Kriegsflüchtlingen aus den südlichen Landesteilen allein 1984 noch ca. 120.000 Hunger- bzw. Umweltflüchtlinge aus Kordofan und Darfur hinzu (EL SAMMANI, 1989, 248). Vor dem Hintergrund dieser nationalen Krisen schätzt EL BUSHRA, daß 1987 bereits 50% der urbanen Bevölkerung des Sudan in Khartoum lebten (1989, 118). Nach einer erneuten Hungerkrise 1988 und aufgrund der weiteren Verschärfung der Bürgerkriegssituation flüchteten 1990 dann ca. vier Millionen Südsudanesen in die Auffanglager und Elendssiedlungen der nordsudanesischen Städte (AR, 1990, 5/6, 22). Gegen Ende 1990 wurden allein in der Konurbation Khartoum 1,8 Millionen "Displaced Persons" (vgl. EIU, 1990, 4, 15) gezählt und die Einwohnerzahl zwischenzeitlich auf ca. 3-4 Millionen geschätzt. Daher bestimmt nicht mehr der typische Migrant, der noch in den 70er Jahren als jung, männlichen Geschlechts und als besser gebildet als die Zurückgebliebenen beschrieben wurde, das Bild der Zuwanderer nach Khartoum (vgl. ILO, 1976, 353; LOBBAN, 1979a, 76). Vielmehr treibt die akute Not, die gegenwärtig in fast allen Teilen des Landes herrscht, ganze Familien, aber auch alleinstehende Frauen und Kinder in Hungermärschen in die Konurbation Khartoum und in andere urbane Zentren des Landes (SUD, 1991, 4, 2). Auch die Dominanz nördlicher Bevölkerungsgruppen arabischer Abstammung von der HALE in den 70er Jahren ausging, hat sich verändert (1979, 167; vgl. ILO, 1976, 352). Weit mehr als die Hälfte der Einwohner besteht heute aus Süd- und Westsudanesen, die als Kriegs- und Hungerflüchtlinge in den illegalen Siedlungen und Flüchtlingscamps der Konurbation leben.

Nach der Unabhängigkeit wurde die Arbeitsmigration nach Khartoum zunächst durch den kolonial angelegten Primatcharakter der Hauptstadt verursacht, der von der jungen sudanesischen Regierung systematisch ausgebaut wurde und der seinerseits wiederum zur Problemballung in der Konurbation beigetragen hat. So flossen beispielsweise die Investitionen im industriellen Sektor fast ausschließlich in die urbanen Zentren und verstärkten die ohnehin bestehenden Disparitäten zwischen Stadt und Land noch weiter. Allein 73% aller industriellen Einrichtungen des Sudan standen Mitte der 80er Jahre in der Konurbation Khartoum und 71% aller sudanesischen Industriearbeiter waren dort beschäftigt. Auch das Lohneinkommen in der Hauptstadt stand zum nationalen Mittel im Verhältnis 100:34 (vgl. EL SAMMANI et al., 1986, 34). Und von den 27 Banken im Sudan mit ihren insgesamt 201 Niederlassungen fanden sich 1986 ca. 75% in Khartoum (EIU, 1988. 38). Darüber hinaus ist die Kommunikations- und Transportinfrastruktur vollständig auf die Konur-

bation ausgerichtet, wo sich auch der einzige internationale Flughafen des
Sudan befindet. Die disparitäre Entwicklung zwischen Stadt und Umland
schlug sich auch in der Gesundheitsversorgung nieder. In der Haupstadt
kamen 1986, nach Angaben von EL SAMMANI et al., 484 Personen auf
ein Krankenhausbett, im nationalen Mittel hingegen 1.023 (1986, 111 ff.).
Noch deutlicher zeigten sich Ungleichgewichte im Ärzte : Patienten Verhältnis; so kam in der Konurbation 1986 ein Arzt auf 1.367 Patienten, im
nationalen Mittel hingegen auf 8.261 Personen. Auch werden alle Entscheidungen der Verwaltung zentral in der Hauptstadt getroffen. Die
meisten der administrativen Körperschaften von Regierung und Parlament
über Botschaften bis zu ausländischen Handelsniederlassungen und Hilfsorganisationen haben ihren Sitz in Khartoum. Auch begehrte Visa für die
erdölproduzierenden Länder müssen hier beantragt werden.

6.2.2. Die raum- und die infrastrukturellen Probleme der Konur-
bation

Die Morphologie der sudanesischen Hauptstadt wird auch heute noch
weitgehend durch die koloniale Anlage geprägt. Neben dem typischen
kolonialen Grundriß von Khartoum (vgl. Luftbild 5) ist auch die historisch angelegte, funktionale Dreiteilung der Konurbation in eine europäisch geplante Verwaltungsstadt, Khartoum, in eine Wohnstadt, Omdurman, und in ein industrielles Zentrum, Khartoum Nord, als raumwirksa-
mes Nutzungsmuster zu identifizieren. Um die drei städtischen Kerne der
Konurbation, die durch eine Konzentration von Geschäften, Banken und
anderen kommerziellen Einrichtungen als CBD anzusprechen sind, gliedern sich in einem ersten, inneren Ring die legalen Wohnviertel (vgl.
Karte 1). In der räumlichen Peripherie schließen sich daran in einem
äußeren Ring um die Kernstadt die großen Gebiete der illegalen Siedlungen an. Aus Karte 1 wird ersichtlich, daß die legalen Wohngebiete vorwiegend in der Zeit von 1955 bis 1970 ausgebaut wurden. Dabei handelte
es sich zum Großteil um Wohngebiete der dritten und vierten Klasse (vgl.
Kap. 6.3.3.). Die Siedlungsfläche, die während dieser 15 Jahren nach der
politischen Unabhängigkeit durch die räumliche Expansion der Stadt in
Anspruch genommen wurde, entspricht dabei in etwa der Fläche, die
während der gesamten Kolonialzeit bebaut wurde. Dieser "Urban Sprawl"
ist darauf zurückzuführen, daß trotz des anhaltenden Zuwachses der
Stadtbevölkerung neue Wohngebiete weiterhin nach dem aus der Kolonialzeit übernommenen Raumordnungsprinzip des "Low Density Plan-

ning" angelegt wurden. Die illegalen Wohngebiete und damit ein in diesem Ausmaß gänzlich neues Phänomen entstanden erst nach 1970 (vgl. Karte 1); und zwar von den Stadtkernen isoliert im Norden und im Osten von Khartoum Nord, im Westen von Omdurman und südlich des "Green Belt" in Khartoum. Die immense flächenhafte Ausdehnung der Konurbation beträgt heute ca. 1.000 Quadratkilometer und impliziert große Probleme etwa hinsichtlich der infrastrukturellen Erschließung.

Der Aufriß und der Baustil, die das Stadtbild der Konurbation bis in die 60er Jahre prägten, haben sich in erster Linie durch die finanziellen Effekte der Arbeitsmigration in die Golfstaaten und den Einzug neuer Werte gewandelt. Zum einen wurde in Khartoum infolge der wachsenden kommerziellen Nutzung der Innenstadt und aufgrund steigender Bodenpreise, zunehmend in die Höhe gebaut und zum anderen wurden mit der parallel verlaufenden horizontalen Expansion der Konurbation sukzessive die Wohngebiete in die räumliche Peripherie abgedrängt. Auch der Baustil innerhalb der Wohngebiete änderte sich. Durch die Investitionen in den Wohnungssektor, die im Zusammenhang mit den Geldüberweisungen von Arbeitsmigranten aus den Golfstaaten erfolgten (vgl. ILO, 1987, 160), wurde in den gehobenen Wohngebieten die nordsudanesische Lehm- und Ziegelbauweise (vgl. STRECK, 1985; LEE, 1974) von vier- bis fünfstöckigen Stahlbetonbauten abgelöst. Mit ihren Stacheldraht bewehrten Mauern wirken diese Wohngebäude wie Trutzburgen in feindlichem Land. Demgegenüber sind die illegalen Siedlungen, die seit den 70er Jahren in der räumlichen Peripherie der Stadt entstanden, aus Lehm und Abfallmaterialien gebaut. In diesen Siedlungen sind die Infrastrukturmängel am größten, die Bausubstanz am minderwertigsten und die Bedrohung durch staatliche Willkür und durch Naturkatastrophen [Überschwemmung] am höchsten (vgl. OX, 1, 2). Sie sind die sichtbaren Indizien einer polarisierten Gesellschaftsentwicklung.

Die gravierendsten Defizite der kommunalen Infrastruktur der sudanesischen Hauptstadt bestehen in der unzulänglichen Wasserversorgung. Zwischen 1982 und 1986 wurde die Versorgungskapazität der Konurbation zwar von 110.000 m^3/Tag auf 260.000 m^3/Tag ausgeweitet, doch der tägliche Bedarf lag schon damals bei geschätzten 500.000 m^3 (EL SAMMANI et al. 1986, 91-112). Von diesen Versorgungsdefiziten, die sich bei wachsender Insolvenz der Regierung und unter der Last derBevölkerungszunahme noch ausgeweitet haben, sind die randstädtischen Squattersiedlungen am stärksten betroffen.

Luftbild 5:   **"Central Business District", Khartoum [1984]**

Quelle: Survey Department, Khartoum, AC 3/125 (1984)

0_____1_____2 Km

Sie liegen am weitesten vom Nil - und damit von der potentiellen Quelle
für Brauch- und Trinkwasser - entfernt und werden darüber hinaus auch
von offiziellen Wasseranschlüssen ausgespart, denn das würde eine
Anerkennung ihres Standortes bedeuten und sie gegen die Interessen der
Behörden quasi legalisieren. In diesen Gebieten war bei der
Flutkatastrophe im August 1988 der Trinkwassermangel am schlimmsten
(vgl. Kap. 9.1.). Und die katastrophale Versorgungssituation hat sich
nach dem Regierungswechsel 1989 so zugespitzt, daß es beim Streit um
Trinkwasser zu Toten kam (IDS, 1990, 10, 2).

**Tab. 13: Benutzung von Verkehrsmitteln in Abhängigkeit von der
Wohngebietsklasse**

Klasse	Priv. Transport	Öffentl. Transport	Zu Fuß
1. Klasse	57 %	26 %	14 %
2. Klasse	50 %	32 %	18 %
3. Klasse	17 %	62 %	26 %
4. Klasse	9 %	56 %	30 %

Quelle: El Agraa (1985, 113), leicht verändert

Hinsichtlich der Transport- und Verkehrsinfrastruktur ist festzustellen,
daß das Straßennetz der Konurbation kaum entwickelt ist; nur wenige
Straßen innerhalb der Stadtzentren und die Hauptverbindungsstraßen
innerhalb der Konurbation besitzen eine Teerdecke. Dabei sind die
Transportprobleme der Dreistadt immens. Die Verbindungen zwischen
den drei Städten werden nur durch vier Brücken realisiert, die dem wachsenden Verkehrsaufkommen schon lange nicht mehr gewachsen sind. Zu
den Spitzenzeiten morgens und nachmittags stauen sich die öffentlichen
und privaten Fahrzeuge an diesen Nadelöhren der Metropole. Ging die
ILO Studie 1976 noch von insgesamt 9.641 kommerziellen Fahrzeugen
aus, von denen ungefähr die Hälfte ohne offizielle Lizenz betrieben
wurden, so gibt EL MANGOURI (1983) für 1980 schon 17.000 für den
öffentlichen Transport zugelassene Fahrzeuge an. Groß-Khartoum besitzt

im Gegensatz zur Kolonialzeit kein Straßenbahnsystem mehr, das den steigenden Bedarf auffangen könnte. Verschärft wird das gegenwärtige Transportproblem zudem noch durch einen latenten Treibstoffmangel. Die ärmsten Bevölkerungsgruppen müssen dabei den Standortnachteil der peripheren Lage in Kauf nehmen, so daß deren magere Einkommen aus Arbeit im informellen Sektor der Stadt noch durch die hohen Transportkosten beschnitten werden. Dementsprechend korreliert auch die Benutzung der Verkehrsmittel deutlich mit der Wohnklasse (vgl. Tab. 13).

6.2.3. Der kollabierende Arbeitsmarkt und die Explosion der Lebenshaltungskosten in Khartoum

Die ökonomische Situation in der Konurbation Khartoum spiegelt die prekäre nationale Entwicklung wieder. Für die städtischen Bewohner haben sich in den 16 Jahren von 1970 bis 1986 die Lebenshaltungskosten um das ca. 26-fache erhöht; jedoch nicht für alle Bewohner gleichmäßig, sondern, wie aus Tabelle 14. ersichtlich wird, sind die unteren Einkommensschichten [unter 500 LS] durch den Anstieg der Lebenshaltungskosten am stärksten belastet worden.

Tab. 14: Anstieg der Lebenshaltungskosten in Khartoum [1970-1986]

(1970 = 100)	1979	1981	1983	1985	1986
Jahreseinkommen unter 500 LS	412	644	1.056	2.060	2.673
Jahreseinkommen über 500 LS	385	604	1.008	1.939	2.488

Quelle: IES (1988, 19), leicht verändert

Die Verteuerung der Lebenshaltung hat in Khartoum auch immer wieder zu Massendemonstrationen und Protestaktionen geführt, die insbesondere als Reaktion auf steigende Preise bei Grundnahrungsmitteln erfolgten (vgl. SEDDON, 1988, 26-35; EIU, 1988, 19). Wie sensibel dieser Bereich für die jeweilige Regierung ist, kann an den 100 Millionen US-Dollar aufgezeigt werden, die jährlich in die Subventionierung von Weizen, dem wichtigsten Grundnahrungsmittel der städtischen Bevölkerung, einfließen. Diese Summe entspricht 7% der gesamten Regierungsausgaben (vgl. DE WAAL, 1990, 5). Diesen steigenden Lebenshaltungskosten stehen noch die rapide zurückgegangen Einkommensmöglichkeiten in Khartoum gegenüber. Das internationale Arbeitsamt [ILO] ging 1976 von 370.000 Arbeitskräften in der Konurbation aus, von denen ca. 52.500 - 58.000 im informellen Sektor arbeiteten (ILO, 1976, 363, 382). 1987 wurde vom ILO festgestellt, daß mit dem rasanten Anstieg der städtischen Bevölkerung statt der vormaligen 15% nunmehr 50% im informellen Sektor von Khartoum arbeiten würden (ILO, 1987, 169). Obwohl diese Angaben und auch die Definition des informellen Sektors kritisch zu betrachten sind (vgl. Kap. 1.3.1.1.), so zeigen die Zahlen doch den entscheidenden Trend in der Beschäftigungssituation an. Immer mehr erzwungene Migranten und Flüchtlinge (vgl. KEBBEDE, 1991; IBRAHIM, 1991), die für ihre Überlebenssicherung in der Stadt auf Lohneinkommen angewiesen sind (vgl. Kap. 1.3.1.2.), drängen in den informellen Sektor und auf einen Arbeitsmarkt, der großteils zusammengebrochen ist; so arbeiteten 1990 nur noch 15% aller im Sudan ansäßigen Firmen (vgl. IDS, 1990, 11, 2).

Darüber hinaus ist seit dem Golfkrieg 1991 eine weitere wichtige Einkommensquelle der sudanesischen Haushalte versiegt. Die ca. 350.000 Arbeitsmigranten, die durch ihre Arbeit in den erdölproduzierenden arabischen Nachbarstaaten die wichtigsten Devisenlieferanten des Landes waren (vgl. ILO, 1987, 158-160; DE WALL, 1990, 5), haben durch die Allianz des Sudan mit dem Irak vielfach ihre Arbeitsstellen verloren. Im März 1991 hatte sich die Einkommens- und Versorgungssituation so zugespitzt, daß erstmals seit der Kolonialzeit wieder "städtischer Hunger" in Khartoum herrschte (SM, 1991, 3, 2), da die immensen Preise für Grundnahrungsmittel insbesondere von mittellosen Migranten und Flüchtlinge nicht mehr zu bezahlen waren (vgl. Tab. 15).

Tab. 15: Lebenshaltungskosten in der Konurbation Khartoum [1991]

Warentyp	Arbeiter 500 LS/ Monat	Ingenieur 1.500 LS/ Monat	Professor 2.500 LS/ Monat
1 Seife	3 Tage	1 Tag	5 Stunden
1 kg Rindfleisch	3 Tage	1 Tag	5 Stunden
1 kg Käse	6 Tage	2 Tage	1,25 Tage
1 kg Reis	6 Tage	2 Tage	1,25 Tage
20 Zigaretten	6 Tage	2 Tage	1,25 Tage
1 Artzbesuch	6 Tage	2 Tage	1,25 Tage
1 Paar Schuhe	18 Tage	6 Tage	3,5 Tage
1 Hemd	21 Tage	7 Tage	4 Tage
1 Hose	36 Tage	12 Tage	7 Tage
2-Zimmer Wohnung:			
- Monatsmiete	6 Monate	2 Monate	36 Tage
- Kauf	160 Jahre	80 Jahre	34 Jahre

Quelle: SM (1991, 3, 2)

6.3. Die defizitäre Stadtplanung und Wohnraumversorgung der Konurbation

6.3.1. Institutionelle Entwicklung der Stadtplanung

Die Verwaltung des Sudan und damit auch die Planungsinstitutionen, die für die Stadtentwicklung der Konurbation verantwortlich zeichnen, waren, wie im folgenden gezeigt wird, seit der Unabhängigkeit ständigen Änderungen und Umstellungen unterworfen. Häufig wurden dabei überflüssig gewordene Institutionen der Stadtplanung nicht aufgelöst, so daß die administrativen Strukturen sehr unübersichtlich sind und gerade für neu zugewanderte Migranten und Flüchtlinge schwer durchschaubar bleiben. Auch funktionieren Verwaltung und Planung meist mehr aufgrund von persönlichen Kontakten und Absprachen als im Rahmen administrativer Strukturen.

Nach der Unabhängigkeit wurde das "Department of Town and Village Planning", das auf der Grundlage des "Town and Village Planning Act, 1956" entstanden war, in das "Ministry of Local Government" überführt. Parallel dazu wurde der "Central Town Planning Board" in seiner Funktion eingeschränkt und zur beratenden Körperschaft reduziert und direkt dem "Minister of Local Government" unterstellt. Mit Numeiris Regierungsübernahme 1969 wurde ein spezielles "Ministry of Housing" eingerichtet, das das "Department of Town and Village Planning" übernahm. Doch im Zuge der Dezentralisierungsmaßnahmen von 1971 und 1973 wurde das "Ministry of Housing" und der "Central Town Planning Board" wieder aufgelöst und die Funktionen von einem neuen "Ministry of Local Government" übernommen. Auch dieses Ministerium wurde wieder aufgegeben als 1978 das "Ministry of Construction and Public Works" mit einem "Department of Housing" eingerichtet wurde (vgl. EL SAMMANI et al., 1986, 43-44). Mit der Abschaffung des 1981 von Numeiri eingeführten "Regional Government Acts" wurde ein weiterer großer Einschnitt im administrativen Regelwerk vollzogen. Der "Regional Government Act" sah eine weitgefaßte politische und administrative Dezentralisierung auf nationaler Ebene vor. Neben der Einführung regionaler Verwaltungsorgane für die sechs Provinzen wurde damals auch die Einführung einer "Capital Commission" für die Haupstadt beschlossen. Dabei setzte sich die dezentrale Verwaltungsstruktur über die drei "City-Councils" von Khartoum, Omdurman und Khartoum Nord, den 37 "Township-Councils" bis hinunter zu den kleinsten lokalen Einheiten, den 342 "Neighborhood-Councils" fort. Diese Abstufung spiegelte das Organisationsmuster der damals regierenden Einheitspartei, der SSU, wider, wobei deren Mitglieder vor allem auf der Graswurzelebene der "Neighbourhood-Councils" aktiv waren und sich auch auf Wohngebietsebene organisierten. Nach der Absetzung der "Capital Commission" 1983 wurde diese dezentralisierte Verwaltungsstruktur zwar beibehalten, faktisch jedoch wirkungslos, weil seitdem alle Entscheidungen zentral auf Ministerialebene gefällt wurden und die ohnehin nur beratenden Voten der nachgestellten Councils nicht mehr bis dorthin durchdrangen. In der Hierarchie folgte nunmehr nach dem Präsidenten das "Ministry of Puplic Works Construction and Housing". Diesem unterstand unter anderem das "Land Department", und das "Department of Housing and Town Planning", wobei das "Land Department" bei Fragen der Landzuweisung aktiv wurde und Katasteraufgaben übernahm, während im "Department of Housing and Town Planning" die planende Verwaltung saß. 1985 wurde innerhalb des "Ministry of Public Works" auch erstmals ein "Squatter Settlement Department" eingerichtet. Wichtige Entscheidungen, die die Stadtplanung berührten, wurden seit Juli 1985 dann durch das neu eingesetzte "Central Town Planning Board" gefällt, das sich aus den "Undersecretaries" der betreffenden Ministerien zusammensetzte und im Bedarfsfall zusammentrat. Sämtliche, die illegalen Siedlungen betreffenden Entscheidungen wurden bis zum Regierungswechsel 1989 mehr oder weniger in Absprache zwischen dem Präsidenten, dem "Central Town Planning Board" und den Stellen des "Ministry of Public Works Construction and Housing" [Housing Department, Land Department, Squatter Department, Town Planning Department] auf zentraler Ebene gefällt.

6.3.2. Konzepte zur Stadtstrukturplanung

Die planungsrechtlichen Grundlagen zur Stadtstrukturplanung beruhen im wesentlichen auf dem kolonialen "Town Lands Scheme" von 1947 (vgl. Kap. 5.4.3.1.) und dem "Town and Village Planning Act" von 1956. Dieser wurde zwar 1961 (vgl. SAD, 720/3/9) und 1969 modifiziert, aber nicht grundlegend geändert. Die Kernaussage dieser Erlasse besteht darin, daß die offizielle Neuauflage von Bauland durch eine zeitlich befristete Landpacht geregelt wird und keine Eigentumstitel vergeben werden. SIMPSON, der als "Commissioner of Lands" im anglo-ägyptischen Sudan der Kolonialzeit tätig war (vgl. Kap. 5.4.3.1.), kehrte 1967 nochmals, nun als Berater der sudanesischen Regierung, in den Sudan zurück und gibt bei der Schilderung seiner Beratungstätigkeit einen Hinweis auf die Persistenz kolonial angelegter Landrechtsstrukturen:

> I did not know whether to feel disappointed, even humiliated, that my 'expert' recommendation for a Government Lands Act (...) was rejected, or to feel flattered because the authorities preferred to retain the dear old Town Lands Scheme, dog's breakfast though it was, on the grounds that they were familiar with it and it had worked well for twenty years (SIMPSON, 1985, 79).

EL SAMMANI et al. (1986, 46) verweisen darauf, daß dann Anfang der 80er Jahre nochmals ein neuer Gesetzentwurf in Vorbereitung war, der jedoch infolge der damaligen Dezentralisierungspolitik modifiziert werden mußte und schließlich doch nicht implementiert wurde. Neben den administrativen und planungsrechtlichen Rahmenbedingungen gründeten sich nach der Unabhängigkeit die planerischen Anstrengungen zur langfristigen Steuerung des Stadtwachstumsprozesses auf zwei "Masterplans". 1959 entwarfen "Doxiades Association, Athen" einen "Masterplan" für die Konurbation, worin sie eine Gitterstruktur für bestehende Gebiete und für zukünftige Nord- und Süderweiterungen vorschlugen. Sie formulierten dabei eine generelle Entwicklungsstrategie mit Vorschlägen für Nachbarschaften und Subzentren (vgl. DOXIADES ASSOCIATES, 1959a; 1959b; 1959c; 1959d). Aufgrund schwerfälliger Verwaltung und aus Mangel an effektiven Gesetzen scheiterte dieser Plan. 1977 wurde ein zweiter Versuch zu einem "Masterplan" von der "Mefit Consulting Group, Rom" unternommen (vgl. MEFIT, 1976). Er war weiter gefaßt und in Verbindung mit einer Regionalverkehrsstudie konzipiert. Doch auch dieser "Masterplan" wurde wegen Ineffizienz der Verwaltung und chronischen Geldmangels der Regierung nur partiell umgesetzt (EL SAMMANI et al., 1986; 1989). Wie schon in der Kolonialzeit wurden damit in beiden Fällen Ideen zur Raumorganisation der Konurbation Khartoum aus Europa importiert; sie beruhten weiterhin auf symmetrischen Grundrissen und der Nutzungszonierung des urbanen Raumes, also der räumlichen Trennung von Wohngebieten, Geschäftszentren, Industriegebieten, Militärgebieten und Erholungsräumen und sahen auch die Beibehaltung der in der Kolonialzeit initiierten Wohngebietsklassen vor.

Zusammenfassend kann festgehalten werden, daß sich koloniale Strukturen vielfach im stadtplanerischen Instrumentarium des nachkolonialen Khartoum wiederfinden. Dabei sind diese jedoch immer weniger geeignet, die Probleme zu bewältigen, die sich innerhalb der letzten 20 Jahre infolge der migrations- und fluchtbedingten Zuwanderung quantitativ extrem ausgeweitet und sich auch qualitativ verändert haben. So sind mit der Entstehung von illegalen Siedlungen und Flüchtlingslager vollständig neue Faktoren für die Stadtplanung hinzugetreten. Neben der kolonialen Prägung des Planungsrechts wird die durch finanzielle Mißstände ohnehin beschränkte Effektivität der Stadtplanung noch durch die permanenten politischen Richtungswechsel auf nationaler Ebene beschnitten. Die ständige Umstellung von Zuständigkeiten und Kompetenzen innerhalb des Verwaltungsapparats läßt eine Kontinuität der Arbeit, die für eine längerfristige und vorausschauende Planung der Stadtentwicklung grundlegend ist, nicht aufkommen. Daher beruht die Steuerung des immensen Stadtwachstums bis zur Gegenwart mehr oder weniger auf einer kurzfristigen ad-hoc-Basis.

6.3.3. Probleme des Wohnungsmarktes

Der Zugang zu Wohnraum in der Konurbation Khartoum wird heute über vier unterschiedliche Märkte geregelt: durch staatliche Wohnungsbauprojekte, Eigentum an Wohnraum [Freehold, Leasehold], durch Mietverhältnisse und durch die illegale Nutzung von staatlichem oder privatem Land. Der Staat nimmt dabei unterschiedlichen Einfluß auf die einzelnen Marktkanäle. Die offiziellen Wohnungsbauprojekte waren und sind in ihrem Marktanteil dabei weitgehend vernachlässigbar (AHMED, 1989, 54), da sie immer nur kleine, meist elitäre Zielgruppen ansprachen und die Implementierung der Projekte noch nach Jahren nicht abgeschlossen ist (vgl. EL AGRAA et al., 1988, 213). Von wesentlicher Bedeutung ist dagegen die staatliche Steuerung des Wohnungsmarktes durch die Ausweisung neuer Siedlungsgebiete für den privaten Erwerb von Pachtland [Leasehold]. Uneingeschränkte Eigentumsrechte an Land [Freehold] können demgegenüber nicht mehr erworben werden. Die Vergabe von staatlichem Bauland folgt im wesentlichen dem kolonialen Klassifikations- und Pachtsystem entsprechend dem "Town Lands Scheme" von 1947 (vgl. Kap. 5.4.3.1.). Nach der Unabhängigkeit wurden durch die "Town Planning Regulations" von 1957 lediglich die Wohngebietsklassen von drei auf vier ausgedehnt (SAD, 720/3/5). Dabei wurde für die erste Klasse eine Mindestfläche von 400 Quadratmetern, für die zweite 300 Quadratmeter, die dritte 200 Quadratmeter und für die vierte Klasse 400 Quadratmeter vorausgesetzt (SAD, 720/3/5). Auch die Verwendung von Baumaterialien zum Hausbau wurden entsprechend der Wohngebietsklassen gestaffelt. Beispielsweise war dauerhaftes Baumaterial für die erste Klasse vorgeschrieben, Unterkünfte in Wohngebieten der vierten Klasse konnten jedoch aus Gras errichtet sein. Zusätzlich zu diesen vier Klassen waren in den "Town Planning Regulations" auch sogenannte "Temporary Lodging Areas" für saisonale Siedlungen mit einer maximalen Laufzeit von einem Jahr vorgesehen (vgl. SAD, 720/3/5). Das "Neighbourhood Planning System", das in den 80er Jahren die staatliche Ausweisung von Wohngebieten in der Konurbation Khartoum regelte, operierte nach dem gleichen Muster. Die Standards sind wie folgt festgelegt:

1. Klasse: Die Grundstücksgröße rangiert zwischen 600-800 Quadratmetern, die Gebäude müssen aus Ziegeln oder Beton errichtet sein und können mehrgeschossig angelegt werden, wobei sie aber mindestens zwei Meter von der Grundstücksgrenze entfernt bleiben müssen. Weiterhin

müssen die Gebiete mit fließendem Wasser, Strom- und Abwasseranschluß und einer funktionierenden Müllabfuhr an die kommunale Infrastruktur angeschlossen sein, und der Zugang zu ihnen sollte über befestigte Straßen möglich sein.

2. Klasse: Die Grundstücksgröße rangiert auch hier zwischen 600-800
Quadratmetern und die Gebäude müssen ebenfalls zwei Meter von der
Grenze eingerückt werden, doch die verwendeten Baumaterialien können
von wenig dauerhafter Qualität sein. Auch diese Gebiete müssen mit fließendem Wasser, Strom- und Abwasseranschluß an die kommunale Infrastruktur angeschlossen sein, eine Abfallentsorgung von Haus zu Haus
sollte existieren und der Zugang zu den Grundstücken über befestigte
Straßen möglich sein.

3. Klasse: Die Grundstücksgrößen liegen zwischen 300-400 Quadratmetern. Für die Errichtung der Wohngebäude sind traditionelle Baumaterialien erlaubt. Wohngebäude können direkt auf der Grundstücksgrenze
errichtet werden. Jedes Grundstück sollte über Wasser und Elektrizitäts-
anschlüsse verfügen, wobei jedoch die Abfallentsorgung über kommunale
Sammelstellen organisiert sein kann.

4. Klasse: Die Grundstücksgrößen der vierten Klasse rangieren ebenso
wie die der dritten Klasse zwischen 300-400 Quadratmeter. Doch alle
Baumaterialien und jegliche Form von Konstruktionen sind für die
Errichtung der Wohngebäude erlaubt. Die kommunale Infrastruktur hat
minimale Standards wie etwa gemeinsame Wasserstellen und unbefestigte
Straßen.

Die Pachtlaufzeit für die Wohngebiete in der Stadt ist ebenfalls - wie
bereits durch das "Town Lands Scheme, 1947" geregelt - an die Wohngebietsklassen gebunden. Das Land der ersten Klasse kann für 50 Jahre
gepachtet werden, mit einer Verlängerungsoption von 30 Jahren, Land
der zweiten Klasse für 30 Jahre mit zwei Verlängerungsmöglichkeiten zu
jeweils 20 Jahren, Land der dritten Klasse kann für 20 Jahre gepachtet
werden, mit zwei Verlängerungsoptionen zu jeweils 10 Jahren und Land
der vierten Klasse kann nur auf jährlicher Basis gepachtet werden. Die
Landvergabe erfolgt jedoch nicht mehr an den Meistbietenden, sondern
wird über ein Punktesystem geregelt, in dem derjenige mit den meisten
Punkten die Priorität beim Landerwerb hat.

Tab. 16: Hausbesitzverhältnisse in Abhängigkeit von der Wohngebietsklasse in Khartoum [1982/1983]

Wohngebiet	Mieter	Eigentümer	Erstbesitzer	Käufer
1. Klasse	36%	64%	52%	12%
2. Klasse	23%	77%	65%	12%
3. Klasse	15%	85%	73%	12%
4. Klasse	47%	53%	23%	30%

Quelle: El Agraa et al. (1988, 110)

Bei der Bewerbung sind mehrere Faktoren maßgebend, wie Nachweis der Staatsangehörigkeit, die Familiengröße und die Dauer des Wohnsitzes in der Stadt. Doch letztlich entscheidet die Einkommenshöhe über den Zugang zur Wohnklasse. Anfang der 80er Jahre lag die Schwelle für die erste Klasse bei 1.200 LS/Monat; für die zweite Klasse bei 600-1.200 LS/Monat und für die dritte und vierte Klasse bei weniger als 600 LS/Monat. EL SAMMANI et al. (1986, 54-55) führen an, daß das "National Housing Committee" in den 80er Jahren gar noch eine Heraufsetzung der Einkommensschwelle auf 4.800 LS für die erste Klasse, 1.600-4.800 LS für die zweite Klasse, respektive 800-1.600 LS für die dritte Klasse und weniger als 800 LS für die vierte Klasse vorgeschlagen hat. Die Anwendung dieser Kriterien führt dazu, daß ausländische Zuwanderer keinen Zugang zum offiziellen Bodenmarkt haben. Des weiteren ist es unter den gegenwärtigen Arbeitsmarktbedingungen nur für die wenigsten städtischen Bewohner möglich, überhaupt ein regelmäßiges Einkommen nachzuweisen und für die 1,8 Millionen "Displaced Persons" in Khartoum größtenteils unmöglich. Damit findet eine staatliche Regulierung des Zugangs zu Wohnraum statt, die darüber entscheidet wer in den Mietwohnungsmarkt bzw. zum illegalen Siedeln abgedrängt wird. Unabhängig davon ist der Staat seit Mitte der 70er Jahre infolge der hohen Nachfrage jedoch nicht mehr in der Lage, genügend neue Siedlungsflächen auszuweisen. KAMIER et al. machen darauf aufmerksam, daß der städtische Bodenmarkt von Khartoum darüber hinaus auch von Korruption und Spekulation durchdrungen ist (1987). So wurde etwa vom Staat zur Begleichung finanzieller Defizite Land, das bereits für den Ausbau öffentlicher Einrichtungen vergeben war, an zahlungskräftige Spekulanten verkauft (KAMIER et al., 1987, 34-37). Darüber hinaus wurde auch bei der staatlichen Vergabe von Pachtland das Punktesystem durch offene Versteigerungen ersetzt (vgl. EL SAMMANI, et al., 1986, 55), mit dem Effekt, daß die Bodenpreise noch weiter stiegen und selbst einkommensstarke Familien immer weniger Zugang zum offiziellen Wohnungsmarkt hatten. Weiterhin nutzen, nach Angaben von KAMIER et al., einzelne Personen ihre offizielle Funktion, etwa als "Replanning Officer", aus, um sich oder ihre Familie durch unrechtmässige Landüberschreibungen systematisch zu bereichern (1987, 22 ff.).

Neben den staatlichen Wohnungsbauprojekten und der offiziellen Neuausweisung von Bauland bietet der Mietmarkt einen dritten Zugang zu Wohnraum in Khartoum (vgl. Tab. 16). Während 1973 noch 45% aller Bewohner der Provinz Khartoum in einem Mietverhältnis standen, wohnten 1978-80 jedoch nur noch 22% zur Miete. In der Hauptstadt selbst standen Mitte der 80er Jahre ca. 30% der Einwohner in einem Mietverhältnis (El AGRAA et al., 1988, 98, 114). Die Verringerung der Mietverhältnisse zeigt an, daß illegales Siedeln in den 70er Jahren zunächst noch weitgehend unbekannt war (vgl. Karte 1), dieses jedoch mit den wachsenden gesamtwirtschaftlichen Schwierigkeiten und steigenden Mietpreisen zunehmend Bedeutung erlangte. Neben dem zeitlichen Kontext ist die Bedeutung des Mietwohnungsmarktes abhängig von der Wohngebietsklasse. Tabelle 16 gibt Aufschluß darüber, daß der höchste Mietanteil bei der untersten Klasse zu beobachten ist. Ursache hierfür ist, daß eine hohe Nachfrage nach kurzfristigen Unterkünften bei Migranten mit geringem Geldeinkommen besteht. Diese nehmen bei geringer Kontrolle niedrige Standards und extreme Überbelegung in Kauf, um überhaupt Zugang zum Wohnungsmarkt zu bekommen. Zum anderen ist dieser Markt auch für Vermieter einträglich, da bei wenigen oder keinen Investitionen in die Bausubstanz hohe Profite durch die Vergabe vieler Unterpachtverträge zu erzielen sind. Demgegenüber sind Pachtverhältnisse innerhalb von Squattersiedlungen die Ausnahme, da Vermietungen den Legalisierungsprozeß erheblich komplizieren (vgl. El AGRAA et al., 1988, 137). Das zentrale Problem des Mietwohnungsmarktes besteht darin, daß vor dem Hintergrund sinkender Kaufkraft und einer wachsenden Knappheit an Wohnraum die Mietpreise in die Höhe steigen (vgl. EL AGRAA et al., 1988, 220; KAMIER et al., 1987, 20) und die finanziell schwächsten Mieter verdrängt werden, denen nun ebenfalls wie allen

Einkommensschwachen, Neuzugewanderten und Flüchtlingen nur noch die illegale Inbesitznahme von staatlichem und privaten Land bleibt. Während Ende der 70er Jahre die unteren Einkommensschichten [2.000 LS Jahreseinkommen und weniger] ca. 10% ihrer Einnahmen für Miete ausgeben mußten, zeigte eine Fallstudie in Umbedda [Omdurman] Mitte der 80er Jahre, daß durchschnittlich 25% aller Einnahmen für Mietausgaben aufgewendet wurden (El AGRAA et al., 1988). Im März 1991 dagegen hätte ein Arbeiter mit 500 LS Monatseinkommen theoretisch sechs Monate arbeiten müssen, um die Monatsmiete einer 2-Zimmer Wohnung bezahlen zu können (vgl. Tab. 15). Infolge dieser dramatisch eingeschränkten Zugangsmöglichkeiten zu den drei offiziellen Kanälen des Wohnungsmarktes lebten bereits Mitte der 80er Jahre über 40% der Bevölkerung Khartoums in Squattersiedlungen (vgl. GERTEL, 1989).

6.4. Zusammenfassung: Illegale Siedlungen als Ausdruck der Wohnungskrise

In diesem Kapitel wurde herausgearbeitet, wie die Ausbildung der Wohnungskrise in Khartoum mit dem spezifischen "Unterentwicklungsweg" des Sudan verknüpft ist. Dabei wurde gezeigt, daß "Unterentwicklung" im ethnisch-konfessionell stark fragmentierten Sudan eine historische Dimension hat. Die "traditionelle" Subsistenzökonomie wurde durch die Implantierung einer auf die kolonialen Interessen ausgerichteten Exportproduktion deformiert und, unter Abzug ihrer Ressourcen, in die Globalökonomie eingegliedert. Die Schädigung des "traditionellen" Sektors entzog den Bauern und Nomaden in den peripheren Landesteilen systematisch ihre Reproduktionsgrundlagen, was in eine zunehmende Arbeitsmigration nach Khartoum einmündete. Die Zuwanderung in die Konurbation wurde durch den kolonial angelegten landesinternen Nord-Süd-Konflikt zusätzlich dynamisiert. So wird das derzeitige Bevölkerungswachstum in Khartoum vor allem durch Migrations- und Fluchtströme aus den Krisen und Konfliktgebieten des Westens und Südens genährt. Komplementär zu den nationalen Krisen und Konflikten, die derzeit von der islamistisch geprägten Militärregierung noch vertieft werden, entwickelte sich aus dem kolonialen Zentrum Khartoum nach der Unabhängigkeit eine typische Primatstadt, die parallel zur wachsenden Konzentration städtischer Funktionen durch die räumliche Ballung von gesellschaftlichen Problemen charakterisiert ist. Die sich permanent verändernde Bevölkerungsstruktur von Khartoum spiegelt dabei die skizzierten

Konfliktmuster der sudanesischen Gesellschaft wider, allerdings in einer komprimierten Form. So werden die aktuellen Krisen und Konflikte um Wasser, Nahrungsmittel, Wohnraum und physische Sicherheit in Khartoum zwischen der Zentralinstanz des Staates und den einzelnen gesellschaftlichen Segmenten immer häufiger mit Gewalt ausgetragen. Der kollabierende Arbeitsmarkt und die Explosion der Lebenshaltungskosten haben dabei im Frühjahr 1991 gar zur ersten städtischen Hungerkrise nach der Unabhängigkeit geführt.

Die Stadtplanung war unter diesen Bedingungen mit ihren aus der Kolonialzeit übernommenen Konzepten und Instrumentarien bereits seit Anfang der 70er Jahre nicht mehr in der Lage, dem wachsenden Bevölkerungsdruck auf Khartoum durch eine vorausschauende Planung mit einer entsprechenden Wohnungspolitik zu begegnen. Die wachsenden Wohnraumprobleme in Khartoum stellen sich dabei unter zwei Aspekten dar. Von planerischer Seite bestehen sie in der immensen flächenhaften Ausdehnung der Metropole und den schnell wachsenden Squattersiedlungen. Aus Sicht der Bewohner bestehen die Probleme im dysfunktionalen Wohnungsmarkt. Der offizielle Wohnungsmarkt, der hauptsächlich durch die Erschließung neuer Siedlungsgebiete bestimmt ist, schließt kategorisch sowohl Personen aus, die nicht imstande sind, ihre Staatsbürgerschaft nachzuweisen als auch alle, die über keine regelmässigen Einkommen verfügen, was seit den 80er Jahren immer mehr Menschen betrifft. Auch der Mietwohnungsmarkt der ca. 30% der Nachfrage absorbierte, ist in den 80er Jahren durch rasante Mietpreissteigerungen charakterisiert und wurde zusehends enger. Die einzig mögliche und zahlbare Alternative besteht für die überwältigende Mehrheit der Bevölkerung Khartoums seither im illegalen Siedeln in der städtischen Peripherie (vgl. Karte 1). Im folgenden wird daher zunächst untersucht, welche Potentiale in den 80er Jahren bei den synchronen Entwicklungen des Zusammenbrechens des lokalen Wohnungsmarktes einerseits und der phasenweise nationalen Demokratisierung andererseits auf staatlicher Seite und auf seiten der illegalen Siedler vorhanden waren, um die Wohnraumprobleme zu bewältigen. Im Anschluß daran wird dann herausgearbeitet, wie seit dem Regierungswechsel 1989 diese Potentiale - die trotz fundamentaler gesellschaftlicher Konflikte existierten - systematisch demontiert wurden.

7. PLANUNG "VON OBEN": DIE STAATLICHE SQUATTER-POLITIK IN KHARTOUM

In den 80er Jahren kam es ausgelöst von Bürgerkrieg und Hungerkrisen im Sudan zu massenhaften Fluchtbewegungen nach Khartoum, die sich dort mit einem versagenden staatlichen Wohnungsmarkt kombinierten und immer mehr Menschen zum illegalen Siedeln drängten. Vor diesem Hintergrund werden im folgenden die Strategien untersucht, die in dieser Zeit auf eine Bewältigung der Wohnraumproblematik abzielten. Die Strategien lassen sich dabei in Angebots- und Nachfrageseite unterscheiden und gehen dementsprechend von zwei "Akteuren" aus: von den staatlichen Stellen und deren Planung "von oben" und von den Bewohnern Khartoums, die immer stärker darauf angewiesen waren, städtisches Land illegal zu besetzen und es in ihrer Planung "von unten" baulich zu organisieren und als Wohnraum zu nutzen. Das Ziel der folgenden Ausführungen ist es, die Verflechtungen der staatlichen Politik mit den Handlungsstrategien der illegalen Siedler herauszuarbeiten. Entscheidend ist dabei die Frage, welche Potentiale in den 80er Jahren trotz grundlegender gesellschaftlicher Konflikte, die in Khartoum ausgetragen wurden, auf beiden Seiten vorhanden waren, um die defizitäre Wohnungsversorgung zu verbessern. Daher wird in diesem Kapitel zunächst die staatliche Squatterpolitik untersucht. Hierbei wird die Entstehungsgeschichte der illegalen Siedlungen nachgezeichnet und die staatliche Wahrnehmung dieses Problembereichs beleuchtet, um in diesem Kontext die Effektivität der offiziellen Programme zu untersuchen, die zur Bewältigung des Problems eingesetzt wurden. Im anschließenden Kapitel werden dann aus der Perspektive der illegalen Siedler deren spezifische Probleme und ihre unterschiedlichen Potentiale während der Phase der nationalen Demokratisierung Mitte der 80er Jahre herausgearbeitet (vgl. Kap. 8.). Und schließlich werden die Ursachen untersucht, die seit dem Regierungswechsel 1989 in eine Eskalation der Wohnraumproblematik einmündeten. Diese Eskalation ist dadurch gekennzeichnet, daß vorhandene Potentiale zur Bewältigung der Wohnungsprobleme von der neuen Regierung systematisch zerstört und mehrere hunderttausend interne Flüchtlinge aus Khartoum vertrieben wurden (vgl. Kap. 9.).

7.1. Zur Geschichte der illegalen Siedlungen und ihrer Wahrnehmung durch den Staat

Die ersten illegalen Siedlungen in der Konurbation entstanden wenige Jahre nach der Unabhängigkeit des Sudan mit dem Ausbau der Leichtindustrie in Khartoum Nord Anfang der 60er Jahre. Noch 1962 waren es nach Angaben von ELIAS et al. (1972, 215) nur etwa 100 Personen, die östlich des Industriegebietes illegal siedelten. Wichtig für die Auswahl dieses Standorts waren die Nähe zu den Arbeitsplätzen und der Zugang zu Trinkwasser, das von der Fabrik bezogen werden konnte (vgl. ZAHIR, 1972, 228). Der erste offizielle Bericht über die Siedlung, die aus Pappkartons errichtet war, wurde den lokalen Behörden von einem Gesundheitsinspektor übermittelt, der auf mögliche gesundheitliche Folgen aufmerksam machte, die sich aus der Existenz der Siedlung ergeben könnten (vgl. ZAHIR, 1972, 228). Das Phänomen der illegalen Siedlungen wurde damit erstmals auch behördlich bekannt. Die verstärkte Migration in die sudanesische Hauptstadt, die nach dem politischen Umbruch der Oktoberrevolution 1964 einsetzte, trug bei der bestehenden Wohnungsknappheit zum Anwachsen der illegalen Siedlungen bei. Sie erfolgte vor allem aus den westlichen Provinzen und wurde durch den 1959 fertiggestellten Ausbau der Eisenbahnstrecke von Babanusa nach Nyala noch wesentlich erleichtert. ZAHIR macht darauf aufmerksam, daß neben den Möglichkeiten zur Lohnarbeit in Khartoum, die viele Migranten anzog, beispielsweise die Gruppe der Missiria Humr ihr traditionelles Siedlungsgebiet verlassen hatte und illegal in Khartoum siedelte, weil sie als Baumwollproduzenten unter einer Dürre zu leiden hatten und den Verfall der Weltmarktpreise ökonomisch nicht mehr abfedern konnten (1972, 232).

Unter den Bedingungen einer permanenten Arbeitsmigration nach Khartoum weiteten sich die illegalen Siedlungen in der sudanesischen Hauptstadt aus, so daß dort 1969 ca. 30.000 Personen in Squattersiedlungen lebten, davon allein 20.000 in Khartoum Nord (vgl. ELIAS et al., 1972, 216). Diese illegalen Siedlungen waren bereits zu diesem Zeitpunkt aus Abfallmaterialien wie Karton, Blech und Pappe errichtet und waren als erste Symptome städtischer Verelendungsprozesse zu werten, die innerhalb kurzer Zeit weite Bevölkerungskreise erfassen sollten. Jedoch waren die Bewohner dieser illegalen Siedlungen keineswegs passiv ihrem neuen städtischen "Schicksal" ergeben. Im Gegenteil:ü

They formed social organizations, political parties, and group leaders and they entered into negotiations with the government (ELIAS et al., 1972, 215).

Nachdem von städtischer Seite die Ausweitung des Industriegebietes in Khartoum Nord beschlossen worden war und sich eine Reihe von Zwischenfällen mit den Nachbarn ereignet hatte, kam es nach mehreren Anläufen durch die Behörden 1971 schließlich zur Ausweisung eines Umsiedlungsgebietes für die 20.000 illegalen Siedler von Khartoum Nord; und zwar weit außerhalb des Stadtzentrums östlich von Hajj Yussif. Dort wurden vier Siedlungseinheiten mit Gittergrundriß für jeweils 3.000 Standardparzellen mit 200 Quadratmeter Grundfläche - also in der typischen Form der kolonialen Raumorganisation - geschaffen und mit Märkten, Schulen und Gesundheitsstationen ausgestattet. Die Umsiedlung aller Squatterbewohner aus den Gebieten Kober und Shambat erfolgte noch im gleichen Jahr und das Umsiedlungsgebiet wurde durch eine Teerstraße an Khartoum Nord angeschlossen, denn der überwiegende Teil der Bevölkerung setzte sich aus unausgebildeten Arbeitskräften zusammen, von denen allein 30% in der Spinnereifabrik von Khartoum Nord arbeiteten (vgl. ELIAS et al., 1972, 215). Bereits kurze Zeit nach der Umsiedlung entstanden in der Nachbarschaft dieses Gebietes neue illegale Siedlungen. Neben Neuzuwanderern wohnten darin auch Personen, die die Investitionen, die mit dem Ausbau der Parzelle im Umsiedlungsgebiet verbunden waren, nicht aufbringen konnten und infolgedessen von diesem Land verdrängt worden waren (vgl. ELIAS et al., 1972, 218). Mitte der 70er Jahre begannen sich unter dem wachsenden Bevölkerungsdruck auf Khartoum die illegalen Siedlungen in mehreren Stadtteilen auszubreiten. Außer denen im Umkreis von Hajj Yussif in Khartoum Nord entstanden weitere illegale Siedlungen auch südlich des "Green Belt" sowie in Umm Bedda, einem Stadtteil von Omdurman. Alle Siedlungen verzeichneten immense Wachstumsraten.

An der Verdopppelung der Einwohnerzahlen der Konurbation zwischen 1973 und 1983 (vgl. Tab. 12) kann die quantitative Änderung des Squatterphänomens abgelesen werden. Da die Wohnungspolitik des Staates für die neuen Bewohner der Hauptstadt keine Alternativen bot, war das illegale Siedeln bald nicht mehr länger nur eine Randerscheinung der urbanen Behausungssituation, sondern mit ca. 600.000 illegalen Siedlern (EL-AGRAA et al., 1985, 111) wurde es Mitte der 80er Jahre zur dominierenden städtischen Siedlungsform. Nicht nur Neuankömmlinge wurden zum illegalen Siedeln gedrängt, sondern infolge steigender

Mietpreise und unzureichender Neuausweisungen zunehmend auch viele
alteingesessene Stadtbewohner.

Die Wahrnehmung dieses Problemfeldes blieb in den verantwortlichen
Stellen jedoch lange Zeit auf die Wiederholung pauschalierender, stereo-
typer Vorurteile beschränkt. Von der Presse etwa wurden die illegalen
Siedler sowohl für die wachsende Mangelversorgung mit Nahrungsmitteln
als auch für die Defizite der öffentlichen Infrastruktur verantwortlich
gemacht (vgl. SUDANOW, 1982, Aug., 33). Und von staatlicher Seite
wurden die Squatterbewohner als das chronische Problem im städtischen
Leben bestimmt und mit Attributen wie "tollwütige Angreifer" und
"nichtswürdige Verbrecher" belegt (AQ8, 1986, 5). Die Ausdehnung der
illegalen Siedlungsflächen wurde gar mit der Ausbreitung von Seuchen
und ansteckenden Krankheiten assoziiert (vgl. Anhang, Nr. 66), und zwar
insbesondere bei jenen Squattergebieten, die sich aus westafrikanischen
Migranten und südsudanesischen Flüchtlingen rekrutierten, wie beispielsweise Hajj Yussif Karton und Hai Maio (vgl. AQ6, 1986, 5). Parallel
dazu ging bis Anfang der 80er Jahre die Denunziation der illegalen Siedler mit einer weitreichenden Planungs- und Konzeptionslosigkeit der
Behörden einher. Einerseits wurde trotz nachdrücklicher offizieller Leug-
nung versucht, dem Problem durch willkürliche, sporadische Räumungsaktionen und Deportationen beizukommen.[59] Doch diese Art der
"Problemlösung" war aufgrund einer wachsenden Massenbasis der illegalen Siedler und des daraus resultierenden Widerstandpotentials auf
Dauer nicht durchsetzbar. So kam es unter anhaltenden Demonstrationen
wiederholt zum Stopp von Räumungsaktionen (vgl. SUDANOW, 1982,
Aug., 33). Andererseits wurde eine "Laissez Faire"- und Abwartepolitik
betrieben, der erst Mitte der 80er Jahre, angesichts der sich ausweitenden
Dimension des Squatterproblems, erste konkrete Maßnahmen folgten. So
kam es in dieser Zeit erstmals zur systematischen Erfassung der Squatter-
gebiete und zur Vorlage von konkreten Plänen, die auf eine Bewältigung
der Wohnraumprobleme abzielten.

Auch die illegalen Siedler entwickelten in dieser Zeit neue Aktivitäten.
Nach dem Sturz Numeiris drängten sie sich im Zuge der Demokratisierungstendenzen 1985/1986 stärker in die öffentliche Diskussion. Dabei

---

59   Der ehemalige "Assistant Commissioner of Lands", Abdel Gayoum Beshir,
      stellte in einem Interview mit der sudanesischen Monatszeitschrift SUDANOW
      (1982, Aug., 33) die unrichtige Behauptung auf, daß es niemals zur Zwangsauf-
      lösung illegaler Siedlungen durch Bulldozingaktionen gekommen sei, eine
      Behauptung, die er auch vier Jahre später, jetzt in der Funktion des "Land
      Commissioners", wiederholte (DREWS et al., 1986).

nutzten sie in unterschiedlicher Weise ihr neu gewonnenes politisches Potential, das vor allem in der Wahlberechtigung beruhte, die jeder Sudanese erwirbt, wenn er/sie länger als sechs Monate am gleichen Ort wohnt. Bei der Wahl 1986 übten dann in erster Linie die ethnischen Gruppen aus dem Norden und Westen des Sudan, die im Parlament über eine entsprechende Lobby verfügten, auf die Parteien politischen Druck aus und boten ihre Wählerstimmen im Tausch gegen politische Versprechen von infrastruktureller Erschließung und Legalisierung ihrer Siedlungen an. So hatte beispielsweise die Umma-Partei, die 1986 als Sieger aus der Wahl hervorging, zahlreiche Wählerstimmen von den Migranten aus den westlichen Provinzen erhalten. Die praktische Umsetzung und Einlösung der Zusagen wurde jedoch, wenn überhaupt, nur über direkte klientele Bindungen erreicht. So gilt es festzuhalten, daß das neu erworbene politische Potential der Squatterbewohner nicht ausreichte, um sich in einer grundsätzlichen Neugestaltung der Planungspolitik niederzuschlagen. Darüber hinaus sah und sieht die Regierung - je nach politischer Ausrichtung - in den Squattergebieten ein durch die SPLA gestütztes Revolutionspotential heranwachsen, das den nordsudanesischen Staat bedrohe (vgl. NDURU, 1987). Die politische Brisanz lag jedoch eher im Aufmarsch staatlicher Sicherheitskräften, denn diese führten in den 80er Jahren unter Einsatz von Panzern in Hai Maio, Hajj Yussif Karton und Um Bedda immer wieder Hausdurchsuchungen durch (NDURU, 1987, 6). Die Konfrontation mit dem Staat hat sich für die Bewohner der illegalen Siedlungen nach dem Regierungswechsel 1989 und den gewaltsamen Massenräumungen 1990-1992 noch verschärft (vgl. SDG, 1990, 7, 4; Kap. 9.2.).

7.2. Staatliche Programme zur Bewältigung der Squatterproblematik

Die Anstrengungen, die der Staat Mitte der 80er Jahre zur Lösung der Squatterproblematik unternahm, lagen in dem Zusammenhang einer sich liberalisierenden politischen Situation nach Numeiris Sturz und der faktisch zunehmenden Brisanz der Wohnungsnot begründet. Mit der Umsiedlung der illegalen Siedler in Khartoum Nord nach Hajj Yussif begannen die Squatterprogramme zwar bereits Anfang der 70er Jahre, doch ein umfassendes, programmatisches Vorgehen der Behörden setzte erst Mitte der 80er Jahre ein. Sowohl die entsprechende Gesetzgebung (vgl. AQ3, 1985; AQ4 1986) als auch die Einrichtung des "Squatterdepartments" (vgl. AQ6, 1986; AQ8, 1986) sowie der sudanesischen Pla-

nungsbehörden gingen maßgeblich auf die Jahre 1985 und 1986 zurück. Die Aktivitäten des "Squatterdepartments" umfaßten eine erste Bestandsaufnahme, durch die die Anzahl und die räumliche Lage der Squattersiedlungen registriert und in einen speziellen Stadtplan aufgenommen wurde (vgl. Karte 1; Anhang). Dabei wurden 1986 insgesamt 93 illegale Siedlungen festgestellt, von denen 27 auf Flächen lagen, die bereits für andere Nutzungen ausgewiesen waren (vgl. Tab. 17). Darüber hinaus führte das "Squatterdepartment" in einzelnen Siedlungen Sozialerhebungen durch, da die staatlichen Programme vorsahen, die 27 illegalen Siedlungen, die bereits verplante Flächen blockierten, zwangsaufzulösen (vgl. Tab. 18) und einen Teil der Bevölkerung in staatliche "Sites and Services"-Projekte (vgl. Kap. 7.2.4.) umzusiedeln. Diejenigen Squattersiedlungen, die keine bereits ausgewiesenen Flächen blockierten, sollten dagegen im Zuge von "Upgrading"-Projekten (vgl. 7.2.2.) infrastrukturell aufgewertet und nachträglich legalisiert werden.

7.2.1. Bestandsaufnahme und rechtlicher Status der illegalen Siedlungen

Für die Bewältigung der Wohnungsprobleme in Khartoum, die sich im Zusammenhang mit den illegalen Siedlungen ergaben, brachten die staatlichen Aktivitäten 1985 neben der Einrichtung von speziellen Behörden, auch neue gesetzliche Grundlagen hervor, die das Landrecht neu regelten. Gleichzeitig wurden im Rahmen der Bestandsaufnahme durch das "Squatterdepartment" die illegalen Siedlungen in vier Kategorien eingestuft (AQ6, 1986, 4-5):

1. Hütten aus Blech, Sackleinen und Karton, sowie kleine Lehmräume, die überwiegend von Neuankömmlingen bewohnt waren.

2. Umzäunte [Hof]Plätze, die von Spekulanten mit Gewinn verkauft wurden.

3. Illegale Siedlungen in der Peripherie kleiner Dörfer.

4. Squattersiedlungen auf Regierungsland, dessen Nutzungsrechte für Landwirtschaft, Weidewirtschaft und Stockfechten ['at-tahtib] bereits vergeben waren.

Die Bewohner von Squattersiedlungen der ersten Kategorie wurden
von den Planungsbehörden als ein Konglomerat von mittellosen Abwan-
derern und Zuwanderern klassifiziert, von denen nach staatlicher Ansicht
die meisten kriminellen Aktivitäten nachgingen (AQ6, 1986, 5). In den
von ihnen besetzten Gebieten breite sich, so die Behörden damals weiter,
die Verworfenheit ['ar-radila] immer mehr aus und erhöhe sich noch
durch verbrecherische Aktivitäten jeder nur bekannten Art. Auch ginge
eine Bedrohung von den unterschiedlichen Ethnien und ausländischen
Zuwanderern aus, die, ihre verschiedenartigen kulturellen Eigenarten
behauptend, oft in Streitigkeiten und Auseinandersetzungen untereinander
gerieten, die erst in bewaffneten Kämpfen ihr Ende fänden (AQ6, 1986,
5). Die offiziellen Stellen kamen zu dem Fazit, daß es daher besonders
schwer sei, in den Gebieten Kartun Kasalaa, Kartun 'Umm Baaruunaa,
Kartun 'al-Qur,aan und Kartun 'at-Tukaamil (vgl. Anhang, Nr. 30-33;
Karte 1) eine funktionierende Kontrolle der öffentlichen Sicherheit zu
garantieren (AQ6, 1986, 5). Für die Bewohner der illegalen Siedlungen
der Kategorien 2-4 wurde hingegen festgestellt, daß sie sich durch den
unrechtmäßigen Verkauf von Land und dessen unrechtmäßiger Nutzung
bereichert hätten. Dementsprechend würden die Preise für illegale Baugrundstücke auf dem Schwarzmarkt zwischen 200 LS und 27.000 LS
rangieren. Und gerade infolge des illegalen Bodenmarktes würden einige
Squattersiedlungen, wie 'ad-Druschaab, 'as-Salama, 'al-'Ahmada und die
'al-Kalaakaat (vgl. Anhang Nr. 34, 35, 41, 69-73; Karte 1), zu immer
größeren Wohngebieten anwachsen. Teilweise wären diese Quartiere
sogar an die öffentliche Strom- und Wasserversorgung angeschlossen und
einige gar an das kommunale Telefonnetz (AQ6, 1986, 6), was nach dem
Beschluß (30/82) des "Planungskomitees für beständige Städte" unbedingt
hätte vermieden werden sollen (vgl. AQ2, 1986, 5).
    Die "Ergebnisse" der Sozialerhebungen bestätigen das Bild der staatli-
chen Ressentiments gegenüber illegalen Siedlern. Neben der Befürchtung,
die illegalen Siedlungen seien aufgrund mangelnder Infrastruktur und
infolge unzulänglicher Gesundheitsbedingungen potentielle Seuchenherde,
sahen die Behörden in der schwierigen Kontrolle der öffentlichen Sicherheit ein Risiko und beklagten den sittlichen Verfall in illegalen Siedlungen
ebenso pauschalierend, wie sie die Bewohner von Squattersiedlungen als
Kriminelle abstempelten. Als eine der größten Gefahren für die Stadtentwicklung stellen die Behörden die wachsende Kontrolle der Spekulanten
über den Bodenmarkt heraus. (AQ6, 1986, 6). So weisen die statistischen
Ergebnisse der Sozialerhebungen aus, daß 60% aller illegalen Besitzer-

greifungen auf die Aktivitäten von Bodenspekulanten zurückgehen
würden (AQ6, 1986, 2 ff.). 15% der illegalen Siedlungen gehörten, nach
offizieller Auskunft, Mitbürgern, die im Stadtzentrum von Khartoum
lebten, jedoch noch zusätzliches Land aufgekauft hätten. Lediglich 15%
des illegalen Baubestandes sei an Neuankömmlinge vermietet gewesen
und nur 8% hätten, aufgrund ihrer Armut in selbst errichteten, illegalen
Unterkünften gelebt. Die verbleibenden 2% der illegalen Besitzergrei-
fungen wären von städtischen Bewohnern ausgegangen, die die finanzielle
Belastung der hohen Mieten in der Innenstadt nicht mehr tragen konnten
(vgl. AQ6, 1986, 10-11). Bei 600.000 illegalen Siedlern, die bereits
Anfang der 80er Jahre in Khartoum lebten, hatten diese Zahlen 1986 und
1987 jedoch keinerlei empirische Entsprechung mehr. Vielmehr kann
vermutet werden, daß sie der Legitimierung staatlicher Aktionen dienten,
da vermeintlich gegen Spekulanten und andere Rechtsbrecher vorge-
gangen wird.

Die Sozialerhebungen dienten darüber hinaus auch der Beurteilung,
wer von den illegalen Siedlern als Flüchtling, sudanesischer Migrant oder
als "Resident of Hope" zu gelten hatte. Diesen Kategorien entsprach eine
unterschiedliche administrative Zuständigkeit: die Verantwortung für die
Flüchtlinge lag bei der "Commission of Relief and Rehabilitation", diejenige für die sudanesischen Neuankömmlinge bei dem "Ministry of Inte-
rior", und die "hoffnungsvollen" Bewohner fielen in den Zuständig-
keitsbereich des "Squatterdepartments". Dadurch, daß sich unterschiedliche Behörden für einzelne Migranten zuständig erklärten, diese jedoch
einer gemeinsamen Zuwanderungsgruppe, einer gleichen Siedlungsge-
meinschaft oder Ethnie angehören konnten, wurde ein Keil zwischen
bereits bestehende Allianzen der Squatterbewohner getrieben. Bestehende
Gruppierungen wurden damit von vornherein separiert, da wenige der
internen Flüchtlinge und Migranten - gerade wenn sie aus den peripheren
Bürgerkriegsgebieten des Landes kamen - in der Lage waren, ihre sudanesische Staatsbürgerschaft formal nachzuweisen. Aus der Perspektive
der illegalen Siedler trug die Aufteilung der staatlichen Zuständigkeitsbe-
reiche gleichzeitig auch zu einer weiteren Unübersichtlichkeit bei, so daß
häufig unklar blieb, welche Behörde für welche Gruppe und für welches
Anliegen zuständig war. Zur Verhinderung einer weiteren Ausdehnung
der illegalen Siedlungen und zur Begrenzung der von den Squattersiedlungen vermeintlich ausgehenden Gefahren ergriffen die Planungsbehörden Mitte der 80er Jahre mehrere Maßnahmen und setzten folgende Kon-
trollinstanzen ein (AQ7, 1986; AQ8, 1986):

1. Aus Beauftragten der Planungsbehörden und aus Polizeikräften wurden drei Spezialgruppen gebildet, die auf täglichen Rundgängen die 93 Squattersiedlungen kontrollierten und neue Fälle des illegalen Siedelns zur Anzeige bringen sollten. Parallel dazu wurden in ausgewählten Squattergebieten auch bewaffnete Wachposten eingesetzt (vgl. Anhang).

2. Auf der Grundlage des "Verfügungsgesetzes über Boden für das Jahr 1985 " (vgl. AQ4, 1985, 3-8) war es möglich, illegale Siedler als Rechtsbrecher festzunehmen und gesetzlich zu belangen. Die Aburteilung geschah insbesondere unter Anwendung von § 29, Absatz 1-4 und § 13, Absatz 1-3. In diesen Paragraphen wurde ausgeführt, daß diejenigen, die den gesetzlichen Bestimmungen zuwiderhandelten und Regierungsland ohne rechtliche Grundlage erwarben oder veräußert hatten, mit Gefängnis bis zu zwei Jahren oder einer Geldbuße bis 3.000 LS oder mit beiden Strafen belegt werden konnten. Darüber hinaus wurde durch dieses Gesetz geregelt, daß die Regierung beim Vorliegen einer Anzeige das Recht hatte, unverzüglich die Einstellung von weiteren Ausbauten anzuordnen.

3. Als dritte Kontrollinstanz wurden die "Scheikhs" der Dörfer eingesetzt, die durch illegale Siedlungen bedrängt waren. Sie hatten die Aufgabe, die drei Spezialgruppen und die bewaffneten Wachposten in ihrer Arbeit zu verstärken.

7.2.2. "Replanning"-Gebiete als "Upgrading"-Projekte

Das erste staatliche Programm, das zur Bewältigung der Squatterproblematik in der Konurbation zur Anwendung kam, war das "Replanning", das sich auf die 66 Squattersiedlungen bezog, deren Flächen noch nicht für andere Nutzungen ausgewiesen waren. Diese illegalen Siedlungen sollten im Rahmen einer neuen Planung als "Upgrading"-Projekte (vgl. Kap. 2.2.2.3.) ausgewiesen werden, was bedeutete, daß beabsichtigt wurde, sie in Form einer erhaltenden Sanierung infrastrukturell aufzuwerten. In den betroffenen Wohngebieten wurden im Zuge von Katasteraufnahmen daher zunächst die Besitzverhältnisse registriert, aufgrund derer dann ein Strukturplan erstellt wurde, der die vorhandene öffentliche Infrastruktur, alle Wohngebäude und Freiflächen auswies. Diese Verfahrensweise entsprach somit exakt den "Replanning"-Projekten, die während der Kolonialzeit durchgeführt worden waren (vgl. Kap. 5.4.3.2.).

Die anschließende infrastrukturelle Aufwertung hatte dann neben einer neuen Grundstücksaufteilung mit festgelegten Standards die Legalisierung der Siedlung zur Folge. Zur Organisation des "Replanning"-Prozesses griff die Verwaltung auf vorhandene lokale Institutionen zurück und machte sich deren Potentiale, die vor allem in der exakten Kenntnis der örtlichen Verhältnisse lagen, zunutze. Im einzelnen waren das:

1. "Neighbourhood Councils": Organisationsreste der ehemaligen Einheitspartei [SSU].

2. "Scheikhs" / "Community Leaders": Traditionelle Stadtviertelführer, die in ihrer Autorität bereits stark beschnitten waren, die jedoch bei der Lösung interner Konflikte und bei der Eintreibung von Geldern und Steuern immer noch aktiv waren.

3. Planungsbüros: Diese wurden speziell in Squattergebieten eingesetzt, die von einem "Replanning"-Prozeß betroffen waren.

Von diesen [halb-]offiziellen Organen wurden sogenannte "Popular Committees" gebildet, die sich zusätzlich noch aus Bewohnern der betreffenden Gebiete rekrutierten. Diese "Popular Committees" wurden mit der Aufgabe betraut, bei bevorstehenden "Replanning"-Prozessen und auch bei staatlich unterstützten "Sites and Services"-Programmen die Betroffenenbeteiligung [Community Participation] zu organisieren. Weiter sollten sie die Durchführbarkeit der Projekte prüfen, Kosten schätzen, Kontakte zu den offiziellen Stellen herstellen, Erlaubnis für Spenden- und Beitragssammlungen einholen, sowie Zahlungsraten für Gewerbe und Bewohner festsetzen (vgl. GERTEL, 1989, 31). Mit dieser Vorgehensweise verlagerten die Behörden nicht nur wie in "Upgrading"-Projekten allgemein üblich den Kostenfaktor zu Lasten der Bewohner (vgl. Kap. 2.2.), sondern sie delegierten darüber hinaus auch noch die organisatorische Abwicklung an die [halb-]offiziellen "Popular Committees", behielten aber gleichzeitig - ohne größeren administrativen Aufwand - die Kontrolle über die Projekte. Um schließlich das Ressourcenpotential der illegalen Siedler weitestgehend abzuschöpfen, wurden von staatlicher Seite konsequenterweise auch zuerst jene Squattersiedlungen zu "Replanning"-Gebieten erklärt, deren bausubstantielle Standards und infrastrukturelle Erschließung am weitesten vorangeschritten war. Dies hatte Auswirkungen auf die übrigen Siedlungen. Dadurch, daß die illegalen Siedler in den

anderen Wohngebieten über ihren rechtlichen Status im unklaren gelassen
wurden, wurde sichergestellt, daß ein Maximum an monetärer Leistung,
besonders auch Investitionen von Arbeitskraft und Arbeitszeit, von den
Bewohnern selbst aufgebracht wurde. Denn Investitionen in die kommunale Infrastruktur hatten eine höhere Standortsicherheit zur Folge, und
diese Aufwertung der Siedlung machte wiederum Folgeinvestitionen sinnvoll, was im Rahmen einer angesteuerten Legalisierung einen vermeintlichen Vorzug bei der staatlichen Auswahl der "Replanning"-Gebiete versprach. Für die betroffenen Bewohner hatte das "Upgrading"-Verfahren
mehrere Konsequenzen: Die neue Grundstücksaufteilung - die den ehemaligen kolonialen Standards entsprechend Mindestflächen von 200
Quadratmetern vorsah - sowie die infrastrukturelle Aufwertung, etwa
durch Straßenerweiterungen, machten eine Senkung der Wohndichte und
die Umsiedlung von Teilen der Wohnbevölkerung notwendig (vgl. Kap.
2.2.2.3.). Die betroffenen Anwohner wurden aber von staatlicher Seite
nicht entschädigt und hatten neben den finanziellen Verlusten auch noch
die Belastung der sozialen Neuorientierung in einer neuen Wohnumge-
bung zu tragen. In dem Fall, daß mehrere Familien die Fläche der offiziell registrierten Parzellen bewohnten, war es darüber hinaus üblich, sie
als gemeinsame Besitzer im Strukturplan aufzunehmen. Dadurch bestand
für die Behörden die Möglichkeit, sich bei nachträglichen Grund-
stücksumlegungen nur an die Kompensationszahlung des Grundstücks
gebunden zu fühlen, womit die Zahlung von Entschädigungen an mehrere
Besitzer nicht notwendig wurde.

7.2.3. Die Räumung illegaler Siedlungen

Lagen die illegalen Wohngebiete auf Flächen, die für andere Nutzungen
ausgewiesen waren, wie das bei 27 Squattersiedlungen der Fall war (vgl.
Tab. 17), wurden sie von den Behörden zu Räumungsgebieten erklärt und
nach der Durchführung von Sozialuntersuchungen und teilweiser
Umsiedlung der Bevölkerung unter Bulldozereinsatz zwangsaufgelöst
(vgl. Tab. 18). Dieses Vorgehen wurde damit begründet, daß es sich bei
diesen Gebieten um potentielles "Leasehold"-Land handelte, das aufgrund
der Blockierung durch die illegalen Siedler nicht mehr verpachtet werden
konnte. So errechnete das "Squatterdepartment" 1986 einen jährlichen
Einnahmeverlust in der Höhe von 439,5 Millionen LS (AQ8, 1986, 2).
Über den finanziellen Verlust hinaus, den die Öffentliche Hand zu beklagen hatte, legitimierten die Behörden die Zwangsauflösung dieser Sied-

lungen mit den Wohnraumansprüchen von 50.000 Bürgern, denen von
staatlicher Seite bereits Baugrundstücke in den besetzten Gebieten zugewiesen worden waren, die diese aber aufgrund der illegalen Besetzung
nicht nutzen konnten. Aus finanziellen Erwägungen und als Reaktion auf
den politischen Druck, der von der Lobby dieser Gruppe ausging,
folgerten die Behörden, daß Räumungen zur Lösung des Nutzungskonfliktes unabdingbar seien.

   Die staatliche Vorgehensweise bei der "Freimachung" der besetzten
Gebiete sah die Bildung von drei Spezialgruppen vor. Diese Gruppen
setzen sich aus Stadtplanern, Sozialwissenschaftlern, Landinspektoren,
Vermessungstechnikern und Abrißarbeitern zusammen. In den zu
räumenden Gebieten wurde mit der Durchführung von Sozialuntersuchungen begonnen, wobei festgestellt wurde, welche Familien einen
Anspruch auf ein neues Grundstück in einem der als "Sites and Service"-
Projekte konzipierten Absorptionsgebiete hatten (vgl. Karte 1; Kap.
7.2.4.). Die Aspiranten hatten dabei folgende Qualifikationen zu erfüllen:

   1. sudanesische Staatsbürgerschaft
   2. gesichertes Einkommen
   3. mindestens ein Jahr den gleichen Wohnsitz
   4. keinen anderen Wohnsitz

Das bedeutete, daß alle diejenigen illegalen Siedler, die aus anderen
Ländern zugewandert waren, wie beispielsweise die westafrikanischen
Pilger und Arbeitsmigranten, nochmals allein aufgrund ihrer Staatsbürgerschaft von der sudanesischen Administration als inferiore Gruppe
bestätigt wurden. Ihnen wurde der Zugang zum offiziellen Bodenmarkt
damit konsequent verweigert. Weiterhin bedeutete es aber auch, daß alle
staatlich mißliebigen Migranten, wie die Hunger- und Kriegsflüchtlinge
aus den krisengeschüttelten Landesteilen von den Behörden als Ausländer
behandelt werden konnten, denn gerade für diese Bevölkerungsgruppe
war es, wie bereits ausgeführt wurde, schwer bzw. unmöglich ihre sudanesische Staatsbürgerschaft formal nachzuweisen. Darüber hinaus war der
Nachweis eines gesicherten Einkommens, der als weiteres Kriterium den
Zugang zu den "Sites and Services"-Projekten regelte, für die Mehrzahl
der Bewohner in Anbetracht der Arbeitsmarktsituation unmöglich zu
erbringen.

Tab. 17: Squattersiedlungen in der Konurbation Khartoum auf bereits verplantem Gelände [1986]

Standorte	Grundstücksanzahl/Klasse		Wert [Mio. LS]
1. Nördlich von Hajj Yussif	332	1. Kl.	--
	221	2. Kl.	--
	864	3. Kl.	5,00
2. Daar 'As-Salaam	634	1. Kl.	--
	189	2. Kl.	--
3. 'Al-Mugtarbiyyn	--	--	--
4. Squatter im Kaafuuriy-Projekt	8.000	-- --	385,00
5. 'Abu Sa,ad, Block 18	1.255	1. Kl.	8,75
6. 'Abu Sa,ad, Block 19	1.886	2. Kl.	8,64
7. 'Abu Sa,ad, Blöcke 16 und 17	--	--	--
8. 'Al-Muhandisiyyn, Block 29	300	2. Kl.	1,00
9. Squatter nahe Suuq Libiya	--	2. Kl.	--
10. Nördlich von 'Al-Hataana	--	--	--
11. Squatter bei Zaqluna	--	--	--
12. Nord-öst. Fakul. f. Erziehung	305	-- --	2,93
13. 'Al-Jarif Gharb	1.505	1. Kl.	10,84
	333	2. Kl.	1,60
	669	3. Kl.	1,00
14. 'Al-Laamaab Bahr 'Abiyad	105	3. Kl.	0,16
15. 'Al-Karmata	730	1. Kl.	0,03
	1.428	3. Kl.	2,14
16. 'Al-Jarif Scharq	318	1. Kl.	2,29
	2.700	3. Kl.	--
17. 'Asch-Schaqla Omdurman	1.384	3. Kl.	2,08
18. 'Abu 'Adam, Block 12	478	1. Kl.	3,44
19. Im Landw.-Projekt Kuku	--	--	--
20. Im Landw.-Projekt Suba	--	--	--
21. Im Landw.-P.'Aj-Jarif Gharb	--	--	--
22. Entlang der Straße nach Suba	--	--	--
23. Im Landw.-Projekt 'Umm Duum	--	--	--
24. Im Vereinsgelände ,ad Baabikr	--	--	--
25. 'At-T,aawaniyya in Khar.-Nord	--	--	--
26. 'Al-Bakr süd. von 'Al-Hizaam	--	--	--
27. Im Landw.-P. westl. Omdurman	--	--	--

Quelle: AQ8 (1986, 2-3)

**Tab. 18: Zwangsaufgelöste Squattersiedlungen in der Konurbation
Khartoum [1984-1985]**

Standorte	Dauer der Räumungsarbeiten/ Zeitpunkt
1. 'Al-Muhandisiiyn Block 29	7 Tage
2. 'Abu Sa,ad Block 18	14-16. Mai 1984
3. 'Abu Sa,ad Block 19	--
4. Squatter nahe Suuq Libiya	5 Tage
5. Squatter westl. 'Abuu Sa,ad	Oktober 1984
6. Sq. in 'Al-Laamaab Bahr 'Abiiyad	14-22. Mai 1984
7. Squatter westl. 'Ansafuunaa	--
8. Sq. auf dem Uni-Gelände bei Suuba	März 1985
9. Squatter im Landw.-Projekt Kuukuu	29. Juni 1985
10. 'Aj-Jarif Gharb	31. März 1985

Quelle: AQ6 (1986, 11-16)

Schließlich versuchten die Planungsbehörden, mittels der Kriterien drei und vier sowohl Neuzuwanderer als auch Spekulanten aus der Qualifikation für die offiziellen Wohnungsbauprogramme auszuschließen. Inwieweit dies insbesondere bei letzteren gelang, bleibt aufgrund deren vielfältiger Verbindungen und finanziellen Möglichkeiten fraglich. Zur Abwicklung der Räumung von Squattersiedlungen, die vor der unmittelbaren Zwangsauflösung standen, wurden dann staatliche Büros in deren Nähe eingerichtet und mit der Aufgabe betraut, den Prozeß der Umsiedlung zu vereinfachen und in Zusammenarbeit mit Vertretern der illegalen Siedler die Rückgabe von Spekulationsflächen zu organisieren. Zur direkten Räumungsaktion wurden Abrißarbeiter und auch Polizeikräfte eingesetzt, die den Räumungsvorgang zu überwachen und alle "Rechtsbrecher" umgehend an die zuständigen Behörden auszuliefern hatten. Parallel dazu wurden in den geräumten Gebieten bewaffnete Kontrollpunkte installiert, die jegliches Ausdehnen neuer Spontansiedlungen sofort unterbinden sollten (vgl. AQ8, 1986, 4 ff).

Somit ist festzustellen, daß mit der Anwendung von "Räumungs-programmen" von den Behörden eine Politik der sozialen und ökonomischen Selektion betrieben wurde. Nur wohlhabenden Sudanesen, die sowohl ihre Staatsbürgerschaft als auch ihr Einkommen nachweisen konnten, stand letztlich der Zugang zu offiziellen "Sites and Services"-Projekten offen. Ihre Wohnberechtigung in der Hauptstadt wurde staatlich sanktioniert. Gegenüber allen anderen illegalen Siedlern wurde mit Nachdruck an einer Politik festgehalten, sie zur Rückwanderung in ihre Herkunftsregionen zu "ermutigen" (AQ8, 1986, 4).

7.2.4. Absorptionsgebiete als "Sites and Services"-Projekte

Die erfolgreichen Aspiranten, die durch die Sozialerhebungen ermittelt wurden, sollten in einem der drei sogenannten Absorbtionsgebiete (vgl. Karte 1) eine Siedlungsfläche von 200 Quadratmetern Grundfläche zugewiesen bekommen. Neben der Erstellung von Strukturplänen sollte sich die Leistung der Behörden bei diesen "Sites and Services"-Projekten auf Brunnenbohrungen [acht pro Projektgebiet] und die Errichtung von Gesundheitsstationen [vier pro Projektgebiet] beschränken. Weiterer Infrastrukturausbau sollte von den Bewohnern selbst initiiert und finanziert werden. Zur Unterstützung bei der Planung und Finanzierung dieser Projekte wurden von den Planungsbehörden bereits 1986 Kontakte zu den Vereinten Nationen aufgenommen (AQ7, 1986, 2). Die Planung sah vor, in jedem Stadtteil der Konurbation ein Absorptionsgebiet mit einer Gesamtkapazität von 50.000 Haushalten (AQ8, 1986) einzurichten (vgl. Karte 1):

1. Khartoum: [10.000 Haushalte]
   - östlich der Stadt Jabal 'Auliyy'a
   und nördlich des Standortes
   für die neue Industrie

2. Khartoum-Bahri: [10.000 Haushalte]
   - südöstlich von Waadi 'a l-Haadu
   - östlich von Ost-Suba
   - nördlich von 'Umm 'al-Qura

3. Omdurman: [30.000 Haushalte]
   - westlich von Omdurman 'al-Jadiid

Diese Projekte waren jedoch bis zum Regierungswechsel 1989 nicht
implementiert. Bei den Massenräumungen von 1990-1992 sollte ihnen
jedoch eine zentrale Rolle zukommen (vgl. Kap. 9.2., 9.3.). Bereits durch
ihre Planung wurde jedoch deutlich, daß für die zukünftigen Bewohner
neben den Ausgaben für die Errichtung ihrer neuen Wohnungen, die von
staatlicher Seite nicht subventioniert werden sollten, noch die Belastung
durch enorme Transportkosten hinzukommen würden. Denn die überwiegende Zahl der Arbeitsplätze fand sich in der Innenstadt, und die Projekt-
gebiete lagen teilweise über 20 km vom Stadtzentrum entfernt (Karte 1.).

7.3. Zusammenfassung: Die Wirkung der staatlichen Politik gegen-
über den illegalen Siedlern

Die staatliche Wohnungspolitik im Sudan entwickelte erstmals Mitte
der 80er Jahre eine konkrete Planungskonzeption zur Umgehensweise mit
den illegalen Siedlungen in Khartoum. So wurden im Anschluß an eine
Bestandsaufnahme, bei der 93 illegale Siedlungen festgestellt wurden, die
Squattersiedlungen nach dem Kriterium unterschieden, ob sie bereits verplante Flächen blockierten oder nicht. Die daraufhin erstellten Squatterprogramme sahen vor, die 27 illegalen Siedlungen, die Flächen blockierten, zwangsaufzulösen und einen Teil der Bevölkerung in staatliche "Sites
and Services"-Projekte umzusiedeln. Die 66 illegalen Siedlungen, die
keine ausgewiesenen Flächen blockierten, sollten dagegen im Zuge von
"Upgrading"-Projekten infrastrukturell aufgewertet und nachträglich
legalisiert werden. Dabei zeigte es sich, daß die Ausdehnung der illegalen
Siedlungen für die urbane Administration weniger ein sozioökonomisches
Wohnraumproblem, als vielmehr einen Nutzungskonflikt darstellte. Aufgrund des finanziellen Verlustes, der durch die illegale Blockierung von
potentiellem "Leasehold"-Land für die Öffentliche Hand entstand, und
infolge des politischen Druckes, der von der Forderung von 50.000
Bürgern nach Einlösung staatlicher Grundstückszusagen ausging,
beschränkten sich die planerischen Anstrengungen letztlich allein auf die
Sicherung des formellen Stadtwachstums. Alle staatlichen Programme,
die zur Lösung dieses Nutzungskonfliktes zum Einsatz gebracht wurden,
führten zu einer sozioökonomischen Selektion der illegalen Siedler.
Durch die Programme gefördert wurden nur finanziell gesicherte
Sudanesen, die auch ihre Staatsbürgerschaft formal nachweisen konnten.
Alle Neuankömmlinge, Flüchtlinge und städtische Arme wurden räumlich
noch weiter aus dem Stadtkern gedrängt und in keiner Weise durch eine

vorausschauende Planung in den Stadtwachstumsprozeß integriert. Die Behörden klassifizierten die illegalen Siedler vielmehr in "Squatters of Hope", denen sie eine gesellschaftliche Integrationschance zuerkannten und in "Squatters of Despair", von denen sie desintegrative, bedrohliche Impulse ausgehen sahen. Dieser Selektionspolitik lag eine Wahrnehmung der illegalen Siedler zugrunde, die, im Zuge immer neuer Zuwanderungs- und Flüchtlingswellen, in intern-kolonialistischer Manier besonders die südsudanesischen Siedler zum allgemeinen Feindbild erhob. Diese illegalen Siedler wurden für die Ursachen der urbanen Deprivation verantwortlich gemacht, wie auch mit ihrer wachsenden Zahl in Khartoum eine zunehmende revolutionäre Bedrohung assoziiert wurde.

Jenseits der durch Gesetze und Vorurteile gesteckten Grenzen existierte zwischen der staatlichen Trennung von "Squatters of Hope" und "Squatters of Despair" für die illegalen Siedler jedoch eine Grauzone der Duldung. Dort, wo auf illegalem Land, das noch nicht für andere Nutzungen ausgewiesen war, Infrastruktur durch Selbsthilfe entstand [Schulen, Gesundheitsstationen, etc.], erarbeiteten sich die Bewohner eine gewisse Standortsicherheit. Die erhöhte Sicherheit konnte weitere Investitionen motivieren, was wiederum den Konsolidierungsprozeß der Siedlung verstärkte. Im Zuge dieser Konsolidierungsprozesse von Squattersiedlungen waren die staatlichen Behörden in gewissen Fällen bereit, einen Teil des Personals zum Betreiben von Schulen und Gesundheitseinrichtungen zur Verfügung zu stellen. In dieser Grauzone der Duldung boten sich Ansatzpunkte für Strategien der illegalen Siedler.

8. PLANUNG "VON UNTEN": WOHNUNGSPOLITISCHE STRATEGIEN DER ILLEGALEN SIEDLER

Im diesem Kapitel werden die Wohnraumprobleme in Khartoum aus der Perspektive der illegalen Siedler untersucht. Um entwicklungspolitisch relevante Aussagen darüber zu erhalten, wie die Squatterbewohner Mitte der 80er Jahre in den Prozeß der Stadtentwicklung eingebunden waren und welche Potentiale für die Verbesserung der Wohnsituation von ihnen ausgingen, muß dem breiten Spektrum der illegalen Siedler Rechnung getragen werden. Wie aufgezeigt wurde, waren nicht nur die ärmsten Menschen darauf angewiesen, auf illegalem Boden zu siedeln und entsprechende Risiken in Kauf zu nehmen. Aufgrund des versagenden Wohnungsmarktes, der infolge überkommener Planungsinstrumentarien, mangelnder finanzieller Ausstattung und Korruption in den Behörden, sowie steigender Mietpreise nicht mehr imstande war die steigende Nachfrage zu befriedigen, reichte der Zwang, in ungeplanten Wohngebieten illegal zu siedeln, bei dramatisch sinkenden Realeinkommen der Bevölkerung vielmehr bis in die gesellschaftlich privilegierten Kreise hinein. Dementsprechend wird im folgenden die Squatterproblematik entlang verschiedener gesellschaftlicher Gruppen differenziert, um dabei die unterschiedlichen Potentiale zu erfassen, die den einzelnen Gruppen bei der Bewältigung der Wohnraumprobleme zur Verfügung standen. Anhand von drei Fallbeispielen werden typenspezifisch Entwicklungsgeschichte, soziale Organisationsformen und Strategien herausgearbeitet, die bis Ende der 80er Jahre die wohnungspolitischen Potentiale der Squatterbewohner bestimmten. Wie diese Potentiale dann durch die Installierung neuer politischer Rahmenbedingungen, infolge der militärischen Regierungsübernahme 1989, systematisch demontiert wurden, wird im anschließenden Kapitel herausgearbeitet werden.

8.1. Kriterien zur Typisierung illegaler Siedler

Bei der Auswahl der Kriterien zur Typisierung der illegalen Siedler wurde davon ausgegangen, daß das überlebensrationale Handeln der städtischen Armen, zu denen die Mehrzahl der Squatterbewohner zu rechnen ist, auf zwei Säulen beruht, nämlich im ökonomischen Bereich auf einer Kombination von Produktionssektoren (vgl. Kap. 1.3.1.) und im soziokulturellen Bereich auf der Organisation kooperativer Solidarstrukturen (vgl. Kap. 1.3.2.). Folgende Kriterien wurden daher der Typisierung der illegalen Siedler zugrundegelegt:

- die ethnische und regionale Herkunft,
- die Dauer des Aufenthaltes in der Stadt,
- der Zugang zum städtischen Arbeitsmarkt,
- der soziale Organisationsgrad auf lokaler Ebene,
- die Diskursfähigkeit mit der Verwaltung.

Auf der Grundlage dieser Merkmale stellten sich zwei "Idealtypen" illegaler Siedler heraus: die mehr und mehr auch von den Behörden marginalisierten Gruppen und die sich auf dem Weg zur Etablierung befinden. Zu diesen illegalen Siedlern traten als neuer, dritter Typ Mitte der 80er Jahre auch Mitglieder der urbanen Bildungselite hinzu; so waren etliche der Intellektuellen nicht mehr in der Lage, ihre Wohnbedürfnisse durch den offiziellen Wohnungsmarkt zu befriedigen.

Daraus ergibt sich folgende Typisierung :

Typ A: Marginalisierte Hunger- und Kriegsflüchtlinge überwiegend aus ländlichen Gebieten ohne Zugang zu formeller oder regelmäßiger informeller Arbeit.

Typ B: Ökonomisch und sozial Etabliertere, die im städtischen Kontext bereits seit längerer Zeit auf illegalem Siedlungsgebiet Fuß gefaßt hatten.

Typ C: Angehörige der westlich orientierten urbanen Bildungselite ohne Zugang zur formellen Landzuteilung.

Im folgenden werden anhand ausgesuchter Fallbeispiele[60] die Entwicklungsbedingungen, die sozialen Organisationsformen und die Strategien dieser drei "Idealtypen" exemplarisch erfaßt und analysiert. Ausgehend von der Annahme, daß auch die informelle Stadt- und Wohnraumentwicklung bestimmten Regelhaftigkeiten folgt, soll untersucht werden, wo Potentiale und Handlungsspielräume für die Verbesserung

---

[60] Die Kriterien zur Auswahl der Untersuchungsgebiete, die Untersuchungsmethode und der Untersuchungsverlauf sind ausführlich in DREWS et al. (1986) beschrieben.

der Wohnungssituation der Squatterbewohner lagen und in Zukunft zu
suchen sein werden.

8.2. Fallbeispiele: Die Selbstorganisation der illegalen Siedler

8.2.1. Typ A : Hunger- und Kriegsflüchtlinge in Abhängigkeit externer Hilfestellungen am Beispiel von Hajj Yussif Karton

8.2.1.1. Entwicklungsgeschichte

Bis 1971 lebten die illegalen Siedler der unterschiedlichsten Ethnien
im näheren Innenstadtbereich der Konurbation (vgl. Kap. 7.1.). Während
dieser Zeit kam es in den Squattersiedlungen unter den Vorzeichen traditioneller Feindschaften und neuer urbaner Konkurrenzen zu ethnischen
Konflikten, die unter anderem zur Etablierung einzelner ethnischer
Führer beitrugen. Die Bewohner dieser Innenstadtsquatter wurden Anfang
der 70er Jahre unter dem massiven Einsatz von Bulldozern vertrieben,
sammelten sich aber unter der Führung der vormals etablierten ethnischen
Anführer erneut in verschiedenen Gebieten außerhalb der Stadt. Eines der
Auffangbecken für die versprengten Gruppen war das ca. 15 km vom
Stadtzentrum entfernt liegende Hajj Yussif Karton in Khartoum-Nord
(vgl. Karte 1; Anhang, Nr. 30-33). Die Mehrzahl der sich hier niederlas-
senden südsudanesischen Dinka wohnten zuvor in Squattersiedlungen
nahe Kober und Schambat in Khartoum Nord und gehörten zu den
Migranten, die schon in den 70er Jahren mit der Hoffnung auf Arbeit
nach Khartoum gekommen waren. Der größte Bevölkerungszuwachs von
Hajj Yussif Karton ging jedoch auf die Ereignisse von 1983 zurück. Mit
dem erneuten Ausbrechen des Bürgerkriegs kam es zu massiven Flücht-
lingsbewegungen der Südsudanesen. Selbst Dinka, als vermeintliche
Unterstützer der regierungsfeindlichen SPLA, sahen in der Flucht nach
Khartoum, also in das Zentrum des "feindlich-islamischen" Nordens, ihre
einzige Überlebenschance und kamen zu Tausenden in die Hauptstadt.

1986 lebten in Hajj Yussif Karton ca. 40.000 Dinka und einige 10.000
Menschen anderer Ethnien, wovon, nach Angaben des "Squatterdepartments", zwei Gruppen westafrikanischen Ursprungs waren (vgl.
Anhang, Nr. 30-33). Seit 1973 bewohnten daher verschiedene ethnische
Gruppen bei einer Bevölkerungsmehrheit der Dinka ein zusam-
menhängendes Areal illegalen Landes und verteidigten es auch gemeinsam gegen staatliche Interessen. In der Entstehungsphase der Siedlung

bestanden die Baumaterialien vorwiegend aus den Abfallstoffen Sackleinen, Karton und Blech. Zunehmend setzten sich Mitte der 80er Jahre auch stabilere Baustoffe durch; doch wurde noch 1987 das Bild der kommunalen Infrastruktur vor allem durch aus Abfallmaterialien konstruierten Rundhütten und einigen wenigen Lehmhütten geprägt. Die schwerwiegendsten infrastrukturellen Probleme der Siedlung lagen in der Wasser- und Gesundheitsversorgung: da ein Wasseranschluß an das kommunale Netz nicht existierte, mußte Trink- und Brauchwasser entweder auf langen Wegen vom Nil herangetragen oder einem näheren Kanal entnommen werden, der allerdings stark mit Billharziose verseucht war. Die einzige Alternative bestand darin, Trinkwasser zum Preis von 25 Piaster pro 15 Liter von Wasserhändlern zu kaufen, die mit Fuhrwerken Trinkwasser aus dem alten Dorf Hajj Yussif herantransportierten.

Die Gesundheitsversorgung wurde in Hajj Yussif Karton notdürftig in freiwilliger Arbeit von fünf südsudanesischen Ärzten aufrechterhalten, die ihren Landsleuten medizinische Hilfestellung leisteten, jedoch fehlte es an notwendigsten Medikamenten, Geräten und Räumlichkeiten. So stand als Behandlungszimmer nur ein einziger Raum zur Verfügung, der von seinen Bewohnern für medizinische Untersuchungen jeweils geräumt wurde. Da es in Hajj Yussif Karton keine Schulen und nur einige wenige Arbeitsplätze im informellen Sektor gab, war die Haushaltsbelastung durch anfallende Transportkosten enorm. 1986 betrug der einfache Fahrpreis zur Innenstadt, wo sich die Schulen und das größte Angebot an Arbeitsplätzen des informellen Sektors befanden, für Erwachsene 35 Piaster und für Kinder 25 Piaster. Das bedeutete, daß ein Großteil des durchschnittlichen monatlichen Haushaltsbudgets von ca. 80 LS von Ausgaben für Wasser und Transport verschlungen wurde, so daß für den Kauf von Nahrungsmitteln und Kleidern, sowie für die Befriedigung anderer existentieller Bedürfnisse höchstens noch ein Minimalbetrag verblieb.

8.2.1.2. Soziale Organisationsformen

Die Kriegs- und Hungerflüchtlinge, die nach 1983 in Khartoum ankamen, brachten für die Bewältigung des Alltages in den Elendssiedlungen oft nur ihr nacktes Leben mit. Abgesehen von ihrer Arbeitskraft, bestand ihr einziges Potential in der Solidarität und Unterstützung durch die Familie oder durch Mitglieder der eigenen Ethnie, die allein sprachlich häufig die einzig ansprechbare Bezugsgruppe darstellte. Verstärkt durch die staatliche Politik einer sozialen und ökonomischen Ausgrenzung, bedeutete die ethnische Reorganisation auf der Wohngebietsebene für die Mehrzahl dieser Migranten daher die einzige Möglichkeit ihrer psychischen und physischen Überlebenssicherung.

Mitte der 80er Jahre wurde das soziale Leben der Dinka in Hajj Yussif Karton im wesentlichen von vier ethnischen Führern organisiert, die sich während der intertribalen Konflikte der 70er Jahre etabliert hatten. Sie verkörperten die zentrale soziale und politische Instanz ihrer Ethnie. So fand unter ihrem Vorsitz einmal wöchentlich eine Versammlung statt, zu der selbst Dinka aus anderen Stadtteilen kamen, um sich bei Konfliktfällen dem Urteil dieser sozialen Institution zu unterziehen. Die Aufgabe dieser Führer bestand jedoch nicht nur in der Schlichtung interner Streitfälle, sondern umfaßte auch alltägliche organisatorische Angelegenheiten, die von Landzuweisungen bis hin zu Erziehungsfragen reichten. Darüber hinaus lag es auch in ihrem Aufgabenbereich, die Interessen ihrer Gefolgsleute bei stammesübergreifenden Absprachen zu vertreten. Allgemein fanden sich bei den illegalen Siedlern dieses Typs A drei Ebenen der sozialen Organisation: Die Familie [Haushalt], die Ethnie [auch in der Form eines neuen, städtischen Zusammenschlusses][61] und der Squatter als territoriale Siedlungseinheit. Diese sozialen Einheiten wurden je nach Problemlage aktiv und erfüllen dabei unterschiedliche Funktionen:

1. FAMILIE:

- Kleinste Solidargemeinschaft
- Gemeinsam wirtschaftende Einheit
- Anlaufpunkt für Neuankömmlinge
- Sicherheit durch konsanguinale Bindung

2. ETHNIE:

- Zusammenschluß einzelner Migranten und zugewanderter Familien zur primär psychischen Überlebenssicherung, also zur Reaktivierung und Wahrung der soziokulturellen Identität.
- Herausbildung einer Zentralinstanz, die einerseits interne Aufgaben wie die Schlichtung von Konfliktfällen und die Zuweisung von Siedlungspar-

---

[61]   Vgl. hierzu: MEIER (1989); IBRAHIM et al. (1988).

zellen übernahm, andererseits aber auch bei stammesübergreifenden Angelegenheiten etwa bei Streitfällen mit Nachbarethnien und bei der Interessensvertretung gegenüber Behörden und Hilfsorganisationen aktiv war.

3. SQUATTERBEWOHNER:

- Die territoriale Siedlungseinheit unterschiedlicher Ethnien handelte nur kollektiv bei unmittelbarer äußerer Bedrohung, z.B. bei anstehender Räumung. Dieser Notzusammenschluß bot somit Sicherheit durch Masse.

Zusammenfassend läßt sich feststellen, daß auf Wohngebietsebene soziale Kontakte, die über konsanguinale und ethnische Bindungen hinausgehen, nur in den Anfängen existierten und primär von den Führungspersönlichkeiten ausgingen. Das Schwergewicht der sozialen Organisation lag in der Reorganisation bzw. in der Neuformierung innerethnischer Kommunikationsstrukturen. Der Sprung zu einer gemeinsamen Handlungsfähigkeit im Verständnis einer territorialen Kommunität war nicht vollzogen, so daß kollektives Handeln auf der multiethnischen Wohngebietsebene nur bei einer massiven äußeren Bedrohung stattfand und damit reaktiv blieb.

8.2.1.3. Strategie

Die von den illegalen Siedlern verfolgten Überlebensstrategien beruhten auf Handlungsfreiräumen politischer, ökonomischer und soziokultureller Art, die von äußeren Abhängigkeiten und internen Potentialen bestimmt wurden. Bei der Gruppe der illegalen Siedler des Typs A waren die äußeren Abhängigkeiten infolge eines zusammenbrechenden Arbeitsmarktes und ihrer Behandlung durch den Staat als inferiore Gruppe extrem hoch, ihre internen wirtschaftlichen Potentiale durch die mangelnden Lohneinkommen sehr gering. Die illegalen Siedler des Typs A standen bereits Mitte der 80er Jahre finanziell "mit dem Rücken an der Wand"; die Wohnungsfrage rangierte bei ihnen deutlich nach der Einkommensfrage. So hatte die Organisation des unmittelbaren Überlebens [Wasser, Nahrung] absolute Priorität vor der Befriedigung des Grundbedürfnisses "Wohnen". Die existentiellen Schwierigkeiten, die sich daraus ergaben, können beispielhaft an der katastrophalen Wasserversorgung von Hajj Yussif Karton aufgezeigt werden. Die Abhängigkeiten bestanden gerade für die Dinka als Südsudanesen durch die staatlich betriebene Selektionspolitik darin, daß sie als Bedrohung der allgemeinen Sicherheit beurteilt wurden, und die Regierung sie daher in ihre Herkunftsgebiete zurückzusenden wünschte. Das neue Bodenrecht leistete dieser Abschiebungspolitik weiteren Vorschub. So waren Brunnenbohrungen in Squattersiedlungen streng verboten und wurden bei Zuwiderhandlungen mit Gefängnis bestraft (vgl. AQ4, 1985, § 29 Absatz 4). Darüber hinaus erschwerte die staatliche Hinhaltetaktik, die auf scheinbar nicht geklärten Zuständigkeiten in den Fragen des Wasserrechts beruhte, jegliche Interventionsversuche von seiten der illegalen Siedler (vgl. DREWS et al., 1986, 112-127). Somit bestand für die Bewohner von Hajj Yussif Karton fast keine Möglichkeit, auf offiziellem Weg die katastrophale Wasserversorgung zu verbessern. Zusammenfassend ist somit festzustellen, daß die illegalen Siedlungen des A-Typs unmittelbar von den politischen Verhältnissen abhängig waren, und nur wenn diese Freiräume boten, war es Hilfsorganisationen oder Schlüsselpersonen der eigenen Ethnie möglich, die für das Überleben notwendige Errichtung von Infrastruktur bei den staatlichen Stellen einzufordern.

8.2.2. Typ B : Illegale Siedler im langwierigen Konsolidierungsprozeß am Beispiel von Hai Maio

8.2.2.1. Entwicklungsgeschichte

Hai Maio liegt ca. 15 km südlich des Stadtzentrums am Südanschluß des "Green Belts" (vgl. Karte 1, Nr. 66). Bereits 1967 plante die Regierung an dieser Stelle die Errichtung eines "Low-standard-housing-schemes", in dem die Bewohner von stadtnahen Squattersiedlungen untergebracht werden sollten. Dieser Plan wurde jedoch nie realisiert, so daß sich in der Folgezeit immer wieder illegale Siedler in Hai Maio niederließen, die zunächst auch nicht durch ein Einschreiten der Regierung daran gehindert wurden. 1975 wohnten in Hai Maio ca. 10.000 bis 15.000 Menschen und bereits 1979 ca. 25.000 Personen (HEINRITZ, 1985, 117). Während dieser Zeit wurde die Siedlungsfläche aufgrund von Bulldozing-Aktionen mehrmals verkleinert. Doch gelang es den Bewohnern der Räumungsbedrohung mehr und mehr kollektiven Widerstand entgegenzusetzen, indem sie sich wiederholt mit Knüppeln und Steinen bewaffneten, um dem staatlichen Eingreifen durch Planierraupen entgegenzutreten. Der erhebliche Bevölkerungszuwachs von Hai Maio wurde in den

80er Jahren noch verstärkt durch die städtische Zuwanderung der Hungerflüchtlinge aus dem Westen und den Kriegsflüchtlingen aus dem Südsudan, so daß 1987 ca. 60.000 - 80.000 Menschen in Hai Maio lebten.

In der Entstehungsphase der Siedlung während der 60er und 70er Jahre bestanden die Baumaterialien auch hier zunächst aus Abfallstoffen, doch im Verlauf der Konsolidierungsphase in den 70er und 80er Jahren wurden diese zunehmend durch den Einsatz von Lehm und Stroh abgelöst. Parallel zur bausubstanziellen Aufwertung der Wohnhäuser hatte auch der Ausbau der kommunalen Infrastruktur stattgefunden. Existierte in der Entstehungsphase der Siedlung nicht einmal eine Wasserversorgung, so besaß Hai Maio Mitte der 80er Jahre mehrere Brunnen, drei Schulen, zwei Gesundheitszentren, eine Freitagsmoschee, eine Kirche, sowie einige kleine Läden. Darüberhinaus existierte ein kleiner lokaler Markt, der neben Gewürzen, Gemüse und Fleisch auch Fisch im Angebot hatte, nur Brot mußte aus dem entfernten Stadtzentrum nach Hai Maio transportiert werden. Hai Maio erstreckte sich 1986 dann in Ost-West-Richtung in einer Länge von ca. 3,5 km und dehnte sich über ein Gebiet von 4 Quadratkilometern aus (vgl. Luftbild 6; Karte 1; Anhang, Nr. 66). Hinsichtlich der Raumstruktur ließ sich ein alter Siedlungskern mit unregelmässiger Straßenführung und Sackgassensystem von einem neuen, geplanten Ausbau unterscheiden, der durch die Ost-West-verlaufende Hauptstraße vom alten Kern getrennt war und sich nach Norden entwickelte (Luftbild 6). Die großen Parzellen im Nordwesten der Siedlung standen 1987 größtenteils leer und deuteten auf Spekulationsaktivitäten hin. Ein Großteil der kommunalen Infrastruktur [Schulen, Freitagsmoschee] befand sich im neu ausgebauten nördlichen Siedlungsteil; entlang der Hauptstraße fanden sich einige kleine Saftstände und mehrere Haltestellen für Kleinbuse, über die der Personentransport ins Stadtzentrum abgewickelt wurde. Der lokale Markt hingegen hatte seinen zentralen Standort im Bereich des alten Siedlungskerns. Trotz dieser deutlichen infrastrukturellen Konsolidierung von Hai Maio reichte die vorhandene Ausstattung jedoch bei weitem nicht aus, den Bedarf der Bevölkerung zu decken. Beispielsweise war die Wasserversorgung noch immer defizitär, so daß es für die Trinkwasserversorgung nach wie vor notwendig war, auf Eselsfuhrwerke zurückzugreifen, um meist unsauberes Trinkwasser aus dem südlich angrenzenden Landwirtschaftsgelände in einzelne Bereiche der Siedlung zu transportieren. Ein weiteres Problem bestand in der staatlichen Praxis, unliebsame Neuzuwanderer aus anderen Stadtteilen mit

LKWs nach Hai Maio zu transportieren, um diese umstandslos auf der Hauptstraße abzuladen, ohne sie in irgendeiner Weise mit Ressourcen auszustatten.

8.2.2.2. Soziale Organisationsformen

Die interne Bevölkerungsstruktur von Hai Maio war ausgesprochen heterogen. Die Bewohner segregierten sich 1986/1987 in zwölf sudanesische Ethnien und fünf westafrikanische Gruppen. Jede Gruppe bewohnte eines von 17 Segmenten, die sich in der Form paralleler Siedlungsstreifen in südlicher Richtung von der Hauptstraße weg entwickelten. Hierbei bewohnten die westafrikanischen Zuwanderer den östlichen Teil der Siedlung und die sudanesischen Ethnien den westlichen Teil von Hai Maio. Die Freitagsmoschee und die Kirche geben darüber Auskunft, daß sich die Bewohner auch konfessionell in mindestens zwei übergreifende Gruppen gliederten, in eine islamische und in eine christliche Glaubensgemeinschaft. Als dritte konfessionelle Gruppe traten noch die Anhänger von Naturreligionen hinzu.

Die Einkommens- und Beschäftigungssituation von Hai Maio war durch Pendeln der Berufstätigen in das Zentrum der Konurbation gekennzeichnet. Nur einige wenige Arbeitsplätze boten sich in der Siedlung selbst, so etwa für Lehrer und Ladenbesitzer. Wie schon in Hajj Yussif Karton wurden auch hier die geringen Einkommen durch die hohen Transportkosten erheblich beschnitten. Aufgrund unterschiedlicher Voraussetzungen hinsichtlich Ausbildung, ethnischer Zugehörigkeit und sozialem Status war der Zugang zu Arbeit jedoch ungleich, und die durchschnittlichen Monatseinkommen differierten erheblich. Als Orientierungswert kann 1987 bei etablierten Bewohnern von einem monatlichen Durchschnittseinkommen von 150-170 LS ausgegangen werden. Bei einigen Bewohnern traten zu den monetären Einkünften noch Beiträge aus urbaner Subsistenzproduktion hinzu. So betrieben etliche Familien Gemüseanbau und Kleinviehzucht und hielten sich zusätzlich ein oder zwei Ziegen. Die heterogene Sozialstruktur von Hai Maio war somit sowohl durch die multiethnische Zusammensetzung als auch durch die ungleiche Ressourcenlage der einzelnen Siedler geprägt. Während die ökonomische Situation der Hunger- und Kriegsflüchtlinge als marginal zu bezeichnen war, hatten andere Gruppen sich bereits ökonomisch und sozial etabliert, was sich deutlich in der Konsolidierung der Wohnbereiche niederschlug.

Luftbild 6: **Hai Maio, Khartoum [1984]**

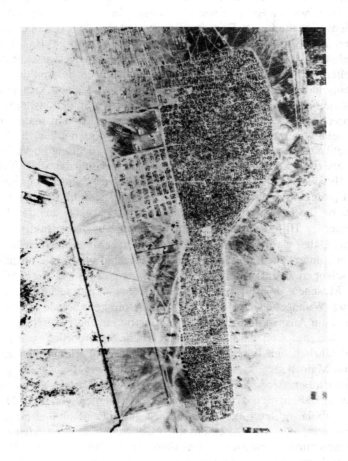

Quelle: Survey Department, Khartoum, AC 3/117; AC 3/085 (1984)

0_____1_____2 Km

Aufgrund dieser heterogenen Sozialstruktur wird auch verständlich, daß in Hai Maio mehrere soziale Organisationsmechanismen gleichzeitig existierten, die auf unterschiedlichen Ebenen jeweils verschiedene Aufgaben erfüllten. Das Grundgerüst der sozialen Organisation stellten auch hier, wie schon am Beispiel von Hajj Yussif Karton aufgezeigt wurde, die sozialen Einheiten von Familie, Ethnie und Siedlungsgruppe dar. Die lokalen Führer der ethnischen Gruppen waren auch in Hai Maio die zentrale Schlüsselinstanz bei der Organisation interner ethnischer Angelegenheiten und regelten das tägliche Zusammenleben der multiethnischen Gemeinschaft. Darüber hinaus versuchten die einzelnen Gruppen über politische Funktionäre ihrer Ethnie, die staatlichen Stellen etwa durch das Versprechen von Wahlstimmen in Pflicht zu nehmen, um materielle und logistische Unterstützung einzufordern. Zudem wurden alle sich bietenden Möglichkeiten wahrgenommen, die Situation der Siedlung zu verbessern, unter anderem durch Spenden und Aktivitäten nationaler und internationaler Hilfsorganisationen wie zum Beispiel der irischen Hilfsorganisation GOAL, die seit mehreren Jahren ambulant in Hai Maio tätig war. So resultierte die Errichtung der kommunalen Infrastruktur aus den Leistungen externer Hilfe, aus Geldsammlungen und aus Arbeitsaktivitäten der Siedler. Dabei waren die kommunalen Interessen der einzelnen Bewohner durchaus unterschiedlich weit gefaßt und reichten von rein ethnisch-internen Belangen über konfessionelle Interessen, etwa bei der Errichtung einer Moschee, bis hin zu organisatorischen Anforderungen, die das gesamte Wohngebiet betrafen. Für solcherlei kommunale Absprachen, wie sie zum Ausbau der öffentlichen Infrastruktur und zur Erörterung von Problemen auf der gesamten Squatterebene erforderlich waren, fand einmal jährlich eine Versammlung aller Führer im islamischen Zentrum von Hai Maio statt.

Hinsichtlich der sozialen Organisationsfähigkeit ist es von zentralem Interesse, daß in den konsolidierten Siedlungsteilen von Hai Maio, in Maio Wahida, ein von mehreren Ethnien gewähltes Komitee eingerichtet worden war, das die Durchführung einer regelrechten städtebaulichen Rahmenplanung organisierte. Im südöstlichen Anschluß an den alten Siedlungskern wurden Grundstücke für Neuankömmlinge ebenso vorausschauend ausgewiesen, wie Raum für Straßen und andere Freiflächen für eine später zu errichtende kommunale Infrastruktur freigehalten wurde. Für die Bewältigung dieser und anderer Aufgaben hielt das Komitee Kontakt zu anderen Organisationen, etwa zum "National Committee for the Improvement of Popular Settlements" (vgl. Kap. 8.3.), das technische, organisatorische und praktische Hilfestellung leistete. Somit läßt sich feststellen, daß die Bewohnern von Hai Maio, wie auch andere illegale Siedler des B-Typs, sich über die Grenzen unterschiedlicher ethnischer Zugehörigkeiten hinweg und trotz teilweise großer sozioökonomischer Unterschiede zu kommunalen Gemeinwesen zusammengeschlossen hatten. Weiterhin ist festzuhalten, daß die Bewohner durch die Wahl von gemeinsamen Repräsentanten in der Lage waren, ihre Bedürfnisse auf der Wohngebietsebene zu organisieren. Die Repräsentanten nahmen dabei interne und nach außen gerichtete Aufgaben wahr. Intern wurden die vorhandenen Ressourcen gesteuert, um eine Infrastruktur in kollektiver Selbsthilfe aufzubauen, um die Lage von Neuankömmlingen zu verbessern und das tägliche Zusammenleben zu organisieren. Extern versuchten die Repräsentanten den Etablierungsprozeß ihrer Siedlung abzusichern. Dabei formulierten sie stellvertretend für eine großen Zahl von Menschen die Probleme gegenüber Hilfsorganisationen. Mit einem gewachsenen Selbstbewußtsein, das seine Kraft aus der Verschaltung mit neuen informellen Netzwerken schöpfte, waren sie darüber hinaus in der Lage, mit Nachdruck in der Verwaltung aufzutreten und ihre Rechte einzufordern.

ABU SIN konnte 1984 am Beispiel des alten Dorfes Hajj Yussif in Khartoum-Nord noch eine andere Form der sozialen Mobilisierung aufzeigen, die für die Etablierung illegaler Siedlungen vor allem während der Regierungszeit von Numeiri typisch war. In Hajj Yussif-Dorf hatte sich, noch zu Zeiten Numeiris, eine Bewohnerorganisation über die Keimzelle des "Neighbourhood Councils" der "Sudan Socialist Union" [SSU] formiert, die dann als "People Popular Council" aus der politisch sanktionierten SSU hervorging. Diese Bewohnerorganisation koordinierte die Interessen der Bewohner und organisierte die für den Ausbau der kommunalen Infrastruktur erforderlichen Beitragszahlungen. Die Beiträge rangierten in folgenden Größenordnungen:

25 LS	Selbsthilfebeitrag
100-150 LS	Beitrag für die Wasserinstallation
200-250 LS	Beitrag für den Stromanschluß
5 LS	monatliche Wassergeld-Pauschale

Auf diese Weise wurden in Hajj Yussif Standards erreicht, die die Infrastrukturversorgung von einigen "First-Class-Housing"-Gebieten bei weitem übertrafen. Allerdings gilt es, die Breitenwirkung dieser Strategie einzuschränken, denn die Höhe der Beitragszahlungen überschritt die finanziellen Möglichkeiten vieler illegaler Siedler schon damals bei weitem. Doch zeigt dieses Beispiel auch, daß nicht allein die Verfügung über ökonomische Ressourcen bei der Konsolidierung einer Siedlung auschlaggebend war, sondern daß auch entsprechende soziale Organisationsformen die Etablierung einer illegalen Siedlung entscheidend bestimmten.

Zusammenfassend lassen sich für die illegalen Siedler des B-Typs folgende Merkmale der sozialen Organisation herausstellen:

1. Auf der Wohngebietsebene hat sich ein erweitertes "Wir"-Bewußtsein herausgebildet, das sich über "traditionell"-ethnische Bindungen hinaus in einem kommunalen Bewußtsein einer größeren, gemeinsam siedelnden Gruppe ausdrückt, und damit diese Gruppe erst zu einem gemeinschaftlichen Handeln befähigt.

2. Auf der Wohngebietsebene werden darüber hinaus gemeinsame kommunale Interessen identifiziert, die von etablierten Meinungsführern extern gegenüber dem Staat und intern gegenüber der eigenen Gruppe vertreten werden.

3. Ein zentrales Handlungsorgan, in der Form eines gewählten Komitees oder einer kollektiv akzeptierten Führerpersönlichkeit, übernimmt die Organisation von Selbsthilfe [Arbeitseinsatz, Einsammeln von Geld, etc.], Planungsaufgaben [Grundstückszuteilung, etc.], sowie die Außenvertretung des Wohngebietes.

8.2.2.3. Strategie

Die Strategie, die die Squatterbewohner des B-Typs verfolgten, ist als langfristige "Etablierungs-Strategie" zu charakterisieren. Die Hauptstoßrichtung dieser Strategie ging dahin, die Sicherheit der Siedlung vor den Räumungsaktionen der Stadtverwaltung zu erhöhen. Die Verbesserung der Infrastruktur, die zunächst natürlich die Lebensbedingungen erträglicher machen sollte, erhielt hierbei auch eine strategische Funktion. Einerseits konnte ein durchorganisiertes Gemeinwesen und ein infrastrukturell gut ausgestattetes Squattergebiet aufgrund einer schnell zu mobilisierenden Massenbasis nicht so einfach geräumt werden wie eine desorganisierte illegale Siedlung von schlechter Bausubstanz. Und andererseits waren bei Vorausleistungen, die in Selbsthilfe von den Bewohnern bei dem Ausbau der Infrastruktur erbracht wurden [Bau von Schulgebäuden, Gesundheitszentren, etc.] die staatlichen Behörden teilweise gewillt, Personal für diese Einrichtungen zur Verfügung zu stellen. War dieses Stadium im Konsolidierungsprozess einmal erreicht, so war die illegale Siedlung "de facto" legalisiert. Als letzte Stufe dieser Etablierungsstrategie stand nur noch der staatlich durchgeführte "Replanning"-Prozeß aus, der die Squattersiedlung "de jure" legalisierte (vgl. GERTEL, 1989, 31). Daraus ergibt sich, daß bis Ende der 80er Jahre vier unterschiedliche Entwicklungsphasen von Squattersiedlungen in Khartoum unterschieden werden konnten:

Phase 1: Illegale Siedlungen auf der Basis ethnischer Reorganisation ohne übergreifende kommunale Organisationsformen. Die Bewohner waren ökonomisch und politisch marginalisiert.

Phase 2: Squattersiedlungen waren als territoriale Gemeinwesen organisiert. Auf der Wohngebietsebene hatte sich ein kommunales "Wir"-Bewußtsein herausgebildet. Die Mehrheit der Bewohner war ökonomisch abgesichert.

Phase 3: Squattersiedlungen im staatlich sanktionierten "Replanning"-Prozeß.

Phase 4: Legales Wohngebiet

Für die Squatterbewohner bestand jedoch ein erster Problembereich im Übergang von der ersten zur zweiten Phase. Zum einen hatten sich die gesamtwirtschaftlichen Bedingungen zur Mobilisierung ökonomischer Ressourcen in den letzten Jahren dramatisch verschlechtert, und zum anderen hatten sich auch die politischen Bedingungen zum Nachteil der illegalen Siedler entwickelt. Mit dem Erstarken islamistischer Kräfte in der Regierung erhielten die Konflikte zwischen Nord- und Südsudan neuen Vorschub. Das war für die Squatterbewohner, besonders des A-Typs, die sich großteils aus nichtislamischen Südsudanesen rekrutierten, insofern entscheidend, als sie immer weniger über eine ansprechbare Lobby in politisch und administrativ entscheidenden Positionen verfügten. Ein zweiter Problembereich ergab sich für die illegalen Siedler durch soziale Verschiebevorgängen, die sich im Verlauf der vier Entwicklungsphasen einstellten. So stellt sich jeweils die Frage, inwieweit die Bewohner einer illegalen Siedlung der Phase 1 mit denjenigen einer legalisierten Siedlung der Phase 4 identisch waren. Eine Verdrängung der Ärmsten ist aufgrund fehlender empirischer Untersuchungen nicht zu belegen, jedoch stark zu vermuten. Dabei können die Ursachen für die Verdrängung der finanziell schwächsten Bewohner sowohl in der Ausbildung eines Bodenmarktes liegen, der sich parallel zur Konsolidierung der Siedlung ausbildet als auch auf direkte staatliche Einflußnahme [Legalisierung] zurückgehen (vgl. Kap. 2.). Zusammenfassend bleibt festzuhalten, daß die auf Langfristigkeit und auf politische wie ökonomische Kontinuität angelegte Etablierungsstrategie vor allem für den Typ der bereits etablierten Squatterbewohner charakteristisch war; denn diese waren imstande, im Laufe der letzten 10 bis 15 Jahre unter besseren Arbeitsmarktbedingungen die ökonomischen Grundsteine dafür zu setzen.

8.2.3. Typ C : Wohnungspolitische Initiativen sudanesischer Intellektueller am Beispiel der "Nafeer Cooperative Housing Society"

8.2.3.1. Entwicklungsgeschichte

1984 schlossen sich 150 junge Familien zur "Nafeer Cooperative Housing Society" zusammen, um sich in gemeinschaftlicher Selbsthilfe eine selbstbestimmte, bezahlbare und bedarfsgerechte Behausung zu schaffen. Obwohl es sich bei diesen Familien um Akademiker handelte, die somit im sudanesischen Kontext als sehr privilegiert anzusehen waren, hatte diese Gruppe praktisch keine Chance, auf offiziellem Wege eine Grundstückszuweisung zu erhalten. Dem lagen mehrere Ursachen zugrunde: bei einer nur unzureichenden Neuausweisung durch die Behörden war die Nachfrage nach Baugrundstücken entsprechend groß. Die Mitglieder der Kooperative bleiben jedoch als Teil der sudanesischen Bildungselite insofern ausgespart, als sie aufgrund der schlechten Beschäftigungslage im Sudan keine Anstellungen fanden, bzw. Arbeiten annehmen mußten, die ihrer Ausbildung nicht entsprachen. Sie erwirtschaften somit nur bescheidene Einkommen. Auch trug die in dieser Gruppe übliche geringe Kinderzahl dazu bei, daß es den Familien nicht möglich war, die Kriterien bei der staatlichen Vergabe von Grundstücken zu erfüllen (vgl. Kap. 6.3.). Daraufhin entwickelte die "Nafeer Cooperative Housing Society" ein auf ihren Bedarf zugeschnittenes "Low-Cost-Housing"-Programm und plante dieses auf illegalem Boden zu installieren.

8.2.3.2. Soziale Organisationsform

Die interne Organisation der "Nafeer Cooperative Housing Society" basierte auf der gemeinsamen gesellschaftlichen Situation der Mitglieder. Die 150 Familien der Kooperative waren durch gemeinsame Ausbildung, Arbeit, freundschaftliche und verwandtschaftliche Zusammenhänge miteinander bekannt. Sie alle waren von den sich verschlechternden Lebensbedingungen betroffen und suchten Mitte der 80er Jahre nach neuen Möglichkeiten einer bedürfnisorientierten Politik. Dem geplanten "Low-Cost-Housing"-Projekt kam dabei neben der Funktion, die Wohnungsnot der Teilnehmer zu lösen, auch die Aufgabe zu, neue Wege des Zusammenlebens in einer aus eigenen Ressourcen erstellten Behausung auszuprobieren. Zur Realisierung des Projektes wurde ein gemeinsamer Sparfonds eingerichtet, in den die Mitglieder monatlich 500 LS einzahlten. Das Selbsthilfepotential der Kooperative beruhte jedoch in erster Linie auf vorhandenen Fachkenntnissen. Vom Architekten für Planungsentwürfe, über Geologen für Fragen der Grundwasserbohrung bis zum Juristen und Journalisten für Rechtsfragen und Öffentlichkeitsarbeit standen praktisch für jede Aufgabe Experten zur Verfügung. Von entscheidender Hilfe für die Realisierung des Projektes waren darüber hinaus die meist informellen Verbindungen einzelner Mitglieder zur Verwaltung und anderen einflußreichen Kreisen. Insbesondere bei den uneindeutigen Entscheidungsprozessen der Khartoumer Verwaltung war das Wissen, mit wem in welcher Angelegenheit zu reden war, für die Interessensvertretung der Kooperative von großem strategischen Vorteil.

Die "Nafeer Cooperative Housing Society" hatte Mitte der 80er Jahre eine präzise Projektplanung vorgelegt und verfolgte mittels Zeitungsartikeln und Ausstellungen eine breite Öffentlichkeitsarbeit, nicht allein mit dem Ziel, die eigenen Interessen voranzutreiben, sondern auch, die Squatterproblematik allgemein stärker in die zeitweise sich liberalisierende, politische Diskussion einzubringen. Dementsprechend wurde herausgestellt, daß die Probleme der Bevölkerung immer weniger von offiziellen Stellen gelöst wurden, und daß die ohnehin am stärksten benachteiligten Squatterbewohner durch die staatlich befohlenen Räumungsaktionen auch noch daran gehindert wurden, ihre Wohnprobleme selbst zu lösen. Ein grundlegendes Ziel der "Nafeer Cooperative Housing Society" bestand daher darin, der staatlichen Unfähigkeit zur Problemlösung die konkrete Alternative der Selbsthilfe-Planung gegenüberzustellen und zu versuchen, die Leistungen dieser Planung auch für die Planungsbehörden attraktiv zu machen.

8.2.3.3. Strategie

Die Konzeption des "Low-Cost-Housing"-Projektes sah vor, eine geschlossene Nachbarschaftseinheit, die sich aus standardisierten Elementen zusammensetzte, in stufenweisem Ausbau zu errichten. Dabei sollten schrittweise individuelle Ausbauten (vgl. Abb. 3/4) in ein vorgefertigtes Siedlungsskelett (vgl. Abb. 2) eingehängt werden, so daß die Vorteile einer rationellen Vorausplanung und die Bedürfnisse der individuellen Vielfalt in Art und Tempo des Hausbaus optimal genutzt werden konnten. Ausgegangen wurde von Nachbarschaftseinheiten, bei denen sich 24 Wohnungen um einen gemeinsamen Innenhof gliedern. In der ersten Bauphase sollten in Gemeinschaftsarbeit zunächst die äußere Umfriedungsmauer der Siedlungseinheit und jeweils zwei Außenmauern der einzelnen Wohneinheiten erstellt werden (vgl. Abb. 2, Phase 1-3). Ab diesem Zeitpunkt hätten in den nachfolgenden Bauphasen (vgl. Abb. 2, Phase 4-6) die einzelnen Häuser Schritt für Schritt individuell weiter ausgebaut werden können (vgl. Abb. 3/4). Durch die Verwendung lokaler Materialien [Lehmbauweise] und die Praxis des stufenweisen Ausbaus wurden die finanzielle Belastung und das Risiko bei einer eventuellen Bulldozing-Aktion erheblich gemindert. Gleichzeitig bestand ein bewußt angesteuerter Nebeneffekt darin, daß sich mit der nach und nach ausgebauten Infrastruktur die Standortsicherheit der Siedlung erhöht hätte, was private Folgeinvestitionen und einen weiteren Ausbau motivieren sollte. Besonders hervorzuheben ist das politische Gewicht, das dieses Projekt Mitte der 80er Jahre erzielte, indem es ein kompetentes, erfolgversprechendes "Low-Cost-Housing"-Programm einer versagenden staatlichen Wohnungspolitik gegenüberstellte. Dabei ersetzte es das aus dem Westen importierte zentrale Planungssystem, das von der Verwaltung nicht ausgefüllt wurde, durch sudanesische Bautraditionen [Lehmbauweise, gemeinschaftlicher Siedlungsbau], die mit neuen, eigenen Bedürfnissen z.B. bei der Raumgestaltung verknüpft wurden. Durch diese überzeugende Konzeption war das Projekt sowohl für die illegalen Siedler als auch für die staatlichen Behörden aus mehreren Gründen richtungsweisend:

1. Es betonte von Anfang an einen kommunalen Gedanken, der einerseits Gemeinschaftsleistungen beim Ausbau der Siedlung förderte und der es andererseits den illegalen Siedlern ermöglichte, bei einer äußeren Bedrohung auch ein größeres Widerstandspotential zu mobilisieren.

Abb. 2: **Bauphasen des "Low-cost-housing"-Projektes**

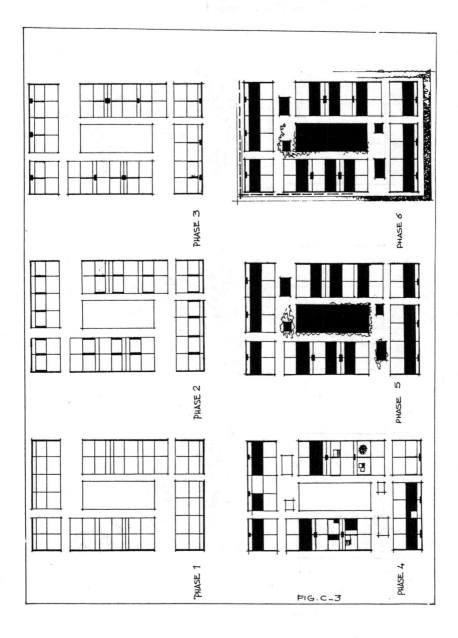

PHASE 1 PHASE 2 PHASE 3 PHASE 4 PHASE 5 PHASE 6

FIG. C-3

230

Abb. 3: **Mögliche individuelle Ausbauphasen des "Low-cost-housing"-Projektes [Phase 1-3]**

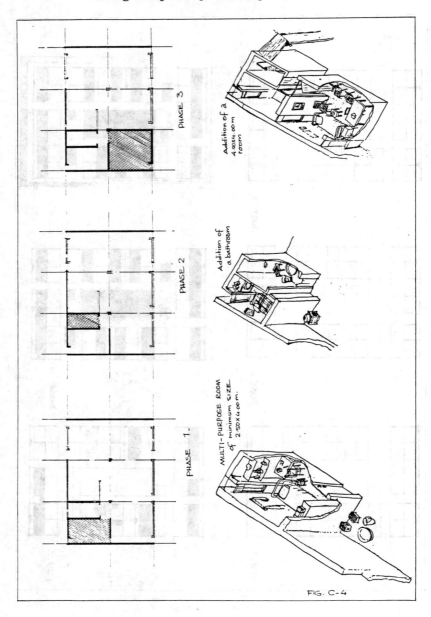

231

Abb. 4: Mögliche individuelle Ausbauphasen des "Low-cost-housing"-Projektes [Phase 4-5]

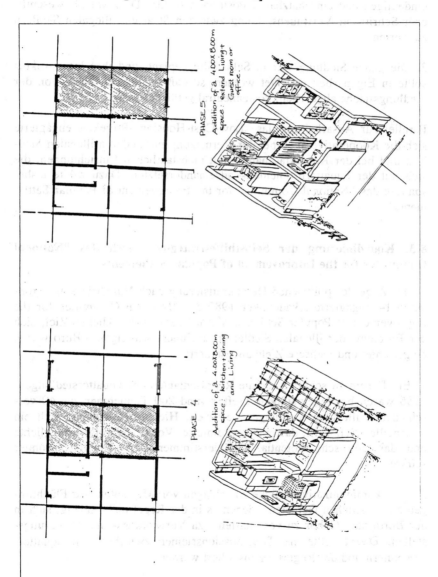

Quelle: Osman El Kheir, Newtech Indust. f. Engineering Ltd, Khartoum

2. Durch vorweisbare Alternativen zur staatlichen Wohnungspolitik und durch eine breite Öffentlichkeitsarbeit hatten es die offiziellen Stellen mit eindeutigen und einschätzbaren Positionen zu tun. Dies war als wesentlicher Schritt zur Vertrauensbildung zwischen Staat und illegalen Siedlern zu werten.

3. Die ganze Siedlung war in Selbsthilfe geplant, und ihre Infrastruktur sollte in Eigenarbeit errichtet werden, so daß sie für den Staat, von der Siedlungsfläche abgesehen, kostenneutral geblieben wäre.

Parallel zur Ausarbeitung des "Low-Cost-Housing"-Projektes engagierte sich die Kooperative auch bei der Vernetzung mit anderen illegalen Siedlern und bei der Kontaktaufnahme mit nichstaatlichen Einrichtungen, die sich mit der Squatterproblematik auseinandersetzten. Dazu zählte insbesondere das "National Committee for the Improvement of Popular Settlements".

8.3. Koordinierung der Selbsthilfestrategien durch das "National Committee for the Improvement of Popular Settlements"

Im Zuge der politischen Demokratisierung nach Numeiris Sturz gründeten 14 engagierte Akademiker 1985 das "National Committee for the Improvement of Popular Settlements", mit dem ausdrücklichen Ziel, sich der Probleme der illegalen Siedler anzunehmen. Ein eigenes Büro wurde eingerichtet und mehrere Ziele angesteuert:

1. Ein Forum zu schaffen für die Repräsentanten der Squattersiedlungen. 1986 waren bei regelmäßigen Treffen rund 200 Teilnehmer aus 40 verschiedenen illegalen Siedlungen vertreten. Hieraus entwickelte sich ein informelles Netzwerk, das eine koordinierte Vorgehensweise ermöglichte und das politische Potential [Wählerstimmen] der Squatterbewohner stärkte.

2. Eine kommunikative Brücke zu schlagen von Migranten und Flüchtlingen aus ländlichen Gebieten - denen es in der Regel nicht gelang, sich in der Bürokratie Gehör zu verschaffen - zu Verwaltungs- und Regierungsstellen. Damit sollte ein Transmissionsriemen zwischen den Squatterbewohnern und der Regierung installiert werden.

3. Als Beratungsstelle zu dienen, die in der Lage war, technische, politische und organisatorische Hilfestellung zu leisten.

4. Die Problematik der Squatter stärker in die öffentliche Diskussion zu bringen. Beispielsweise brachten Radiosendungen ein starkes "feed back" sowohl von staatlicher Seite als auch von seiten der illegalen Siedler.

Sowohl das Squatterkomitee als auch die Kooperative standen in engem Kontakt miteinander. Sie versuchten, die Interessen aller Squatterbewohner gegenüber dem Staat zu formulieren und praktikable Alternativen aufzuzeigen. Allerdings zeichnete sich bereits 1987 im Rahmen sich allgemein verschlechternder Lebensbedingungen in der Hauptstadt eine Stagnation beim Umsetzen der gesteckten Ziele ab. Bis zu diesem Zeitpunkt gingen von der Arbeit des "National Committee for the Improvement of Popular Settlements" und der "Nafeer Cooperative Housing Society" eine starke Ermutigung und eine Signalwirkung aus, die das Selbstbewußtsein der illegalen Siedler stützten, zur politischen Emanzipation beitrugen und sie bestärkten, sich zu organisieren. Nach der Regierungsübernahme 1989 wurden jedoch Parteien und politische Aktivitäten verboten, auch die des "National Committee for the Improvement of Popular Settlements", womit die zentrale Vermittlungsstelle zwischen den illegalen Siedlern und der Regierung demontiert wurde.

8.4. Zusammenfassung: Wohnungsbaupolitische Potentiale der illegalen Siedler

In diesem Kapitel wurden aus der Perspektive der illegalen Siedler die unterschiedlichen Potentiale bei der Bewältigung ihrer Wohnprobleme aufgezeigt. Dabei wurde dem großen Spektrum der illegalen Siedler Rechnung getragen und in Abhängigkeit ihrer spezifischen Ressourcen und Probleme drei Typen von illegalen Siedlern unterschieden, wobei ihre spezifischen Strategien anhand von drei Fallbeispielen herausgearbeitet wurden. Die erste Gruppe [Typ A] rekrutierte sich vorwiegend aus Hunger- und Kriegsflüchtlingen, die gleich mehrfach marginalisiert waren [räumlich, ökonomisch, sozial] und in einem hohen Maße von externer Hilfestellung abhingen. Die unmittelbare Sicherung des Überlebens [Wasser, Ernährung] hatte bei dieser Gruppe Priorität vor der Wohnungsfrage. Die zweite Gruppe [Typ B] setzte sich aus ökonomisch und sozial etablierteren Stadtbewohnern zusammen, die bereits seit längerer Zeit auf illegalem Siedlungsgebiet Fuß gefaßt hatten. Sie verfolgten eine langfristige Etablierungsstrategie, die mehrere Phasen durchlief: vom ursprünglichen Duldungsstatus über einen mehrere Jahre andauernden Ausbau der Infrastruktur wurde der staatlich sanktionierte "Replanning"-Prozeß angestrebt, der die letztendliche Legalisierung zur Folge hatte. Die dritte Gruppe [Typ C] rekrutierte sich aus Angehörigen der westlich orientierten Bildungselite, die keinen Zugang zur offiziellen Landzuteilung hatte. Ihr Zusammenschluß als Wohnungsbaukooperative [Nafeer Cooperative Housing Society] und ihr Entwurf eines bedarfsgerechten "Low-Cost-Housing"-Projektes zeigte Mitte der 80er Jahre eine praktikable Alternative zur versagenden staatlichen Wohnungspolitik auf. Der wohnungspolitische Anspruch, der von dieser Gruppe ausging, erhielt seine Breitenwirksamkeit sowohl durch die Vernetzung mit dem "National Committee for the Improvement of Popular Settlements", das als Schaltzentrale der illegalen Siedler funktionierte als auch durch seine intensive Öffentlichkeitsarbeit. Ausgelöst durch die Regierungsübernahme 1989 und den kriegsbedingten Massenexodus im Südsudan sollten sich jedoch die politischen Rahmenbedingungen in Khartoum und die demographischen Verhältnisse grundlegend verändern und damit die bis dahin etablierten Strategien der illegalen Siedler weitgehend in Frage stellen.

9. DIE ESKALATION DER WOHNRAUMPROBLEMATIK: "URBAN RENEWAL" VON KHARTOUM

Nach der "demokratischen" Regierungsphase Mitte der 80er Jahre spitzte sich die Wohnraumproblematik in Khartoum dramatisch zu. Parallel zur Ausweitung des Bürgerkrieges und zahlreichen Hungerkatastrophen, die Hunderttausende zur Flucht nach Khartoum trieben, veränderten sich auch dort die Überlebensbedingungen und die Wohnraumsituation dramatisch. Drei Ereignisse bestimmten den Zugang zu Wohnraum dabei entscheidend: erstens, die Flutkatastrophe von 1988, bei der über eine Million Menschen vorübergehend obdachlos wurden, und in deren Anschluß erstmals der Gedanke zum "Urban Renewal" von Khartoum diskutiert wurde; zweitens, der Regierungswechsel im Jahre 1989, da seitdem die Idee des "Urban Renewal" von der neuen Regierung in einer anderen Richtung vorangetrieben wurde und Khartoum zur "rein" arabischen Stadt "umstrukturiert" werden sollte; und drittens, die dazu ab 1990 betriebene Massenvertreibung der Hunger- und Kriegsmigranten, die bis Mitte 1992 bereits 500.000 Menschen betroffen hatte. Im folgenden wird herausgearbeitet, wie vor diesem Hintergrund der Zugang zu Wohnraum immer stärker politisiert wurde, und welche Rolle die nationalen Hilfsorganisationen und internationalen Agenturen dabei spielen, die sich seit Mitte der 80er Jahre zunehmend für die internen Flüchtlinge in Khartoum interessierten.

9.1. Die Flutkatastrophe von Khartoum [1988]

Die durch schwere Regenfälle vom 4. - 5. August 1988 ausgelöste Überflutung von Khartoum forderte mindestens 80 Menschenleben, zerstörte und beschädigte 120.000 Häuser und machte eine Million Menschen vorübergehend obdachlos. Mehr als 80% der Stadtfläche standen unter Wasser, und die Strom- und Wasserversorgung war für Tage zusammengebrochen (SUDANOW, 1988, Nov., 7). Vor diesem Hintergrund rief die Regierung für sechs Monate den nationalen Notstand aus und erklärte Khartoum zum Katastrophengebiet. Zur Koordinierung der internationalen Hilfe wurde unter Vorsitz des Finanzministers eine "High Emergency Relief Commission" eingerichtet und für die Abwicklung logistischer Aufgaben parallel dazu eine militärische Einheit abgestellt.

Bemerkenswert ist hierbei, daß, obwohl allein bis Ende August 1988 über 300 Flugzeuge mit internationalen Hilfsgütern in Khartoum gelandet waren, fast keine Hilfe die illegalen Siedler erreicht hatte (SDG, 7, 1990). Die Verteilung der Nothilfe wurde vielmehr politisiert (USCR, 1990). So hatte die Armee sichergestellt, daß jenen Stadtgebieten bei der Versorgung Priorität eingeräumt wurde, die traditionellerweise Sadiq al Mahdis nordsudanesische 'Umma-Partei unterstützten. Und dies, obwohl die illegalen Siedlungen - insbesondere jene der Südsudanesen - die weitaus größten Schäden zu beklagen hatten (WOODRUFF et al., 1988; OX, 1-10). Sie waren überwiegend aus wetterunbeständigen Abfallmaterialen und Lehm konstruiert und aus Furcht vor staatlicher Vertreibung in überschwemmungsgefährdeten Zonen angelegt worden. Dementsprechend stellte auch das Wohlfahrtsministerium fest, daß in erster Linie die städtischen Armutsgruppen betroffen waren. So hatten sich 85% der Schäden an Bauten aus Lehm ereignet, und 80% der Wohneinheiten jener Gruppen waren zerstört worden, die nicht mehr als 600 LS Monatseinkommen erwirtschafteten (SCHRÖDER, 1989, o. S.).

Zusätzlich zur Obdachlosigkeit waren die Armutsgruppen in den illegalen Siedlungen von akuten gesundheitlichen Gefahren bedroht. Zwar blieb der erwartete Ausbruch von Seuchen aus, doch stellten WOODRUFF et al. fest, daß: "(...) many persons in unplanned settlements died without seeking medical attention" (1988, 162). Die langfristigen Folgen für die Mehrzahl der illegalen Siedler bestanden vor allem in den zusätzlichen finanziellen Belastungen, die sich durch die immensen Kosten für knapp gewordenes, jedoch für den Wiederaufbau von Wohnraum notwendiges, Baumaterial ergaben. Unter diesen Bedingungen waren noch ein Jahr später, unter der neuen Regierung, 70% der zerstörten Häuser nicht wieder aufgebaut (SCHRÖDER, 1989, o. S.). Daher kann zusammenfassend festgehalten werden, daß die Flutkatastrophe zur weiteren sozioökonomischen Polarisierung der Einwohner Khartoums beigetragen hat. Die am stärksten betroffenen illegalen Siedler südsudanesischer Herkunft verloren innerhalb weniger Stunden ihre Behausung und damit oftmals das Ergebnis jahrelanger Arbeit und Investitionen, und sie waren diejenigen, die mangels Beziehungen zur Regierungspartei auch am wenigsten externe Hilfe erfuhren. Darüber hinaus hatte die Flutkatastrophe zwei weitere Effekte. Zum einen wurde die Aufmerksamkeit der internationalen Hilfsorganisationen erstmals direkt auf die erzwungenen Migranten in Khartoum gelenkt, und in diesem Zusammenhang wurde zum anderen auch die Idee von einem "Neuaufbau von Khartoum" unter Beteiligung der internationalen Hilfsorganisationen diskutiert.

9.2. Die Massenvertreibung illegaler Siedler durch die Militärdiktatur

Im Juni 1989 - die Schäden der Flutkatastrophe waren noch nicht behoben - putschte sich in Khartoum die islamistisch geprägte Militärregierung unter Hassan Bashir an die Macht. Die Regierungsgeschäfte wurden von einem "Revolutionary Command Council" [RCC] übernommen, der politische Parteien, Gewerkschaften und eine freie Presse umgehend verbot. Unterstützt durch Hassan Turabis "National Islamic Front", die bei der letzten Wahl 1986 ca. 40% ihrer Stimmen allein im Großraum Khartoum erzielt hatte (USCR, 1990, 21), steuerte die neue Regierung eine radikale Islamisierung der Gesellschaft an. Die sogenannte "Erziehungsrevolution" spielte dabei eine wesentliche Rolle. So wurden seit 1989 Studentenorganisationen verboten, der Campus mehrmals geschlossen, ein arabisches Sprachexamen für Professoren aus dem Süden eingeführt, mißliebige Universitätsmitarbeiter entlassen und Studenten zum "Training" in militärische Camps geschickt (vgl. FFP, 1992). Parallel zu den Eingriffen ins Erziehungssystem, wurden auch die Rechte der Frauen systematisch eingeschränkt, etwa hinsichtlich Reisefreiheit, Bekleidungsvorschriften und Familienrecht (vgl. FFP, 1992). Darüber hinaus wurden die grundlegenden Menschenrechte vielfach mißachtet, politische Gegner und Oppositionelle wurden in Gefängnisse eingesperrt und mißhandelt, oder sie verschwanden ohne Gerichtsverfahren in "Geisterhäusern" (vgl. AI, 1990; AW, 1991; SU, 15, 1992; SU, 23, 1992).

Zeitgleich vollzog sich mit der Ausweitung des Bürgerkrieges und den Fluchtbewegungen aus den Hungergebieten im Westen und Osten des Landes eine immense Bevölkerungsverschiebung innerhalb des Sudan (vgl. Kap. 6.1., 6.2.). Allein 1989 waren zwei Millionen von insgesamt fünf Millionen Südsudanesen aus ihren Heimatgebieten vor dem drohenden Hungertod geflohen oder von bewaffneten Milizen und Regierungstruppen vertrieben worden (vgl. MAWSON, 1991). Über eine Million Menschen flohen nach Khartoum (vgl. HUTCHINSON, 1991), doch auch dort war ihre Existenz bedroht. Zum einen trugen dazu die explodierenden Lebenshaltungskosten bei, die 1991 zur ersten städtischen Hungerkrise nach der politischen Unabhängigkeit des Sudan führten und gerade die mittellosen internen Flüchtlinge am stärksten trafen (vgl. Kap. 6.2.3.), und zum anderen wurden sie auch direkt durch die Regierungsaktion des

"Urban Renewal" der sudanesischen Hauptstadt bedroht. Khartoum wurde dabei gesellschaftlich und räumlich "neu organisiert", nämlich als "rein" arabisch-islamische Stadt, wozu hundertausende meist südsudanesischer Kriegs- und Hungerflüchtlinge aus der Hauptstadt "umgesiedelt", faktisch jedoch vertrieben wurden. Hierdurch wurden diesen neben der Zerstörung und Verwüstung der Heimatgebiete auch noch alle Fluchträume - sowohl auf dem Land als auch in der Haupstadt - endgültig entzogen. Khartoum avancierte damit zum räumlichen Zentrum der tiefgreifendsten Gesellschaftskrise in der Geschichte des Sudan.

Im folgenden wird herausgearbeitet, wie, im Rahmen der Politik zum "Urban Renewal" von Khartoum, nach 1989 die Konflikte um Wohnraum zwischen Staat, erzwungenen Migranten und Hilfsorganisationen ausgetragen wurden. Dazu werden die Aktivitäten der neuen Regierung untersucht und herausgearbeitet, wie der politische Diskurs mit den Hilfsorganisationen in der Praxis gegenüber Armutsgruppen eingelöst wurde. Hierbei lassen sich drei Phasen unterscheiden: in der ersten Phase von Mitte 1989 bis Frühjahr 1990 formierten sich die Beziehungen zwischen Hilfsorganisationen und der neuen Regierung, gleichzeitig konkretisierte sich deren Idee zum "Umbau der Stadt". In der zweiten Phase, bis Oktober 1990, wurden die politischen, strategischen und juristischen Vorbereitungen zur Massenräumung von der Regierung programmatisch vorangetrieben, die dann in der dritten Phase, ab Oktober 1990, durchgeführt wurde.

In der ersten Phase, im Sommer 1989, veröffentlichte der "Revolutionary Command Council" ein nationales Übergangsprogramm. Hinsichtlich der "Displaced Persons"[62] wurde in Punkt [E] richtungweisend folgendes festgelegt:

1. Organize the delivery of relief to the displaced and prepare a recovery plan designed to encourage production.

2. Resettle the displaced in accordance with prepared programs that will ensure their participation in enhancing production and development.

---

[62]   Als "Displaced Persons" wurden vom staatlichen "Squatter Settlement Committee" seit 1987 diejenigen Personen angesehen, die während oder nach 1984 in Khartoum ankamen, als "illegale Siedler" hingegen diejenigen, die bereits vor diesem Zeitpunkt in Khartoum lebten. Diese Unterscheidung bezieht sich somit lediglich auf den Zeitpunkt der Zuwanderung und macht keine Aussage über die Legalität, Bausubstanz und Infrastrukturausstattung einer Siedlung. Und sie macht darüber hinaus auch keine Aussage über den sozioökonomischen Status der Bewohner.

3. Undertake urgent planning to rehabilitate all areas affected by the war in the South and West and areas affected by rains in flood (in, USCR, 1990, 22)

Hiermit wurde der offizielle Diskurs über die internen Flüchtlinge in Khartoum abgesteckt. Er entwickelte sich im wesentlichen an den drei angesprochen Schlagwörtern: "Nothilfe" [Relief], "Umsiedlung" [Resettlement] und "Rehabilitierung der Krisengebiete" [Rehabilitation]. Bei der Umsetzung dieser Pläne stellte die neue Regierung zunächst eine stärkere Einbeziehung der Nichtregierungsorganisationen auch bei Hilfsoperationen in Khartoum in Aussicht und versprach gleichzeitig, keine Zwangsumsiedlungen vorzunehmen (USCR, 1990, 21). Nur wenige Tage später begann in den illegalen Siedlungen jedoch das Gerücht zu kursieren, daß alle diejenigen Einwohner, die in bereits verplanten Gebieten wohnten, diese innerhalb von zehn Tagen zu verlassen hätten und in landwirtschaftliche Projekte gebracht würden. Im August 1989 wurde von der 1988 gegründeten "Commission of Displaced" ein Papier in Umlauf gebracht, daß Pläne zur Umsiedlung von 30.000 - 50.000 Personen aus Omdurman in ein unbekanntes "temporary settlement camp" vorsah. Und stillschweigend, zunächst ohne Wissen der Hilfsorganisationen, wurden in den anschließenden Wochen illegale Siedler aus Zaqluuna in Omdurman (vgl. Anhang, Nr. 22; Karte 1), dem mit 377.000 Personen größten Camp, vertrieben (USCR, 1990). Auch ältere Pläne zur Umsiedlung der "Displaced People" in sogenannte "Peace Camps" und landwirtschaftliche Projekte zum Beispiel südlich von Kosti, die noch auf die Regierungszeit von Sadiq El-Mahdi zurückgingen, wurden vorangetrieben. Eine schriftliche Intervention seitens der nunmehr informierten Hilfsorganisationen, die die Regierung auf die soziale Härte dieser Maßnahmen hinwiesen, von der voraussichtlich rund 200.000 schutzlose Personen betroffen werden würden, wurde vom "Revolutionary Command Council" nunmehr mit der Begründung zurückgewiesen, daß die "Displaced People" in Khartoum eine interne Angelegenheit des Staates seien. Im Widerspruch dazu wurden die Hilfsorgansationen von anderer Seite der Regierung jedoch aufgerufen, Plastikfolien für 5.500 Familien bereitzustellen, die die städtischen Quartiere Geref West und Sababi verlassen mußten, nachdem ihre Hütten - ebenfalls von offiziellen Stellen - in Brand gesteckt worden waren (vgl. USCR, 1990). Die Hoffnungen der Hilfsorganisationen auf eine Zusammenarbeit mit der neuen Regierung wurden zusehends zurückgeschraubt.

Um potentielle ausländische Geldgeber für die von der Regierung geplanten "Projekte" in Khartoum zufriedenzustellen, verkündete der "Commissioner for Relief and Rehabilitation", Dr. Ibrahim Abu Oaf Mohammad, kurz darauf eine "neue" Richtung der Regierungspolitik. So sollten nach seinen Aussagen künftig keine Zwangsumsiedlungen mehr stattfinden: "'except where temporary settlements are a threat to health'" (in, USCR, 1990, 26). Doch eine Legitimierung der Räumung illegaler Siedlungen im Interesse der allgemeinen Hygiene war faktisch jederzeit möglich. Nur eine Woche später bekundete Mohammad Osman Mohammed Said, der "Commissioner for the National Capital", die Absicht, heimatlose Bettler, Behinderte und Lepröse aus Khartoum zu entfernen und Slumbewohnern zehn Tage Zeit zu geben, ihre "Übergangs-behausungen" zu räumen. Auch die illegalen Siedler wurden gewarnt, bereits verplante Gebiete zu besetzen (USCR, 1990). Im September 1989 wurde bekanntgegeben, daß die Reiseaktivitäten und die Programme ausländischer Hilfsorganisationen strenger überwacht werden würden. Ungefähr gleichzeitig ließ die Regierung den Hilfsorganisationen mitteilen, daß der Umsiedlung der "Displaced People" in Khartoum eine höhere Priorität eingeräumt würde als der "Operation Lifeline, Sudan II", und daß die Regierung in diesem Zusammenhang die Unterstützung der Agenturen erwarte. Auf einem internen Treffen von ca. 50 Regierungsbeamten, dem "Islamic Call" und der "Islamic African Relief Agency", konkretisierten sich in Khartoum Ende November 1989 schließlich die Vorstellungen hinsichtlich der Rolle internationaler Hilfsagenturen. So wurde die Empfehlung ausgesprochen, sofort mit der Umsiedlung der internen Flüchtlinge zu beginnen, was faktisch bereits der Fall war. In den Außenbezirken der Konurbation sollten zu diesem Zweck fünf Camps errichtet werden. Den ausländischen Hilfsorganisationen seien jedoch alle Aktivitäten, die im Zusammenhang mit den internen Flüchtlingen in Khartoum standen, zu untersagen. Diese sollten vielmehr 23 Projekte, deren Kosten auf insgesamt 232 Millionen LS veranschlagt wurden, finanzieren, die jenen Bewohnern von Khartoum zugute kommen sollten, die, nach Aussage des "Commissioners of Khartoum", seit langem unter der Präsenz der "Displaced Persons" zu leiden hätten (vgl. USCR, 1990). Hieraus wird deutlich, daß die Regierung einerseits entschlossen war, die Umstrukturierung von Khartoum in ihrem Sinne und um jeden Preis durchzuführen, und daß sie anderseits auslotete, wie sie sich dazu der Hilfsorganisationen am besten bedienen konnte.

Währenddessen verschlechterten sich die Überlebensbedingungen der internen Flüchtlinge in Khartoum zusehends. Hatte der "Commissioner of Displaced" im September 1989 noch von 1,5 Millionen internen Flüchtlingen gesprochen, so gab er Anfang Oktober ihre Zahl bereits mit insgesamt 1,8 Millionen an [475.000 Männer, 373.000 Frauen und 980.000 Kinder]. Ihr vordringlichstes Problem bestand in der Versorgung mit Trinkwasser, von der Versorgung mit angemessenem Wohnraum ganz zu schweigen. Da die Regierung jedoch weiterhin Brunnenbohrungen in illegalen Siedlungen und den Camps der "Displaced Persons" per Gesetz verbot, gestaltete sich das Trinkwasserproblem zur Überlebensfrage. Ohne über nenneswerte Einkommen zu verfügen, mußten die Flüchtlinge Wasser weiterhin von Mittelsmännern für teures Geld kaufen. Ernährungswissenschaftliche Untersuchungen, die kurz nach der Flutkatastrophe 1988 in Khartoum an Kindern im Alter von 1-5 Jahren durchgeführt worden waren, ergaben, daß über 23% der Kinder unterernährt waren (vgl. WOODRUFF et al., 1988, 159). Die Zahlen, die während der akuten Krisensituation ermittelt wurden, hatten sich jedoch ein Jahr später nicht wieder normalisiert, sondern im Gegenteil eher stabilisiert (vgl. Tab. 20). Bei Familien, die 1989 von Regierungsstellen aus Geref West und Sababi vertrieben wurden und nach Kalakala im Süden Khartoums gelangten, waren nach Auskunft der "U.S. Commission for Refugees" gar 46% der Kinder unterernährt (USCR, 1990, 26).

In der zweiten Phase der "Umstrukturierung" Khartoums verschärfte sich ab Frühjahr 1990 die Situation für die internen Flüchtlinge weiter. Im März erklärte der "Commissioner of Relief and Rehabilitation" gegenüber dem leitenden Direktor von USAID im Sudan, daß die Regierung die Politik der Umsiedlung südsudanesischer Flüchtlinge solange vorantreiben werde, bis Khartoum die "arabische Hauptstadt" des Sudan sei. Diese Vorgabe zum "demographischen Umbau" Khartoums war eindeutig und leitete, unterstützt von politischen, strategischen und juristischen Maßnahmen, die Zwangsumsiedlungen ein. Die entsprechende politische Marschrichtung dazu war bereits auf der "National Security Conference on the Displaced" im Februar 1990 festgelegt worden. Dort war empfohlen worden, daß die Regierung erstens, nur Projekte unterstützen sollte, die eine Massenumsiedlung der "Displaced People" in sogenannte Produktionsgebiete vorsahen, um - was unausgesprochen blieb - zu gewährleisten, daß diese mit billiger Arbeitskraft versorgt wurden; zweitens, alle Camps zu räumen, die den "Umweltstandards" nicht entsprachen; und drittens, den "Weg zu ebnen" für alle Flüchtlinge, die wünschten, in ihre

Heimatgebiete zurückzukehren (USCR, 1990; SUDANOW, 3, 1990).
Darüber hinaus hatte die Regierung die Konstruktion permanenter Strukturen in den "Camps der Displaced" und den illegalen Siedlungen verboten und die Arbeit von nichtislamischen Hilfsorganisationen, etwa von "Sudanaid" und dem "Sudan Council of Churches", durch bürokratische Hindernisse systematisch erschwert. Mitarbeiter privater Hilfsorganisationen wurden vom Militär gar als Sicherheitsrisiko eingestuft.

Zur Durchsetzung der Regierungspolitik sowie zur Kontrolle und weiteren Einschüchterung der illegalen Siedler begann die Militärregierung bereits im Februar 1990 eine "Capital Popular Defense Force" zu organisieren. Der Staat machte sich hierbei alte ethnische Feindschaften zunutze und militarisierte diese Konflikte. Durch die Bewaffnung einzelner Gruppen in Khartoum wurde beispielsweise erst jene gewalttätige Auseinandersetzung zwischen südsudanesischen Gruppen möglich, in deren Verlauf bewaffnete Nuer bei einem Streit um Wasser mehrere Dinka töteten. Diese Auseinandersetzung war durch die staatlich erzwungene Umsiedlung von Dinka innerhalb Khartoums nach Suq el Marakazi vorprogrammiert (vgl. YATH, 1991, 25), da ein Camp mit Nuer in direkter Nachbarschaft der bereits überbelegten Siedlung von Suq el Markazi lag und Trinkwasser für beide Gruppen extrem knapp war (USCR, 1990). Die juristischen Grundlagen zur Umsetzung der Massenvertreibung wurden durch zwei gesetzliche Änderungen geschaffen. Mit dem "Decree 941" unter dem Titel: "Approval of Some Procedures to Contain Squatter Settlements" vom 20.5.1990 wurde unter Artikel (d) ausgeführt, daß die staatlichen Autoritäten angehalten waren:

> (...) to immediately demolish squatter settlements on planned residential and agricultural land and (...) to immediately give the land to its rightful owners (in, AW, 1992, 6).

Mit der Modifizierung des "Civil Transaction Act" vom 10. Oktober 1990 sicherte sich die Regierung endgültig die absolute Verfügungsgewalt über die illegalen Siedlungen. In Punkt 1 wurde entschieden, daß alles nichtregistrierte Land automatisch als Regierungsland behandelt wird. Damit entfielen Landansprüche nach dem sudanesischen Gewohnheitsrecht [wada al yad], das die illegalen Siedler bis Mitte der 80er Jahre in Anspruch nahmen (vgl. Anhang, Nr. 4, 30-33, 66). Auch die Praxis der "de-facto" Anerkennung illegaler Siedler im langfristen Etablierungsprozeß (vgl. Kap 8.2.2.) wurde damit außer Kraft gesetzt und vorangegangene private Bauleistungen und Investitionen in die kommunale Infrastruktur nicht mehr anerkannt (AW, 1992). In Punkt 2 wurde weiterhin festgelegt, daß weder ein Gericht noch ein Gesetz noch irgendeine andere Autorität eine Petition oder irgendein Verfahren anstrengen kann, das die Besitzverhätnisse von regierungseigenem Land gemäß dem "Civil Transaction Act" zum Gegenstand hat. Darüber hinaus wurde entschieden, daß alle laufenden Verfahren mit der Verabschiedung dieses Gesetzes null und nichtig sind. "Africa Watch" verurteilte diese Eingriffe ins Rechtssystem als illegal, da sie alle gängigen juristischen Prinzipien verletzten (AW, 1992,2).

Ungeachtet dessen begann die dritte Phase der "Umstrukturierung Khartoums", die Massenräumung der "Displaced Persons" und illegalen Siedler, unmittelbar nachdem die juristischen Rahmenbedingungen im Sinne von Bashirs Regierung verändert worden waren. Ohne Vorankündigung, unter massivem Einsatz von Sicherheitskräften und Bulldozern wurden in diesem "Khartoum Clean Up" (SU, 14, 1992) von Oktober 1990 bis Mitte 1992 mehrere hunderttausend Personen gewaltsam aus ihren Wohngebieten entfernt und über Nacht obdachlos gemacht (vgl. Tab. 19). Mehr als 50 Personen verloren bei diesen Vertreibungsaktionen ihr Leben, gewachsene soziale Strukturen, etablierte Nachbarschaften und ganze Quartiere wurden zerstört. Die nun nochmals vertriebenen "Displaced Persons" wurden von der Regierung weit außerhalb Khartoums in der Wüste in "Transit Camps" untergebracht, um von dort aus in bewachten "Peace Convoys" ungeachtet der Hunger- und Kriegssituation in ihre "Heimatgebiete" transportiert zu werden (vgl. Kap. 9.3.). Die "illegalen Siedler" sollten demgegenüber dauerhaft in sogenannten "Peace Cities" [Dar es Salam], ebenfalls weit außerhalb von Khartoum liegend, umgesiedelt werden (vgl. Kap. 9.3.). Schätzungsweise die Hälfte der Betroffenen waren jedoch bereits Mitte 1992 wieder nach Khartoum zurückgegehrt und lebten, meist bei Verwandten, in extrem überfüllten Quartieren unter schlechteren Bedingungen als zuvor und in ständiger Angst vor einer erneuten Vertreibung. 800.000 illegale Siedler waren bis zu diesem Zeitpunkt von den staatlichen Maßnahmen noch nicht erfaßt (AW, 1992).

Sowohl die sudanesisch-irakische Allianz während des Golfkrieges 1990/91 als auch die städtische Hungerkrise im Früjahr 1991 (vgl. Kap. 6.2.3.) standen in direkter Verbindung mit den Massenräumungen und der Verschlechterung der Lebensbedingungen der Armutsgruppen in Khartoum. Die Kriegsallianz verstärkte die internationale Isolierung des Sudan. Der Zugang zu wichtigen Krediten und Entwicklungshilfegeldern wurde extrem schwierig, denn der IMF erklärte den Sudan als nicht kreditwürdig, wodurch auch der Pariser Club und die internationalen Banken ihre Gelder sperrten. Durch die politische Konfrontation verlor der Sudan auch weitere wichtige Geldgeber, wie Saudi Arabien und Kuwait, die über Jahre hinweg zu über 50% an der Vergabe ausländischer Entwicklungshilfegelder beteiligt waren und die mit der "Faisal Islamic Bank" und der "Baraka Islamic Bank" auch die beiden wichtigsten Banken im Sudan kontrollierten (SU, 8, 1990). Darüber hinaus führte die Ausweisung sudanesischer Arbeitsmigranten aus den Golfstaaten direkt zu entscheidenden Einkommensrückgängen der Khartoumer Bevölkerung (vgl. Kap. 6.2.3.). Lediglich Iran, Irak und Libyen gewährten dem Sudan während der Golfkrise noch nenneswerte finanzielle Hilfe und Öl. Die unmittelbaren Folgen in Khartoum waren Knappheit und immense Preissteigerungen von Lebensmitteln und Energie. Die Einrichtung von militärischen Trainingscamps und die vermutete Installierung von Raketenbasen im Sudan, die angeblich während des Golfkrieges gegen den Aswan-Staudamm in Ägypten gerichtet waren (SU, 8, 1990), verschärften die internationale Isolierung weiter. In diesem Zusammenhang kann auch die Zwangsumsiedlung der Südsudanesen in Khartoum aus einer anderen Perspektive beurteilt werden:

> It has been suggested that the Khartoum regime wishes to imitate the Iraqi authorities by creating a human shield around the missiles. The relocation of the displaced Southern Sudanese at Jebel Aulia was supposedly an attempt to achieve this (SDG, 7, 1990, 7).

Parallel dazu zeichnete sich bereits Mitte 1990 eine neue Hungerkrise im Sudan ab. Ausbleibende Niederschläge, geringe nationale Nahrungsmittelreserven und mangelnder politischer Wille kombiniert mit militärischen Konflikten und dem Export von Grundnahrungsmitteln wie Hirse während der Hungerkrise verursachten eine neue nationale Hungerkatastrophe und führten ab Oktober 1990 auch zu Hungermärschen nach Khartoum (SU, 8, 1990), wo die Situation jedoch nicht besser war (vgl. Kap. 6.2.3.). Der städtische Hunger gestaltete sich dort als kaufkraftbedingtes Zugangsproblem, das politisch verursacht war. Während die Preise auf der Angebotsseite in die Höhe schnellten, waren die Armutsgruppen in Khartoum immer weniger in der Lage, selbst Grundnahrungsmittel zu bezahlen. Ein Kilogramm Hirse [Sorghum], das im Sommer 1989 noch für 0,9 LS zu beziehen war, kostete im Oktober 1990 zwischen 20 LS und 25 LS. Selbst diejenigen, die Zugang zu Rationskarten hatten, mußten noch 4,5 LS für ein Kilogramm Hirse bezahlen (EIU, 4, 1990).

Tab. 19: Chronologie der gewaltsamen Räumung von illegalen Siedlungen in Khartoum [1990-1992]

Oktober 1990: In Hajj Yusuf [Khartoum Nord] wurden am 21. und 22. 10. bei unangekündigten Bulldozingaktionen mindestens 16 Personen getötet und mehrere tausend Hütten zerstört. In Suq Numeiri kamen sechs Personen ums Leben. Vom 24.-26. 10. wurden in Hillat Shok [Khartoum] Häuser mit Bulldozern abgerissen und niedergebrannt [drei Tote]. 10.000 - 30.000 Personen wurden in das Auffanglager nach Jebel Aulia gebracht.

März 1991: El Khudeir, Gamayer und Khor Omer wurden zerstört. Erste Zwangsumsiedlungen erfolgten ins Al-Salam "Transit Camp" westlich von Omdurman.

Juni 1991: Suq Al Markazi [Khartoum] wurde abgerissen und die Bewohner nach Jebel Aulia gebracht.

Oktober 1991: Shigla und Takamul [Khartoum Nord] wurden demoliert, acht Personen dabei verletzt.

Dezember 1991: Vom 22.-24. 12. wurden Kurmuta [Teil von Dar es Salaam in Khartoum] und Hai Mayo [Khartoum] zerstört und 72.000 Einwohner trotz erbitterten Widerstandes nach Jebel Aulia gebracht. Die Auseinandersetzungen griffen nach Kalakala und Wad Amara über [bei Feuergefechten gab es mindestens 21 Tote].

Januar 1992: Am 15. Januar wurden Zaglona I [Omdurman] und Kober [Khartoum Nord] geräumt; 60.000 Personen wurden ins Al-Salam "Transit Camp" gebracht [drei Tote]. Auch Hillat Kusha [Khartoum Nord] wurde geräumt [drei Tote].

März 1992: Soba und Kalakla Zingat wurden zerstört. Bei der Räumungen gab es sieben Tote.

April/Mai 1992: Hesba und Haj Yusuf [Khartoum Nord] sowie Umbadda und Gelea [Omdurman] wurden teilweise zerstört und geräumt. Allein von Umbadda wurden 50.000 Personen ins Auffanglager nach Omdurman gebracht. In Gelea waren 70.000 Personen von der Räumung betroffen.

Quellen: SDG (7, 1990), SU (10, 11, 14, 18, 22, 1992), AW (1992)

Solche Beträge konnten lohnabhängige Arbeiter im informellen Sektor, erzwungene Migranten, Flüchtlinge und Arbeitslose nicht aufbringen, verfügten diese Gruppen doch häufig nicht einmal über Rationskarten. Das vom Finanzminister als Folge des Golfkrieges im Januar 1991 angekündigte Sparprogramm verschärfte die Situation weiter. Es beinhaltete einen Abbau der Subventionen für Zucker, Brot und Dieseltreibstoff und verursachte Preissteigerungen zwischen 30%-100% (EIU, 1, 1991). Die Regierung behinderte auch die Arbeit von Hilfsorganisationen und insistierte, daß es sich um keine Hungerkrise handele, sondern lediglich um ein "Food Gap", eine kurzfristige Nahrungsmittelknappheit, die keine Nothilfe erfordere (SU, 20, 1991). Zusammenfassend kann festgestellt werden, daß das zeitliche und räumliche Zusammenwirken der Massenräumung in Khartoum mit den golfkriegsbedingten Kaufkraftverlusten und der physischen Schwächung der Bewohner Khartoums infolge der städtischen Hungerkrise die von der Räumung betroffenen 500.000 Personen in extremen Maße von einer erfolgreichen Arbeit der Hilfsorganisationen abhängig machte, die die einzige Hoffnung auf eine zumindest vorübergehende Sicherheit darstellte.

9.3. Überleben in den "Peace Camps" und "Transit Camps" der sudanesischen Hauptstadt

Bestandteil des "Urban Renewal Plans" war es, die illegalen Siedler außerhalb der Hauptstadt in drei "Peace Camps" und die "Displaced People" in zwei "Transit Camps" unterzubringen. Die beiden "Transit Camps", die von der neuen Regierung in kolonialer Manier jenseits eines "Cordon Sanitaire" (SU, 14, 1992) weit außerhalb von Khartoum angelegt wurden, sind dabei als vorübergehende Endstation einer erzwungenen Migration zu werten, in deren Verlauf die Ressourcen der Flüchtlinge bis zum absoluten Nichts immer weiter ruiniert wurden (vgl. HUTCHINSON, 1991; YATH, 1993). Als vorübergehend sind sie deshalb zu bezeichnen, weil die Regierung beabsichtigte, alle "Displaced People" mittels sogenannter "Peace Convoies" in ihre Heimatgebiete zurückzusenden. Dieses Vorhaben erwies sich als Desaster, da die "Rückkehrer" aus Khartoum mit anderen Armutsgruppen in den Krisengebieten um knappe Ressourcen konkurrierten (SU, 21, 1992). Als Endstation fungierten sie insofern, als etliche Personen bereits infolge der menschenverachtenden Bedingungen in den Camps eines gewaltsamen Todes starben. Allein sieben Personen sind beispielsweise im Frühjahr 1992 im "Transit

Tab. 20. Mangelernährung von Kindern der "Displaced Persons" in Khartoum [in %]

Siedlung	1990		1991	
	März	**Sept.**	**März**	**Sept.**
1. Kusha	5,2	18,4	12,2	15,1
2. Shook [now relocated to Jebel Auliya]	[Shook] 6,1	[Jebel] 16,6	[Jebel] 10,4	[Jebel] 20,5
3. Muwelsh	6,1	16,6	10,4	24,2
4. Zagalluna I	4,0	13,9	10,4	16,3
5. Kalakala	4,4	13,9	10,4	16,3
6. Gamayer	2,3	11,1	12,2	13,9
7. Gadida	2,3	10,4	11,0	18,3
8. Zagalluna	1,6	5,6	9,4	12,5

Quelle: KUCH (1993, 42), leicht verändert

Camp" in Jebel Auliya erfroren. Dieses "Camp" befindet sich ca. 10 Km östlich der Garnisonsstadt Jebel Auliya und ca. 40 Km südlich von Khartoum. Es wurde im September 1990 angelegt und beherbergte Mitte 1992 ca. 20.000 Bewohner, überwiegend Nuer und Dinka (vgl. KUCH, 1993). Das Camp liegt isoliert in der Wüste, ist streng bewacht und weist keinerlei Infrastruktur auf. So ist der nächste Markt mehrere Kilometer entfernt und der Anschluß zum öffentlichen Transportsystem nach Khartoum liegt eine Stunde Fußmarsch entfernt.

> This settlement has security check-points around it and is not accessible between 6 p.m. and 6 a.m.. Nobody can enter the settlement for any purpose without prior permission from the Commission of Displaced (KUCH, 1993, 35)

Die akuten Probleme der Betroffenen bestanden in der Sicherstellung der Wasser- und Nahrungsmittelversorgung. Zwar wurden seit 1989 von der Regierung Rationskarten zum Bezug von Grundnahrungsmitteln wie

Zucker, Tee und Öl, später auch von Sorghum ausgegeben, bezugsbe-
rechtigt waren jedoch nur diejenigen Einwohner Khartoums, die in aner-
kannten, legalen Wohngebieten lebten. Squatterbewohner waren ausgeschlossen. Den "Displaced Persons", die teilweise nominell berechtigt
waren, blieb der Zugang jedoch de facto verwehrt, da, wie KUCH (1993)
hinweist, die Kosten für eine Wochenration bei über 100 LS lagen, einem
Betrag, den die Betroffenen nicht aufbringen konnten (EIU, 1990, 4).
Externe Hilfe wurde für sie daher zur Überlebensfrage. Trotz Hilfsmaß-
nahmen etwa durch das "Primary Health Care Programme" des "Sudan
Council of Churches" das eine Ernährungskomponente für Kinder unter
fünf Jahren beinhaltete und darin Nahrungsmittelhilfen bis zu 50% des
gesamten Haushaltsbedarf einschloß, verschlechterte sich die Situation im
Camp rapide. Die Kaufkraft war so gering, daß es häufig nicht einmal zu
einer Mahlzeit pro Tag reichte und Nahrungsmittel über Tage hinweg
gestreckt wurden. Obwohl Kinder bei Verwandten untergebracht wurden,
die imstande waren, diese zu ernähren, verdreifachte sich die Mangeler-
nährungsrate bei Kindern unter fünf Jahren innerhalb von nur 18 Monaten
(vgl. Tabelle 20). Auch im zweiten "Transit Camp", das ebenfalls in der
Wüste acht Kilometer westlich von Suq Libyia in Omdurman liegt, waren
die Lebensbedingungen vergleichbar schlecht. Dort lebten im Sommer
1992 ca. 60.000 Personen, die von Mitgliedern der "Popular Defense
Forces", die mit Peitschen und elektrischen Viehtreibern ausgestattet
waren, bewacht wurden (vgl. AW, 1992, 15; SU, 14, 1992).

Die drei "Peace Cities", in denen die illegalen Siedler untergebracht
wurden, sind hinsichtlich ihrer räumlichen Lage mit den staatlich geplanten Absorbtionsgebieten von 1986 identisch (vgl. GERTEL, 1989; Kap.
7.2.4.; Karte 1). Die Überlebensbedingungen waren jedoch auch hier
nicht besser. Eine 54 Jahre alte Witwe, die mit 12 Kindern im Januar
1990 gewaltsam aus Mayo-Kurmuta ins "Friedenscamp" nach Jebel Aulia
vertrieben wurde, berichtet:

> The force used to move the people to the new areas was by withdrawing
> our food ration cards and stopping any issue of food items in [Mayo-
> Kurmuta]. In Jebel Aulia, however, there was no issue of food items as the
> new cards have not been distributed yet. In addition there are no govern-
> ment services of any kind in the new areas apart from two water tanks.
> (...). Most people are still in the open, unsheltered space, unclothed,
> hungry and without money (in, AW, 1992, 15).

In den beiden "Friedensstädten" von Omdurman und Jebel Auliya lebten
dann Mitte 1992 jeweils 60.000 Personen, die pro Familie ein 200
Quadratmeter großes Grundstück zugeteilt bekamen. Doch die Wasser-

und Nahrungsmittelversorgung waren nicht mit den Standards vergleichbar, die sich die illegalen Siedler in ihren früheren Siedlungen in
jahrelanger Selbsthilfe in Khartoum aufgebaut hatten, von der mangelnden
Gesundheitsversorgung und immensen Transportkosten ganz zu schweigen. Die 12.000 Bewohner der "Peace City" von Khartoum Nord hatten
zwar eine bessere Wasserversorgung und einen kürzeren Weg zu den
potentiellen Arbeitsplätzen im Industriegebiet von Khartoum Nord, jedoch
keinerlei Ausstattung hinsichtlich der Gesundheitsinfrastruktur (vgl. AW,
1992).

9.4. Die Rolle der Hilfsorganisationen bei der Überlebenssicherung städtischer Armutsgruppen

Um den Einfluß nationaler und internationaler Hilfsorganisationen auf
die Überlebenssicherung städtischer Armer in Khartoum zu bestimmen,
werden zunächst die vielfältigen Konstellationen, die aus den verschiedenen Interessen von Staat, Markt, Agenturen und "Zielgruppen" resultieren auf der nationalen Ebene untersucht, bevor anschließend auf Khartoum fokusiert wird. Ein grundlegender Wandel in der Tätigkeit internationaler Geldgeber im Sudan [Europäische Gemeinschaft, Weltbank,
UNDP, UNICEF, USAID, WFP, etc.] vollzog sich Mitte der 80er Jahre.
Westliche Hilfe, die bis dahin in erster Linie auf langfristige, ökonomische und institutionelle Entwicklungsprojekte abgestimmt war, übernahm
vor dem Hintergrund des Bürgerkriegs und der Hungerkatastrophen,
zunehmend die Aufgabe Nothilfe für Hunderttausende zu leisten
(BOHLE, 1986c; 1986d). Auch die größte sudanesische NGO, der
"Sudan Council of Churches", vergab ab 1984 einen Großteil seiner Hilfe
als Nothilfe. 1987 wurden von ihr beispielsweise 11,8 Millionen LS für
Nothilfe und lediglich 3,2 Millionen LS als Entwicklungshilfe ausgegeben
(SUDANOW, 5/6, 1988). DUFFIELD (1990c) weist dementsprechend
darauf hin, daß seit Mitte der 80er Jahre zentrale Wohlfahrtsaufgaben im
Sudan - besonders die Nahrungssicherung betreffende - nicht mehr vom
Staat allein getragen wurden, sondern maßgeblich von den Entwicklungsagenturen mitbestimmt wurden. Dies hatte grundlegende Veränderungen
in den Beziehungen der Organisationen untereinander und ebenso zur
Regierung zur Folge. Während die ersten Nothilfeeinsätze noch weitgehend unkoordiniert unter der Verantwortung einiger, weniger Hilfsorganisationen durchgeführt worden waren, kam es 1986 mit dem Zusammenschluß von acht NGOs und der Einrichtung des "Combined Agency Relief

Team" [CART] zu einer neuen Richtung in der Entwicklungszusammenarbeit. Ein Konsortium verschiedener Agenturen poolte fortan die zur Verfügung stehenden Ressourcen, um sie effektiver einzusetzen. 1987 wurde dann die "Relief und Rehabilitation Commission" [RRC] als technischer Arm der Regierung zur wichtigsten Instanz für die Koordination von Nothilfeeinsätzen. Sie zentralisierte die Entscheidungen und dirigierte das Zusammenspiel von internationalen Geldgebern, NGOs und Betroffenen. 1987 arbeiteten bereits 62 ausländische und 20 lokale NGOs im Sudan, von denen zwölf NGOs im Südsudan tätig waren (SUDANOW, 5/6, 1988). Da die nationalen und internationalen Hilfsorganisationen die politischen Interessen ihrer jeweiligen Organisation oder Regierung repräsentierten, war ihre Zusammenarbeit immer auch von Konkurrenz und Hierarchie geprägt. Häufig wurden beispielsweise NGOs von den internationalen Geldgebern lediglich als Körperschaft zur Implementierung ihrer Programme verstanden (DUFFIELD, 1990c). Auch die Beziehungen zwischen der nordsudanesischen Regierung und den NGOs blieben nicht konfliktfrei. Bereits im Oktober 1986 war der Repräsentant der Vereinten Nationen, Winston Prattley, von der Regierung als "persona non grata" erklärt worden, da er entgegen dem Regierungswillen mit der SPLA Kontakt aufgenommen hatte, um Nothilfeinsätze im Südsudan zu koordinieren. Und Ende 1987 waren vier ausländische NGOs [African Committee for the Rehabilitation of Southern Sudan, World Vision, Lutheran World Federation, Swedish Free Mission] aus dem Sudan ausgewiesen worden. Alle vier arbeiteten im Südsudan und repräsentierten kirchliche Institutionen. Die sudanesische Regierung warf ihnen vor, sich nicht ordnungsgemäß registriert zu haben, christliche Missionsarbeit zu betreiben und ebenfalls die SPLA zu unterstützen (vgl. SUDANOW, 5/6, 1988).

Im Laufe des Jahres 1988 kam es jedoch zu einer Stärkung der Position der Entwicklungsagenturen gegenüber der Regierung (vgl. DUFFIELD, 1990c). Denn erstens, war die "Western Relief Operation", die unter staatlicher Kontrolle in den Dürregebieten von Kordofan und Darfur die Nothilfe organisieren sollte, aufgrund einer aggressiven Profitwirtschaft der ökonomischen und politischen Elite des Nordsudan kläglich gescheitert. Zweitens, hatte die SPLA im Südsudan bis auf die Städte Wau, Malakal und Juba weitgehend die Kontrolle übernommen. Drittens, zeichnete sich parallel zum kompletten sozioökonomischen Zusammenbruch des Südsudan und der Massenflucht in den Norden eine nationale Hungerkrise ab, die der Sudan nicht alleine bewältigen konnte. Bei einer dementsprechend geschwächten Zentralregierung organisierten die Hilfs-organisationen 1989 in kollektiver Zusammenarbeit die grenzüberschrei-tende "Operation Lifeline, Sudan". Bezeichnenderweise wurde hierbei erstmals in der Geschichte der Entwicklungszusammenarbeit ein räumli-cher Korridor im Südsudan zeitweise nicht mehr formal von der Regie-rung oder faktisch von den "Rebellen", sondern von internationalen Agenturen verwaltet. Souveränitätsrechte wurden damit an internationale Organisationen delegiert. Und neben der unmittelbaren humanitären Hilfeleistung hatte die "Operation Lifeline, Sudan" auch den Effekt, daß die SPLA - mit der Verhandlungen zu führen waren - quasi international anerkannt wurde, womit die nordsudanesische Regierungsposition weiter geschwächt wurde. Der politische Einfluß der Entwicklungsagenturen auf die innenpolitische Situation im Sudan ist damit unverkennbar.

Im Gegensatz zum starken Engagement der internationalen Organisa-tionen auf nationaler Ebene, blieben die städtischen Armen und die ille-galen Siedler in Khartoum jedoch lange Zeit weitgehend unbeachtet. Die erste NGO, die sich der illegalen Siedler annahm, war die irische Organi-sation "GOAL", die bereits seit den 70er Jahren in Hai Maio arbeitete. Als die Ursachen der Zuwanderung nach Khartoum sich Anfang der 80er Jahre änderten und nicht mehr von Arbeitsmigration sondern von der Flucht vor Hunger und Bürgerkrieg bestimmt waren, wurde ab 1986 auch die "Sudanese Displaced Mothers and Homeless Children Society" in Hajj Yussif tätig. Und "Sudan Aid" und der "Sudan Council of Churches" [SCC], brachten die Bedürfnisse der in Khartoum angekommenen inter-nen Flüchtlinge in eine breitere Diskussion mit den Vereinten Nationen, internationalen Geldgebern und entsprechenden Regierungsorganisationen ein. Zu den ersten Maßnahmen dieser Agenturen zählten dann Untersu-chungen über die Lebensbedingungen in den illegalen Siedlungen. Im Februar 1987 wurde vom "Sudan Council of Churches" in Zusammenar-beit mit dem "Commissioner of Health, Khartoum" und UNICEF auch erstmals eine umfassende Studie zur Gesundheitssituation durchgeführt (vgl. DODGE et al., 1987). Zur konkreten Hilfe für die internen Flücht-linge in Khartoum war es im Oktober 1986 gekommen, als "Sudanaid" im kleinen Rahmen ein Ernährungsprogramm startete. Doch obwohl die Nahrungsmittelhilfe für die Neuankömmlinge und die städtischen Armen im Verlauf des Jahres 1987 immer dringender wurde, versuchte die Regierung weiterhin die Konsolidierung fester Organisationsstrukturen in den illegalen Siedlungen zu verhindern (vgl. Kap. 8.2.1.) und gestand den NGOs dementsprechend nur limitierten Handlungsspielraum zu. So

brauchten die Hilfsorganisationen immer wieder die Fürsprache ihrer
Botschaften, Arbeitsgenehmigungen wurden nur für einzelne Quartiere
erteilt und gleichzeitig war die Art der Hilfe stark reglementiert. Darüber
hinaus waren die Genehmigungsverfahren aufwendig und mußten sowohl
über die "Khartoum Capital Commission", das Gesundheitsministerium
als auch über die "Relief and Rehabilitation Commission" eingeholt werden. Und schließlich wurden auch grundlegende Gesetze ohne Vorankündigung teilweise monatlich umgestellt. Diese bürokratischen Hindernisse
gestalteten die Arbeit der Hilfsorganisationen ausgesprochen müßam.
Trotzdem wurden im Frühjahr 1987 insgesamt 22 illegale Siedlungen in
Khartoum in die Nahrungsmittelhilfe einbezogen (USCR, 1990, 13). Fünf
Organisationen waren daran aktiv beteiligt: YMCA, "Islamic African
Relief Agency", "Sudanaid", "Save the Children Foundation" und "Sudan
Council of Churches".

Insgesamt nahmen sich die Tätigkeiten dieser NGOs in Anbetracht der
sich weiterhin zuspitzenden Situation bei der Nahrungs- und Wohnraum-
versorung bis zum Zeitpunkt der Flutkatastrophe von 1988 eher bescheiden aus. Erst mit diesem medienwirksamen Ereignis traten die internationalen Hilfsorganisationen auf den Plan. Die Weltbank beispielsweise,
veranschlagte für den "Urban Renewal" von Khartoum, dem Wiederaufbau der durch die Flut zerstörten Stadt, zu dem sie von seiten der Regierung gebeten worden war, 407 Millionen US-Dollar. Deren Auszahlung
verzögerte sich allerdings infolge von Differenzen zwischen Regierung
und IMF. Erst im Mai 1989 wurden schließlich 75 Millionen US-Dollar
bewilligt, doch waren bis Oktober 1989 lediglich fünf Millionen US-Dollar ausgezahlt worden. Bezeichnenderweise erreichten diese Gelder die
illegalen Siedler jedoch nicht unmittelbar.

Nach der militärischen Regierungsübernahme von 1989 veränderten
sich die Beziehungen zwischen Staat, internationalen Agenturen und
NGOs nochmals grundlegend (vgl. Kap. 9.2., 9.3.). Objekt der
Auseinandersetzung war die Massenvertreibung der illegalen Siedler und
in diesem Zusammenhang die Neuorganisation von Khartoum. Bis auf die
Vereinten Nationen waren sich die Hilfsorganisationen darin einig, zu
versuchen die erzwungene Massenumsiedlungen zu stoppen oder diese
zumindest zu verzögern und die Auswirkungen für die Betroffenen
abzumildern. Die UN hingegen verhandelte auf einer technischen und
logistischen Ebene weiterhin mit der Regierung, ohne auf die politischen
Ursachen der erzwungenen Migration einzugehen.

Tab. 21: Aktivitäten, der in Khartoum tätigen Hilfsorganisationen [1990]

Agentur	Gesundheit	Ernährung	Einkommen	Wasser
IARA	x	o	x	o
GOAL	x	x	o	o
CANSAVE	x	o	x	o
SRC	x	o	o	x
INTER AID	x	o	o	o
SCC	x	x	o	o
IRFF	o	o	x	x
SUDAN AID	o	x	o	x
CONCERN	x	x	o	o
HTA	x	o	x	o
GED	x	o	o	o
CHR OUTREACH	x	x	o	o
MISSIONARIES OF CHARITY	x	x	o	o
ST. VINCENT	o	x	o	o
SAVE THE CHILDREN	o	x	o	o
YMCA	o	x	o	o

Quelle: USCR (1990), leicht verändert

Sie favorisierte dabei nach wie vor groß angelegte Umsiedlungspläne in bezug auf die "Displaced People" in Khartoum und kam etwa in einem UN-Habitat Bericht zu dem Schluß:

'with proper planning and professional guidance, the extensive economic costs of this program could be significantly reduced' (in, AW, 1992, 20).

Nach Angabe von Africa Watch wurde von seiten der UN während des gesamten Zeitraums der Massenräumung dieser staatlichen Politik keine klare Absage erteilt. Im Mai 1992, als bereits 500.000 Personen durch gewaltsame Räumungen ihren Wohnraum verloren hatten, sah ein UN Projekt-Vorschlag, getreu der Regierungslinie vielmehr vor, mit internationaler Hilfe zwei "Transit Camps", drei "Peace Cities", drei kleinere Wohnungsprojekte, zwei "Replanning"-Projekte von Squattersiedlungen und die Räumungen von drei illegalen Siedlungen durchzuführen und zu finanzieren (vgl. AW, 1992, 21). Die bescheidenen Konzessionen, die die UN von der Regierung erwirkte, bestanden lediglich darin, daß keine Umsiedlungen in "unvorbereitete" Gebiete mehr stattfinden sollten, und daß betroffene Gruppen bei künftigen Umsiedlungen "partizipieren" sollten. Mit diesen Zugeständnissen war die staatliche Politik jedoch in keiner Weise in Frage gestellt. Vielmehr gelang es der Regierung, ohne von ihren Plänen abzuweichen, die UN für ihre Zwecke zu kooptieren (AW, 1992, 22) und eine gemeinsame Politik der internationalen Agenturen nachhaltig zu verhindern. Parallel dazu konnte sie auch ein gemeinsames Vorgehen der NGOs verhindern, indem sie ihnen unterschiedliche Kompetenzen bei der Arbeit mit den "Displaced Persons" einräumte (vgl. AW, 1992, 16). Ausländischen Organisationen wie "OXFAM", "Medicin Sans Frontier" und "Concern" wurde beispielsweise nur ein äußerst limitierter Zugang zu den "Peace Camps" und den "Transit Camps" gestattet, der durch die Vergabe von "Sicherheitspässen" strikt kontrolliert wurde. Darüber hinaus wurde ihnen nur ein bestimmtes Budget zugestanden, Arbeitsmittel, wie Radios, konfisziert (SU, 14, 1990) und der Import von Treibstoff für die eigenen Fahrzeuge zur Auflage gemacht, wovon während der Golfkrise noch 50% an die Regierung abzugeben waren (SDG, 15, 1991). Die einheimischen, kirchlichen Organisationen wie "Sudan Aid" und der "Sudan Council of Churches" hatten nur einen limitierten Zugang zu den Camps (vgl. KUCH, 1993), während die islamischen Hilfsorganisationen wie "Dawa Islamia", "Islamic African Relief Agency", "Sudan Red Crescent" und die "African Moslem Agency" praktisch uneingeschränkt arbeiten konnten.

Somit läßt sich resümieren, daß es den [inter]nationalen Hilfsorganisationen, die Ende der 80er Jahre zentrale Wohlfahrtsaufgaben des "instabilen Staates" übernommen hatten, nicht gelang, die gewalttätigen Massenumsiedlungen unter der neuen Regierung zu verhindern. Diese konnte, von der UN mittelbar unterstützt, vielmehr ihre menschenverachtende Politik des räumlichen und gesellschaftlichen Umbaus von Khartoum durchsetzten, während die internationalen Agenturen und NGOs infolge unterschiedlicher Interessen keine konsensfähigen Pläne oder gar Lösungen anzubieten hatten, sondern allenfalls imstande waren, Auswirkungen der Räumungspolitik kurzfristig abzumildern.

10. FAZIT: WOHNUNGSKRISEN ALS AUSDRUCK GESELL-SCHAFTLICHER KONFLIKTE

Im abschließenden Kapitel dieser Arbeit wird die gesellschaftliche und räumliche Struktur der Wohnraumproblematik in Khartoum zusammengefaßt und bewertet, um vor diesem Hintergrund die Potentiale und Handlungsspielräume zu bestimmen, die von Akteuren und Betroffenen zur Bewältigung der Wohnraumprobleme eingebracht werden könnten. Hierbei werden die Möglichkeiten zur Realisierung der von den Vereinten Nationen entworfenen "Global Strategy for Shelter to the Year 2000" für Khartoum überprüft, die sich zum Ziel gesetzt hat:

(...) to facilitate adequate shelter for all by the year 2000, [and] that the main focus should therefore be on improving the situation of the disadvantaged and the poor (...) (UN-Habitat, 1990, 53).

Zwei Grundprinzipien werden hierbei deutlich: erstens, wohnungspolitische Maßnahmen sollen sich zunächst auf die Bedürftigsten konzentrieren, also auch in Khartoum Ansatzpunkt und Referenz entsprechender Aktivitäten sein. Zweitens, Wohnraum sollte in qualitativer Hinsicht adäquat sein, wobei neben den "allgemeingültigen" Kriterien, wie sie die UN im folgenden bestimmt, jedoch auch lokale Besonderheiten von "Wohnen" in Betracht zu ziehen sind:

Adequate shelter means more than a roof over one's head: it means adequate privacy, adequate space, adequate security, adequate lighting and adequate ventilation, adequate basic infrastructure and adequate location with regrad to work and basic facilities - all at a reasonable cost (UN-Habitat, 1990, 4).

Die Bewertung der "Global Strategy for Shelter" für Khartoum erfolgt dabei, wie die bisherige Analyse, grundsätzlich aus einer historischen Perspektive. Das vorliegende Kapitel untergliedert sich daher in drei Abschnitte. Im ersten Abschnitt wird die Geschichte der Verflechtungen entlang der vorkolonialen und kolonialen Integration des urbanen Sudan in das Weltsystem zusammengefaßt und bewertet. Wesentlich ist hierbei, wie sich im Zuge der Integration Khartoums die internen Bedingungen und die externen Einflüsse in der Kolonialstadt verschränkten und dabei sowohl die gesellschaftlichen und räumlichen Strukturen der Wohnraumprobleme als auch die Kapazitäten zu deren Bewältigung prägten und transformierten (Kap. 10.1.). Im zweiten Abschnitt werden die postkolonialen Strukturen der Wohnraumproblematik beleuchtet, die in den 70er und 80er Jahren zur Ausbildung der illegalen Siedlungen und in den 90er Jahren zur Massenvertreibung ihrer Bewohner führten. Synchron steht dabei die Veränderung von Verfügbarkeit, Zugang und Bezahlbarkeit von Wohnraum im Vordergrund und diachron wird die räumliche und gesellschaftliche Persistenz der kolonial angelegten Strukturen herausgestellt, die, als "historisches Erbe", bis in die Gegenwart hineinreichen und auf die Struktur der Wohnraumproblematik in Khartoum einwirken (Kap. 10.2.). Im dritten Teil werden dann abschließend die Hindernisse und Möglichkeiten diskutiert, die gegenwärtig für eine Bewältigung der Wohnraumprobleme in Khartoum vorhanden sind (Kap. 10.3.).

Da die historische Ausbildung der Verflechtungen von Khartoum mit dem "World Urban System" gesellschaftliche Ungleichheiten erzeugte und perpetuierte, die im Wohnungssektor festgeschrieben und reflektiert wurden, ist für die zusammenfassende Analyse über die Struktur der Wohnraumproblematik eine Konzeptionalisierung von "Gewalt" grundlegend. GALTUNG führt zu letzterem aus:

> Gewalt liegt dann vor, wenn Menschen so beeinflußt werden, daß ihre aktuelle somatische und geistige Verwirklichung geringer ist als ihre potentielle Verwirklichung. (...). Gewalt wird hier definiert als die Ursache für den Unterschied zwischen dem Potentiellen und dem Aktuellen, zwischen dem, was hätte sein können, und dem, was ist. Gewalt ist das, was den Abstand zwischen dem Potentiellen und dem Aktuellen vergrößert oder die Verringerung dieses Abstandes erschwert (1971, 57-58).

Er unterscheidet dabei zwischen direkter, struktureller und kultureller Gewalt (1991, 28):

> [1] Die direkte Gewalt ist die konkret einwirkende Gewalt zum Beispiel in der Folter. Sie liegt vor, wenn eine Person eine andere Person bedroht, sie tötet oder wenn eine Gruppe eine andere Gruppe angreift.

> [2] Die strukturelle Gewalt entspringt Lebensbedingungen, die Menschen hindern ein volles, erfülltes, langes, schöpferisches Leben zu führen. Wenn schlechte Ernährung, Proteinmangel, unzureichende ärztliche Versorgung, fehlende geistige Anregungen einen Menschen um alle Chancen bringen, dann wird er zwar nicht direkt angegriffen, aber er erliegt doch einer Gewalt, die in der Sozialstruktur eingebaut ist.

> [3] Kulturelle Gewalt (...) sind solche Äußerungen in Kulturen und Religionen, die strukturelle oder direkte Gewalt legitimieren.

10.1. Historische Dimension der Wohnraumprobleme

Anhand historischer Daten wurde gezeigt, daß vor der anglo-ägyptischen Eroberung drei übergeordnete Integrationsprozesse die Urbanisierung im Sudan bestimmten und deren gesellschaftliche und räumliche Struktur prägten (vgl. Kap. 4.). Im Königreich der Funsch von Sennar war über den Fernhandel (vgl. Kap. 4.1.) und später durch die turko-ägyptische Eroberung (vgl. Kap. 4.2.) die Eingliederung des Sudan in die Weltökonomie eingeleitet worden, die zur partiellen Ausdehnung der Geldwirtschaft auch über die Städte hinaus beigetragen hatte. Des weiteren hatte die Islamisierung des Sudan im 16. Jahrhundert die Einführung von erblichem und frei handelbarem Privateigentum zur Folge. Kollektiver Landbesitz konnte nun privatisiert werden, was die private Anhäufung von Land erst möglich machte (vgl. Kap. 4.1.). Drittens, wurden mit dem wachsenden britischen Interesse an Ägypten, das wegen des Suez-Kanals von strategischer Bedeutung für den Seeweg nach Indien war, auch die Ereignisse im Sudan, insbesondere nach Gordons Niederlage gegen die Mahdisten, von den europäischen Medien aufgegriffen; Zeitungen und Presse partizipierten fortan durch die Prägung der öffentlichen Meinung Englands an den Entwicklungen im Sudan (vgl. Kap. 4.3.). Insbesondere infolge dieser medienpolitischen Verflechtungen wurde Khartoum zum Objekt kolonialer Konditionierung durch das Britische Empire, denn bereits vor seiner neuen Existenz wurde Khartoum eine Schlüsselfunktion bei der Kontrolle des Sudan zugemessen, da der Ort von Gordons Niederlage allein schon symbolisch für einen Sieg der "Zivilisation" über die "Barbarei" wiedergewonnen werden mußte (vgl. Kap. 5.1.1.).

Mit der "Wiedereroberung" von Khartoum durch das Britische Empire wurde der Sudan mit direkter Gewalt unterworfen und endgültig in das europäisch dominierte Weltsystem "eingegliedert" (vgl. Kap. 5.1.). Zehntausende kamen ums Leben, das Mahdi-Grabmal wurde zerstört und sein Leichnam exhumiert, womit die wichtigsten Zeugnisse des islamischen Sudan vernichtet wurden, während parallel dazu Khartoum als symbolisches Zeichen der anglo-ägyptischen Herrschaft neu aufgebaut wurde (vgl. Kap. 5.1.2.). Dabei wurde Khartoum unter Lord Kitcheners Anleitung von den "Royal Engineers" als strategischer Brückenkopf des Empires entworfen, der als militärischer Raum in einem feindlichen Land organisiert war. Der mit breiten Straßen symmetrisch angelegte Gittergrundriß, der den "Union Jack" vielfach wiederholte, diente nicht allein als patriotisches Emblem, sondern ermöglichte es, den von Europäern bewohnten Raum zu kontrollieren, zu überwachen und notfalls auch zu

verteidigen (vgl. Kap. 5.1.3.). Nach der militärischen Unterwerfung kam
es zur Ausbildung von dauerhafteren, strukturellen Verflechtungen zwischen Khartoum und dem Britischen Empire (vgl. Kap. 5.2.). Neue
Abhängigkeiten entstanden im politisch-administrativen Bereich, im Bil-
dungsbereich und in der Ökonomie; sie wurden systematisch ins Sozialsystem eingebaut und wirkten im Sinne GALTUNGs als strukturelle
Gewalt, die für die Mehrzahl der Sudanesen "den Abstand zwischen dem
Potentiellen und Aktuellen vergrößert[e]" (ebd., 1971, 57-58). Zwei Prozesse waren dabei grundlegend, nämlich die Globalisierung und die Polarisierung sozialer Beziehungen. In politisch-administrativer Hinsicht
wurde die Verwaltungsstruktur des anglo-ägyptischen Kondominiums
hierarchisch organisiert. So wurde das politische Gewaltmonopol einerseits ins administrative Zentrum des Empires von Khartoum über Kairo
nach London räumlich ausgelagert, während es andererseits innerhalb
Khartoums hierarchisch von den Briten und Ägypter über die vornehm-
lich ethnisch-konfessionell stratifizierte Sozialstruktur der "Sudanesen"
ausgeübt wurde. Die Verwaltung Khartoums wurde dabei zunächst von
britischen Militärs abgewickelt, die kaum über Kenntnisse der islamischen Gesellschaft verfügten und deren Einstellung gegenüber den Sudanesen von einem viktorianischen Paternalismus geprägt war (vgl. Kap.
5.2.1.). Damit korrespondierend diente beispielsweise das "Gordon
College" - die heutige Universität von Khartoum - in kultureller Hinsicht
als Transmissionsriemen zur Vermittlung der Werte von "Disziplin" und
"Ordnung" und kolonialisierte die "sudanesischen" Normen einer neuen
Bildungselite nach britischem Vorbild (vgl. Kap. 5.1.3., 5.2.1.). In ökonomischer Hinsicht zog die Kolonialpolitik der Weltmarktöffnung unum-
stößlich die Ausbreitung der Geldökonomie nach sich. Als Umschlagplatz
beim Export von Rohstoffen wie Gummi Arabikum und Baumwolle und
Import industrieller Fertigprodukte und Konsumgüter avancierte Khartoum zum ökonomischen Brückenkopf und politisch-administrativen
Bindeglied zwischen dem sudanesischen Hinterland und dem Zentrum des
Britischen Empires. Die koloniale Stadtökonomie wurde durch die damit
einhergehende Ausbildung städtischer Lohnarbeit, einerseits zum Ausgangspunkt für die marktökonomische Durchdringung traditioneller Austauschbeziehungen und andererseits auch zur Grundlage für eine ökonomische Polarisierung der städtischen Bevölkerung. So wurden die neuen
städtischen Armutsgruppen, die für ihre Überlebenssicherung auf Einkommen aus der Lohnarbeit angewiesen waren, immer abhängiger von
den Mittelsmännern der städtischen Ökonomie, von internationaler Kon-

kurrenz und damit anfälliger für Preisschwankungen auf dem Weltmarkt (vgl. Kap. 5.2.2.). Diese sozioökonomische Polarisierung perpetuierte sich trotz des makroökonomischen Aufschwungs der Kolonialökonomie, der maßgeblich auf dem Export von Baumwolle basierte, bis zur politischen Unabhängigkeit. So standen in Khartoum vor 1956 schließlich Zehntausende von städtischen Armen einer prosperierenden Gruppe von Mittelsmännern der Stadtökonomie gegenüber (vgl. Kap. 5.4.1.). Durch diese ökonomische Polarisierung wurde die ethnisch-konfessionelle Stratifizierung der kolonial definierten "sudanesischen" Gesellschaft weiter fragmentiert.

Die kolonialen Eingriffe in die räumliche Organisation von Khartoum und die Prägung der Wohnraumverhältnisse sowie die daraus resultierenden Probleme sind als Bestandteile dieser übergeordneten gesellschaftlichen Transformationsprozesse zu werten. Die Globalisierung und Polarisierung der sudanesischen Sozialstruktur wurde durch die Wohnraumsituation, die die physische Präsenz einzelner Gruppen im symbolischen Raum der Kolonialstadt regelte, verstärkt und in der zeitlichen Dimension festgeschrieben. Die Wohnraumverhältnisse wurden dabei maßgeblich durch das neue Bodenrecht und die koloniale Stadtplanung bestimmt. So war für die räumliche Organisation und den Neuaufbau von Khartoum bereits zu Kitcheners Zeiten ein neues Landrecht im Sudan eingeführt worden (vgl. Kap. 5.2.3.). Dieses Recht erhob die Briten kostenfrei zum größten Grundbesitzer im Sudan und leitete drei Prozesse ein: Land wurde kommodifiziert und auf dem neu entstandenen städtischen Bodenmarkt gehandelt. Gleichzeitig wurde mit der Erstellung von Landregistern die Kontrolle über Land zentralisiert und seine Nutzung durch Verordnungen, die auf britischen Normen beruhten, schließlich standardisiert, womit wiederum die Austauschoptionen auf dem Markt gesteigert wurden. Ein anderer externer Eingriff erfolgte durch die koloniale Stadtplanung, an der neben den "Royal Engineers" auch Provinzgouverneure, "Town Architects" und Institutionen wie das "Khartoum Town Planning Board" beteiligt waren (vgl. Kap. 5.3.). Ihr kam die Aufgabe zu, die kolonialen Ideen und Bedürfnisse der Briten in eine bebaute und bewohnte Umwelt zu transformieren (vgl. Kap. 5.3.1., 5.3.4.). Dabei wurden Ideen, Konzepte und Erfahrungen zur Planung von Kolonialstädten über vielfältige Kanäle innerhalb des Empires ausgetauscht, etwa durch Publikationen (vgl. Kap. 5.3.2.), Pläne, Gesetze (vgl. Kap. 5.3.3.) und internationale Stadtplanungskonferenzen (vgl. Kap. 5.3.5). Bei der Überführung dieser europäischen Normen und Werte in die räumliche Organisation von Khartoum kamen zwei Planungskonzepte zum Einsatz: die strategische Organisation von städtischem Raum als "Military Space" (vgl. Kap. 5.1.3.) und das Konzept des "Low Density Planning" (vgl. Kap. 5.3.1.), das vor allem auf die Umsetzung gesundheitlicher Bedürfnisse der Europäer ausgerichtet war (vgl. Kap. 5.3.2.). Beide Konzepte ergänzten sich und mündeten in die räumliche Segregation von europäischem und sudanesischem Lebensraum. Die augenfälligste Trennung der beiden Lebensräume wurde mit der Anlage der "Ideal City" Khartoum und dem Ausbau der "Native City" Omdurman vollzogen (vgl. Kap. 5.3.1.). Diese segregierten Räume wurden durch gesetzliche Regelungen auch in ihrer Funktion zoniert, etwa als Gewerbe-, Markt- oder Wohngebiete, und die Wohnnutzung wurde nochmals in verschiedene Klassen unterteilt (vgl. Kap. 5.3.3). Die Wohngebiete, für die ein Besitztitel als Pachtland oder als Eigentum zu erwerben war, wurden in Abhängigkeit von Grundstücksgröße und verwendeten Baumaterialien in drei Klassen eingeteilt. Dieses Klassensystem spiegelte auch die gesellschaftliche Segregation wider. So waren die Wohngebiete mit den höchsten baulichen Standards und in der besten Lage im Besitz von Europäern, wohingegen die Wohngebiete der sudanesischen Armutsbevölkerung durch Unsicherheit vor Räumung, hohe Belegdichte und kleine Parzellierungen gekennzeichnet waren. Den unsichersten Status hatten dabei sogenannte "Camping Grounds", diese waren in erster Linie für Wanderarbeiter oder westafrikanische Pilger eingerichtet. Die "Native Lodging Areas" beherbergten hingegen die ärmere sudanesische Bevölkerung, die in Khartoum oder Omdurman arbeitete. Diese Gebiete konnten nach Ankündigung innerhalb von 30 Tagen geräumt werden und die Bewohner hatten keinen Anspruch auf Kompensation (vgl. Kap. 5.3.3.).

Das Interesse und die Kapazitäten der Kolonialregierung zur Bewältigung bestehender Wohnraumprobleme stellte die Bedürfnisse der Briten vor diejenigen der Ägypter und Sudanesen, ebenso hatten militärische Belange Vorrang vor zivilen. Aus Sicht der Kolonialregierung galt es, Wohnraumprobleme in der Form von Überbelegung und Verslumung erst gar nicht aufkommen zu lassen, da diese in gesundheitlicher und militärisch-strategischer Hinsicht den eigenen Lebensraum bedroht hätten. Daher wurde der Zugang zum segregierten Wohnraum in Khartoum strikt reguliert. Durch juristische und polizeiliche Maßnahmen wurde die Zuwanderung gesteuert und sowohl aufgrund enormer Preisunterschiede wurden viele Personen von einem bestimmten Wohnungsmarkt ausgeschlossen als auch allein durch ihre "ethnische" Zugehörigkeit. Aus der

Sicht der kolonisierten Sudanesen bestanden die Wohnraumprobleme demgegenüber darin, daß sie um ihre "traditionellen" Ansprüche gebracht wurden; und zwar sowohl in qualitativer Hinsicht als auch bezüglich der Standortwahl. Der Wohnraum, der den "Sudanesen" zugestanden wurde, war alles andere als adäquat. Er entsprach nicht den lokalen Vorstellungen von Privatheit, Raumaufteilung, Sicherheit, Licht und Belüftung, sondern beruhte auf fremden, europäischen Maßstäben (vgl. Kap. 5.3.3., 5.4.3.3). Die Kapazitäten zur Bewältigung der Wohnraumprobleme in Khartoum wurden jedoch auch von der konjunkturellen Entwicklung des Sudan mitbestimmt, der mit dem Weltsystem verflochten und von diesem abhängig war. Als nach der Weltwirtschaftskrise, Anfang der 30er Jahre, die Gelder in Khartoum knapp waren, die Zuwanderung in die Kolonialstadt jedoch anhielt, gewann der "afrikanische Baustil" infolge seiner Finanzierbarkeit an Attraktivität (vgl. Kap. 5.3.5.). Ausschlaggebend war die koloniale "Entdeckung" der "geförderten Selbsthilfe" (vgl. Kap. 2.2.). Durch die Eigenarbeit der Bewohner, mittels einfacher Konstruktionen und unter Verwendung einheimischer Materialien, entstanden in dieser Zeit Armenhäuser, Schulen und Gesundheitsstationen, womit die Selbstlösung bestehender Wohnraum- und Infrastrukturprobleme durch die Betroffenen bereits in den 30er Jahren in Khartoum eingeführt wurde.

Die umfassende Steuerung des kolonialen Stadtwachstumsprozesses und der Wohnraumpolitik wurde nach dem vorübergehenden Wohnungsmangel, der während des Zweiten Weltkriegs infolge von knappen Baumaterialien und steigenden Bodenpreisen entstanden war, dann im Zuge des zweiten Baubooms in Khartoum unabdingbar. Die entsprechende Planung beruhte im wesentlichen auf drei stadtplanerischen Programmen (vgl. Kap. 5.4.3.): dem "Town Lands Scheme" von 1947 zur Ausweisung und Bereitstellung neuer Flächen für den Wohnungsbau (vgl. Kap. 5.4.3.1.); den "Replanning"-Projekten zur Sanierung von Wohngebieten (vgl. Kap. 5.4.3.2.); und den "Slum Clearance"-Projekten, durch die bestehende Siedlungen mit schlechter Bausubstanz geräumt und umgesiedelt wurden (vgl. Kap. 5.4.3.3.). Grundlegend war auch hier die Kostenneutralität für die Kolonialregierung. Die Ausgaben, die für die Sanierungsprojekte geleistet werden mußten, wurden auf der Grundlage des "Town Lands Scheme" von 1947 durch die Versteigerung von Pachttiteln für städtisches Land finanziert. Die städtische Armutsbevölkerung wurde jedoch durch diese Programme doppelt benachteiligt. Durch Umsiedlungen wurde sie zum einen aus gewachsenen, nachbarschaftlichen Kontakten gerissen, die in individuellen Krisenfällen als Sicherungsnetzwerk aktiv werden konnten [wie die 30.000 Personen der "Old Deims"]. Zum anderen waren sie verpflichtet worden, in Jahresfrist den Ausbau auf dem neu zugeteilten Land zu vollenden. Dies erwies sich als nahezu unmöglich, da die finanziellen Möglichkeiten der Betroffenen bescheiden waren. Baumaterialien und qualifizierte Arbeitskräfte waren in der Phase des Baubooms jedoch teuer. Deshalb mußten sie, mangels offizieller Wohnungsbaukredite, die nur für wenige Regierungsangestellte zur Verfügung standen, in der Regel auf informelle Kredite mit hohen Zinssätzen zurückgreifen (vgl. Kap. 5.4.3.3.). Steigende Lebenshaltungskosten und wachsende Arbeitslosigkeit machten es für viele Bewohner daher unmöglich, ihre Schulden zu tilgen; sie waren von den Mittelsmännern der städtischen Ökonomie abhängig geworden und mußten ihre neu erworbenen Besitztitel zur Begleichung der Schulden veräußern und konnten ihn günstigstenfalls wieder zurückmieten (vgl. Kap. 5.4.3.3.). Somit läßt sich resümieren, daß die Steuerung der Stadt- und Wohnraumentwicklung in der Kolonialstadt Khartoum durch das Bodenrecht, die Stadtplanung und die Stadtentwicklungsprogramme stark zentralisiert war und der absoluten Kontrolle der Kolonialmacht unterlag. In diesem Sinne gab es auch kein städtisches Managementproblem für die Briten, die den gesamten Kolonialstadtkomplex nach ihren Bedürfnissen organisierten, und zwar in erster Linie nach sicherheitspolitischen und gesundheitlichen Aspekten. Andererseits waren durch die Globalisierung der Gesellschaftsstruktur und der Raumorganisation neue Werte, Ideen und Technologien in Khartoum eingeführt worden, die jedoch die bestehenden sozialen Gegensätze noch verschärften, und diese, im Sinne von Galtungs struktureller Gewalt, in der Organisation von [Wohn]Raum perpetuierten und in der Sozialstruktur verankerten. Eine solche, koloniale Prägung konnte daher mit der politischen Unabhängigkeit 1956 nicht abgelegt werden.

10.2. Postkoloniale Strukturen der Wohnraumprobleme

Die Ursachen des dysfunktionalen Wohnungsmarktes wurden in ihrer historischen Verkettung auf drei Ebenen analysiert: mit der versagenden Stadtplanung, der urbanen "Unterentwicklung" und den nationalen Krisen und Konflikten im politisch unabhängigen Sudan (vgl. Kap. 6.). Hierbei wurde gezeigt, daß sich nach 1956 der eingeschlagene Entwicklungsweg als Sackgasse erwiesen hatte (vgl. Kap. 6.1.). Das koloniale Erbe der weltmarktorientierten Exportproduktion [Gezira-Scheme als Wachstumslokomotive], erfüllte nicht die Hoffnungen auf Sickereffekte [trickle down], die Entwicklungsimpulse induzieren sollten. Vielmehr wuchs die Außenabhängigkeit mit dem Bedarf nach immer neuen Krediten zur Finanzierung der teuren industriellen Güter, die zur Aufrechterhaltung der Exportproduktion benötigt wurden. Parallel dazu führte die Mechanisierung und Durchkapitalisierung der Landwirtschaft zu einem "Agricultural Mining", das die Reproduktionsgrundlagen von Bauern und Nomaden nachhaltig zerstörte und die kolonial angelegten räumlichen und sozioökonomischen Disparitäten weiter vertiefte (vgl. Kap. 6.1.2.). Gleichzeitig hatte sich die Konurbation Khartoum durch eine betont zentralistische Politik zur typischen Primatstadt entwickelt, was die bestehenden Probleme hinsichtlich Infrastruktur, Arbeitsmarkt und Lebenshaltungskosten weiter verschärfte (vgl. Kap. 6.2.). Die Zuwanderungsbewegungen nach Khartoum spiegelten diese wachsenden gesellschaftlichen Probleme wider. Hatten bis Anfang der 80er Jahre noch die Arbeitsmigranten das demographische Bild bestimmt, so waren es nach 1983 mit dem Wiederausbruch des Bürgerkrieges (vgl. Kap. 6.1.1.) die mittellosen, internen Flüchtlinge und ab 1988 wurde Khartoum gar zum wichtigsten Ziel der Massenfluchtbewegungen aus dem Süden. Die Bevölkerung wuchs dementsprechend dramatisch an: von ca. 250.000 im Jahr 1956 auf ca. 1,5 Millionen im Jahr 1983 bis auf 3-4 Millionen Anfang der 90er Jahre (vgl. Kap. 6.2.1.). Die Stadtplanung, Bestandteil der staatlichen Politik, war jedoch bereits in den 70er Jahren nicht mehr in der Lage, diesem Bevölkerungsdruck und der zunehmenden Ballung von gesellschaftlichen Problemen in einer vorausschauenden Planung zu begegnen (vgl. Kap. 6.3.). Mit der politischen Unabhängigkeit war zwar Grund und Boden als wichtige Ressource auf den neuen Staat übergegangen, doch stadtplanerische Konzepte und Instrumentarien wurden direkt aus der kolonialen Vergangenheit übernommen. Diese auf europäischen Normen beruhenden Konzepte waren jedoch immer weniger geeignet, mit den quantitativ ausgeweiteten und durch die Entstehung illegaler Siedlungen auch qualitativ veränderten Problem umzugehen. Angezeigt wurde dies durch die postkoloniale Praxis, "traditionelle" Gewohnheitsrechte wie das "wada al yad" (vgl. Anhang) weitgehend auszugrenzen und eine Klassifizierung von "legalen" und "illegalen" Besitzansprüchen zu verfolgen, was in der Verwaltung selbst ad absurdum geführt wurde, da "legale" Besitzrechte an Land infolge klienteler Strukturen immer wieder zum Gegenstand von Korruption und Spekulation wurden (vgl. Kap. 6.3.3). Weiterhin wurde durch das koloniale Primat des "Low Density Planning", das in die postkoloniale Planung einging, erst der "Urban Sprawl" verursacht, der infrastrukturelle Erschließungen zunehmend verteuerte, so daß die insolvente Regierung diese weitgehend aufgab (vgl. Kap. 6.2.2.). Die Arbeit der Stadtplanung war darüber hinaus durch die ständigen politischen Richtungswechsel erschwert, die sich unmittelbar in der Umstellung von Zuständigkeiten und Kompetenzen in der Verwaltung niederschlugen und damit eine kontinuierliche Arbeit und eine längerfristige Planung von vornherein sabotierten (vgl. Kap. 6.3.1.). Die Steuerung des Stadtwachstums beruhte nach zwei Versuchen zur Implementierung von "Masterplans", die aus finanziellen und planungstechnischen Gründen scheiterten, bis Ende der 80er Jahre daher bestenfalls auf einer kurzfristigen ad-hoc-Basis (vgl. Kap. 6.3.2.). Vor diesem Hintergrund sind die Probleme der drei "legalen" Marktkanäle des Wohnungsmarktes einzuordnen (vgl. Kap. 6.3.3.). Bei permanent knappen öffentlichen Geldern und einem vernachlässigten Wohnungssektor war der Marktanteil staatlicher Wohnungsbauprojekte seit jeher gering. Der Mietwohnungsmarkt nahm bis Anfang der 70er Jahre hingegen eine wichtige Rolle ein. Doch infolge eines versagenden Arbeitsmarktes, immenser Lebenshaltungskosten und gestiegener Mietpreise wurde dieser Marktkanal Anfang der 80er Jahre zunehmend enger. Ebenso war die staatliche Ausweisung neuer Wohngebiete problembeladen. Aufgrund ihrer Finanzierbarkeit war diese Maßnahme zwar attraktiv für den Staat, denn die öffentliche Leistung beschränkte sich lediglich auf die Bereitstellung neuer Grundstücke, der Ausbau mußte durch die Eigenarbeit der Bewohner erfolgen. Jedoch wurde dadurch der "Urban Sprawl" weiter vorangetrieben, insbesondere, da die neuen Siedlungsflächen nach kolonialem Vorbild in standardisierte Wohngebietsklassen eingeteilt und mit großflächigen Grundstücken geplant waren (vgl. Kap. 5.4.3.). Darüber hinaus wurden die zuständigen Stellen nicht einmal dem an sie herangetragenen Bedarf gerecht, und da dieser Markt durch den Nachweis von Staatsangehörigkeit, festem Einkommen und Familiengröße reguliert war, wurde allen, die diese Kriterien nicht erfüllten - was auf die wachsende Zahl der Flüchtlinge und Migranten zutraf - der Zugang zum formellen Wohnungsmarkt verwehrt. Daher blieb dem Großteil der Khartoumer Bevölkerung, vor allem den städtischen Armutsgruppen, zur Befriedigung des Grundbedürfnisses "Wohnen" seit Mitte der 80er Jahre nur die Möglichkeit zum "illegalen" Siedeln, mit allen damit verbundenen Risiken (vgl. Kap. 6.4.).

Diese neue Struktur der Wohnraumprobleme, die seitdem durch die "illegalen" Siedler geprägt wurde, ist aus zwei Blickrichtungen analysiert

worden: aus staatlicher Perspektive (vgl. Kap. 7.) und aus der der Betroffenen (vgl. Kap. 8.). Hierbei wurde herausgestellt, daß die enorme
Zunahme "illegaler" Siedler und die rasante Ausdehnung der Siedlungsfläche (vgl. Karte 1) zeitlich mit den Demokratisierungstendenzen nach
Numeiris Sturz zusammmenfiel. Für die Migranten und internen Flüchtlinge bedeutete dies, daß sie trotz ihrer desolaten Situation ihr neu
gewonnenes politisches Potential, nämlich ihre Wählerstimme, teilweise
gegen infrastrukturelle Versprechungen seitens der Politiker eintauschen
konnten (vgl. Kap. 7.1.). Aus ihrem gewachsenen politischen Selbstbewußtsein ging auch die verstärkte Organisation kommunaler Selbsthilfeaktivitäten hervor, die sich darüber hinaus in der übergreifenden institutionellen Vernetzung gemeinsamer Interessen niederschlug (vgl. Kap.
8.2., 8.3.). Bei den Behörden löste die Kombination von wachsender
Wohnungsnot und politischer Liberalisierung die "Laissez Faire"-Politik
früherer Jahre ab und führte zu einem programmatischen Vorgehen
gegenüber den illegalen Siedlern (vgl. Kap. 7.1., 7.2.). Grundlegend war
hierbei, daß die Squattersiedlungen für sie jedoch kein Wohnraumproblem darstellten, sondern vielmehr einen Nutzungskonflikt, da die
"illegale" Blockierung von potentiellem Pachtland für die Öffentliche
Hand einen finanziellen Verlust in Millionenhöhe nach sich zog, der
durch die Forderung von 50.000 Bürgern nach Einlösung staatlicher
Grundstückszusagen noch politisch verschärft wurde (vgl. Kap. 7.2.3.).
Dementsprechend beschränkten sich die staatlichen Aktivitäten auf die
Lösung dieses Nutzungskonfliktes. Neue gesetzliche Regelungen wurden
erlassen und eine Bestandsaufnahme durchgeführt, bei der 1986 93
illegale Siedlungen kartographisch aufgenommen und nach dem Kriterium
unterschieden wurden, ob sie bereits verplante Flächen blockierten oder
nicht (vgl. Kap. 7.2.1.). Die 27 illegalen Siedlungen, die Flächen
blockierten, sollten zwangsaufgelöst und ein Teil der Bevölkerung in
staatliche "Sites and Services"-Projekte umgesiedelt werden (vgl. Kap.
7.2.4.). Die 66 illegalen Siedlungen, die keine ausgewiesenen Flächen
blockierten, sollten dagegen im Zuge von "Upgrading"-Projekten nach
kolonialem Muster (vgl. Kap. 5.4.3.2.) infrastrukturell aufgewertet und
nachträglich legalisiert werden, wobei auch hier Umsiedlungen notwendig
waren (vgl. Kap. 7.2.2.). Diese Programme führten zur
sozioökonomischen Selektion der Bewohner. Während die "Sqatters of
Hope", die sozial und ökonomisch etabliertesten Bewohner, die über eine
Lobby verfügten und die ihren Forderungen am besten Nachdruck
verleihen konnten, in die offiziellen Projekte eingebunden wurden, waren

die Neuankömmlinge, Flüchtlinge und die städtischen Armen als
"Squatters of Despair" diagnostiziert worden. Sie fielen durch das Raster
der Auswahlkriterien und wurden ohne staatliche Unterstützung sich
selbst überlassen, und damit weiterhin zum illegalen Siedeln gezwungen,
denn diese Gruppen verfügten weder über ein gewähltes politisches
Mandat, das nennenswerten Einfluß hatte, noch besaßen sie einen
Machtzugang zum Staat, der in klientelen Strukturen organisiert war.
Diese Selektionspolitik wurde gestützt durch ein "Feindbild", das im
Zuge immer neuer Zuwanderungs- und Flüchtlingswellen in intern-
kolonialistischer Manier die südsudanesischen Gruppen für die Ursachen
der urbanen Deprivation verantwortlich machte und mit ihrer wachsenden
Zahl eine zunehmende revolutionäre Bedrohung assozierte (vgl. Kap.
7.1.). Dies traf mit der Einschätzung zusammen, die besagte, daß es sich
bei diesen Gruppen um ein importiertes Phänomen aus der räumlichen
Peripherie, aus dem Westsudan, dem verfeindeten Südsudan oder gar aus
Westafrika handelte, ohne daß ein Zusammenhang zur zentralistischen
Politik hergestellt wurde, die maßgeblich zur Zerstörung der öko-
nomischen Basis der räumlich peripheren Gebiete beigetragen hatte (vgl.
Kap. 7.2.).

Spätestens mit dem Regierungswechsel 1989 fand eine grundlegende
Transformation im Verhältnis von "Staat" und "illegalen Siedlern" statt.
Der Nutzungskonflikt, der bisher das Verhältnis bestimmte, wurde ideo-
logisch überlagert und der symbolische Raum der Hauptstadt wurde im
Zuge des "Urban Renewal" ethnisch "gereinigt" (vgl. Kap. 9.). Diese
Radikalisierung war durch die Verschärfung von zwei Entwicklungen
verursacht: durch die ideologische Verkrustung der Regierung und den
Zusammenbruch der sudanesischen Subsistenzökonomie. Der ideologi-
schen Verkrustung der Regierung war die Ausbildung des postkolonialen,
"instabilen Staates" vorangegangen. Dieser war gekennzeichnet durch die
Fragmentierung sudanesischer Interessengruppen, die um die politische
Vorherrschaft und damit um die knappen Ressourcen des Staates konkurrierten, wobei letztere in einem privatwirtschaftlichen Ausverkauf zunehmend ruiniert wurden (vgl. Kap. 6.1.1.). Der "instabile Staat" war weiterhin geprägt von einer extremen ökonomischen Abhängigkeit gegenüber
IMF, Weltbank und ausländischen Geldgebern wie Saudi Arabien, und
schließlich war er durch die wachsende Militarisierung der Konflikte
charakterisiert, bei der die politischen Konfliktlinien auch räumlich
zunehmend zersplitterten, das Vernichtungspotential jedoch gleichzeitig
wuchs (vgl. Kap. 6.1.1., 9.2.). Dies wirkte sich auf die Struktur der

Regierung aus, die sich seit 1989 aus Teilen des Militärs und islamischen Kräften konstituiert, und damit zur Ausübung ihrer Herrschaft sowohl über die militärischen Mittel verfügt, als auch über ein Legitimationsprinzip, den Islam, der im galtungschen Sinne der kulturellen Gewalt mißbraucht wird, um die Ausübung direkter und struktureller Gewalt zu legitimieren, die beim Zugriff auf staatliche Ressourcen eingesetzt werden. In diesem Sinne kann von einer ideologischen Verkrustung der Regierung gesprochen werden. Komplementär dazu veränderte sich die Massenbasis im strategischen Raum der Hauptstadt innerhalb weniger Jahre dramatisch, nachdem der kolonial angelegte und postkolonial beschleunigte Zusammenbruch der Subsistenzökonomie in den 80er Jahren durch drei Entwicklungen besiegelt wurde. So forderte der Bürgerkrieg Hunderttausende von Toten, zerstörte das verbleibende Arbeitskräftepotential, vernichtete ganze Landstriche, verhinderte die Produktion von Lebensmitteln und verursachte eine Massenflucht in den Norden. Die zahlreichen Hungerkrisen der 80er und 90er Jahre, die in fast allen Landesteilen des Sudan herrschten, hatten ähnliche Effekte, sie zehrten die verbleibenden Ressourcen der überlebenden Bauern und Nomaden auch im Westen und Osten des Landes auf, womit diese immer weniger imstande waren, neue Krisen zu puffern. Durch die Kommerzialisierung und Mechanisierung der Landwirtschaft wurden darüber hinaus die ertragreichsten Böden im "Clay Belt" des Sudan dem Subsistenzanbau auf Dauer entzogen, eine Vielzahl landwirtschaftlicher Arbeitskräfte freigesetzt und Nahrungsmittel gar während Hungerkrisen exportiert (vgl. Kap. 6.1.2.). Die daraus resultierende Massenfluchtbewegung, die mit der Einengung der Flucträume zusammenfiel, führte zu einer immensen demographischen Verschiebung der Bevölkerung. Khartoum wurde dabei zum räumlichen Zentrum und größten Sammelpunkt der "Displaced Persons".

Das Zusammentreffen der ideologisch verkrusteten Regierung mit der veränderten Massenbasis in Khartoum führte nach der Flutkatastrophe 1988 (vgl. Kap. 9.1.) und der städtischen Hungerkrise 1991 (vgl. Kap. 9.2.) zur Verschärfung der ohnehin bestehenden Überlebensprobleme der städtischen Armen und zu einer weiteren Politisierung der Wohnraumproblematik, die mit dem Ziel der Regierung, eine "rein" arabische Stadt zu kreieren, in der gewaltsamen Massenvertreibung einer halben Million "illegaler" Siedler eskalierte und über 50 Tote forderte (vgl. Kap. 9.2., 9.3.). Die [inter]nationalen Hilfsorganisationen, die sich seit der medienwirksamen Flutkatastrophe in größerem Stil für die städtischen Armutsgruppen in Khartoum interessierten, waren jedoch nicht imstande, die

Zwangsräumungen zu verhindern. Im Gegenteil, der Regierung gelang es, die UN für ihre Zwecke zu kooptieren und eine Kooperation der Agenturen zu verhindern. Durch die restriktive Regierungspolitik waren lediglich die einheimischen NGOs imstande, die Folgen der Massenräumung in den neuen "Transit Camps" und in den "Peace Camps" der Hauptstadt etwas abzumildern (vgl. Kap. 9.3., 9.4.).

Somit kann resümiert werden, daß die Konflikte um "Wohnraum" in der sudanesischen Hauptstadt von vier Interessengruppen bestimmt werden: den betroffenen Flüchtlingen und Armutsgruppen geht es unmittelbarer um die Befriedigung eines Grundbedürfnises; sicherer, adäquater Wohnraum ist für sie von zentraler Bedeutung. Für die Bodenhändler steht der Warencharakter von Wohnraum im Vordergrund, Wohnraum ist für sie ein Spekulationsobjekt. Das Interesse der [inter]nationalen Hilfsorganisationen an Wohnraum[Programmen] ist mit dem politischen Selbstverständnis der jeweiligen Agentur/Nation verbunden. Und für den postkolonialen Staat ist die Organisation von Wohnraum ein Instrument der Machtpolitik und Symbol der Herrschaft. Diese vier Konfliktlinien überlagern sich in Khartoum: derselbe [Wohn]Raum kann gleichzeitig für die Befriedigung eines Grundbedürfnisses, als Ware, politisches Objekt und Instrument der Herrschaft in Anspruch genommen werden. Da diese Entwicklung mit der Eskalation von Gewalt zusammenfällt, bei der sich kulturelle, strukturelle und direkte Gewalt verschränken, kann es keine einfache, "technische" Lösung, sondern nur langfristige, gesellschaftspolitische Maßnahmen zur Bewältigung der Wohnraumprobleme geben.

10.3. Schlußbetrachtung: Potentiale zur Bewältigung der Wohnraumprobleme in Khartoum

Die Wohnraumprobleme in Khartoum sind, wie aufgezeigt wurde, Ausdruck gesellschaftlicher Konflikte, die sowohl eine historische Dimension haben als auch in die Konditionierung durch übergeordnete, nationale und globale Zusammenhänge eingebunden sind. Weiterhin wurde verdeutlicht, daß die Struktur der Konflikte durch ein Geflecht unterschiedlicher Interessen der verschiedensten Gruppen gekennzeichnet ist, und durch die Verschränkung von direkter, struktureller und kultureller Gewalt geprägt wird. So findet die Auseinandersetzung um Wohnraum zwischen dem großen Spektrum betroffener "illegaler" Siedler, profitorientierter Spekulanten, der ideologisch verkrusteten Regierung und den durch unterschiedliche Interessen fragmentierten [inter]nationalen Hilfsorganisationen statt. Ansatzpunkte zur Lösung der Wohnraumprobleme müssen daher in der Bewältigung und Aufarbeitung eben dieser Konflikte und in der Nutzung vorhandener Potentiale liegen.

Wie unter anglo-ägyptischer Kolonialherrschaft ist die Rolle des post-kolonialen Staates bei der Verursachung, Perpetuierung und Bewältigung der Wohnraumprobleme von zentraler Bedeutung. Insbesondere deshalb, da die Austragung der Konflikte um Wohnraum sowohl durch Probleme auf nationalstaatlicher Ebene bestimmt ist als auch dadurch, daß sie im symbolischen Raum der Hauptstadt stattfindet, der in besonderem Maße durch das Gewaltmonopol des Staates kontrolliert wird. Der "politische Wille" der Regierung entscheidet daher über die Rahmenbedingungen, die für die Bewältigung der Wohnraumprobleme grundlegend sind. Hierin liegt ein erster zentraler Problemkomplex. Voraussetzung zur Nutzung staatlicher Potentiale ist, daß die ideologische Verkrustung der Regierung abgebaut und der Islam von seiner machtpolitischen Funktion der kulturellen Gewalt entkoppelt wird. Unter dieser Voraussetzung wären die wichtigsten Maßnahmen, die auf nationaler Ebene der Lösung der lokalen Wohnraumproblematik in Khartoum vorausgehen müßten, die Beendigung des Bürgerkriegs, die Entwaffnung der Milizen und eine wohlfahrtsorientierte Agrarpolitik. Die politische Stabilisierung hätte auch auf Khartoum Ausstrahlung, denn Flucht- und Migrationsbewegungen würden zurückgehen, und unter "sicheren" Investitionsbedingungen könnte sich sowohl der Arbeitsmarkt erholen und auch die Stadtplanung könnte von politischer Kontinuität profitieren.

Bei der Bewältigung der Wohnraumprobleme in Khartoum spielen auch die internationalen Agenturen eine zentrale Rolle, denn sie verfügen potentiell über die finanziellen Ressourcen, die weder der insolvente Staat noch einheimische NGOs in absehbarer Zukunft aufbringen können. Da Wohnraumprobleme Ausdruck gesellschaftlicher Konflikte sind, liegt der zentrale Problemkomplex jedoch in der Tatsache, daß internationale Organisationen weder gesellschaftspolitische Maßnahmen wie die Partizipation und Mitbestimmung der Bewohner nachhaltig fördern, noch auflagenfrei Ressourcen direkt zu den Betroffenen kanalisieren, sondern in der Regel auf Regierungsebene arbeiten und "technische" Lösungen favorisieren, die noch mit Konditionalitäten wie der Kostenumlegung auf die Bewohner verknüpfen werden. Erschwert wird die Entwicklung und Umsetzung gesellschaftspolitischer Maßnahmen für Khartoum noch durch die unterschiedlichen politischen Interessen der Hilfsorganisationen, die, wie gezeigt wurde, nicht einmal imstande waren, eine gemeinsame Handlungsbasis zur Verhinderung der Massenvertreibung aufzubauen. In nächster Zukunft werden es daher wahrscheinlich die einheimischen NGOs mit ihrem limitierten Handlungsspielraum sein, die die desolate Lage der städtischen Armen etwas abzumildern vermögen.

Die Potentiale, die die Betroffenen zur Bewältigung der Wohnraumproblematik einbringen könnten, wurden Mitte der 80er Jahre unter anderen politischen Rahmenbedingungen deutlich. Die Hunger- und Kriegsflüchtlinge können, von der geschwächten Arbeitskraft abgesehen, meist nur die Solidarität und Unterstützung durch die Familie oder die eigene Ethnie einbringen, sie sind in extremen Maße von äußerer Hilfestellung durch den Staat, Hilfsorganisationen oder von Dritten abhängig. Die Potentiale der ökonomisch und sozial Etablierteren, die schon seit längerer Zeit in der Stadt Fuß gefaßt hatten, lagen damals neben einem relativ konstanten Einkommen, dessen Sicherheit durch die Kombination verschiedener Einkommensquellen erreicht wurde, in einem komunalen "Wir"-Bewußtsein, das sich über ethnische Grenzen hinweg auf das Wohngebiet erstreckte. Daraus resultierte der Aufbau sozialer Institutionen, die ihrerseits gar eine städtebauliche Rahmenplanung entwickelten, um Neuankömmlinge auf freien Siedlungsflächen unterzubringen. Darüber hinaus war insbesondere das entwicklungspolitische Potential der "Nafeer Cooperative Housing Society" bemerkenswert, denn das geplante "Low Cost Housing"-Projekt, das auf "illegalem" Land in kollektiver Selbsthilfe errichtet werden sollte, stellte der versagenden staatlichen Planungspolitik ein alternatives Konzept gegenüber, das sudanesische Bautraditionen [gemeinschaftlicher Siedlungsbau, Lehmbauweise], mit neuen, eigenen Bedürfnissen der Raumgestaltung verknüpfte. Richtungsweisend war dieses Projekt auch, da es von Anfang an einen kommunalen Gedanken betonte, durch intensive Öffentlichkeitsarbeit einschätzbare Positionen aufbaute, damit zur Vertrauensbildung zwischen Staat und illegalen Siedlern beitrug und schließlich, von der Fläche abgesehen, für den Staat kostenneutral gewesen wäre. Parallel hierzu war auch die Arbeit des "National Committee for the Improvement of Popular Settlements" einzuschätzen, das durch die Einrichtung eines ständigen Büros den Flüchtlingen und Migranten die Möglichkeit bot, sich zu vernetzen. Darüber hinaus vertrat das Komitee die illegalen Siedler in Verwaltungs- und Regierungsstellen und leistete technische, politische und organisatorische Hilfestellungen.

Hieran wird deutlich, daß bei entsprechenden politischen Rahmenbedingungen die Potentiale auf lokaler Ebene in Khartoum von Selbsthilfeleistungen beim Ausbau der kommunalen Infrastruktur, über die Formierung sozialer Institutionen und politischer Mobilisierung bis hin zu erfolgversprechenden alternativen Planungskonzepten reichen. Die Betroffenen selbst könnten Defizite der offiziellen Planungspolitik und der Ressourcenmobilisierung ausfüllen und für adäquaten Wohnraum sorgen. Doch es zeigt sich auch, wie stark und unmittelbar politische Rahmenbedingungen auf die Potentiale und Handlungsspielräume der Betroffenen wirken, und wie häufig innovative Kräfte, gerade wenn sie unter Vorgabe kollektiver Ziele arbeiten, in ihrem Durchhaltevermögen den tiefgreifenden strukturellen Deformationen der Gesellschaft unterlegen sind.

LITERATURVERZEICHNIS:

A. QUELLEN :

Sudan Archive, Durham : (SAD)

A 23/1-17: Album of Photographs of a Journey by Air from Alexandria to Khartoum Inscribed, " H. E. The Sirdar and Lady Wingate from F. K. McClean", [1914].

A 27/1-232: Khartum 1898, Photograph Album Covering the Nile Campaign and the Battle of Omdurman.

A 45/1-10: Album, Inscribed on the Cover: "To General Sir F. R. Wingate, Sirdar of the Egyptian Army, as a Mark of Appreciation of his Valuable Services in Promoting the Omdurman Panorama - From A. M. Theim", Comprising Drawings Depicting the Battle of Omdurman, [1908].

A 47/1-47: Album of Postcards of the Sudan, [c. 1900-1916].

13/4/22-25: Photographs of Omdurman, [c. 1898-1900].

13/7/3-17: Photographs of the Governor-General's Palace, [c. 1898-1910]

13/7/18: Photograph of the Khartoum Agricultural Show, [Feb. 1904].

13/12/1-4: Photographs of Omdurman, [c. 1904].

13/12/5-10: Aerial Photographs of Khartoum and Omdurman, Taken by the Royal Air Force, [1932-34].

13/21/1-23: Photographs of the Battles of Omdurman and Umm Dibaykaiat, [1898-1899].

102/1/1-119: Diary of F. R. Wingate [1897, Dec. 24. - 1898, Oct. 6.], Detailing his Recall to Haifa by the Sirdar, the Mustering of British Troops to Counteract Moves by the Omdurman Army, the Retaking of Khartoum, and the Faschoda Incident.

105/4/[MP]: Provisional Map of Khartoum City, Khartoum North and Omdurman [1900-1908], Compiled for Khartoum Mudiria by E. A. Stanton, [Scale: 4 Inches to 1 Mile].

105/49/[MP]: Plan of Omdurman, Khartoum Province, Sudan, Khartoum [1910], [Scale: 1: 5,000].

105/67/[MP]: Plan of Khartoum Showing Government Offices and Private Residence, [n.d. 191-?], [Scale: 1: 5,000].

106/4/1-17: Article on the History of the Military School, Khartoum by J. M. Pattison with Lists of Cadets and Staff 1905-1914, [1914].

112/1/12[MP]: Map of the Nile through the Sudan and Egypt showing Transport Routes, [1910], [Scale: 1 In to 250 Miles].

127/1/1-2: Sudan, [Condominium, 1898-1955]. Intelligence Department, Sudan Intelligence Report, April 1913, London 1913.

133/7/1-15: McLean, W. H.: "The Planning of Khartoum and Omdurman" Reprinted. from Transactions of the Town Planning Conference, Oct. 1910, London 1911, vgl. SAD 235/1/25-53.

133/14: McLean, W. H.: "Local Government and Town Development in Egypt", Reprinted from "The Town Planning Review", Liverpool April 1917.

133/15: Khartoum Cathedral. The Anglican Cathedral at Khartoum, London o.J.

133/22: "Letters about the Soudan", a Series of Newspaper Articles by Frank Carpenter, Detailing Life in the Sudan, [c. 1907].

160/1/5: Sudan, [Condominium, 1898-1955], Regulations Regarding Entering, Leaving and Travelling in Egypt and the Sudan, Khartoum July 1916.

161/3/5: Sudan, [Condominium, 1898-1955], Laws. The Sudan Bankruptcy Ordinance 1916, no. 2 of 1916, Cairo 1917.

173/3/21: vgl. Korrespondenz F. R. Wingate.

182/2/63-65: vgl. Korrespondenz F. R. Wingate.

182/2/109-110: vgl. Korrespondenz F. R. Wingate.

218/2/52/[MP]: Plan with Index of Khartoum and Omdurman, [1895, Aug. 21.], [Scale: 1 In to 1 Mile].

218/4/122-142: Great Britain, Parliament. Report on the Soudan by Lt. Col. Stewart, Egypt no. 11., 1883, London 1883, vgl. SAD 292/18.

221/13/1-6 [MP]: Maps of Omdurman, Assuan and Suakin Showing Stages of the Dervish Campaign, [1885], by Intelligence Department Cairo. Originals of Copies Printed in "Fire and Sword in the Sudan", [Scale: 1 In to 50 Miles].

225/5/6-14: Note by F. R. Wingate on "The Mutiny in Omdurman, Dec. 1899 - Jan. 1900", Intended for Inclusion in his Memoirs, [1938].

225/5/17-18: "Tropical Diseases. The Debt to Sir Ronald Ross, Proposed Institute as Monument", Reprinted from "The Times", [1923].

225/5/19-22: Partington, Wilfred: "The War against Malaria and Tropical Diseases", London 1923.

235/1/25-53: Paper on "The Planning of Khartoum and Omdurman", Presented to the R.I.B.A. Town Planning Conference, London, by W. H. Mc Lean, Municipal Engineer, Khartoum and Lecturer in Engineering, Gordon College, Including Maps and Photographs, [1910, Aug. 26.], vgl. SAD 133/7/1-15.

236/1/ 41-42: Speech by F. R. Wingate to the Ulema on the Outbreak of War, [1914, Nov. 8.].

248/37/1-36: Great Britain, Foreign Office. Memorandum on the Future Status of the Sudan, Egypt and Sudan, Confidential Print, [1924].

248/38/1-35: Great Britain, Foreign Office. Reports by His Majesty's Agent and Consul-General on the Finances, Administration and Condition of Egypt and the Sudan in 1912, Egypt no. 1, London 1913.

253/3/ 85-88: Great Britain, War Office, Intelligence Divison, Sudan Almanac, [1892].

261/1/1-10: Egypt, Army, Intelligence Department. General Report on the Egyptian Soudan, March 1895, Compiled from Statements Made by Slatin Pasha, Cairo 1895.

264/1/1-1180: Newspaper Cuttings, [1896 Sep. 29. - 1902 Dec. 27.], Album of Newspaper Cuttings from Various Newspapers.

264/1/251-260: Maud, W. T.: "Egypt and the Soudan 1897-98", from "Journal of the Society of Arts", 1898, Dec. 9.

264/1/986-987: Masonic: "Consecration of the Khartoum Lodge no. 2877", from The Masonic Ilustrated", Feb. 1902, S. 87-90.

264/1/1075-1079: Ward, John: Khartoum at last, [c.1902].

Zitierte Korrespondenz Von F. R. Wingate:

173/3/21 .... El Hindi an General Governor, 24. 5. 1919.

182/2/63-65 .... Bernhard an F. R. Wingate, 8. 8. 1912.

182/2/109-110 ....F. R. Wingate an Bernhard, 11. 8. 1912.

266/11 .... M.G. Talbot an F.R. Wingate, 2. 11. 1898.

269/4/24-5 .... B. Gorringe an F. R. Wingate, 20. 4. 1899.

270/1/19-20 ....J. G. Maxwell an F. R. Wingate, 6. 1. 1900.

270/1/60-61 .... J. G. Maxwell an F. R. Wingate, 15. 1. 1900.

270/1/69-78 .... J. G. Maxwell an F. R. Wingate, 19. 1. 1900.

270/5/67 ....B. Fergusson an F. R. Wingate, 21. 5. 1900.

270/10/11-13 .... W. H. Drage an F. R. Wingate, 16. 10. 1900.

271/6/5-6 ....F. R. Wingate an Earl of Cromer, 7. 6. 1901.

271/6/12-3 .... F. R. Wingate an Earl of Cromer, 13. 6. 1901.

271/4/6-9 .... B. Fergusson an F. R. Wingate, 3. 6. 1902.

272/4/10-11 ....L. B. Friend an F. R. Wingate, 3. 6. 1902.

272/5/18 .... J. Ward an F. R. Wingate, 4. 7. 1902.

272/5/76 ....Bernhard an F. R. Wingate, 16. 7. 1902.

272/6/5-7 ....Nason an F. R. Wingate, 6. 8. 1902.

272/6/8-10 ....Nason an F. R. Wingate, 8. 8. 1902.

273/6/6 ....M. G. Talbot an F. R. Wingate, 6. 6. 1903.

273/7/6-7 ....F. R. Wingate an Earl of Cromer, 2. 7. 1903.

273/9/1-3 .... Bernhard an F. R. Wingate, 1. 9. 1903.

275/6/31 .... Bonham-Carter an F. R. Wingate, 22. 8. 1904.

276/4/56 ....F. R. Wingate an "Bullock", 17. 4. 1905.

276/4/79-80 .... F. R. Wingate an Earl of Cromer, 24. 4. 1905.

276/5/31-34 .... J. S. Corbett an F. R. Wingate, 12. 5. 1905.

278/3/60-61 .... F. R. Wingate an G. C. H. Henry, 27. 3. 1906.

278/3/63 .... F. R. Wingate an G. C. H. Henry, 28. 3. 1906.

281/1/33-34 .... Bonham-Carter an F. R. Wingate, 13. 7. 1907.

282/3/90-91 .... E. A. Stanton an F. R. Wingate, 17. 3. 1908.

282/3/145-146 .... P. R. Phipps an F. R. Wingate, 24. 3. 1908.

282/3/151 .... F. R. Wingate an P. R. Phipps, 27. 3. 1908.

288/1/10-11 ....M. R. Kennedy an Hatchard, 3. 7. 1909.

300/2/58-59 .... F. R. Wingate an P. R. Phipps, 14. 2. 1911.

300/2/76-78 ....F. R. Wingate an L. O. F. Stack, 18. 2. 1911.

292/1: Sudan, [Condominium, 1898-1955]. The Sudan. A Record of Progress 1898-1947, [c. 1948].

292/7: Grant, J. A.: Khartoum as I saw it in 1863, [1885].

292/12: Sudan, [Condominium, 1898-1955]. Report on the Finances, Administration and Condition of the Sudan in 1924, London 1925.

292/19: Great Britain, Foreign Office. Reports by His Majesty's High Commissioner on the Finances, Administration and Condition of Egypt and the Sudan for the Period 1914-1919, Egypt no. 1, London 1920.

292/20: Great Britain, Foreign Office. Reports by His Majesty's High Commissioner on the Finances, Administration and Condition of Egypt and the Sudan for the Year 1920, Egypt no. 2, London 1921.

292/25: Sarsfield-Hall, E. G.: "A brief Account of the Siege and Fall of Khartoum", Khartoum o.J..

292/27/1-45: The Story of the Gordon College and its Work, Copy of a Chapter Contributed by F. R. Wingate to "The Story of the Cape to Cairo Railway and River Route 1887-1925", o.O. [c.1920].

297/4/4-47: Defence Scheme for Khartoum, Omdurman, Khartoum North, In Case of Alarm or Riot Only, Strictly Confidential, 1910.

297/5/7-11: "The New Sudan and its Capital", 1910.

300/2/58-59: vgl, Korrespondenz F. R. Wingate.

300/2/76-78: vgl, Korrespondenz F. R. Wingate.

400/4: Annual Report of the Public Works Department, 1907, 1908, by M. R. Kennedy, Director of the Public Works Department.

418/1/24-32: Report of the Committee on Rent Control, Signed by J. R. S. Watson, E. M. Kronfli, Ibrahim Osman Ishag, Schedule of Proposed Amendments to the 1947 Ordinance, 1953 Dec.

430/13/6/[MP]: Sketch Map to the Battle of Omdurman in 2 Stages, [1898, Sep. 2.], Intelligence Division, no. 1368, [Scale: 1 to 42,240].

430/13/14/[MP]: Plans and Elevations of a Rolling Lift Bridge Across the Blue Nile at Khartoum, [1915 Mar. 19], Supplement to "The Engineer".

512/6/1-4/[MP]: Maps and Plans: Wau, Port Sudan and Khartoum, 1923-1926. (J. H. Ingram).

512/7/21-71: British Barracks, Khartoum, 1928 Aug. 15. (J. H. Ingram).

542/22/1-19: Note by G. W. Williamson, Registrar-General of Lands on Land Registration in the Sudan with Some Observations on the Application of a System of Land Registration to Egypt, 1916 June 12.

579/3/15: First Annual Report of the Midwife Training School, Omdurman, 1921.

579/4: Second Annual Report of the Midwife Training School, Omdurman, 1922.

579/5: Third Annual Report of the Midwife Training School, Omdurman, 1924-1925.

581/1/1-73: Fourth Annual Report of the Midwife Training School, Omdurman, 1926-1933.

607/1: First Report of the Wellcome Research Laboratories at the Gordons Memorial College by the Director A. Balfour, 1904.

607/2: Second Report of the Wellcome Research Laboratories at the Gordons Memorial College by the Director A. Balfour, 1906.

607/3: Third Report of the Wellcome Research Laboratories at the Gordons Memorial College by the Director A. Balfour, 1908.

608/3: Fourth Report of the Wellcome Research Laboratories at the Gordons Memorial College by the Director A. Balfour, 1911.

627/12/1-44: Copies of Ordinances, Proclamations, etc. on Land Law in the Sudan. Compiled at S. R. Simpson's Request when he took up his Post in 1945.

627/13/16-27: Draft Copy of the Town Replanning and Improvement Bill, (c. 1947).

627/16/1-4: Minutes of Khartoum Town Planning Sub-Committee Meeting to Discuss Applications for Building Plots by the P.W.D., 1946 Nov. 25. (S. R. Simpson).

627/16/5-15: Note by S. R. Simpson on Lands Policy, with Related Correspondence, 1946 Nov. 28.

627/16/65-68: Copy of Town Lands Scheme, 1946 March 26.

646/4/1-83: "Khartoum Yesterday, Today and Tomorrow", (Compiled by E. G. Sarsfield-Hall), [o.J.].

646/5/6-7: Lecture by E. G. Sarsfield-Hall on "The Planning and Development of Khartoum and Omdurman" Delivered to a Town and Country Planning Summer School Held at Welwyn Garden City, [o.J.].

650/6 - 650/11: Cine Films of Khartoum Taken by E. G. Sarsfileld-Hall, (c. 1926-36).

675/3: Mounted Photograph of Plans and Views of Khartoum, Displayed at the Town Planning Conference in London, 1910, Oct.

678/6/1-57: Memorandum on "Some African Type Buildings for Use in the Anglo-Egyptian Sudan", (Compiled by E. G. Sarsfield-Hall, Assisted by I. G. Watson, Asst. Municipal Engineer), 1935, Apr. 7.

678/7/1-44: Progress Report on Khartoum Province During the Governorship of E. G. Sarsfield- Hall, 1928-35.

678/8/1-347: Handbook of Khartoum Province, (Compiled by E. G. Sarsfield-Hall and E. J. N. Wallis, D.C., Omdurman), 1936.

679/1/1-105: "Memorandum on the Layout and Development of Khartoum, Khartoum North and Omdurman", (Compiled by E. G. Sarsfield-Hall, Assisted by I. G. Watson), 1936.

679/2/1-88: "Memorandum on the Public Health of Khartoum Province". (Compiled by E. G. Sarsfield-Hall and H. Richards, Asst. Medical Officer of Health), [o.J.].

679/4/1-39: Correspondence re the Proposed Publication of E. G. Sarsfield-Hall's "Memorandum on the Layout and Development of Khartoum, Khartoum North and Omdurman", 1936, Apr. 9 - 1937, Feb. 21.

680/3/1-93: Diary Covering Probationary Period in Khartoum, 1909, Oct. 9 - 1910, Jan. 26. (E. G. Sarsfield-Hall).

681/5/1-15: Articles on Khartoum, (c. 1936).

681/8/1-29: Battle of Omdurman, [o.J.].

682/13/1-63: Redraft of E. G. Sarsfield-Hall's "Memorandum on the Layout and Development of Khartoum, Khartoum North and Omdurman", Submitted for Publication, 1936.

682/14/1-134: Autobiography of Angelo Capato [1860-1937], [Kairo? o.J.].

683/3/1: Plan of Khartoum Showing Gordon's Fortification, [Scale: 1 to 10.000], 1935 Oct.

683/3/4: Sketch Map Showing the Position of British and Egyptian Troops and the Dervish Army the Morning Before the Battle of Omdurman, [o.J.].

683/3/5: Plans Showing the Three Main Phases of the Battle of Omdurman, [o. J.].

684/3/1-27: Album of Aerial Photography of Khartoum by No. 47, (Bomber), Squadron, R.A.F., [o.J.].

684/4/1-25: Album of Aerial Photography of Khartoum by No. 47, (Bomber), Squadron, R.A.F., Khartoum, (c. 1930).

684/5/1-70: File of Plans and Photographs of Khartoum.

719/6/1-192: Papers Concerning the Town Lands Scheme 1947, 1947-1955.

719/10/1-5: Memorandum by D. F. Hawley on Disputes Concerning Unregistered Land, 1950 Feb. 2.

720/2/1-2: Note by S. R. Simpson on the Future of the Land Registry and Lands Section of the Legal Department, 1950 Oct.

720/2/3-7: The Town Replanning Ordinance 1950.

720/2/13-15: Town Replanning. Principles of Compensation.

720/2/ 22-33: Copy of the Town Planning Bill Together with the Town Planning Regulations, Model Local Orders and the Town Replanning Ordinance 1950, 1953, Feb. 15..

720/3/3-7: Copy of the Town Planning Regulation, 1957.

720/3/9-14: Copy of the Town and Village Planning Act, 1961.

720/3/22-24: Land Registry Office. Number of Registered Titles in the Sudan. Number of Dealings per Annum, [o.J.].

720/5/5-13: Plans Showing Suggested Layout of New Development at Khartoum and Khartoum North, 1938-1945.

722/11/1-20: Handing over Notes, Khartoum North and Rural District, by A. Penn for his Succesors, C. B. Tracey and J. E. C. Mackrell, Covering Devolution, Agricultures Schemes, Education, Forestry, Medicine, etc., 1933.

OXFAM, Oxford : (OX)

1. Sudan Emergency Bulletin No, 4., 9. August 1988.
2. Sudan Emergency Bulletin No, 5., 11. August 1988.
3. Sudan Emergency Bulletin No, 6., 17. August 1988.
4. Sudan Emergency Bulletin No, 7., 1. September 1988.
5. Summary of Letters from Sue Chowdhury, Khartoum 1988.
6. Summary of Oxfam Role in Sudan Floods, August 1988.
7. Diskett, Pat: Sudan Emercency 1988, 19 August 1988.
8. Chowdhury, Sue: Tour Report, Post Floods, Khartoum 16.8. - 5.9. 1988.
9. Leung, Ching Ping: Khartoum Floods Report, as at the 30. August 1988.
10. Nedley, Anthony: Situation Report on Khartoum Floods to 31. 8. 1988.

B.   ARABISCHE QUELLEN : (AQ)

1. Barnaamaj l-,amali l-muqtarah / maslaha s-sakaani wa-sch-sch'uun l-handasiyya.
   [Vorgeschlagenes Arbeitsprogramm / Wohnungsbaubehörde und technische
   Angelegenheiten], (Unveröffentlichte Arbeitsvorlage des Squatterdepartments
   von Khartoum), Khartoum 1986.
2. Manaatiq s-sakani l-,aschwaa'ii wa-l-quraa l-mut'athira bihi bi-l-manaatiqa l-
   arba,a. [Ungeplante Siedlungen und Dörfer, die durch diese beeinflußt
   werden, in den vier Gebieten {Khartoums}], (Unveröffentliche Arbeitsvorlage des Squatterdepartments von Khartoum), Khartoum 1986.
3. Qaanuun t-takhtiiti l-,imraaniyy li-s-sanat 1985. [Städtebauliches Planungsgesetz
   für das Jahr 1985], (Unveröffentlichte Gesetzesvorlage für die staatlichen
   Planungsbehörden des Sudan), Khartoum 1985.
4. Qaanuun t-tasrrufii fii-l-araadi li-s-sanat 1985. [Verfügungsgesetz über Boden für
   das Jahr 1985], (Unveröffentlichte Gesetzesvorlage für die staatlichen
   Planungsbehörden des Sudan), Khartoum 1985.
5. Wizaara l-aschghaali wa-l-iskaani wa-l-muraafiqi l-,aamma. Baiyaan tafsiilii ,an
   huttati l-,amali khilaala l-fitrati l-qaadima. [Arbeitsministerium und
   Wohnungsbauministerium und Ministerium für öffentliche Einrichtungen.
   Detaillierte Verlautbarung über den Arbeitsplan des zukünftigen Zeitraumes],
   (Unveröffentlichte Arbeitsvorlage für die staatlichen Planungsbehörden des
   Sudan), Khartoum 1985.
6. Jumhuuriyya s-suudaan d-diimuqraatiyya. Wizaara t-taschiiyidi wa-l-iskaan.
   Mudhakkara: al-mawduu, / as-sakan l-,aschwaa'ii. [Demokratische Republik
   Sudan. Ministerium für Errichtung und Wohnungsbau. Memorandum: Die
   Angelegenheit / Die ungeplanten Siedlungen], (Unveröffentlichte Arbeits-
   vorlage für die staatlichen Planungsbehörden des Sudan), Khartoum 1986.

7. Wizaara l-ischghaali wa-l-iskaani wa-l-muraafiqi l-,aamma. Al-iskaan wa-l-muraafiqu l-,aamma. Mudhakkara: Al-barnaamaj t-tanfiidhiyy wa taklifatu mu,aalija manaatiqa s-sakani l-,aschwaa'ii wa tanfiidh l-khutta l-iskaaniyya li-l-,aam 1986/87 . [Arbeitsministerium und Wohnungsbauministerium und Ministerium für öffentliche Einrichtungen. Wohnungsbau und öffentliche Einrichtungen. Memorandum: Durchführungsprogramm und Behandlungskosten der Gebiete ungeplanter Siedlungen und Durchführung des Wohnungsbauplanes für das Jahr 1986/1987], (Unveröffentlichte Arbeitsvorlage für die staatlichen Planungsbehörden des Sudan), Khartoum 1986.

8. Al-barnaamaj t-tanfiidhiyy wa taklifa mu,aalija manaatiq l-sakani l-,aschwaa'ii li-l-,aami l-maali 1986/1987. Tanfidhu l-khuttati l-iskaaniyya. [Durchführungsprogramm und Behandlungskosten der Gebiete ungeplanter Siedlungen für das Finanzjahr 1986/1987. Durchführung des Wohnungsbauplanes], (Unveröffentlichte Arbeitsvorlage des Squatterdepartments von Khartoum), Khartoum 1986.

C. PERIODIKA

AFRICA REPORT, (AR): 1986 - 1991.

ANNUAL REPORTS. KHARTOUM PROVINCE, (ARKP): 1902-1908, E.A. Stanton, Province Governor; 1909-1912, C.E. Wilson, Province Governor; 1913, R.E. More, Province Governor, (in REFACS).

BUNDESSTELLE FÜR AUSSENHANDELSINFORMATION, (BFAI): 1988-1992.

ECONOMIST INTELLIGENCE UNIT, (EIU): Sudan. Country Reports, 1989, 1990, 1991, 1992.

HALF YEARLY LIST OF THE SUDAN GOVERNMENT, (HYLSG).: 1. 1942; 1. 1944; 3. 1946; 9. 1946; 3. 1947; 7. 1948; 3. 1949; 7. 1950; 3. 1951; 9. 1951; 3. 1952; 9. 1952; 3. 1953.

INFORMATIONSDIENST SUDAN e.V., (IDS): 1990, 1991.

MONTHLY RETURN OF SENIOR OFFICIALS, SUDAN GOVERNMENT, AND BRITISH OFFICERS TEMPORARILY EMPLOYED IN SUDAN GOVERNMENT SERVICE, (TESGS): 3. 1914; 1. 1916; 11. 1916; 1. 1918.

QUARTERLY LIST OF THE SUDAN GOVERNMENT, (QLSG): 1. 1919; 4. 1920; 6. 1923; 4. 1924; 7. 1925; 1. 1927; 6. 1927; 6. 1929; 6. 1930; 10. 1930; 1. 1931; 6. 1931; 1. 1932; 10. 1932; 1. 1933; 7. 1933; 6. 1934; 10. 1934; 1. 1935; 10. 1935; 1. 1936; 1. 1937; 7. 1937; 1. 1938; 1. 1939; 10. 1939; 1. 1940; 7. 1941.

REPORTS ON THE FINANCES, ADMINISTRATION AND CONDITION OF THE SUDAN, (REFACS): 1902, 1903, 1904, 1905, 1906, 1907, 1908, 1909, 1910, 1911, 1912, 1913, 1921, 1925, 1926, 1927, 1928, 1929, 930, 1931, 1933, 1934, 1938, 1939-1941, 1942-1944, 1945, 1946, 1947, 1948, 1949, 1950-51, 1951-52.

REPORTS BY HER MAJESTY'S AGENT AND CONSUL-GENERAL ON THE FINANCES, ADMINISTRATION AND CONDITION OF EGYPT AND THE SOUDAN, (REFACES): 1899, 1900, 1901, 1902, 1903, 1904, 1905, 1906, 1908, 1909, 1914-19, 1920.

280   *Literaturverzeichnis*

REPUBLIC OF THE SUDAN, GOVERNMENT LIST, (RSGL): 5. 1959; 10. 1959.

SUDAN ALMANAC, (SA): 1888, 1896, 1899, 1912, 1928, 1930, 1931, 1937, 1938, 1939, 1940, 1941, 1948, 1949, 1952, 1953, 1954, 1955, 1957, 1962.

SUDAN DEMOCRATIC GAZETTE, (SDG): 1990, 1991, 1992.

SUDAN GOVERNMENT CENTRAL ECONOMIC BOARD, DIRECTORS ANNUAL REPORT, (SEB): 1914, 1915, 1916, 1918, 1920, 1921, 1922-23, 1923-24, 1924-25, 1925-26, 1927-28, 1928-29, 1929-30.

SUDAN GOVERNMENT GAZETTE, (SGG): 1899 - 1955.

SUDAN GOVERNMENT LIST, (SGL): 9. 1953; 3. 1954; 3. 1955; 3. 1956.

SUDAN INTELLIGENCE REPORT, (SIR).

SUDAN MONITOR, (SM): 1991.

SUDAN NOTES AND RECORDS, (SNR): 1930 - 1980.

SUDANOW: Juli 1981 - Mai 1992.

SUDAN UPDATE, (SUD): 1990, 1991, 1992.

UNITED NATIONS HIGH COMMISSIONER FOR REFUGEES, (UNHCR): Fact Sheet: Djibouti, Ethiopia, Somalia, Sudan, April 1989, Vol 3.; October 1989, Vol 3.; May 1990, Vol 4., Geneva 1989, 1990.

D. SEKUNDÄRLITERATUR

ABDEL HADI, A. M.: The Impact of Urbanization on Crime and Delinquency, in: S. El-Bushra, (Hg.), 1972b, S. 179-199.

ABDEL HAFEEZ, M. E. / EL-MOWAG, S. M.: The Drift to Towns in the Sudan. Causes and Consequences, in: S. El-Bushra, (Hg.), 1972b, S. 200-212.

ABDELKARIM, ABBAS: Some Aspects of Commoditisation and Transformation in Rural Sudan, in: T. Barnett / A. Abdelkarim, (Hg.), 1988, S. 141-160.

ABRAMS, CHARLES: Housing in the Modern World, London 1964

ABRAMS, CHARLES: Squatter Settlement. The Problem and the Opportunity, Washington 1966.

ABU-LUGHOD, JANET: Cairo. 1001 Years of the City Victorious, Princeton 1971.

ABU-LUGHOD, JANET: Culture, "Modes of Production", and the Changing Nature of Cities in the Arab World, in: J. A. Agnew et al., (Hg.), 1984, S. 94-119.

ABU-LUGHOD, JANET: The Islamic City. Historic Myth, Islamic Essence, and Contemporary Relevance, in: International Journal of Middle Eastern Studies, 19, 1987, S. 155-176.

ABU SIN, AWADALLA: Community and Suburban Planning in Greater Khartoum and its Environmental Consequences, (Institute of Environmental Studies), Khartoum 1984.

ABU SIN, MOHAMED E.: Migration from Eastern Gezira into Greater Khartoum. A Case Study in Rural-Urban Migration and Population Integration Processes in Sudan, in: Geojournal, 25, (1), 1991, S. 73-79.

ABU SIN, M. E. / DAVIES, H. R. J. (Hg.): The Future of Sudan's Capital Region. A Study in Development and Change, Khartoum 1991.

ABU ZAYD AHMED, ABDUL RAHMAN, et al.: War Wounds. Development Costs of Conflict in Southern Sudan, London, u.a. 1988.

AFRICA WATCH: Sudan. Inside Al Bashir's Prisons, Torture, Denial of Medical Attention and Poor Conditions, Washington 1991.

AFRICA WATCH: Sudan. Refugees in their Own Country, The Forced Relocation of Squatters and Displaced People from Khartoum, Washington 1992.

AGNEW, JOHN A. / MERCER, JOHN / SOPHER, DAVID E. (Hg.): The City in Cultural Context, London 1984.

AHMAD, ADIL MUSTAFA: Housing Submarkets for the Urban Poor. The Case of Greater Khartoum, the Sudan, in: Environment and Urbanization, 1, (2), 1989, S. 50-59.

AHMED, ASIA MAHGOUB: Urbanization and the Folk Verse of the Humr, in: V. Pons, (Hg.), 1980, S. 707-731.

AL-ARIFI, S. A.: Urbanization and Economic Development in the Sudan, in: S. El-Bushra, (Hg.), 1972b, S. 56-71.

ALBROW, MARTIN / KING, ELISABETH (Hg.): Globalization, Knowledge and Society, (Readings from International Sociology), London, Newbury Park, New Delhi 1990.

ALI, M. A. I.: Economic Aspects of Urbanization. A Case Study of the Sudan, in: S. El-Bushra, (Hg.), 1972b, S. 72-80.

ALI, TAISIER MOHAMMED AHMED: The State and Agricultural Policy. In Quest of a Framework for Analysis of Development Strategies, in: T. Barnett / A. Abdelkarim, (Hg.), 1988, S. 19-36.

ALLEN, TIM: War, Flight and Famine in Sudan: I. Introduction, in: Disasters, 15, (2), 1991, S. 133-136.

AL-NAQAR, `UMAR: The Pilgrimage Tradition in West Afrika. A Historical Study with Special Reference to the Nineteenth Century, Khartoum 1972.

AL-SHAZALI, SALAH AL-DIN: The Structure and Operation of Urban Wage-Labour Markets and the Trade Unions, in: N. O'Neill / J. O'Brien, (Hg.), 1988, S. 239-276.

AMIS, PHILIP: Squatters or Tenants. The Commercialization of Unauthorized Housing in Nairobi, in: World Development, 12, 1984, S. 87-96.

AMNESTY INTERNATIONAL: Sudan. The Military Government's First Year in Power - A Permanent Human Rights Crisis, August 1990, London 1990.

ANSARI, HAMIED N.: The Islamic Militants in Egyptian Politics, in: Middle East Studies, 16, 1984, S. 123-144.

ARTHUR, A. J. V.: Slum Clearance in Khartoum, in: V. Pons, 1980, S. 523-539.

ARTHUR, GEORGE: Life of Lord Kitchener, (Vol. 3), London 1920.

ASAD, TALAL: Book Review of Harold B. Barclay, Buurri al Lamaab, Ithaca 1963, in: SNR, 46, 1965, S. 167-170.

AUGEL, JOHANNES (Hg.): Leben in Armut - Überlebensstrategien in brasilianischen Elendsvierteln, Mettingen 1985.

AUGEL, JOHANNES / HILLEN, PETER / RAMALHO, LUIZ (Hg.): Die verplante Wohnmisere. Urbane Entwicklung und "armutsorientierter" Wohnungsbau in Afrika und Lateinamerika, (ASA-Studien, 7), Saarbrücken 1986.

AWAD, MOHAMMED HASHIM: The Evolution of Landownership in the Sudan, in: Middle East Journal, 25, 1971, S. 213-228.

BABIKER, ABDEL BAGI A. G.: Urbanization and Desertification in the Sudan with Special Reference to Khartoum, in: GeoJournal, 6, (1), 1982, S. 69-76.

BABIKER, ABDEL BAGI A. G.: Socio-Economic Changes among the Nuba Migrants in Khartoum/Omdurman. Taking into Consideration their Contacts to Home Villages, in: F. Ibrahim / H. Ruppert, (Hg.), 1988, S. 95-112.

BADAL, RAPHAEL K. / AL-HARDALLO, ADLAN / et al. (Hg.): Sudan since Independence. Studies of the Political Development since 1956, Aldershot, Hants 1986.

BAER, GABRIEL: A History of Landownership in Modern Egypt, 1800-1950, London, u.a. 1962.

BAKHIT, A. H.: Low-Salary Government Employees in Khartoum. Strategies and Mechanisms of Survival of the Urban Poor, in: H.-G. Bohle et al., (Hg.), 1993, S. 81-96.

BALAMOAN, G. AYOUB: Peoples and Economics in the Sudan 1884-1956. A Study in Migration Policies and Economics, Boston 1981.

BALDEAUX, DIETER: Entwicklungspotentiale in Slumgebieten, (Forschungs-berichte des Bundesministeriums für wirtschaftliche Zusammenarbeit, 44), Köln 1983.

BALFOUR, ANDREW: First Report of the Wellcome Research Laboratories at the Gordon Memorial College Khartoum, Department of Education, Sudan Government, Khartoum 1904.

BALFOUR, ANDREW: Third Report of the Wellcome Research Laboratories at the Gordon Memorial College Khartoum, Department of Education, Sudan Government, Khartoum 1908.

BALFOUR, ANDREW: Fourth Report of the Wellcome Research Laboratories at the Gordon Memorial College Khartoum, (Vol. B.), Department of Education, Sudan Government, Khartoum 1911.

BARCLAY, HAROLD B.: Buuri al Lamaab. A Suburban Village in the Sudan, Ithaka 1964.

BARCLAY, HAROLD B.: A Suburban Village on the Outskirts of Khartoum, in: V. Pons, (Hg.), 1980, S. 590-605.

BARNETT, TONY: The Gezira Scheme. An Illusion of Development, London 1977.

BARNETT, TONY: Introduction. The Sudanese Crisis and the Future, in: T. Barnett / A. Abdelkarim, (Hg.), 1988, S. 1-18.

BARNETT, TONY / ABDELKARIM, ABBAS (Hg.): Sudan. State, Capital and Transformation, London, New York, Sydney 1988.

BARRI, Y. B. M.: Housing Problems in Sudanese Towns, in: S. El-Bushra, (Hg.), 1972b, S. 81-85.

BECHTOLD, PETER K.: Politics in the Sudan. Parliamentary and Military Rule in an Emerging African Nation, New York 1976.

BEDRI, YUSUF / HOGG, PETER (Hg.): The Memoirs of Babikr Bedri, (Translated from the Arabic and Edited by Y. Bedri and P. Hogg, with an Introduction by G.N. Sanderson, Vol. 2.), London 1980.

BENNETT, CECIL H. A. (Hg.): The Laws of the Sudan, (Vol. 7), London 1954.

BESHIR, M. O.: The Southern Sudan from Conflict to Peace, Khartoum 1975.

BESHIR, M. O.: Ethnicity, Regionalism and National Cohesion in the Sudan, in: SNR, LXI, 1980, S. 1-14.

BIRKS, J. S.: Across the Savannas to Mecca. The Overland Pilgrimage Route from West Africa, London 1978.

BLENCK, J.: Geographische Entwicklungsforschung, in: Geographische Beiträge zur Entwicklungsländer-Forschung, DGFK-Hefte, 12, 1979, S. 11-20.

BLENCK, J. / TRÖGER, S. / WINGWIRI, S.: Geographische Entwicklungsforschung und Verflechtungsanalyse, in: Zeitschrift für Wirtschaftsgeographie, 2, 1985, S. 65-72.

BLEUCHOT, HERVE: Le Soudan anglo-egyptien, in: M. Lavergne, (Hg.), 1989, S. 171-223.

BOEKE, J. H.: Economics and Economic Policy of Dual Societies as Exemplified by Indonesia, Haarlem 1953.

BOHLE, HANS-GEORG: Probleme der Verstädterung in Indien. Elendssiedlungen und Sanierungspolitik in der südindischen Metropole Madras, in: Geographische Rundschau, 36, 1984, S. 461-469.

BOHLE, HANS-GEORG: Südindische Wochenmarktsysteme. Theoriegeleitete Fallstudien zur Geschichte und Struktur polarisierter Wirtschaftskreisläufe im ländlichen Raum der Dritten Welt, (Erdkundliches Wissen, 82), Stuttgart 1986, < 1986a >.

BOHLE, HANS-GEORG: Die Debatte über Produktionsweisen in Indien. Mit Anmerkungen zur Bedeutung von Theorien "mittlerer Reichweite" für geographische Entwicklungs(länder)forschung, in: Geographische Zeitschrift, 74, (2), 1986, S. 106-119, < 1986b >.

BOHLE, HANS-GEORG: Von der Nothilfe zur Entwicklungshilfe. Hungerhilfe und Möglichkeiten ländlicher Entwicklung in einem peripheren sudanesischen Dürregebiet, in: Geographische Rundschau, 38, 1986, S. 96-103, < 1986c >.

BOHLE, HANS-GEORG: Internationales "Hunger-Management" und lokale Gesellschaft. Fallstudien über den Umgang mit Hunger im Tschad und Sudan, in: Geographische Rundschau, 38, 1986, S. 566-574, < 1986d >.

BOHLE, HANS-GEORG: Dependenz statt Dualismus. Rolle und Struktur 'informeller' Beschäftigungen im ländlichen Südindien, in: E. Schamp, (Hg.), 1989, S. 83-103.

BOHLE, H.-G. / DOWNING, T. E. / FIELD, J. O. / IBRAHIM, F. N. (Hg.): Coping with Vulnerability and Criticality. Case Studies on Food-Insecure People and Places, Saarbrücken, Fort Lauderdale 1993.

BOHLE, H.-G. / GERTEL, J. et al.: Dürren und Hunger, in: E. Plate et al., (Hg.), Naturkatastrophen und Katastrophenvorbeugung. Bericht des Wissenschaftlichen Beirats der DFG für das Deutsche Komitee für die "International Decade for Natural Disaster Reduction (IDNDR), Weinheim 1993, S. 497-512.

BOSAYLEY, CHATER: Greek Influence in the Valley of the Blue Nile. With a Survey of the Historical Backgrounds, (Sudan Historical Studies, 1), Wad Medani 1945.

BRATZEL, PETER: Theorien der Unterentwicklung. Eine Zusammenfassung verschiedener Ansätze zur Erklärung des gegenwärtigen Entwicklungsstandes unterentwickelter Regionen mit einer ausführlichen Literaturliste, (Karlsruher Manuskripte zur Mathematischen und Theoretischen Wirtschafts- und Sozialgeographie, 17), 1978.

BRAUN, JOACHIM VON / TEKLU, TESFAYE / ZAKI, ELSAYED A. A.: Drought and Famine Preventation in Sudan, (International Food Policy Research Institute), Washington 1991.

BRAUN, JOACHIM VON / TEKLU, TESFAYE / ZAKI, ELSAYED A. A.: Drought and Famine Relationship in Sudan. Policy Implications, (International Food Policy Research Institute), Washington 1991.

BREHM, ALFRED E.: Reisen im Sudan, 1847 bis 1852, Stuttgart 1983.

BREUER, BERND: Selbsthilfeförderung, in: D. Schwefel, (Hg.), Soziale Wirkungen von Projekten in der Dritten Welt, Baden Baden 1987, S. 83-110.

BRONGER, DIRK: Der wirtschaftende Mensch in den Entwicklungsländern. Innovationsbereitschaft als Problem der Entwicklungsländerforschung, Entwicklungsplanung und Entwicklungspolitik, in: Geographische Rundschau, 27, 1975, S. 449-459.

BROWN, LESTER R. / JACOBSON JODI L.: The Future of Urbanization. Facing the Ecological and Economic Constraints, (Worldwatch Paper, 77), o. O. 1987.

BROWN, RICHARD: A Background Note on the Final Round of Economic Austerity Measures Imposed by the Numeiry Regime. June 1984 - March 1985, in: T. Barnett / A. Abdelkarim, (Hg.), 1988, S. 73-83.

BRUCKHAUSEN, KARL VON: Die Schlacht bei Khartum, in: Die Grenzboten, 58, (1), 1899, S. 569-578.

BRUCKHAUSEN, KARL VON: Der ägyptische Sudan seit der Schlacht bei Khartum, in: Die Grenzboten, 58, (4), 1899, S. 113-125.

BUNDESMINISTERIUM FÜR WIRTSCHAFTLICHE ZUSAMMENARBEIT (BMZ): Wohnungsversorgung und Selbsthilfe. Entwicklungspolitische Zusammenarbeit zur Verbesserung der Wohnverhältnisse in Entwicklungsländern, Bonn 1986, < 1986a >

BUNDESMINISTERIUM FÜR WIRTSCHAFTLICHE ZUSAMMENARBEIT (BMZ): Sektorkonzept Wohnungsversorgung. Grundsätze für die Planung und Durchführung von Vorhaben der entwicklungspolitischen Zusammenarbeit im Bereich der Wohnungsversorgung, Bonn 1986, < 1986b >.

BUNDESTELLE FÜR AUSSENHANDELSINFORMATION: Sudan. Wirtschaftsentwicklung 1988/89, Köln 1989.

BURGESS, ROD: The Limits of State Self-Housing Programmes, in: Development and Change, 16, (2), London 1985, S. 271-312.

BURGESS, ROD: Helping Some to Help Themselves: Third World Housing Policies and Development Strategies, in: Trialog, 18, (3), 1988, S. 4-8.

BURNETT, JOHN: A Social History of Housing 1815-1985, London 1991.

CASTELLS, MANUEL: La Question Urbaine, Paris 1975.

CHAICHIAN, MOHAMMAD A.: The Effects of World Capitalist Economy on Urbanization in Egypt, 1800-1970, in: International Journal of Middle Eastern Studies, 20, 1988, S. 23-43.

CHASE-DUNN, C.: The System of World Cities, AD 800-1975, in: M. Timberlake, (Hg.), Urbanization in the World-Economy, London 1985.

CHRISTOPHER, A. J.: Colonial Africa, London, Canberra, Totowa 1984.

CHRISTOPHER, A. J.: The British Empire at its Zenith, London, New York, Sydney 1988.

COLLINS, R. O. / DENG F. M.: The British in the Sudan, 1898-1956, London 1984.

CONWAY, DENNIS: Changing Perspectives on Squatter Settlements, Intraurban Mobility, and Constraints on Housing Choice of the Third World Urban Poor, in: Urban Geography, 1985, S. 170-192.

CORAY, MICHAEL S.: In the Beginning, in: R. O. Collins / F. M. Deng, (Hg.), The British in the Sudan, 1898-1956, London 1984, S. 28-64.

COX, KEVIN R.: Neighborhood Conflicts and Urban Social Movements. Questions of Historicity, Class, and Social Change, in: Urban Geography, 1984, S. 343-353.

COX, KEVIN R.: Urban Social Movements and Neighborhood Conflicts. Question of Space?, in: Urban Geography, 1986, S. 536-546.

CROMER, EARL OF (BARING, EVELYN): Das heutige Ägypten (2 Bd.), Berlin 1908.

CRUIKSHANK, ALEXANDER: The Golden Age of Tropical Medicine and its Impact on the Modernization of the Sudan, in: M. W. Daly, (Hg.), Modernization in the Sudan, New York 1985, S. 85-100.

DALY, M. W. (Hg.): Modernization in the Sudan. Essays in Honor of Richard Hill, New York 1985.

DALY, M. W.: Empire on the Nile. The Anglo-Egyptian Sudan 1898-1934, London, New York, u.a. 1986.

DALY, M. W.: Imperial Sudan. The Anglo-Egyptian Condominium, 1934-1956, Cambridge, New York, u.a. 1991.

DEMOCRATIC REPUBLIC OF THE SUDAN: Current and Projected Population for Sudan, (Ministry of Energy & Mining, National Energy Administration), Khartoum 1983.

DENG, FRANCIS MADING: Development in Context, in: M. W. Daly, (Hg.), Modernization in the Sudan, New York 1985, S. 147-160.

DEPARTMENT OF ECONOMICS AND TRADE: The New Cost of Living Indices. Based on the 1950 Budget Enquiry, Khartoum o.J..

DEUTSCHES ORIENT INSTITUT HAMBURG: Republik Sudan. Staat-Politik-Wirtschaft. Probleme eines Entwicklungslandes, K. Eitner / Munir D. Ahmed, (Hg), (Mitteilungen des Deutschen Orient Instituts, 14), Hamburg 1980.

DE WAAL, ALEXANDER: Famine that Kills. Darfur, Sudan, 1984-1985, Oxford 1989.

DE WAAL, ALEXANDER: War in Sudan. An Analysis of Conflict, (Published by the Peace in Sudan Group; Written and Researched by Alex de Waal), London 1990.

DISNEY, A. W. M.: English Law in the Sudan, 1899-1958, in: SNR, 40, 1959, S. 121-123.

DODGE, COLE P. et al.: Profile of the Displaced in Khartoum, in: Disasters, 11, (4), 1987, S. 243-250.

DOORNBOS, PAUL: On Becoming Sudanese, in: T. Barnett / A. Abdelkarim, (Hg.), 1988, S. 99-120.

DOSSAL, MARIAM: Limits of Colonial Urban Planning. A Study of Mid-Nineteenth Century Bombay, in: International Journal of Urban and Regional Research, 13, (1), 1989, S. 19-31.

DOXIADIS ASSOCIATES: The Future of the Capital of the Sudan, Athen 1959.

DOXIADIS ASSOCIATES: Khartoum: A Long Term Program and Master Plan for the Development of the Town, Athens 1959.

DOXIADIS ASSOCIATES: Khartoum North: A Long Term Program and Master Plan for the Development of the Town, Athens 1959.

DOXIADIS ASSOCIATES: Omdurman: A Long Term Program and Master Plan for the Development of the Town, Athens 1959.

DRAKAKIS-SMITH, DAVID (Hg.): Urbanisation in the Developing World, London, Sydney, Dover 1986.

DRAKAKIS-SMITH, DAVID: The Third World City, London, New York 1987.

DRAKAKIS-SMITH, DAVID (Hg.): Economic Growth and Urbanisation in Developing Areas, London, New York 1990.

DREWS, J. / FELKL, C. / GERTEL, J.: Die Lage der Squatter in Khartoum. Selbstorganisation und neue Tendenzen nach dem Sturz Numeiris, (ASA Auswertungsbericht SUD 86/1), Berlin 1986.

DREWS, J. / FELKL, C. / GERTEL, J.: The Situation of the Squatters in Khartoum. Self-Organisation and New Tendencies since Numeiri's Fall, (unveröffentlichtes Typoskript), o.O. 1987.

DUFFIELD, MARK: West African Settlement and Development in the Towns of Northern Sudan, in: V. Pons, (Hg.), 1980, S. 209-246.

DUFFIELD, MARK: Change among West African Settlers in Northern Sudan, in: Review of African Political Economy, (Special Issue - Sudan, 26), Baltimore 1983, S. 45-59.

DUFFIELD, MARK: Sudan at the Crossroads: From Emergency Preparedness to Social Security, o.O. 1990, < 1990a >.

DUFFIELD, MARK: From Emergency to Social Security in Sudan - Part 1: The Problem, in: Disasters, 14 (3), 1990, S. 187-203, < 1990b >.

DUFFIELD, MARK: From Emergency to Social Security in Sudan - Part 2: The Donor Response, in: Disasters, 14 (4), 1990, S. 322-334, < 1990c >.

EDWARDS, F. A.: The Foundation of Khartoum, in: SNR, 1922, S. 157-162.

EICHLER, GERT: Probleme der Verstädterung in der Dritten Welt, in: Urbs et Regio, 13, 1979, S. 250-276.

EICKELMAN, DALE F.: Is there an Islamic City? The Making of a Quarter in a Maroccan Town, in: International Journal of Middle East Studies, 5, 1974, S. 274-294.

EITNER, KURT / AHMED, MUNIR D. (Hg.): Republik Sudan. Staat. Politik. Wirtschaft. Probleme eines Entwicklungslandes an Hand ausgewählter Beispiele, (Mitteilungen des Deutschen Orient-Instituts, 14), Hamburg 1980.

EL AGRAA, OMER M. A.: A Study of the 3-Dimensional Configuration of Sudanese Towns, in: S. El-Bushra, (Hg.), 1972b, S. 97-113.

EL AGRAA, OMER M. A. / EL KHEIR, OSMAN M. et al.: Popular Settlements in Greater Khartoum, Khartoum 1985.

EL AGRAA, OMER M. A. / SHADDAD, M. Y.: Housing Rentals in the Sudanese Capital, Khartoum 1988.

EL-ARIFI, SALIH: The Nature and Rate of Urbanization in the Sudan, in: V. Pons, (Hg.), 1980, S. 381-411.

EL-BAKRI, ZEINAB B. / KAMIER, E. M.: Corruption and Capital Accumulation: The Case of Urban Land in Khartoum, (Development Studies and Research Centre, 29), Khartoum 1987.

EL-BUSHRA, EL-SAYED: The Factors Affecting Settlement Distribution in the Sudan, in: Geografiska Annaler, 49B, 1967, S. 10-24.

EL-BUSHRA, EL-SAYED: Occupational Classification of Sudanese Towns, in: SNR, 50, 1969, S. 75-96.

EL-BUSHRA, EL-SAYED: Towns in the Sudan in the Eighteenth and Early Nineteenth Centuries, in: SNR, 52, 1971, S. 63-70, <1971a>.

EL-BUSHRA, EL-SAYED: The Evolution of the Three Towns, in: G. A. Hale, (Hg.), Sudan Urban Studies, A Special Issue of African Urban Notes, 6, (2), 1971, S. 8-23, <1971b>.

EL-BUSHRA, EL-SAYED: The Development of Industry in Greater Khartoum, Sudan, in: East African Geographical Review, 10, 1972, S. 27-50, <1972a>.

EL-BUSHRA, EL-SAYED (Hg.): Urbanisation in the Sudan, Proceedings of the 17th Annual Conference of the Philosophical Society of the Sudan, 2-4 August, Khartoum 1972, <1972b>.

EL-BUSHRA, EL-SAYED: Sudan's Triple Capital: Morphology and Functions, in: Ekistics, 233, 1975, S. 246-250.

EL-BUSHRA, EL-SAYED: An Atlas of Khartoum Conurbation. Khartoum 1976, <1976a>.

EL-BUSHRA, EL-SAYED: The Sphere of Influence of Khartoum Conurbation, Sudan, in: Erdkunde, 30, 1976, S. 286-94, <1976b>.

EL-BUSHRA, EL-SAYED: The Development of Industry in Khartoum, in: V. Pons, (Hg.), 1980, S. 269-296.

EL-BUSHRA, EL-SAYED: Development Planning in the Sudan, in: Erdkunde, 39, 1985, S. 55-59.

EL-BUSHRA, EL-SAYED: The Urban Crisis and Rural-Urban Migration in the Sudan, in: R. B. Potter / T. Unwin, The Geography of Urban-Rural Interaction in Developing Countries, London 1989, S. 109-140.

EL-DAWI, T. E. A.: Sudan Urban Society, in: S. El-Bushra, (Hg.), 1972b, S. 244-254.

EL-DAWI, T. E. A.: Omdurman Craftsmen. A Preliminary Report, in: Sudan Society, 2, 1963, S. 43-55.

EL-FIHAIL, ISMAEL ALI: Miri Migration to Khartoum and its Impact on their Identification, in: F. Ibrahim / H. Ruppert, (Hg.), 1988, S. 113-138.

ELHASSAN, ABDALLA MOHAMMED: The Encroachment of Large Scale Mechanised Agriculture. Elements of Differentiation among the Peasantry, in: T. Barnett / A. Abdelkarim, (Hg.), 1988, S. 161-180.

ELIAS, EL BEDRI O.: A Comprehensive Model for Housing Standards. Theoretical Analysis and Application to the Sudan, in: Ekistics, 216, Nov. 1973, 318-321.

ELIAS, B. O. / BEDAWI, H. Y.: The Squatters Housing Problem. A Review of Government Policy and Solutions, in: S. El-Bushra, (Hg.), 1972b, S. 213-221.

EL-KHEIR, OSMAN MOHAMED: Unauthorised Settlements in Greater Khartoum, in: M. E. Abu Sin / H. R. J. Davies, (Hg.), 1991, S. 156-166.

EL-MAHDI, S. M. et al.: Crime in Urban Centres in the Sudan, in: S. El-Bushra, (Hg.), 1972b, S. 153-178.

EL MANGOURI, HASSAN A.: The Mechanization of Agriculture as a Factor Influencing Population Mobility in the Developing Countries. Experiences in the Democratic Republic of the Sudan, Berlin 1983.

EL NUR, ABDEL HAMID B.: The Relationship between Urbanization and Socio-Economic Development in the Sudan, in: GeoJournal, 18, (4), 1989, S. 369-377.

EL NUR, ABDEL HAMID B.: Housing Needs for Greater Khartoum 1983-2003, in: M. E. Abu Sin / H. R. J. Davies, (Hg.), 1991, S. 142-149.

EL NUR, I. / ELRASHEED, F / ALI, Y. Y.: Some Aspects of Survival: Strategies among the Southern Sudan Displaced People in Greater Khartoum, in: H.-G. Bohle et al., (Hg.), 1993, S. 45-58.

EL SAMMANI, M. O. et al.: Management Problems of Greater Khartoum. Final Report, (Institute of Environmental Studies (IES), University of Khartoum), Khartoum 1986.

EL SAMMANI, M. O. et al.: Management Problems of Greater Khartoum, in: R. E. Stren / R. R. White, (Hg.), African Cities in Crisis. Managing Rapid Urban Growth, San Francisco, London 1989.

EL-TAYEB, GALAL EL-DIN: The Social Structure and Development of Sudanese Society, in: Antipode, 16, 1984, S. 26-33.

ELWERT, GEORG: Der entwicklungssoziologische Mythos vom Traditionalismus, (Working Paper der Universität Bielefeld, 22), Bielefeld 1982.

ELWERT, GEORG: Die Verflechtung von Produktionen. Nachgedanken zur Wirtschaftsanthropologie, in: E. W. Müller / R. König / K.-P. Koepping / P. Drechsel, (Hg.), Ethnologie als Sozialwissenschaft, Opladen 1984, S. 379-402.

ELWERT, GEORG: Überlebensökonomien und Verflechtungsanalyse, in: Zeitschrift für Wirtschaftsgeographie, 2, 1985, S. 73-84, <1985a>.

ELWERT, GEORG: Märkte, Käuflichkeit und Moralökonomie, in: B. Lutz, (Hg.), Soziologie und gesellschaftliche Entwicklung - Verhandlungen des 22. Deutschen Soziologentages in Dortmund 1984, Frankfurt 1985, S. 510-519, <1985b>.

ELWERT, GEORG: Ausdehnung der Käuflichkeit und Einbettung der Wirtschaft in Markt und Moralökonomie, in: K. Heinemann, (Hg.), Soziologie wirtschaftlichen Handelns (Sonderheft Nr. 28 der Kölner Zeitschrift für Soziologie und Sozialpsychologie), Opladen 1987, S. 300-321.

ELWERT, GEORG: Nationalismus und Ethnizität. Über die Bildung von Wir-Gruppen (Ethnizität und Gesellschaft, Occasional Papers, 22), Berlin 1989.

ELWERT, G. / EVERS, H.-D. / WILKENS, W.: Die Suche nach Sicherheit: Kombinierte Produktionsformen im sogenannten Informellen Sektor, in: Zeitschrift für Soziologie, 4, 1983, S. 281-296.

ELWERT, G. / FETT, R. (Hg.): Afrika zwischen Subsistenzökonomie und Imperialismus, Frankfurt 1982, <1982a>.

ELWERT, G. / FETT, R. (Hg.): Der entwicklungssoziologische Mythos vom Traditionalismus, (Working Paper, 22), Bielefeld 1982, <1982b>.

ENGELHARDT, RALF: Verdrängungstendenzen im Konsolidierungsprozeß randstädtischer Elendsviertel: Eine Fallstudie aus Salvador, Brasilien, in: Trialog, 18, (3), 1988, S. 17-23.

EVERS, HANS-DIETER: Zur Theorie der urbanen Unterentwicklung, in: Die Dritte Welt, 1/2, 1981, S. 61-68.

EVERS, HANS-DIETER: Weltökonomie und Klassengesellschaft, (Working Paper der Universität Bielefeld, 51), Bielefeld 1984.

EVERS, HANS-DIETER: Subsistenzproduktion, Markt und Staat. Der sogenannte Bielefelder Verflechtungsansatz, in: Geographische Rundschau, 39, 1987, S. 136-140, <1987a>.

EVERS, HANS-DIETER: Schattenwirtschaft, Subsistenzproduktion und informeller Sektor. Wirtschaftliches Handeln jenseits von Markt und Staat, in: K. Heinemann, (Hg.), Soziologie wirtschaftlichen Handelns, Opladen 1987, S. 353-366, <1987b>.

EVERS, H.-D. / BETKE, F. / PITOMO, S.: Die Komplexität der Grundbedürfnisse. Eine Untersuchung über städtische Haushalte der untersten Einkommensschichten in Jakarta, (Working Paper, 43), Bielefeld 1983.

EVERS, H.-D. / CLAUSS, W. / WONG, D.: Subsistence Reproduction. A Framework for Analysis, in: J. Smith et al., (Hg.), Households and the World-Economy, London, u.a. 1984, S. 23-36.

EVERS, H.-D. / SCHIEL, T.: Strategische Gruppen. Vergleichende Studien zu Staat, Bürokratie und Klassenbildung in der Dritten Welt, Berlin 1988.

EVERS, TILMAN: Reproduktion der Arbeitskraft und städtische Bewegungen: Der Fall der illegalen Parzellierungen in Sao Paulo, in: Peripherie, 2, 1980, S. 28-47.

EVERS, TILMAN: Soziale Bewegungen in Brasilien: Der Fall der 'Lebenshaltungskosten-Bewegung', in: D. Hanisch, (Hg.), Soziale Bewegungen in Entwicklungsländern, 1983, S. 191-222.

EVERS, TILMAN / MÜLLER-PLANTENBERG, C. / SPESSART, S.: Stadtteil-
bewegung und Staat. Kämpfe im Reproduktionsbereich in Lateinamerika, in:
V. Bennholdt-Thomsen, (Hg.), Lateinamerika Analysen und Berichte, 3,
1979, S. 118-170.

FAWZI, SA'AD ED DIN: Social Aspects of Low-Cost Housing in the Northern
Sudan, (Sudan Government, Ministry for Social Affairs, Labour Department), Khartoum 1954, <1954a>.

FAWZI, SA'AD ED DIN: Social Aspects of Urban Housing in the Northern Sudan,
in: SNR, 35, 1954, S. 91-109, <1954b>.

FAWZI, SA'AD ED DIN: The Labour Movement in the Sudan 1946-1955, London,
New York, Toronto 1957.

FAWZI, SA'AD ED DIN: Old and New Deims in Khartoum, in: V. Pons, (Hg.),
1980, S. 514-522.

FEATHERSTONE, MIKE (Hg.): Global Culture. Nationalism, Globalization and
Modernity, (Special Issue, Theory, Culture and Society), London, Newbury
Park, New Delhi 1990.

FIORI, JORGE / RAMIREZ, RONALDO: Towards a Conceptual Framework for the
Analysis of Self-help Housing Policies in Developing Countries. Or: A Critique of Self-help Housing Critique, in: Trialog, 18, (3), 1988, S. 13-16.

FRIEDMANN, JOHN: The World City Hypothesis, in: Development and Change,
17, 1986, S. 69-83.

FRIEDMANN, J. / WOLFF, G.: World City Formation. An Agenda for Research
and Action, in: International Journal for Urban and Regional Research, 6,
(3), 1982, S. 309-344.

FRIELING, HANS-DIETER VON: Das Konzept des informellen Sektors. Kritik
eines Entwicklungsidealismus, in: E. Schamp, (Hg.), 1989, S. 169-199.

FUCHS-NEBEL, SUSANNE: Migration, Sozialer Wandel und Ethnische Identität
der Nuer in Khartum. Eine urbanethnologische Untersuchung, (Dissertation),
Wien 1989.

GALAL-AL-DIN, MOHAMED EL-AWAD: A Socio-Economic Explanation of High
Fertility Rates in Greater Khartoum, in: V. Pons, (Hg.), 1980, S. 606-628,
<1980a>.

GALAL-AL-DIN, MOHAMED EL-AWAD: The Nature and Causes of Labour
Migration to the Khartoum Conurbation, in: V. Pons, (Hg.), 1980, S. 425-
448, 1980b>.

GALTUNG, JOHAN: Gewalt, Frieden und Friedensforschung, in: D. Senghaas,
(Hg.), Kritische Friedensforschung, Frankfurt 1971, S. 55-104.

GALTUNG, JOHAN: Wann kann der Krieg besiegt werden? (Ein Interview mit G.
Presler), in: Frankfurter Allgemeine, Magazin (594), vom 19.7.1991, S.28-
29.

GAMM, ULRIKE / MERTIN, GÜNTER: Genossenschaften und/oder alternative
Organisationsformen kollektiver Selbsthilfe zur Wohnraumversorgung in
Ländern der Dritten Welt, in: Trialog, 16, 1988, S. 5-10.

GAUSS-RABAH, MARTINA: Religion und Staat im Sudan: Die Islamisierungspoli-
tik Jafar Numairis im Dienste der Herrschaftslegitimation, (Unveröffentlichte
Magisterarbeit), Tübingen 1990.

GERTEL, JÖRG: Defizite staatlicher Politik als Grundlage der Selbstorganisation illegaler Siedler. Das Beispiel Khartoum, in: Trialog, 22, 3, 1989, S. 28-32; siehe hierzu die Richtigstellung, in: Trialog, 23/24, 1989/90, S. 51, <1989>.

GERTEL, JÖRG: Food Security within Metropolitan Cairo under the Conditions of "Structural Adjustment", in: Freiburger Studien zur geographischen Entwicklungsforschung, vorraussichtlich Sommer 1993, <1993a>.

GERTEL, JÖRG: "New Urban Studies". Konzeptionelle Beiträge für eine problemorientierte geographische Stadtforschung, in: Geographische Zeitschrift, vorraussichtlich Sommer 1993, <1993b>.

GESELLSCHAFT FÜR TECHNISCHE ZUSAMMENARBEIT (GTZ): Besser Wohnen in städtischen Randgebieten, in: Presse-Informationen, 8/9, 1989, S. 9-10.

GEYER, FRANZ XAVER: Khartum. Ein Zentrum der Kultur in Inner-Afrika, München 1907.

GHAFFAR, ABDEL GADIR AHMED ABDEL: Politische Integration und Desintegration in einem Entwicklungsland. Dargestellt am Beispiel des Regionalen Konflikts in der Republik Sudan zwischen 1946-1969, Frankfurt 1979.

GILBERT, ALAN: Self-help Housing and State Intervention. Illustrated Reflections on the Petty Commodity Production Debate, in: D. Drakakis-Smith, (Hg.), 1986, S. 175-193.

GILBERT, ALAN / GUGLER, JOSEF: Cities, Poverty and Development. Urbanisation in the Third World, Oxford 1982.

GREGORY, DEREK / WALFORD, REX: Horizont in Human Geography, London 1990.

GRUEB, ANDREAS: Lebenshaltungskosten in Khartoum. Stand I Quartal 1991, (Unveröffentlichtes Typoskript), Khartoum 1991.

HALE, SONDRA: Nubians in the Urban Milieu. Greater Khartoum, in: SNR, LIV, 1973, S. 57-65.

HALE, SONDRA: Elite Nubians of Greater Khartoum: A Study of Changing Ethnic Alignments, in: N. O'Neill / J. O'Brien, (Hg.), 1988, S. 277-290.

HAMDAN, G.: The Growth and Functional Structure of Khartoum, in: The Geographical Review, Vol. L, 1960, S. 21-40.

HAMPEL, RAINER / RÜLAND JÜRGEN: Verstädterung: Wachstum ohne Entwicklung. Ausmaß, Ursachen, Folgen, Gegenstrategien, in: D. Oberndörfer / T. Hanf, (Hg.), Entwicklungspolitik, Stuttgart, Berlin, u.a. 1986, S. 92-117.

HÄNSEL, GERHARD: Rural-Urban Migration and the Problem of Town Planning. The Case of Um Badda, Omdurman, in: GeoJournal, 25, (1), 1991, S. 27-30.

HARDOY, JORGE E. / SATTERTHWAITE, DAVID: Squatter Citizen. Life in the Urban Third World, London 1989.

HARIR, SHARIF: Old-Timers and New-Comers. Politics and Ethnicity in a Sudanese Community, Bergen 1983.

HART, KEITH: Informal Income Opportunities and Urban Employment in Ghana, in: Journal of Modern African Studies, 11, 1973, S. 61-89.

HARVEY, DAVID: Explanation in Geography, London 1970.

HARVEY, DAVID: Social Justice and the City, (Original 1973), Oxford 1988.

HEIN, WOLFGANG: Fachübersicht. Zur Theorie der Unterentwicklung und ihrer Überwindung, in: Peripherie 5/6, 1981, S. 64-91.

HEINRITZ, GÜNTER: Agricultural Development and Migration in the Republic of the Sudan, Bayreuth 1985.

HENDERSON, JEFFREY / CASTELLS, MANUEL (Hg.): Global Restructuring and Territorial Development, London, Newbury Park, u.a. 1987.

HENIN, ROUSHDI A.: The Future Population Size of Khartoum, Khartoum North, Omdurman and Port Sudan, in: SNR, 42, 1961, S. 85-90.

HENIN, ROUSHDI A.: Recent Developments in Sudan's Foreign Trade (1949-1961), in: SNR, 55, 1964, S. 113-132.

HERBERT, D. T. / HIJAZI, NAILA B.: Urban Deprivation in the Developing World. The Case of Khartoum / Omdurman, in: Third World Planning Review, (6), Aug. 1984, S. 263-281.

HERRLE, PETER: Der informelle Sektor: Die Ökonomie des Überlebens in den Metropolen der Dritten Welt, in: Stadtprobleme in der Dritten Welt - Möglichkeiten zur Verbesserung der Lebensbedingungen, (Materialien zum Internationalen Kulturaustausch, 18), Stuttgart 1983, S. 46-62.

HIJAZI, NAILA BABIKER: The Urban Geography of the Sudan: A Short Summary, in: Swansea Geographer, 16, 1978, S. 56-61.

HIJAZI, NAILA BABIKER: Urban Structures and Socio-Spatial Problems in Khartoum Urban Area: A Geography Study, Swansea 1981.

HILL, RICHARD: An Unpublished Chronicle of the Sudan 1822-41, in: SNR, 37, 1956, S. 2-19.

HILL, RICHARD: Egypt in the Sudan, 1820-1881, (Royal Institute of International Affairs, Middle Eastern Monographs, 2), London 1959, < 1959a >.

HILL, RICHARD: The Period of Egyptian Occupation 1820-1881, in: SNR, 40, 1959, S. 101-106, < 1959b >.

HILL, RICHARD: Slatin Pasha, London 1965, < 1965a >.

HILL, RICHARD: Sudan Transport. A History of Railway, Marine and River Services in the Republic of the Sudan, London 1965, < 1965b >.

HILL, RICHARD: A Bibliographical Dictionary of the Anglo-Egyptian Sudan, London 1951.

HILL, RICHARD: (Hg.), The Sudan Memoirs of Carl Christian Giegler Pasha 1873-1883, Oxford 1984.

HOLT, P. M.: The Mahdist State in the Sudan, 1881-1898, Oxford 1958.

HOLT, P. M.: The Place in the History of the Sudanese Mahdia, in: SNR, 40, 1959, S. 107-1112.

HOLT, P. M. / DALY, M. W.: The History of the Sudan. From the Coming of Islam to the Present Day, London 1979 (3).

HORVATH, R.V.: In Search of a Theory of Urbanization. Notes on the Colonial City, in: East Lakes Geographer, 5, 1969, S. 69-82.

HOWARD, E.: Tomorrow a Peaceful Path to Social Reform, o.O. 1898.

HOWARD, E.: Garden Cities of Tomorrow, London 1902.

HUSSEIN, MOHAMMED NURELDIN: The IMF and Sudanese Economic Policy, in: T. Barnett / A. Abdelkarim, (Hg.), 1988, S. 55-72.

HUSMANN, R. / MEIER, C.: Nuba-Ringen in Khartoum, in: B. Streck, (Hg.), 1990, S. 69-84.

HUTCHINSON, SHARON: War, Flight and Famine in Sudan: IV, War Through the Eyes of the Dispossessed: Three Stories of Survival, in: Disasters, 15, (2), 1991, S. 166-171.

IBRAHIM, FUAD: Die Konurbation Khartoum, in: Geographische Rundschau, 31, 1979, S. 362-371.

IBRAHIM, FUAD: The Conditions of the Southern Sudanese Women Migrants in Abu Siid Shanty Town, Omdurman, Sudan. A Case Study of Cultural Change, in: GeoJournal, 20, (3), 1990, S. 249-258.

IBRAHIM, FUAD: The Southern Sudanese Migration to Khartoum and the Resultant Conflicts, in: GeoJournal, 25, (1), 1991, S. 13-18.

IBRAHIM, F. / RUPPERT, H.: Wandel der sozioökonomischen Struktur in den Nuba-Bergen (S-Kordofan) vor dem Hintergrund intensiver Wanderungs-prozesse in die Konurbation Khartoum, in: Paideuma, 30, 1984, S. 33-47.

IBRAHIM, F. / RUPPERT, H., (Hg.): Rural-Urban Migration and the Identity Change. Case Studies from the Sudan, Bayreuth 1988.

IBRAHIM, SAAD EDDIN: Anatomy of Egypt`s Militant Islamic Groups: Methodological Note and Preliminary Findings, in: Middle East Studies, 12, 1980, S. 423-453.

IBRAHIM, SALAH EL-DIN EL-SHAZALI: Theory and Ideology in Sudanese Urban Studies. Towards a Political Economy of Peripheral Capitalist Urbanism, in: P. v. der Wel / A. G. Mohamed Ahmed, (Hg.), Perspectives on Development in the Sudan. Selected Papers from a Research Workshop in The Hague, July 1984, The Hague, Khartoum 1986, S. 43-86.

IBRAHIM, SALAH EL-DIN EL-SHAZALI: The Emergence and Expansion of the Urban Wage-Labour Market in Colonial Khartoum, in: T. Barnett / A. Abdelkarim, (Hg.), 1988, S. 181-202.

ILIFFE, JOHN: The African Poor. A History, Trowbridge, Wiltshire 1987.

ILLY, HANS F.: Strukturelle Repression und Selbstorganisation. Überlebensstrategien im Squattergebiet Mathare Valley, Nairobi, in: R. Hanisch, (Hg.), Soziale Bewegungen in Entwicklungsländern, 1983, S. 157-189.

INTERNATIONAL LABOUR OFFICE (ILO): Employment, Incomes and Equality. A Strategy for Increasing Productive Employment in Kenya, Genf 1972.

INTERNATIONAL LABOUR OFFICE (ILO): Growth, Employment and Equity. A Comprehensive Strategy for Sudan, International Labour Office, Geneva 1976.

INTERNATIONAL LABOUR OFFICE (ILO): Employment and Economic Reform. Towards a Strategy for the Sudan, Geneva 1987.

JACKSON, H. C.: Sudan Days and Ways, London, New York 1954.

JACKSON, H. C.: Behind the Modern Sudan, London, New York 1955.

JAMES, WENDY: The Shanty Towns of Port Sudan, in: V. Pons, (Hg.), 1980, S. 486-513.

JOHNSON, NELS: Mass Culture and Islamic Populism, in: G. Stauth / S. Zubaida, (Hg.), 1987, S. 165-187.

JOHNSTON, R. J.: Marxist Political Economy, the State and Political Geography, in: Progress in Human Geography, 8, 1984, S. 473-492.

JOHNSTON, R. J. / GREGORY, D. / SMITH, D. M., (Hg.): The Dictionary of Human Geography, Oxford 1990.

JOHNSTON, R. J. / TAYLOR, P. J., (Hg.): A World in Crisis?, Oxford 1990.

KAMIER, EL WATHIG MOHAMED: Nuer Migrants in the Building Industry in Khartoum. A Case of the Concentration and Circulation of Labour, in: V. Pons, (Hg.), 1980, S. 449-485.

KAMIER, EL WATHIG MOHAMED: Corruption and Capital Accumulation. The Case of Urban Land in Khartoum, in: Monograph Series and Occasional Papers, 29, Development Studies and Research Centre, University of Khartoum, Khartoum 1987.

KAMIER, EL WATHIG MOHAMED: The Political Economy of Labour Migration in the Sudan. A Comparative Study of Migrant Workers in an Urban Situation, (Arbeiten aus dem Institut für Afrika-Kunde, 57), Hamburg 1988.

KAMIER, EL WATHIG M. / KURSANY, IBRAHIM: Corruption as the "Fifth" Factor of Production in the Sudan, (Scandinavian Institute of African Studies, Research Report, 72), Uppsala 1985.

KANDIL, FUAD: Nativismus in der Dritten Welt. Wiederentdeckung der Tradition als Modell für die Gegenwart, St.Michael 1983.

KANYEIHAMBA, G. W.: The Impact of the Received Law on Planning and Development in Anglophonic Africa, in: International Journal of Urban and Regional Research, 4, 1980, S. 239-266.

KARIM, HASSAN GAD: Sudanese Government Attitudes Towards Foreign Investment. Theory and Practice, in: T. Barnett / A. Abdelkarim, (Hg.), 1988, S. 37-54.

KEBBEDE, GIRMA: The Agonies of Displacement: Ethiopian Women Refugees in Khartoum, Sudan, in: Geojournal, 23, (2), 1991, S. 99-106.

KEEN, DAVID: War, Flight and Famine in Sudan: III, A Disaster for Whom? Local Interests and International Donors during Famine Among the Dinka of Sudan, in: Disasters, 15, (2), 1991, S. 150-165.

KENRICK, J. W.: The Need for Slum Clearance in Omdurman, in: SNR, 34, 1953, S. 281-285.

KING, ANTHONY, D.: Colonial Urban Development. Culture, Social Power and Environment, London 1976.

KING, ANTHONY, D.: Colonial Cities. Global Pivots of Change, in: R. Ross / G. J. Telkamp, (Hg.), Colonial Cities, Dordrecht 1985, S. 7-32.

KING, ANTHONY, D.: Colonialism, Urbanism and the Capitalist World Economy, in: International Journal of Urban and Regional Research, 13, (1), 1989, S. 1-18.

KING, ANTHONY, D.: Urbanism, Colonialism and the World-Economy. Cultural and Spatial Foundations of the World Urban System, London, New York 1990, <1990a>.

KING, ANTHONY, D.: Global Cities. Post-Imperialism and the Internalization of London, New York 1990, <1990b>.

KING, ANTHONY, D.: Architecture, Capital and the Globalization of Culture, in: M. Featherstone, (Hg.), Global Culture, London, u.a. 1990, S. 397-411, <1990c>.

KIRSCH, O. / ARMBRUSTER, P. / KOCHENDÖRFER-LUCIUS, G.: Selbsthilfe-einrichtungen in der Dritten Welt. Ansätze zur Kooperation mit autonomen leistungsfähigen Trägergruppen, (Forschungsberichte des Bundesministeriums für wirtschaftliche Zusammenarbeit, 49), München, Köln, London 1983.

KNOX, PAUL / AGNEW, JOHN: The Geography of the World Economy, London, New York 1990.

KONTAKT- UND INFORMATIONSSTELLE (KIS): Wohnen in der Dritten Welt, (Materialien-Sammlung, 1), Bensheim 1987.

KOPPENHÖFER, L. / BLAISE Y.: Behausungsstrategien, in: Kontakt- und Informationsstelle KIS , Bensheim 1987, S. 133-134.

KORFF, RÜDIGER: Bangkok: Urban System and Everyday Life, Saarbrücken 1986.

KORFF, RÜDIGER: The World City Hypothesis. A Critique, In: Development and Change, 18, 1987, S. 483-495.

KORFF, RÜDIGER: Informeller Sektor oder Marktwirtschaft? Märkte und Händler in Bangkok, in: Zeitschrift für Soziologie, 17, (4), 1988, S. 296-307.

KROTKI, KAROL: The Socio-Economic Evolution of the Inhabitants of a Desert City. The Case of Omdurman, in: L. C. Brown, (Hg.), From Medina to Metropolis. Heritage and Change in the Near Eastern City, Princeton 1973, S. 150-165.

KRUMP, P. F. THEODORO: Hoher und fruchtbarer Palm-Baum des Heiligen Evangelij, Augsburg 1710.

KUCH, PRISCILLA JOSEPH: Food Situation among the Displaced in Khartoum State, in: H.-G. Bohle et al., (Hg.), 1993, S. 33-44.

KUHN, MICHAEL W.: The Central Business Function of Suq el Gabir, Omdurman, in: G. A. Hale, (Hg.), Sudan Urban Studies, A Special Issue of African Urban Notes, 6, (2), 1971, S. 39-53.

KUNTZE, LOTHAR: Selbsthilfe im Wohnungsbau. Das Konzept von Turner, in: Blätter des IZ3W, 102, 1982, S. 43-45.

LAKO, GEORGE TOMBE: The Jonglei Scheme. The Contrast between Government and Dinka Views of Development, in: T. Barnett / A. Abdelkarim, (Hg.), 1988, S. 85-98.

LAVERGNE, MARC: Exode Rural et Croissance Urbaine au Soudan, in: Bulletin du CEDEJ, 22, (2), 1987, S. 123-138.

LAVERGNE, MARC (Hg.): Le Soudan Contemporain. De l'invasion Turco-egyptienne a la Rebellion Africaine (1821-1989), Paris 1989.

LAWS OF THE SUDAN: From 1899 to 1926, o.O. 1926.

LEBON, J. H. G.: Land Use in Sudan, (The World Land Use Survey, Monograph, 4), Bude, Cornwall 1965.

LEBON, J. H. G.: Luftbild. Südviertel von Khartoum, in: Die Erde, 2, 1960, S. 80-85.

LEE, DAVID R.: Mud Mansions of Northern Sudan, in: Ekistics, 227, (10), 1974, S. 244-246.

LEGGEWIE, CLAUS: Probleme des Urbanisierungsprozesses in der Dritten Welt, in: Die Dritte Welt, 2, 1973, S. 425-453.

LEGGEWIE, CLAUS: Was heißt Entwicklung? Überlegungen zur Bedeutung eines problematischen Begriffs, in: Geographische Rundschau, 33, 1981, S. 474-482.

LOBBAN, RICHARD: The Historical Role of the Mahas in the Urbanization of Sudan`s Three Towns, in: African Urban Notes, VI, 2, 1971, S. 24-38.

LOBBAN, RICHARD: Social Networks in the Urban Sudan, Ph.D. Dissertation, Northwestern University, Evanston 1973.

LOBBAN, RICHARD: Alienation, Urbanisation, and Social Networks in the Urban Sudan, in: Journal of Modern African Studies, 13, (3),1975, S. 491-500.

LOBBAN, RICHARD: Sudanese Class Formation and the Demography of Urban Migration, in: Helen I. Safa, (Hg.), Towards a Political Economy of Urbanisation in Third World Countries, Delhi, 1979, S. 66-83, < 1979a >.

LOBBAN, RICHARD: Class Endogamy and Urbanization in the "Three Towns" of the Sudan, in: African Studies Review, 22, 1979, S. 99-114, < 1979b >.

LOBBAN, RICHARD: A Genealogical and Historical Study of the Mahas of the Three Towns, in: SNR, LXI, 1980, S. 89-109.

LOBBAN, RICHARD: The Law of Elephants and the Justice of Monkeys. Two Cases of Anti-Colonialism in the Sudan, in: Africa Today, (The Sudan: 25 Years of Independence, Special Commemorative Issue), 28, 1981, S. 87-95.

LOBBAN, RICHARD: Class and Kinship in Sudanese Urban Communities, in: Africa, 52, 1982, S. 51-76.

LOWDER, STELLA: The Geography of the Third World Cities, Totowa 1986.

LÜHR, VOLKER: Armutsbekämpfung durch Selbsthilfe? in: D. Schwefel, (Hg.), Soziale Wirkungen von Projekten in der Dritten Welt, Baden Baden 1987, S. 111-144.

LÜHRING, J: Kritik der (sozial)-geographischen Forschung zur Problematik von Unterentwicklung und Entwicklung. Ideologie, Theorie und Gebrauchswert, in: Die Erde , 108, 1977, S. 217-238.

LÜHRING, J: Nach der Modernisierungs- und Dependenzdebatte. Zum aktuellen Stand der entwicklungstheoretischen Diskussion. Eine Herausforderung auch für die Wirtschafts- und Sozialgeographie?, (Karlsruher Manuskripte zur Mathematischen und Theoretischen Wirtschafts- und Sozialgeographie, 60), 1982.

MAHMOUD, FATIMA BABIKER: The Sudanese Bourgeoisie. Vanguard of Development? Khartoum 1984.

MAHMOUD, FATIMA BABIKER: Businessmen and Politics, in: R. K. Badal / A. Al-Hardallo, (Hg.), Sudan since Independence. Studies of the Political Development since 1956, Aldershot, Hants 1986, S. 7-19.

MAHMOUD, FATIMA BABIKER (Hg.): Calamity in Sudan. Civilian Versus Military Rule, (Institute for African Alternatives, IFAA), London 1989.

MANGIN, WILLIAM: Latin American Squatter Settlements. A Problem and a Solution, in: Latin American Research Review, 2, 1967, S. 65-98.

MARSOT, AFAF LUTFI AL-SAYYID: Egypt in the Reign of Muhammad Ali, Cambridge 1984.

MARTIN, PERCY F.: The Sudan in Evolution. A Study of the Economic Financial and Administrative Conditions of the Anglo-Egyptian Sudan, London 1921, (Nachdruck), New York 1970.

MATHEY, KOSTA: Selbsthilfe mit Hand und - Kopf! Positionen und Stationen in einer wohnungspolitischen Debatte, in: Trialog, 18, (3) 1988, S. 43-51.

MAWSON, ANDREW N. M.: War, Flight and Famine in Sudan: II, Murahaleen Raids on the Dinka, 1985-1990, in: Disasters, 15, (2), 1991, S. 137-149

MAXWELL, SIMON, (Hg.): To Cure all Hunger. Food Policy and Food Security in the Sudan, London 1991.

MCGEE, TERENCE: Conservation and Dissolution in the Third World City. The 'Shanty Town' as an Element of Conservation, in: Development and Change, 10, 1979, S. 1-22.

MCLEAN, W. H.: Dwelling-Houses in the Tropics, (With Special Reference to the Sudan), in: A. Balfour, (Hg.), 1908, S. 67-72.

MCLEAN, W. H.: Town Planning for Khartoum and Omdurman in the Earliest Period of British Rule in: V. Pons, (Hg.), 1980, S. 134-146.

MCLEAN, W. H. / HUNT, G. E.: Some Municipal Engineering Problems in the Tropics, (With Special Reference to Khartoum City), in: A. Balfour, (Hg.), 1911, S. 279-312.

MCLOUGHLIN, PETER. F. M.: The Sudan's Three Towns. A Demographic and Economic Profile of an African Urban Complex, Part I, Introduction and Demography, Part II, Output and Expenditure, Part III, Labour Force Occupation, Occupational Income, and Income Distribution, in: Economic Development and Cultural Change, 1963/64, S. 70-83, 158-173, 286-304.

MCLOUGHLIN, PETER. F. M.: Labour Market Conditions and Wages in the Three Towns, 1900-1950, in: SNR, LI, 1970, S. 105-118.

MEFIT, S. P. A.: Regional Plan of Khartoum and Master Plan for the Three Towns, Rome 1976.

MEIER, CHRISTOPH: Ethnische Selbsthilfevereine der Nuba-Migranten im städtischen Großraum Khartum, Republik Sudan, (unveröffentlichte Magisterarbeit), Göttingen 1989.

MERTINS, GÜNTER: Marginalsiedlungen in Großstädten der Dritten Welt, in: Geographische Rundschau, 36, 1984, S. 434-442.

MERTINS, GÜNTER: Die Habitat-Misere in Großstädten der "Dritten Welt" - Fragen zum Defizit und zur Effizienz bisheriger Wohnungsbauprogramme für untere Sozialschichten, in: J. Augel et al., (Hg.), 1986, S. 25-39.

MILLER, C. / SALIH, H. M.: Langues et Identite', in: M. Lavergne, (Hg.), Le Soudan Contemporain, Paris 1989, S. 87-112.

MINGIONE, ENZO: Urban Survival Strategies, Family Structure and Informal Practices, in: M. P. Smith / J. R. Feagin, (Hg.), 1987, S. 297-322.

MISKIN, A. B.: Land Registration, in: SNR, 31, 1950, S. 274-286.

MISRA, R. P. / EL AGRAA, OMER: Urbanization and National Development. The Quest for Appropriate Human Settlement Policies in the Arab World, in: Ekistics, 300, 1983, S. 210-218.

MOHAMED, ABDUL / KUCH, PRISCILLA JOSEPH: Profile of the Displaced in Khartoum, in: Disasters, 11 (4), 1987, S. 243-250.

MOHAMED-SALIH, MOHAMED A.: The Socio-Economic Effects of Migrants and Returnee Migrants in the Nuba Mountains, in: F. Ibrahim / H. Ruppert, (Hg.), 1988, S. 79-94.

MONTUORI, FR. LUIGI / BELTRAME, FR. G. / ROLLERI, FR. B.: Three Impressions of Khartoum during the Turkiya, (from the Letters and Diaries of Italian Missionaries), in: SNR, 41, 1960, S. 101-106.

MUHAMMAD ALI, IBRAHIM ABBAS: The British, The Slave Trade and Slavery in the Sudan, 1820-1881, Khartoum 1972.

MUHAMMAD ALI, ABBAS IBRAHIM: Contemporary British Views on the Khalifa's Rule, in: SNR, 51, 1970, S. 31-46.

MUSTAFA, MOHAMED EL MURTADA: Development Planning, Urban Labour Markets and International Migration in the Sudan, in: P. Oesterdieckhof / K. Wohlmuth, (Hg.), The Development Perspectives of the Democratic Republic of Sudan. The Limits of the Breadbasket Strategy, Köln 1983, S. 277-296.

NASR, AHMAD ABD AL-RAHIM / DUFFIELD, MARK R.: A Bibliography of West African Settlement and Development in the Sudan, (Development Studies and Research Centre, Monograph Series, 13), Khartoum 1980.

NDURU, MOYIGA KOROKOTO: North Sudan Views Southern Refugees as Fifth Column, in: Middle East Times, Cairo, vom 11-17. Oktober 1987, S. 6.

NIBLOCK, TIM: Class and Power in Sudan. The Dynamics of Sudanese Politics, 1898-1985, London 1987.

NOHLEN, DIETER / STURM, ROLAND: Über das Konzept der strukturellen Heterogenität, in: D. Nohlen / F. Nuscheler, (Hg.), Handbuch der Dritten Welt, Hamburg 1982, S. 92-116.

NUR, M. I.: The Role of the Native Courts in the Administration of Justice in the Sudan, in: SNR, 41, 1960, S. 78-87.

NUSCHELER, FRANZ: Lern- und Arbeitsbuch Entwicklungspolitik, Bonn 1985.

OBERAI, AMARJIT S.: An Analysis of Migration to Greater Khartoum, Sudan, (Population and Employment Working Paper, 19), Geneva 1975.

OBUDHO, R. A. / MHLANGA C. (Hg.): Slum and Squatter Settlements in Sub-Saharan Africa. Toward a Planning Strategy, New York 1988.

OESTERDIECKHOFF, PETER: Agrarpolitische Orientierungen. Phasen, Tendenzen und Alternativen, in: R. Tetzlaff / K. Wohlmuth, (Hg.), Der Sudan, Frankfurt 1980, S. 143-256, < 1980a >.

OESTERDIECKHOFF, PETER: Der Agrarsektor des Sudan, in: R. Tetzlaff / K. Wohlmuth, (Hg.), Der Sudan, Frankfurt 1980, S. 257-384, < 1980b > .

OESTERDIECKHOF, PETER / WOHLMUTH, KARL (Hg.): The Development Perspectives of the Democratic Republic of Sudan. The Limits of the Breadbasket Strategy, Köln 1983.

OESTEREICH, JÜRGEN: Das Quartier als Siedlungseinheit. Kollektive Selbstbestimmung in afrikanischen Großstädten, in: Trialog, 15, 1987, S. 16-24.

O'FAHEY, R. S. / SPAULDING, J. L.: Kingdoms of the Sudan, London 1974.

O'NEIL, NORMAN / O'BRIEN, JAY (Hg.): Economy and Class in Sudan, Aldershot, Sydney, u.a. 1988.

OWEN, ROGER: The Cairo Building Industry and the Building Boom of 1897 to 1907, in: Colloque International sur L'Histoire du Caire, Cairo 1972, S. 337-350.

OWEN, ROGER: The Middle East and the World Economy 1800-1914, London, New York 1987.

PACHA, ABBATE: Khartoum. Revue apres Cinquante Ans. 1856-1906, (Extrait du Bulletin de la Societe Khediviale de Geographie, VI, 11), Le Caire 1906.

PAYNE, GEOFFREY K.: Urban Housing in the Third World, London; Boston 1977.

PAYNE, GEOFFREY K.: Low-Income Housing in the Developing World. The Role of Sites and Services and Settlement Upgrading, Chichester, New York, u.a. 1984.

PERROUX, FRANCOIS: Notes sur la notation de pole de croissance, in: Economie Appliquee, III, 1-2, 1955, S. 307-320.

PICKVANCE, C. G. (Hg.): Urban Sociology. Critical Essays, New York 1976.

POLANY, KARL: Ökonomie und Gesellschaft, Frankfurt a.M. 1979.

PONS, VALDO (Hg.): Urbanization and Urban Life in the Sudan, Hull 1980.

QUIJANO, ANIBAL: Marginaler Pol der Wirtschaft und marginalisierte Arbeitskraft, in: D. Senghaas, (Hg.), Peripherer Kapitalismus. Analysen über Abhängigkeit und Unterentwicklung, Frankfurt 1974.

RAMIREZ, RONALDO / BURGESS, ROD: "Affordability and no Cost Recovery!", Or: How to Transform World Bank Housing Policies, in: Trialog, 18, (3), 1988, S. 9-12.

RAUCH, THEO: Peripher-kapitalistisches Wachstumsmuster und regionale Entwicklung. Ein akkumulationstheoretischer Ansatz zur Erklärung räumlicher Aspekte von Unterentwicklung (Originalbeitrag 1982), in: Fred Scholz, (Hg.), Entwicklungsländer, Darmstadt 1985, S. 163-193.

REHFISCH, F.: A Study of some Southern Migrants in Omdurman, in: SNR, 42, 1962, S. 50-104.

REHFISCH, F.: A Note on Contemporary Source-Materials of the Sudanese Mahdia, in: SNR, 44, 1963, S. 143.

REHFISCH, F.: A Sketch of the Early History of Omdurman, in: SNR, 65, 1964, S. 35-47.

REHFISCH, F.: An Unrecorded Population Count of Omdurman, in: SNR, 66, 1965, S. 33-39.

REHFISCH, F.: Omdurman During the Mahdiya, in: SNR, 48, 1967, S. 33-61.

REHFISCH, F.: A Rotating Credit Association in the Three Towns, in: I. Cunnison / W. James, (Hg.), Essays in Sudan Ethnography, 1972, S. 189-200.

REHFISCH, F.: Notes on the Funj City of Sennar from the late 17th Century to its Destruction in the 19th Century in: V. Pons, (Hg.), Hull 1980, S. 28-47.

RHEINGANS, FRAUKE: Nyimang Women in Urban Settlements, in: Geojournal, 25, (1), 1991, S. 59-62.

RIBEIRO, LUIZ CESAR DE QUEIROZ: The Constitution of Real-Estate Capital and Production of the Built-Up Space in Rio de Janeiro, 1870-1930, in: International Journal of Urban and Regional Research, 13, (1), 1989, S. 47-67.

RIDDELL, BARRY J.: Geography and the Study of Third World Underdevelopment Re-revisted, in: Historical Geography, 1989, S. 267-276.

RICHARDS, ALAN / WATERBURY JOHN: A Political Economy of the Middle East. State, Class, and Economic Development, Oxford 1990.

RIZGALLAH, MAHMOUD KHIDR: Migration and Urbanization in the Sudan. A Note on the Preliminary Findings of the 1973 Census, in: V. Pons, (Hg.), 1980, S. 412-424.

ROBERTSON, ROLAND / LECHNER, FRANK: Modernization, Globalization and the Problem of Culture in World-Systems Theory, in: Theory, Culture & Society, 2, (3), 1985, S. 103-118.

RODINSON, MAXIME: Islam und Kapitalismus, Frankfurt a.M. 1986.

ROSS, ROBERT / TELKAMP, GERHARD J. (Hg.): Colonial Cities. Essays on Urbanism in a Colonial Context, (Comparative Studies in Overseas History, Vol. 5), Boston, Lancaster, Dordrecht 1985.

RÖSSLER, ANGELIKA: About the Importance of Squatter Upgrading. A Case Study on the Housing Situation of Beja-Migrants in Port Sudan, (ASA Auswertungsbericht SÜD 81/2), 1981.

ROSTOW, WALT, W.: Stadien wirtschaftlichen Wachstums. Eine Alternative zur marxistischen Wirtschaftstheorie, Göttingen 1967.

ROY, DELWIN A.: Development Policy and Labor Migration in the Sudan, in: Middle Eastern Studies, 25, 1989, S. 301-322.

RÜLAND, JÜRGEN: Metropolenwachstum in der Dritten Welt. Probleme und Lösungsansätze, (Analysen aus der Abteilung Entwicklungsländerforschung, 97), Bonn 1982.

RUPPERT, HELMUT: Identity Change as a Result of the Migration of Population Groups in the Sudan, in: F. Ibrahim / H. Ruppert, (Hg.), 1988, S. 5-12, <1988a>.

RUPPERT, HELMUT: The Migration of the Zaghawa to Khartoum-Omdurman-Conurbation, in: F. Ibrahim / H. Ruppert, (Hg.), 1988, S. 63-78, <1988b>.

RUPPERT, HELMUT: Die Rolle des Trinkwassers für die Migration von Bevölkerungsgruppen in der Sahelzone der Republik Sudan, in: Die Erde, 119, 1988, S. 171-177, <1988c>.

RUPPERT, HELMUT: Konflikte bei der Wanderung von Nomaden in den städtischen Raum. Das Beispiel der Wanderung der Zaghawa nach Omdurman und der Hadandawa nach Port Sudan, in: Die Erde, 119, 1988, S. 211-217, <1988d>.

SAFA, HELEN I.: Urbanization, the Informal Economy and State Policy in Latin America, in: M. P. Smith / J. R. Feagin, (Hg.), 1987, S. 252-272.

SANDERSON, G. N.: The European Powers and the Sudan in the later Nineteenth Century, in: SNR, 40, 1959, S. 79-100.

SANDERSON, G. N.: The Ghost of Adam Smith: Ideology, Bureaucracy, and the Frustration of Economic Development in the Sudan, 1934-1940, in: M. W. Daly, (Hg.), Modernization in the Sudan, New York 1985, S. 101-120.

SANDES, E. W. C.: The Royal Engineers in Egypt and the Sudan, Chatham 1937.

SANDISON, P. J.: Problems of Low-Cost Housing in the Sudan, in: SNR, 35, 1954, S. 75-88.

SANTI, PAUL / HILL RICHARD (Hg.): The Europeans in the Sudan 1834-1878, some Manuscripts, mostly unpublished, written by Traders, Christian Missionaries, Officials, and Others, New York 1980.

SANTOS, MILTON: Spatial Dialectics: The Two Circuits of Urban Economy in Underdeveloped Countries, in: Antipode, 9, (3), 1977, S. 49-60.

SANTOS, MILTON: The Shared Space. The Two Circuits of the Urban Economy in Underdeveloped Countries (Orginalausgabe: L'Espace Partage' 1975), London, New York 1979.

SAUNDERS, PETER: Soziologie der Stadt, (Orginalausgabe: Social Theory and the Urban Question 1981), Frankfurt, New York 1987.

SCHAMP, EIKE W. (Hg.): Der informelle Sektor. Geographische Perspektiven eines umstrittenen Konzepts, Aachen 1989.

SCHAMP, EIKE W.: Was ist informell? Eine Einführung aus Sicht der Geographen, in: E. Schamp, (Hg.), 1989. S. 7-31.

SCHEFFLER, THOMAS: Ethnisch-religiöse Konflikte und gesellschaftliche Integration im Vorderen und Mittleren Orient. Eine Literaturstudie, (Occasional Papers 1 der Freien Universität Berlin, Forschungsgebietsschwerpunkt "Ethnizität und Gesellschaft"), Berlin 1985.

SCHENK, MICHAEL: Soziale Netzwerke und Kommunikation, Tübingen 1984.

SCHIEL, TILMAN: Suche nach Sicherheit und Sehnsucht nach Geborgenheit. "Dualwirtschaft" und "informeller Sektor" als Phänomen und Fiktion, in: Zeitschrift für Soziologie, 16, (2), 1987, S. 92-105.

SCHIEL, T. / STAUTH, G.: Unterentwicklung und Subsistenzproduktion, in: Peripherie, 5/6, 1981, S. 122-142.

SCHMIDT-WULFFEN, WULF D.: 10 Jahre entwicklungstheoretische Diskussion. Ergebnisse und Perspektiven für die Geographie, in: Geographische Rundschau, 39, 1987, S. 130-135.

SCHÖLCH, ALEXANDER: Der arabische Osten im neunzehnten Jahrhundert 1914-1985, in: U. Haarmann, (Hg.), Geschichte der arabischen Welt, München 1987, S. 365-431.

SCHOLZ, FRED: Informelle Institutionen versus Entwicklung. (Plädoyer für detaillierte empirische Regionalforschung als Grundlage entwicklungsstrategischer Überlegungen und projektbezogener Maßnahmen), in: Die Erde, (117), 1986, S. 285- 297.

SCHRÖDER, GÜNTER: Der Gross-Raum Khartoum. Überblick über gegenwärtige Probleme der Stadtentwicklung und Siedlungspolitik, in: Deutsche Stiftung für internationale Entwicklung (DSE), Landesmappe Sudan 1989, Bad Honnef 1989.

SCHUHMACHER, ERNST GÜNTER: Grundprobleme der Entstehung von Selbsthilfeorganisationen in Entwicklungsländern, (Schriften zum Genossenschaftswesen und zur Öffentlichen Wirtschaft, 15), Berlin 1985.

SEDDON, DAVID: Hunger und Herrschaft. Zur politischen Ökonomie der "Brotunruhen" in Nordafrika (Tunesien, Marokko, Sudan), Berlin 1988.

SEIBEL, HANS DIETER: Der informelle Sektor in afrikanischen Städten. Entwicklungsprobleme, Selbsthilfepotentiale und Förderungsmöglichkeiten, in: E.-M. Bruchhaus, (Hg.), Afrikanische Eliten zwanzig Jahre nach Erlangung der Unabhängigkeit, Hamburg 1983, S. 161-186.

SELLIN, H. / TETZLAFF, R.: Sudan, in: Nohlen/Nuscheler, (Hg.), Handbuch der Dritten Welt, Hamburg 1982, S. 98-115.

SEMSEK, HANS-GÜNTER: Popular Culture versus Mass Culture. The Social Dynamics in a Popular Cairene Quarter. A Case Study, in: G. Stauth / S. Zubaida, (Hg.), 1987, S. 261-285.

SENGHAAS-KNOBLOCH, EVA: "Informeller Sektor" und peripherer Kapitalismus. Zur Kritik einer entwicklungspolitischen Konzeption, in: H. Elsenhans, (Hg.), Migration und Wirtschaftsentwicklung, Frankfurt, New York, 1978, S. 187-207.

SHAAELDIN, ELFATIH / BROWN, RICHARD: Towards an Understanding of Islamic Banking in Sudan. The Case of the Faisal Islamic Bank, in: T. Barnett / A. Abdelkarim, (Hg.), 1988, S. 121-140.

SHAH, KIRTEE: People`s Participation in Housing Action. Meaning, Scope and Strategy, in: G. Payne, (Hg.), 1984, S. 201-208.

SIMON, DAVID: Third World Colonial Cities in Context. Conceptual and Theoretical Approaches with Particular Reference to Africa, in: Progress in Human Geography, 8, 1984, S. 493-514.

SIMON, DAVID: Colonial Cities, Postcolonial Africa and the World Economy. A Reinterpretation, in: International Journal of Urban and Regional Research, 13, (1), 1989, S. 68-91.

SIMPSON, M.C.: Khartoum's Food Supplies. A Study in the Production and Marketing of Six Basic Foodstuffs, (Department of Rural Economy University of Khartoum, Research Bulletin No. 2), Khartoum 1966.

SIMPSON, S. R.: Land Law and Registration in the Sudan, in: Journal of African Administration, 7, 1955, S. 11-17.

SIMPSON, S. R.: Town Planning and Development During the Condominium: Two Extracts from a Memoir, in: M. W. Daly, (Hg.), Modernization in the Sudan. Essays in Honor of Richard Hill, New York 1985.

SIVERS, PETER VON: Life within the Informal Sectors. Tunesia and Egypt in the 1970s, in: G. Stauth / S. Zubaida, (Hg.), 1987, S. 243-257.

SJOBERG, GIDEON: The Preindustrial City. Past and Present, New York, London, 1960.

SLATER, DAVID: Capitalism and Urbanisation at the Periphery. Problems of Interpretation and Analysis with Reference to Latin America, in: D. Drakakis-Smith, (Hg.), 1986, S. 7-22.

SLATIN, R.C.: Feuer und Schwert im Sudan, o.O. 1896.

SLATIN, R.C.: Fire and Sword in the Sudan. A Personal Narrative of Fighting and Serving the Dervishes, 1879-1885, London 1898.

SMITH, J. / WALLERSTEIN, I. / EVERS, H.-D. (Hg.): Households and the World-Economy, Beverly Hills, London, New Delhi 1984.

SMITH, MICHAEL PETER / FEAGIN, JOE R. (Hg.): The Capitalist City. Global Restructuring and Community Politics, Oxford, New York 1987.

SMITH, MICHAEL PETER / FEAGIN, JOE R.: Cities and the New International Division of Labour. An Overview, in: M. P. Smith / J. R. Feagin, (Hg.), 1987, S. 3-34.

SMITH, MICHAEL PETER / TARDANICO, RICHARD: Urban Theory Reconsidered. Production, Reproduction and Collective Action, in: M. P. Smith / J. R. Feagin, (Hg.), 1987, S. 87-110.

SPAULDING, RAY: The Management of Exchange in Sinnar, in: L. W. Manger, (Hg.), Trade and Traders in the Sudan, Bergen 1984, S. 25-48.

SPAULDING, RAY: The Heroic Age of Sinnar, East Lansing 1985.

STATSTISCHES BUNDESAMT (Hg.): Länderbericht Sudan 1990, Wiesbaden 1990.

STAUTH, GEORG: Konfliktpotentiale lokaler Gemeinschaften in peripheren Gesellschaften. Alltagserfahrung und Protestverhalten in Kairoer Slums, (Working Paper, 29), Bielefeld 1982.

STAUTH, GEORG: Gamaliyya. Informal Economy and Social Life in a Popular Quarter of Cairo, (Working Paper, 87), Bielefeld 1986.

STAUTH, GEORG: Local Communities and Mass Culture, in: G. Stauth / S. Zubaida, (Hg.),1987, S. 65-83.

STAUTH, G. / ZUBAIDA, S. (Hg.): Mass Culture, Popular Culture, and Social Life in the Middle East, Frankfurt 1987.

STEINBERG, FLORIAN: Zur Rolle der Selbsthilfe bei der Wohnungsversorgung in unterentwickelten Ländern - Ein Schlüssel zur Lösung der Wohnungsfrage oder zur politischen Emanzipation der städtischen Armen?, in: Peripherie, 9, (3), 1982, S. 52-69.

STEVENS, PETER H. M.: Planning Legislation in the Colonies, in: Town and Country Planning, 23, (131), 1955, S. 119-123.

STEVENSON, R. C.: Old Khartoum, 1821-1885, in: SNR, XLVII, 1966, S. 1-38.

STRECK, BERNHARD: "Recycling" als Stammesgewerbe - Die Blechtonnenverarbeitung der Halab in Omdurman, in: Fritz Kramer / Bernhard Streck (Hg), Zwischenberichte des Sudanprojekts, Berlin 1983.

STRECK, BERNHARD: Der Bauch und der Rücken. Einige Gedanken zur Morphologie des Gesichtsfeldes im mittleren Nilsudan, in: Trialog, 7, 1985, S. 14-17, < 1985a >.

STRECK, BERNHARD: Diaspora und Nischenökonomie der Halab innerhalb der komplexen Gesellschaft des Nil-Sudan, (Ethnizität und Gesellschaft, Occasional Papers, 9), Berlin 1989.

STRECK, BERNHARD: Tradition, Migration, Notstand. Themen heutiger Sudanethnographie, Göttingen 1990, < 1990b >.

SUDAN GOVERNMENT: Sudan Political Service, 1899-1929, (Compiled from Official Records), Khartoum 1930.

SUDAN STUDIES SOCIETY: Second International Sudan Studies Conference Papers, Sudan. Environment and People, 8-11 April 1991, held at University of Durham, Durham 1991.

TAHER, NADIA ADEL: Social Identity and Class in a Cairo Neighbourhood, Cairo Papers in Social Science, 9, (4), Cairo 1986.

TAIT, JOHN: Interner Kolonialismus und ethnisch-soziale Segregation im Sudan. Nigerianisch-westafrikanische Arbeitsmigranten und das Arbeitsmarktsystem in der Gezira, in: Afrikaspektrum, 3, 1979, S. 361-382.

TAIT, JOHN: Interner Kolonialismus und ethnisch-soziale Segregation im Sudan. Nigerianisch-westafrikanische Arbeitsmigranten und das Arbeitsmarktsystem der Gezira, in: R. Tetzlaff / K. Wohlmuth, (Hg.), 1980, S. 385-430, < 1980a >.

TAIT, JOHN: Die "Modernisierung" der kolonialen Produktionsweise im Sudan Gezira Scheme, in: R. Tetzlaff / K. Wohlmuth, (Hg.), Der Sudan, Frankfurt 1980, S. 431-609, < 1980b >.

TAYLOR, PETER J.: Political Geography. World-Economy, Nation-State and Locality, New York 1991.

TETZLAFF, RAINER: Gibt es in Afrika eine Staatsklasse?, in: E.-M. Bruchhaus, (Hg.), Afrikanische Eliten zwanzig Jahre nach der Unabhängigkeit, Hamburg 1983, S. 28-57.

TETZLAFF, RAINER: Sudan: Innere Zerreißproben und Entwicklungsmisere. Der fruchtlose Versuch der nationalen Einigung unter militärischer Führung, in: Rainer Steinweg (Red.), Mititärregime und Entwicklungspolitik, Frankfurt 1989.

TETZLAFF, R. / WOHLMUTH, K. (Hg.): Der Sudan. Probleme und Perspektiven der Entwicklung eines weltmarktabhängigen Agrarstaates, (Institut für Internationale Angelegenheiten der Universität Hamburg), Hamburg 1980.

TETZLAFF, R. / WOHLMUTH, K. Handlungsspielräume im unterentwickelten Agrarland Sudan - Möglichkeiten und Grenzen einer emanzipatorischen Entwicklungsstrategie auf der politischen Grundlage panarabischer Entwicklungskooperation, in: H.-D. Evers / D. Senghaas / H. Wienholtz. (Hg.), Auf dem Weg zu einer neuen Weltwirtschaftsordnung?, Bedingungen und Grenzen für eine eigenständige Entwicklung, Baden-Baden 1983, S. 55-74.

THE REPUBLIC OF SUDAN: First Population Census of Sudan 1955/56, Final Report, 3 Vol., (H.Q. Council of Ministers, Department of Statistics), Khartoum 1962.

THOMI, W.H.: Struktur und Funktion des produzierenden Kleingewerbes in Klein- und Mittelstädten Ghanas. Ein empirischer Beitrag zur Theorie der urbanen Reproduktion in Ländern der Dritten Welt, Frankfurt 1987.

THRIFT, NIGEL: The Fixers: The Urban Geography of International Commercial Capital, in: J. Henderson / M. Castells, (Hg.), Global Restructuring and Territorial Development, London, Newbury Park 1987, S. 203-233.

TIMBERLAKE, MICHAEL (Hg.): Urbanisation in the Word-Economy, London 1985.

TIMBERLAKE, MICHAEL: World-System Theory and the Study of Comparative Urbanization, in: M. P. Smith / J. R. Feagin, (Hg.), 1987, S. 37-65.

TRIMINGHAM, SPENCER J.: Islam in the Sudan, London 1949.

TUMP, RAINER: "Städtische Soziale Bewegungen" in Brasilien. Bewohnervereinigungen zwischen Selbstbestimmung und Klientelismus, (Unveröffentlichte Diplomarbeit), Bielefeld 1988.

TURNER, JOHN F. C.: Dwelling Ressources in South America, in: Architectural Design, 33, (8), 1963, S. 360-393.

TURNER, JOHN F. C.: The Squatter Settlement, An Architecture that Works, in: Architectural Design, 38, (8), 1968, S. 357-360.

TURNER, JOHN F. C.: Verelendung durch Architektur. < Housing by People > Plädoyer für eine politische Gegenarchitektur in der Dritten Welt, Hamburg 1978.

UN-HABITAT: The Global Strategy for Shelter to the Year 2000. As Adopted by the General Assembly of the United Nations at its Forty-third Session in Resolution 43/181 on 20 December 1988, Nairobi 1990.

U.S. COMMITTEE FOR REFUGEES [USCR]: Khartoum's Displaced Persons. A Decade of Despair, Washington 1990.

WAHNSCHAFFT, RALPH: Zum Entwicklungspotential des Klein(st)gewerbes: Der "informelle" Sektor in thailändischen Fremdenverkehrsorten, (Sozialwissenschaftliche Studien zu internationalen Problemen, 98), Saarbrücken 1984.

WALGER, CHRISTIAN: Wohnungsversorgung durch Selbsthilfe. Zur Rolle der Selbsthilfe im Kontext urbaner Wohnungsnot in der Dritten Welt, (Working Paper, 108), Bielefeld 1988.

WALKLEY, C. E. J.: The Story of Khartoum, in: SNR, 18, 1935, S. 221-241, continued, in: SNR, 19, 1936, S. 71-92.

WALLERSTEIN, IMMANUEL: The Modern World System, London 1974.

WALLERSTEIN, IMMANUEL: World-Systems Analysis, in: A. Giddens / J. H. Turner, (Hg.), Social Theory Today, Cambridge 1987, S. 309-324.

WALTON, DAVID S.: The Role of International Consultants, in: G. Payne, (Hg.), 1984, S. 187-197.

WALTON, JOHN: Culture and Economy in the Shaping of Urban Life. General Issues and Latin American Examples, in: J. A. Agnew, et al., (Hg.), 1984, S. 76-93.

WALTON, JOHN: Urban Protest and the Global Political Economy: The IMF Riots, in: M. P. Smith / J. R. Feagin, (Hg.), 1987, S. 364-386.

WARBURG, GABRIEL R.: The Sudan under Wingate. Administration in the Anglo-Egyptian Sudan 1899-1916, London 1971.

WARBURG, GABRIEL R. / KUPFERSCHMIDT, URI M. (Hg.): Islam, Nationalism, and Radicalism in Egypt and the Sudan, New York 1983.

WATTS, MICHAEL: Brittel Trade. A Political Economy of Food Supply in Kano, in: J. I. Guyer, (Hg.), Feeding African Cities. Studies in Regional Social History, London 1987, S. 55-111.

WATTS, MICHAEL: The Agrarian Question in Africa. Debating the Crisis, in: Progress in Human Geography, 13, (1), 1989, S. 1-41.

WEHR, HANS: Arabisches Wörterbuch für die Schriftsprache der Gegenwart, Leipzig 1949.

WETTER, MANFRED: Der Mythos der Selbsthilfe. Illegale Siedlungen und informeller Sektor in Nairobi, (Spektrum. Berliner Reihe zu Gesellschaft, Wirtschaft und Politik in Entwicklungsländern), Saarbrücken, Fort Lauderdale 1985.

WIKAN, UNNI: Life Among the Poor in Cairo, London 1980, Originalausgabe Oslo 1976.

WILKENS, WERNER: "Reciprocity Networks" - ein Beitrag zur Subsistenzsicherung der Elendsbevölkerung im peripheren Kapitalismus?, in: J. Augel, (Hg.), 1985, S. 102-120.

WILLIAMS, DAVID G.: The Role of International Agencies. The World Bank, in: G. Payne, (Hg.), 1984, S. 173-185.

WINGATE, F. R.: The Siege and Fall of Khartum, (Original 1892), in: SNR, 13, 1930, S. 1-82.

WINTERS, CHRISTOPHER: Traditional Urbanism in the North Central Sudan, in: Annals of the Association of American Geographers, 67, 1977, S. 500-520.

WIRTH, EUGEN: Geographie als moderne theorieorientierte Sozialwissenschaft ?, in: Erdkunde, 38, 1984, S. 73-79.

WOLF, ERIC R: Europe and the People Without History. Berkeley, Los Angeles, London 1990.

WOODRUFF, BRADLEY A. et al.: Disease Surveillance and Control After a Flood: Khartoum, Sudan, 1988, in: Disasters, 14 (2), 1988, S. 151-163.

WOODS, FREDERICK: Young Winston's Wars. The Original Despatches of Winston S. Churchill War Correspondent, 1897-1900, London 1972.

WOODS, ROBERT / WOODWARD, JOHN: Urban Disease and Mortality in Nineteenth-Century England, London 1984.

WOODWARD, PETER: Islam and Politics, in: R. K. Badal / A. Al-Hardallo, (Hg.), Sudan since Independence. Studies of the Political Development since 1956, Aldershot, Hants 1986, S. 1-6.

WOODWARD, PETER: Sudan, 1898-1989. The Unstable State, London 1990.

WORLD BANK: Social Indicators of Development 1989, Baltimore, London 1989.

WORLD BANK: Country Briefs, June 1990, 1. Africa, Europe, Middle East, and North Africa, o.O. 1990.

WORRALL, G. A.: Soils and Land Use in the Vicinity of the Three Towns, in: SNR, 39, 1958, S. 2-10.

YOUSIF, MAMOUN: The Vital Statistics of Hag Yousif Rural Community, in: SNR, XLIX, 1968, S. 104-127.

YATH, AWAN YATH: The Effect of Differential Access to Accommodation on the Dinka Migrants in Khartoum. The Example of Gereif West, in: Geojournal, 25, (1), 1991, S. 19-26.

YATH, AWAN YATH: Dinka Migrants in Khartoum. Coping Strategies in the Face of Economic and Political Hardships. The Example of the Suq el Markazi Squatter Settlement, Sudan, in: H.-G. Bohle et al., (Hg.), 1993, S. 59-80.

YOUSIF, Y. B.: The Impact of Urbanization in the Sudan on the Nutritional Status of the Population, in: S. El-Bushra, (Hg.), 1972b, S. 146-152.

ZACH, MICHAEL: Die Entwicklung Khartoums bis zum Ende des 19. Jahrhunderts im Spiegel der österreichischen Reiseliteratur, in: Wiener Ethnohistorische Blätter, 29, 1986, S. 39-65.

ZAHIR, FAHIMA: Khartoum North Squatter Settlements. Urbanization, Migrant and Adjustment to the Urban Setting, in: S. El-Bushra, (Hg.), 1972b, S. 222-243.

ZAYED, AHMAD: Popular Culture and Consumerism in Underdeveloped Urban Areas. A Study of the Cairene Quarter of Al-Sharrabiyya, in: G. Stauth / S. Zubaida, (Hg.), 1987, S. 287-312.

ZETTER, ROGER: Land Issues in Low-income Housing, in: G. Payne, (Hg.), 1984, S. 220-231.

ZINN, MAIKE: Rationales Handeln und Kultur als Grundlage für Überlebensstrategien in Slumgebieten. Fallstudien aus Adiwasi Nagar, Nagpur (Maharashtra, Indien), (ASA Auswertungsbericht IND 86/3), Berlin 1987.

ZISS, ROLAND: Ökonomische Determinanten der Selbsthilfe in Spontansiedlungen, in: Trialog, 2, 1984, S. 27-34.

ZUBAIDA, SAMI: The City and its "Other" in Islamic Political Ideas and Movements, in: K. Brown / M. Jole, et. al., (Hg.), Middle-Eastern Cities in Comparative Perspective, (Franco-British Symposium, London 1984), London 1986, S. 327-341.

ZUBAIDA, SAMI: Components of Popular Culture in the Middle East, in: G. Stauth / S. Zubaida, (Hg.), 1987, S. 137-163.

ANHANG

Ungeplante Siedlungen in Khartoum [1986][1]

(Manaatiqu s-sakani l-,aschwaa'ii[2] wa-l-quraa l-mut'athira bihi bi-l-manaatiqa l-arba,a)

(Siehe Karte 1)

Ungeplante Siedlungen in Omdurman

1. Murzuk

A. Murzuk liegt westlich von Haara 14 bei der Stadt Ath-Thawra.

B. Die ungeplanten Siedlungen erstrecken sich über ein Gebiet von ungefähr vier Quadratkilometern. Die Mehrzahl der Räume besteht aus geschichtetem Lehm, nur wenige Gebäude weisen eine gute Bausubstanz auf.

C. Bodenspekulanten verkaufen fertiggestellte Zimmer für 800 LS.

2. Hataana

A. Hataana ist eines von den alten Dörfern nördlich von Omdurman. Das Dorf wird durch die Ausbreitung illegaler Siedlungen bedrängt, die mittlerweile bis in die geplanten Wohngebiete hineinreichen.

B. Ausbreitung der illegalen Siedlungen.

C. Bodenspekulanten verkaufen Flächen von 1.500 Quadratmetern zu einem Preis von 15.000 LS.

D. Die Siedlung ist mit Wasseranschlüssen ausgestattet.

E. Die katastermäßige Erfassung und die Sozialerhebung begannen 1979.

---

[1] Die Liste von den ungeplanten Siedlungen in Khartoum wurde vom Squatterdepartment 1986 erstellt. Bei der vorliegenden Übersetzung wurden die im arabischen Originaltext nicht ausgeschriebenen Kurzvokale der Ortsnamen nach bestem Wissen des Autors transkribiert, wobei den lokalen Abweichungen in der Umgangssprache allerdings nicht Rechnung getragen werden konnte. Die genaue Übersetzung des Originaltitels ist der Literaturliste zu entnehmen (vgl. AQ 2).

[2] Das Wort ",aschwaa'ii" wird mit der engeren Bedeutung "ungeplant" übersetzt, wiewohl es im vorliegenden Fall auch die Illegalität einer Siedlung ausdrückt.

3. Saraha

A. Saraha ist eines von den Dörfern nördlich von Omdurman, das durch illegale Siedlungen beeinflußt wird.

B. Die katastermäßige Erfassung und die Sozialerhebung wurden 1977 begonnen.

C. Ein "Replanning"-Büro wurde bis zum Durchführungsende der Arbeiten installiert.

D. Bodenspekulanten sind aktiv geworden und haben durch Landverkauf den Bau von illegalen Siedlungen im Gebiet von At-Tub Al-Ahmar angeregt.

4. Al-Qamaiyr

A. Diese Siedlung liegt östlich und nordöstlich von der Fakultät für Erziehung.

B. Die katastermäßige Erfassung und die Sozialerhebung begannen 1977.

C. Ein Bevölkerungsteil ist seit längerer Zeit ansässig. In diesem Gebiet leben zahllose Kriminelle, die außer der Herstellung und dem Verkauf von Alkohol auch allen anderen unrechtmässigen Geschäften nachgehen. Ein Bereich der Siedlung besteht aus Lehmräumen, die sich bis zur Durchführung des "Replanning"-Prozesses noch weiter über das Gebiet ausdehnen werden.

D. Das Land ist durch gewohnheitsrechtliche Erklärung in Besitz genommen worden [wadaa,a al-yadd].

E. Ein bewaffneter Stützpunkt wurde eingerichtet.

5. Ad-Daraja Ath-Thaaniiya Al-Muhandisiyyn

A. Diese Siedlung liegt östlich von Haara 14 bei Omdurman Al-Jadiid. Das Gebiet wurde 1976/77 als Wohngegend der dritten Klasse ausgewiesen.

B. Auf diesem Gebiet breiten sich ungeplante Siedlungen aus. Ihre Bewohner leisten der Regierung Widerstand, indem sie die Räumung der Grundstücke, die an ihre Besitzer übergeben werden sollen, verweigern.

C. Das Behandlungskomitee der ungeplanten Siedlungen hat in Haara 14 mit der katastermäßigen Erfassung und mit der Durchführung von Sozialuntersuchungen begonnen. Doch die Bewohner verweigern noch immer die Freimachung dieses Gebietes.

D. Ein bewaffneter Wachposten wurde eingerichtet, der die weitere Ausbreitung der illegalen Bebauung verhindern soll.

6. Asaas Al-Jaami,a

A. Während der Errichtung der Moschee kamen 47 Familien und wohnen seitdem in deren unmittelbarer Umgebung. Die katastermäßige Erfassung und die Sozialerhebung begannen 1979.

B. Ein bewaffneter Wachposten wurde eingerichtet.

7. Aiyd Abu Zaiyd

A. Diese Siedlung liegt östlich von Abu Sa,ad.

B. Die katastermäßige Erfassung und die Durchführung der Sozialuntersuchung begannen 1979. Die Anzahl der dort wohnenden Familien beträgt 48.

C. In der letzten Zeit breitet sich die ungeplante Bebauung räumlich aus und verdichtet sich gleichzeitig. Bodenhändler verkaufen Grundstücke an alle Abgewanderten, die Bedarf haben.

8.-16. Al-,Aschara / Sarbuu / Saliha / Al-Hajliija / Jaadiiyn / Abu D,aiiyn / Al-Wadii / Al-Qamaaraab / Waadi Al-Hamra

A. Die Dörfer mit den Nummern 8.-16. liegen südwestlich der Stadt Abu Sa,ad. Es handelt sich um Dörfer, deren Einwohner Viehzucht betreiben.

B. Die katastermäßige Erfassung und die Sozialerhebung begannen 1979-1980.

C. Gegenwärtig beginnen die Bodenhändler, die die Dörfer umgebenden Flächen zu verkaufen.

17.-20. Al-Barara / Al-Ahaamadia / Al-Qal,a / Hilla Gharb

A. Die Dörfer mit den Nummern 17.-20. liegen nördlich von Haara 10 und Haara 14 bei Ath-Thawra. Es handelt sich um kleine Dörfer, die noch in der Lage sind, sich auszubreiten und zu vergrößern.

21. Umbadda [von Haara 11 bis Haara 18]

A. In den Haaras 11-18 gibt es sieben lokale Planungskomitees, die bis heute arbeiten.

22. Zaqluuna

A. In Zaqluuna existiert ein Komitee für die Aufnahme von Zuwanderern.

23.-29. Karaa / Al-Muqaaiir / Al-,Ajiija / Al-Jamw,iiya / Hilla Bakhiiya Khawir ,Umr

A. Die Dörfer mit den Nummern 23.-29. liegen im Norden von Omdurman und gehören zu den alten Dörfern, um die herum sich die ungeplanten Siedlungen ausbreiten.

B. Die Bewohner haben begonnen, das Land im Umkreis ihrer Dörfer zu verkaufen und veräußern es zu Grundstückspreisen, die für 600 Quadratmeter bereits 5.000 LS überschreiten.

Ungeplante Siedlungen in Khartoum-Nord (Bahri) und östlich des Nil

30-33. Kartun Kasalaa / Kartun Al-Qur,aan/ Kartun Umm Baaruunaa/ Kartun At-Tukaamil

A. Die Kartun-Siedlungen liegen im Osten von Hajj Yussif.

B. Der bauliche Charakter der Siedlungen wird hauptsächlich durch Hütten aus Sackleinen, Karton und Blech bestimmt. Doch in der letzten Zeit geht man zu stabileren Baumaterialien über. So bestehen die Zimmer zunehmend aus Lehm.

C. Die Bewohner sind Migranten aus dem Süden und Westen des Landes. Zwei Gruppen kommen aus westafrikanischen Staaten.

D. Diese Kartonsiedlungen sind Schlupfwinkel für Verbrecher und die Bewohner sind nichtswürdig [radhiila].

E. Das Land ist durch gewohnheitsrechtliche Erklärung in Besitz genommen worden [wada,a al-yadd]

F. Ein bewaffneter Wachposten wurde eingerichtet, aufgrund der schwachen Kontrollmöglichkeiten jedoch an einen anderen Standort verlegt.

34. Ad-Druuschaab

A. Ad-Druuschaab liegt nordöstlich von Schambaat.

B. Ad-Druuschaab gehört zu den größten ungeplanten Siedlungen und ist an die Strom- und Wasserversorgung angeschlossen. Das steht im Widerspruch zu dem Beschluß des "Planungskomitees für beständige Städte" (30/82), der sich insbesondere gegen die Infrastrukturanschlüsse von Wasser und Strom in ungeplanten Siedlungen richtet.

C. Die katastermäßige Erfassung und die Sozialerhebung begannen 1978.

D. Flächen von 400 Quadratmetern werden zu Preisen von mehr als 20.000 LS verkauft.

E. Dieses Gebiet ist im Stadium des "Replanning"-Prozesses.

35. As-Salama

A. Eine neue ungeplante Siedung entsteht in der Wachstumszone der Stadt

Al-Kadruu und ist, im Widerspruch zu dem Beschluß des "Planungskomitees für beständige Städte" (30/82), an die Wasser- und Stromversorgung angeschlossen. Spekulanten sind dabei, den Boden bis in die unmittelbare Nähe der Stadt Al-Kadruu zu verkaufen. Die freien Flächen von vormals 365 Feddan sind aufgrund der Ausbreitung der ungeplanten Siedlungen auf 56 Feddan zusammengeschrumpft.

B. Die katastermäßige Erfassung und die Sozialerhebung begannen 1978.

C. Ein bewaffneter Kontrollpunkt wurde eingerichtet.

36-40 Umm Al-Quraa / Az-Zaakiiyaab / Darduuk Al-Fawq / Quz An-Nujum / Al-Husaaniiya

A. Diese Dörfer liegen im Norden und Osten von Al-Kadaru. Bodenhändler verkaufen Grundstücke von 500 Quadratmetern für 3.000 LS.

B. Die katastermäßige Erfassung und die Sozialerhebung begannen 1978 - 1979.

41. Al-Ahmada

A. Der Volksrat der Stadt Al-Kadruu sammelt auch von den Besitzern der illegalen Gebäude, die nicht bewohnt sind, Abgaben ein.

42. Asch-Schiqla Januub

A. Dieses Dorf liegt nördlich von Al-Hajj Yussif.

B. Es gehört zu den alten Dörfern. Die katastermäßige Erfassung und die Sozialerhebung begannen 1980.

C. Bis zum südlichen Siedlungsrand wurden die katastermäßige Erfassung und die Sozialerhebung durchgeführt.

D. Auf dem Schwarzmarkt erreicht der Bodenpreis für 800 Quadratmeter 8.000 LS.

E. In diesem Gebiet wurde ein bewaffneter Wachposten eingerichtet.

43-44. Umm Diriiywa und As-Saamraab

A. Diese beiden Siedlungen liegen südöstlich von Ad-Druschaab

B. Die katastermäßige Erfassung und die Sozialerhebung begannen 1980.

C. Die ungeplanten Siedlungen rücken bis an das landwirtschaftliche Regierungsprojekt Kuukuu vor. Die Preise für Baugrundstücke erreichen auf dem Schwarzmarkt 7.000 LS.

D. Der Volksrat von Al-Kadruu sammelt Abgaben von den Besitzern illegaler Zimmer und Gebäude.

E. Ein bewaffneter Kontrollpunkt wurde eingerichtet.

45. Asch-Schiqla Scharq

A. Diese ungeplanten Gebäude sind auf dem landwirtschaftlichen Gelände errichtet, das zur landwirtschaftlichen Genossenschaft von ‚Ad Baabikr gehört.

B. Die Bodenpreise erreichen auf dem Schwarzmarkt für ein Grundstück von 700 Quadratmetern ungefähr 5.000 LS.

46-49. Al-Muraabiiy,a / Raam Allah / Umm ‚Aschuusch / Qal,a Dafwa

A. Diese vier Quartiere zählen zu den neuen ungeplanten Siedlungen. Sie entstehen im äußersten Osten von Kartoum Nord [Bahri] in der Nähe des Kanals Ibraahiim Talib.

B. Mit der katastermäßigen Erfassung und der Sozialerhebung wurde 1978 begonnen.

50. Tabiya Al-Ahamada oder Al-‚Udhba

A. Es handelt sich um eine neue ungeplante Siedlung, die zur gleichen Zeit wie das Kaafuri-Projekt entstand.

B. Die Siedlung liegt nördlich des Kaafuri-Projektes. Sie gehört zu den Gebieten, in denen der Volksrat von Al-Kadruu Abgaben einsammelt.

C. Bodenhändler verkaufen Grundstücke von 500 Quadratmeter für 7.000 LS. Die Preise erhöhen sich noch unter den laufenden Bemühungen um einen Stromanschluß der Siedlung.

D. Ein bewaffneter Wachposten wurde eingerichtet.

51.-54. Al-Khaliila / Ad-Dawikhla / Umm Duwaabaan / Ad-Daba

A. Diese Dörfer liegen östlich des Nil, und ihre Bewohner wünschen den "Replanning"-Prozeß.

B. Bodenhändler sind aktiv geworden und beginnen mit dem Verkauf von Grundstücken.

55.-58. Wad Rafii,a / Hilla Hajj Yussif Scharq / Al-Maaiiquumaa Scharq / Al-Maaiiquumaa

A. Diese ungeplanten Siedlungen liegen östlich von Hajj Yussif.

B. Ohne offizielle Genehmigung existieren in diesen ungeplanten Siedlungen Wasser- und Stromanschlüsse.

C. Der Bodenpreis für Baugrundstücke beträgt mehr als 10.000 LS.

59. ,Ad Baabikr

A. Das Gebiet ist vorgesehen für den neuen Flughafen östlich des Nil.

B. Es ist der Bedrängung durch ungeplante Siedlungen ausgesetzt.

60. Umm Duum

A. Einige Landwirtschaftsprojekte sind der Bedrängung durch ungeplante Siedlungen ausgesetzt.

61. Daar As-Salaam

A. Der Standort dieser Siedlung ist östlich von Hilla Kuukuu.

B. Dieses Gebiet gehört zu den ungeplanten Siedlungen. Der Schwarzmarktpreis für Baugrundstücke übersteigt 10.000 LS.

C. Strom- und Wasseranschluß sind vorhanden.

D. Ein bewaffneter Kontrollpunkt wurde eingerichtet.

62. Az-Ziin Schaabak

A. Diese Siedlung liegt südlich von Daar As-Salaam.

B. Dieses Gebiet gehört zu den größten ungeplanten Siedlungen. Die Siedlung ist mit Strom- und Wasseranschluß ausgestattet, weshalb der Schwarzmarktpreis für ein Grundstück 15.000 LS übersteigt. Dieses Gebiet ist bekannt für Schmuggelei. Es wurde bereits Schmuggelware im Wert von mehr als einer halben Million sudanesischer Pfund beschlagnahmt.

Ungeplante Siedlungen in Khartoum

63-64. Suubaa und Al-L,uta

A. Unterstützung in der Entwicklung und Errichtung eines Krankenhauses für veterinärmedizinische Forschung, eines landwirtschaftlichen Projektes, sowie einiger Viehzuchtprojekte.

B. Die Wohnungen sind bescheiden.

65. As-Salama

A. Dieses Gebiet liegt südlich des "Green Belt"

B. Es gehört zu den alten Dörfern. Seine katastermäßige Erfassung und die Sozialerhebung begannen im März 1985. Die ungeplanten Siedlungen breiten sich in der Peripherie aus und blockieren die Grundstücke der Universität Khartoum. Die Anzahl der Familien beträgt 39. Der Zeitraum der Errichtung liegt zwischen vier bis acht Monaten.

66. Maio

A. Diese ungeplante Siedlung liegt im Landwirtschaftsprojekt für Viehzucht (Nr. 262) und erstreckt sich über eine Fläche von vier Quadratkilometern. Die Bewohner kommen aus westafrikanischen Staaten und aus dem Süden und Westen des Sudan.

B. Der Grad der Überbelegung ist sehr hoch, und das Gebiet breitet sich wie eine Seuche bzw. wie eine ansteckende Krankheit weiter aus.

C. Da diese Siedlung ein Auffanggebiet für Neuankömmlinge ist, werden die verschiedensten Verbrechen verübt. Die Anzahl der Wohnungen steigt enorm, und die ungeplanten Siedlungen vermehren sich schnell. Das Land wird dabei durch gewohnheitsrechtliche Erklärung in Besitz genommen [wada,a al-yadd].

D. Der Standort ist südlich des "Green Belt".

67. Al-,Uschara

A. Der Standort ist nordwestlich von As-Sahaafa.

B. Mit der katastermäßigen Erfassung wurde begonnen, und ein "Replanning"-Büro wurde eingerichtet.

C. Ein bewaffneter Wachposten wurde installiert.

68. Aj-Jariif Gharb

A. Aj-Jariif Gharb liegt nördlich von Arkwiiyt und östlich der Eisenbahn.

B. Die Siedlung liegt inmitten des Offiziersgebietes und steht im "Replanning"-Prozeß.

C. Für den überwiegenden Teil der landwirtschaftlichen Fläche bestehen Nutzungsrechte für Landwirtschaft, für Weideland, und für Stockfechten [tahttiib]. Das Gebiet ist eingetragen auf den Namen der Regierung der demokratischen Volksrepublik Sudan. Die Inhaber der Nutzungsrechte verkaufen das Land illegal. 1/8 Feddan wird für mehr als 15.000 LS gehandelt. Mit dem Verkauf von Boden ändert sich auch die Landnutzung, die zunehmend dem Wohnungsbau dient. Die Landerschließung durch ungeplante Siedlungen geht schnell voran und breitet sich immer stärker aus.

D. Es wurde bereits ein Komitee zur Lösung dieses Problems gebildet.

69-73. Al-Kalaakala Al-Qaba / Al-Kalaakala At-Tariiya / Al-Kalaakala Qat,iiya / Al-Kalakala Sanaq,at / Al-Kalakala Al-Wahida

A. Die Standorte dieser Siedlungen sind westlich und östlich der Straße Khartoum - Jabal Awliyy'a.

B. Sie gehören zu den ungeplanten Siedlungen, die infrastrukturell mit Wasser und Strom erschlossen sind.

C. Insbesondere in den Gebieten, die zwischen Al-Kalaakla Al-Qat,iyya und Abu Adam liegen, verkaufen einige Bewohner ihre Grundstücke in der Größe von 600 Quadratmeter zu Preisen, die zwischen 10.000 und 26.000 sudanesischen Pfund rangieren.

74. Ad-Dakhinat Al-Gharbiya

A. Der Standort dieser Siedlung ist westlich der Straße Khartoum - Jabal Awliyy'a.

B. Die katastermäßige Erfassung und die Durchführung der Sozialuntersuchung begannen 1979.

C. Die Mehrzahl der Bewohner hat sich nach der katastermäßigen Erfassung und der Sozialerhebung auf der östlichen Seite der Straße niedergelassen.

D. Auch in diesem Gebiet sind Bodenspekulanten aktiv geworden.

75. Ad-Dakhinat Asch-Scharqiiya

A. Der Standort dieser Siedlung ist östlich der Straße Khartoum - Jabal Awliyy'a und gegenüber von Ad-Dakhinat Al-Gharbiyya.

B. Die katastermäßige Erfassung und die Sozialerhebung wurden im März 1983 begonnen.

C. Das Komitee für die Landaufteilung im Gebiet Jabal Awliyy'a hat damit begonnen, den Berechtigten den Boden in den Abschnitten 1/2/3 zuzuweisen. Auch in dieser Siedlung sind Spekulanten aktiv geworden und verkaufen weite Teile des Gebietes. Wie die katastermäßige Erfassung jüngst aufdeckte, erreichen die Grundstückspreise mehr als 9.000 LS für 500 Quadratmeter.

76. Wad ,Ajiib

A. Der Standort dieser ungeplanten Siedlung ist südlich des Militärgeländes und südlich von Jabra. Dieser Standort harmoniert nicht mit dem Militärgelände.

77. Al-,Uzuuzaab

A. Diese Siedlung liegt südlich von Asch-Schajara und westlich der Straße Khartoum - Jabal Awliyy'a.

B. Die Spekulanten haben viele Grundstücke verkauft.

78. Tabiyya Al-Hasnaat

A. Diese Siedlung gehört zu den Dörfern, die westlich und östlich der Straße Khartoum - Jabal Awliyy'a liegen. Das Gebiet reicht im Süden bis an das Polizeigelände und an das landwirtschaftliche Gebiet heran. In der Nähe dieses Dorfes soll ein militärisches Quartier eingerichtet werden. Es besteht kein Zweifel daran, daß das Dorf von den öffentlichen Einrichtungen des militärischen Gebietes profitieren wird.

79-92. Fatiiha Al-,Aqlaiyyn / Umm ,Schara / Al-Hariiz / Umm Haaz / Aj-Jarif / Al-Gharbiyya / Al-Khawir / Al-Husaaniyya / Al-Masiid Al-Hisnaab / An-Nuuba Al-Hisnaab / Kajabaa / Hajj Ahmad / Tariyya Al-Baja / Al-,Isaal.

A. Die Dörfer mit den Nummern 79.-92. gehören zu den alten Dörfern westlich der Straße Khartoum - Jabal Awliyy'a. Die Bewohner arbeiten in der Landwirtschaft.

B. Die Ausbreitung der ungeplanten Siedlungen nimmt kein Ende, und der "Replanning"-Prozeß ist unabdingbar. Den Anfang macht das Dorf Asch-Schaqilaab (Al-Khawir und Al-Husaaniyya) in der Nähe der Hauptstraße Khartoum - Jabal Awliyy'a. Die alte Bausubstanz wird dadurch verändert.

C. Auch diese Dörfer sind bei den Bodenhändlern bekannt.

93. Id Hissiiyn.

Freiburger Studien
zur Geographischen Entwicklungsforschung

1 Bohle / Downing / Field / Ibrahim: Coping with Vulnerability and Criticality Case Studies of Food-Insecure People and Places. 1993. 376 p. Vorwort von Hans-Georg Bohle. ISBN 3-88156-581-7.

2 Gertel: Krisenherd Khartoum. Geschichte und Struktur der Wohnraumproblematik in der sudanesischen Hauptstadt. 1993. XXI, 317 S. 6 Fotoseiten. ISBN 3-88156-599-X.

Verlag **breitenbach** Publishers
Memeler Straße 50, D-66121 Saarbrücken, Germany
P.O.B. 16243, Fort Lauderdale, Fla. 33305, USA